Herbert Schwetz

Die Klasse macht den Unterschied

Mehrebenenanalytische Untersuchung der Effekte von Unterricht

Gedruckt mit Unterstützung und Förderung des Bundesministeriums für Bildung, Wissenschaft und Kultur in Wien und dem Amt der Steiermärkischen Landesregierung in Graz, Österreich.

Verlag

Empirische Pädagogik e. V.
Bürgerstraße 23
D-76829 Landau
FON ++49-6341-906-266
FAX ++49-6341-906-166
MAIL info@vep-landau.de
WEB www.vep-landau.de

Titelbild & Layout

© Harald Baron

Druck

DIFO Bamberg

Zitiervorschlag

Schwetz, H. (2003). *Die Klasse macht den Unterschied. Mehrebenenanalytische Untersuchung der Effekte von Unterricht.* (Erziehungswissenschaft, Bd. 15). Landau: Verlag Empirische Pädagogik.

ISBN 3-933967-81-3

INHALTSVERZEICHNIS

VORWORT

Es gibt ein geflügeltes Wort, demzufolge über die Qualität einer Schule „mit den Füßen“ abgestimmt wird. Schüler[1] werden in jene Schulen geschickt, von denen die Eltern überzeugt sind, dass es sich um eine gute Schule handelt. Eltern wissen offensichtlich aus verschiedenen Quellen um besonders wirksame Schulen und handeln auch danach.

Die Frage ist, ob es denn die „gute Schule“ gibt oder ob Schule überhaupt etwas bewirken kann. Kommt vielleicht die „gute Schule“, die etwas bewirkt, dadurch zustande, dass Schüler mit besonders günstigem individuellen und familiären Hintergrund eine bestimmte Schule besuchen? Oder ist eine „gute Schule“ durch engagierte Lehrer und deren hervorragenden Unterricht entstanden, die dann leistungsstarke Schüler von bildungsfreundlichen Eltern angezogen hat? Man stößt auf eine Art „Henne-Ei-Problem“.

Die Beantwortung der Frage, ob denn die Schule oder die Klasse, die ein Schüler besucht, einen wesentlichen Faktor für das schulische Lernen darstellt, ist deshalb so wichtig, weil im Zuge von Budgetkonsolidierungsmaßnahmen immer öfter kritisch gefragt wird, ob denn die eingesetzten Mittel für die Schule auch zukunftswirksam angelegt sind.

Mit dieser Arbeit soll gezeigt werden, dass Klassen und Schulen neben anderen Variablen ein wichtiges Element zur Erklärung von Schulleistungen darstellen und dass es sich lohnt, in Klassen und Schulen didaktisch und finanziell zu investieren. Die Arbeit knüpft an die Diskussion über Schuleffektivität, die in den 80er Jahren mit den Arbeiten von Rutter et al. und Mortimore et al. begann, an. Aus systemischer Perspektive wird zu belegen versucht, dass Klassen und Schulen durch „ihr Eigenleben“ zu Systemen werden können, die empirisch nachweisbar sein müssten. Der Nachweis, dass Klassen und Schulen eigene Entitäten sind, wird mit der Mehrebenenanalyse versucht.

[1] Anmerkung: Aus Gründen der Lesbarkeit wurde auf geschlechtsspezifische Bezeichnungen verzichtet; demnach steht Lehrer für Lehrerin und Lehrer und Schüler für Schülerin und Schüler.

Diese Arbeit wäre ohne den anregenden Kontext des Instituts für Erziehungswissenschaft der Universität Salzburg nicht denkbar gewesen. Deshalb möchte ich Univ.-Prof. Dr. Jean-Luc Patry für die vielen Gespräche, kritischen Anregungen und die ermunternde Begleitung herzlichst danken.

Salzburg, Februar 2003

Herbert Schwetz

EINLEITUNG

In den frühen 80er Jahren wurde mit den Publikationen „Fünfzehntausend Stunden“ von Rutter et al. (1980) und der von der Rutter-Studie inspirierten Nachfolgestudie „School Matters“ von Mortimore, Sammons, Stoll, Lewis & Ecob (1988) das Interesse und die Aufmerksamkeit auf die Wirkungen der Einzelschule und des Unterrichts gelenkt. Die Qualität der Einzelschule rückte ins Bewusstsein und damit die Suche nach entsprechenden methodologischen Werkzeugen zur Identifikation der Wirkung der Einzelschule oder der Schulklasse.

Von diesen beiden Studien sind wichtige Impulse zur Weiterentwicklung der Regressionsanalyse zur Mehrebenanalyse ausgegangen. Mit der Mehrebenenanalyse wurde von Anfang an das Ziel verfolgt, neben den bekannten Determinanten (z. B. Variablen aus dem familiären Background, individuelle Variablen, unterrichts- und schulbezogene Variablen) zur Aufklärung von Schulleistungsvarianz Kontexte (z. B. Schulklassen, Schulen, Regionen etc.) für die Aufklärung von Schulleistungsvarianz zu identifizieren.

In der vorliegenden Arbeit wird die Existenz von Kontexten und ihr hierarchisch geschachtelter Aufbau systemisch zu begründen versucht (siehe Kapitel 3, 7 und 8). Mit Hilfe der Mehrebenenanalyse soll der Nachweis erbracht werden, dass schulische Kontexte (z. B. Schulklassen, Schulen, Regionen) existieren und einen beträchtlichen Einfluss auf die Varianz schulischer Leistungen haben können.

Im deutschsprachigen Raum hat Fend mit seinen Forschungsarbeiten auf die Wirksamkeit der Einzelschule hingewiesen. Sein Resümee ist, dass die Unterschiede zwischen den Schulen größer sind als zwischen den Systemen:

> *„Diese Varianz mußte ihre Gründe haben, die nicht im ‚System' zu suchen waren. Daten zu inzwischen über 180 Schulen, die ich im Verlauf der letzten Jahrzehnte untersucht habe, die teils im Rahmen einer Gesamtschulorganisation und teils im Rahmen einer dreigliedrigen Organisationsform plaziert waren, haben die Überzeugung gefestigt, dass die Schulebene eine wichtige Rolle spielt, aber nicht unabhängig von systemischen Rahmenbedingungen funktioniert.“* (Fend 1998a, S. 159)

Die bildungspolitische Diskussion hat sich der Qualitätsfrage im Bildungswesen zugewandt. In den letzten Jahren wurden in den meisten Industrieländern die Bewertung, Entwicklung und Sicherung der Qualität von Schulen zum Hauptanliegen von Bildungspolitikern, Forschern und Beratern

(Eder, Posch, Schratz, Specht & Thonhauser 2002, S. 14). Die Fokussierung auf das Qualitätsthema wird mit dem raschen gesellschaftlichen Wandel in Verbindung gebracht. In diesem Zusammenhang werden die folgenden *„globalen ‚Megatrends'"* (S. 14) genannt:

- Individualisierung (Prozess der Freisetzung und Herauslösung des Individuums aus traditionellen Strukturen, Werten und Normen)
- Informationalisierung (fortschreitende Vernetzung der Kommunikationstechnologien in Verbindung mit effizienten Speichermedien; unbegrenzte Zugangsmöglichkeiten zu weltweiten Informationsquellen etc.)
- Internationalisierung (sichtbar als Globalisierung; verstärkte Migration und Mobilität der Bürger)

Die Ausformungen der postmodernen Gesellschaft, die möglichen Verbindungen zwischen gesellschaftlichem Wandel und Schule, die fortschreitende Ausdifferenzierung und beobachtbare Entfremdungstendenzen zwischen den Subsystemen der Gesellschaft, der feststellbare Wertewandel der Jugend und Erscheinungsformen der Multioptionalität und neue Formen von Vernunft (transversale Vernunft) werden im ersten Kapitel beschrieben. Weiters wird der Frage nachgegangen, in welcher Weise Pluralität und Viabilität neue Bildungsziele darstellen.

Die Autoren Eder et al. (2002, S. 29) entwerfen ein System zur Entwicklung und Sicherung von Qualität auf vier Ebenen: (1) Lehrer; (2) Schule; (3) Region (Bezirk, Land) und (4) Nation. Charakteristische Maßnahmen werden im Folgenden wiedergegeben. Auf der Lehrerebene werden als qualitätsentwickelnde und -sichernde Maßnahmen Leistungsrückmeldungen an Schüler, eine veränderte Leistungsbeurteilung und Individualfeedback für Lehrer vorgeschlagen. Die Maßnahmen Personalentwicklung / Mitarbeitergespräche, Individualfeedback für die Schulleitung, Benchmarking, Schulrecherchen und Schulprogramm werden für die Schulebene empfohlen. Metaevaluative Aktivitäten bezüglich der Schulprogramme und regionale Bildungsplanung sind für die regionale Ebene und System-Monitoring und fokussierte Evaluationen auf nationaler Ebene vorgesehen. Es fällt auf, dass die aktuelle Qualitätsdiskussion in Österreich weniger den Unterricht und die Lernprozesse in den Vordergrund rückt. In einer Publikation von 1996 zur Schulqualität (Specht & Thonhauser 1996) widmet sich nur ein Beitrag der Qualität des Unterrichts. Dieser stammt von Patry (1996, 58ff) und trägt den Namen „Qualität des Unterrichts als Komponente von Schulqualität". In einem Sammelband aus dem Jahr 2002 (Eder et al. 2002) lässt sich kein Beitrag finden, der sich explizit mit schulischen Lernprozessen beschäftigt. Auch enthalten die Bausteine des Gesamtsystems der österreichischen Qualitätsentwicklung und Qualitätssicherung „Das QE / QS-System im Überblick“ (Eder et al. 2002, S. 29) keine expliziten Hinweise auf die Qualitätsdiskussion bezüglich schulischer Lernprozesse. Lediglich in einem kurzen Exkurs wird auf *„eine neue Lernkultur“* (S. 25) eingegangen. Mit dieser Arbeit soll der Fokus verstärkt auf schulische Lernprozesse, die Qualität des Unterrichts und die Wirkung der Klasse und der Schule gerichtet werden.

Die vorliegende Arbeit nimmt die Diskussion um die Neugestaltung der Lernprozesse auf und versucht Lernprozesse auf konstruktivistisch orientierter Basis zu modellieren. Wesentlich beeinflusst durch die Realistische Mathematik Freudenthalscher Prägung (Gravemeijer 1997; Streefland 1991) werden mathematische Lernprozesse beschrieben, und es wird für eine Balance aus Instruktion und Konstruktion des schulischen Wissens plädiert.

Die Arbeit entstand im weiteren Umfeld eines von der Europäischen Union geförderten COMENIUS-Projekts an der Pädagogischen Akademie des Bundes und dem Pädagogischen Institut in Graz, Steiermark, Österreich. Bei diesem Projekt handelte es sich um eine Fortbildungsinitiative zur Veränderung des Mathematikunterrichts auf konstruktivistischer und systemischer Basis. Die konstruktivistische Orientierung lag in der maßvollen Anreicherung herkömmlichen Unterrichts durch Lernumgebungen, die Offenheit des Lösungsweges und Offenheit von Lösungen für Schüler (Viabilität) ermöglichten (vgl. Kapitel 5).

Folgende Ziele sollten erreicht werden:

(1) Lehrer wurden in die Lage versetzt werden, den Mathematikunterricht von einer Fakten- und Algorithmenorientierung zu einem lebendigen, erfahrungsorientierten und situierten Unterricht weiterzuentwickeln.

(2) Instruktion und Konstruktion wurden in einem ausgewogenen Verhältnis praktiziert.

(3) Situationsspezifisch orientierte Evaluation wurde als Impuls zur Weiterentwicklung des eigenen Unterrichts benutzt.

Die Veränderungsschritte des Projekts orientierten sich an den systemischen Prinzipien der Behutsamkeit und der zurückhaltenden Intervention. Respekt vor den subjektiven Theorien der Teilnehmer bezüglich Mathematikunterricht, Geduld und Zeit waren wichtige Aspekte der Fortbildungsarbeit (vgl. Kap 3). Es sollten verfestigte *„subjektive Landkarten„* (Krainz-Dürr 1999, S. 16) darüber, was „richtiger Mathematikunterricht„ ist, aufgeweicht und verändert werden. Weiters sollten durch einen neuen Ansatz der Schülerbefragung (Schüler wurden befragt, in welcher Weise das Ausmaß an Selbstbestimmung in den letzten 2-3 Wochen zugenommen hat) Möglichkeiten des raschen Feedbacks für Lehrer geschaffen werden. Es sollten mit Evaluationsergebnissen Impulse zur Weiterentwicklung des didaktischen Konzeptes der Lehrer (Perturbationen) gesetzt werden.

Die mehrebenenanalytische Betrachtung von Schule und Schulklasse ist in die Schul- und Unterrichtsforschung eingebettet (vgl. Kapitel 5 bis 8) und greift auf die „School-Matters“-Bewegung und auf bundesdeutsche Forschungsbefunde zurück.

Im empirischen Teil der Arbeit wird einer Empfehlung von Helmke und Weinert (1997, S. 146) gefolgt, wonach Forschung kontext-, alters- und bereichsspezifisch angelegt sein sollte.

Ein Datensatz aus der Grundschule wird kontext-, alters- und bereichsspezifisch ausgewertet. Es wird versucht, ob sich klassenspezifische Effekte bezüglich bereichsspezifischer Schulleistung (in diesem Fall Maßumwandlungen) nachweisen lassen (Kapitel 10). Ein Datensatz stammt aus dem oben beschriebenen, von der EU geförderten Interventionsprojekt (Kapitel 11). Diese Daten wurden an Hauptschulen an zwei Messzeitpunkten erhoben. Somit kann mit diesem Datensatz auch die Forderung nach längsschnittlicher Auswertung erfüllt werden (Krainz-Dürr 1999, S. 138). Ein weiterer Datensatz wurde den TIMSS/POP-II-Daten entnommen und stammt ebenfalls aus der Sekundarstufe I (allgemein bildende höhere Schule).

Abbildung 1: Übersicht über die Kapitel

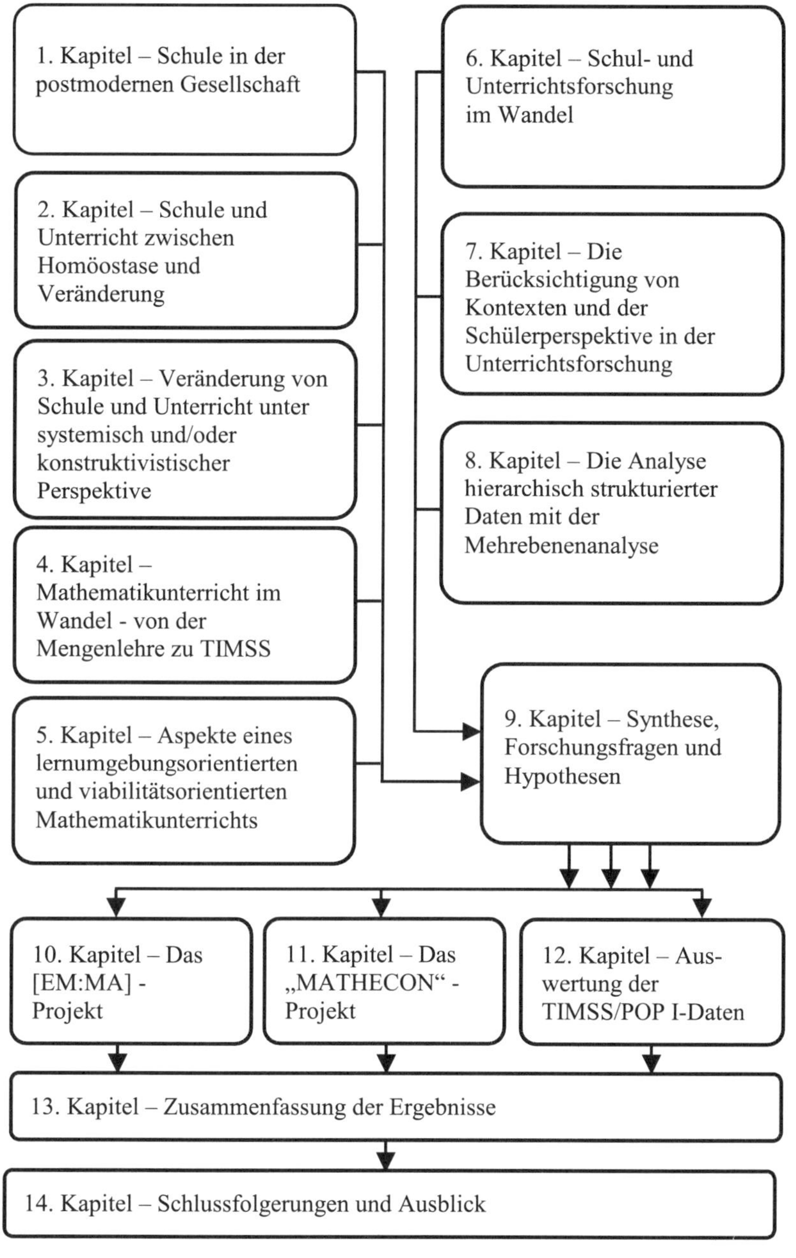

1 SCHULE IN DER POSTMODERNEN GESELLSCHAFT

Schule ist ein System (Luhmann 1999, S. 23; Willke 2000, S. 57), das sich zu relevanten Umwelten klar abgrenzen lässt. Im Folgenden wird Gesellschaft in einer ersten Annäherung als relevante Umwelt für Schule beschrieben. Es wird untersucht, in welcher Weise die Veränderung der Gesellschaft auf das System Schule wirkt. Es werden Facetten der postmodernen Gesellschaft beschrieben und die Ausdifferenzierung der Gesellschaft nachvollzogen. Mit der Anmerkung, dass die großen Meta-Erzählungen zu Ende sein könnten, wird ein Argument dargelegt, dass wir eher von Unsicherheit, Ungewissheit, vielfachen Sichtweisen etc. gesellschaftlicher Phänomene (z. B. Zusammenleben, Wertepluralismus etc.) ausgehen müssen. Mit der Shell Jugendstudie soll gezeigt werden, dass die nachwachsende Generation bereits nach multioptionalen Wertentwürfen lebt. Multioptionalität, die Vielfalt möglicher gangbarer Wege für Lebensentwürfe und – vollzüge, Multikulturalität werden als große gesellschaftliche Strömungen beschrieben. Für die vielen möglich gangbaren Wege hat sich der Begriff Viabilität (via = Weg) etabliert. Dieser Begriff wurde von Glasersfeld vorgeschlagen (1995, S. 25). Weiters wird die Frage gestellt, ob Multioptionalität, Viabilität und das Verstehen von Äquifinalität neue Bildungsziele darstellen.

1.1. Die postmoderne Gesellschaft – der Versuch einer Begriffsdefinition

Der Begriff postmoderne (auch postindustrielle) Gesellschaft wird von vielen Autoren synonym für Informationsgesellschaft, multioptionale oder pluralistische Gesellschaft verwendet. Es gibt mittlerweile zahllose Charakterisierungsversuche, was unter postmodern zu verstehen sei. Im Großen und Ganzen werden in den Übersichten zur Entwicklung der Gesellschaft drei Typen (siehe nachfolgende Tabelle) unterschieden (Besessenyei 1997; zit. n. Arbeiterkammer, o. J.):

Tabelle 1: Übersicht über die Entwicklung der Gesellschaft nach Besessenyei (1997)

	prämodern, traditionell	**industriell (modern)**	**postindustriell (postmodern)**
Weltbilder, Wissenschaftsauffassung	• mythisch • religiös	• Universalität der Vernunft • geschlossenes, starres Wissenschaftsbild	• Auflösung der Wissenschaft in der Information • offenes, pluralistisches Weltbild
Wirtschaftsorganisation	• eingebettet • die Einheit der Familie, der Arbeit und der Kunst	• „ausdifferenziert“ • Anpassung an die taylorisierte Arbeit • scharfe Trennung des Lernens und der Arbeit, der Freizeit und der Arbeitszeit • zentrale Bedeutung der Arbeit • Glaube an die zentrale, rationale Planbarkeit der Abstimmung des Schuloutputs und der Arbeitskräftebedürfnisse der Wirtschaft	• Verschmelzung der Grenzen der Arbeit, des Lernens, der Freizeit und der Unterhaltung • Abnehmen der makrosoziologischen Bestimmungskraft der Arbeit • Priorität der individuellen Bedürfnisse gegenüber der zentralen Planung, lokale Verknüpfung des Outputs mit der Nachfrage
Vermittlung zwischen Arbeitswelt und Schule		• spezialisierte, streng abgegrenzte Berufsbilder	• individuelle Kompetenzlage
Organisationsrahmen	• Standesgesellschaft	• zentralisierte nationalstaatliche Großorganisationen	• global in der Orientierung, lokal in der Handlung
Finanzierung		• zentralisierte Ressourcenvermittlung	• gemischte Finanzierung
Strukturen des Lebenslaufes	• Alternativlosigkeit	• begrenzte Wahlmöglichkeiten, lineare Lebenswege	• relativ viele Wahlmöglichkeiten, variable Lebenswege

Über den Zeitpunkt, wann aus der Moderne die Postmoderne wurde, gibt es je nach Blickwinkel unterschiedliche Festlegungen. Konstruktivisten würden sagen, dass es von der „Brille“ (also von der eigenen Sichtweise) (Voß 1998, S. 17) abhängt, welche Merkmale genannt und welcher Zeitpunkt oder Zeitraum gewählt wurde.

So gehen Wirtschaftswissenschafter an dieses Thema anders heran als Soziologen oder Politologen. Für die Gesellschaft nach der Moderne werden je nach Autor verschiedene Begriffe verwendet. Ritzer (1995) beschreibt die Gesellschaft der 90er Jahre als „mcdonaldisierte“ Gesellschaft. Prisching (1998) bezeichnet in Anlehnung an Ritzer die Ausformungen und Erscheinungsweisen der aktuellen Gesellschaft als „McGesellschaft“, die durch Eventhaftigkeit, Oberflächlichkeit, extreme Individualisierung, Globalisierung etc. gekennzeichnet ist. Nach Hug (1998, S. 1) werden zur *„Beschreibung aktueller sozialer Veränderungsprozesse“* die Begriffe Informationsgesellschaft, Kommunikationsgesellschaft oder Mediengesellschaft verwendet. Andere Autoren (Stiftinger & Strasser 1997) verwenden den Terminus *„postindustrielle Gesellschaft“*; sie beziehen sich in diesem Zusammenhang auf Bells postindustrielle Vision einer Informationsgesellschaft, die den Dienstleistungsaspekt hervorhebt:

> *„Society's economic structure would be transformed from goods producing to a service economy.“* (Stiftinger & Strasser, S. 75)

In einer amerikanischen Publikation (Levine & Havinghorst 1989) wird der Begriff „postindustrielle Gesellschaft“ folgendermaßen verwendet: Der Beginn der postindustriellen Gesellschaft wird mit dem Beginn des 20. Jahrhunderts datiert:

> *„Since 1900, the areas of economic opportunity have shifted to expanding industry and to expanding professional, managerial, technical, and service professions. These postindustrial occupations generally require postsecondary education. The professions require at least a college degree, and executive positions in business and industry are awarded more and more to college graduates.“*

In diesem Statement wird sehr deutlich der Zusammenhang zwischen dem wirtschaftlichen Sektor einer Gesellschaft und dem Bildungswesen klar. Sehr deutlich wird der Zusammenhang zwischen internationaler Wettbewerbsfähigkeit und dem Erwerb von *„higher-order-skills and understanding“* in einer postindustriellen Gesellschaft gesehen (Levine & Havinghorst, S. 555).

Für einige Gesellschaftswissenschaftler (z. B. Küng; zit n. Dallin 1997, S. 18) ist das Ende des ersten Weltkrieges mit dem Untergang des Habsburgerreichs eine *„welthistorische Wasserscheide“*, da zu dieser Zeit auch das ottomanische und das chinesische Reich untergingen.

Andere Gesellschaftsanalytiker sehen in den 70er und 80er Jahren dieses Jahrhunderts den Zeitraum des Paradigmenwechsels von der Moderne zur Postmoderne.

An objektiven Indikatoren (z. B. Anzahl der Beschäftigten im Sekundär- und Tertiärbereich) kann man unschwer erkennen, dass sich die westeuropäischen Gesellschaften von Industrie- zu Dienstleistungsgesellschaften weiterentwickelt haben. Der sehr sichtbare Wandel in der Arbeitswelt manifestiert sich darin, dass mehr Arbeitnehmer anstatt blauer Monturen weiße

Mäntel tragen. Das ist aber nur ein äußerlicher Hinweis für weit tiefer liegende Erscheinungsformen des Wandels. Ganz wesentlich haben sich die Produktionsverfahren und -ergebnisse verändert. Beschäftigte im neuen tertiären Bereich (z. B. Ingenieure, Berater etc.) stellen kaum mehr materielle Güter her und arbeiten zumeist an der Herstellung und Verbreitung von Information. Einen weit wichtigeren Aspekt stellt die Abtrennung der Arbeit von der Lebenswelt dar.

Auch Naisbitt und Aburdene (1990) beschreiben den Wandel der Gesellschaft von der Moderne zur Postmoderne in den frühen 80er Jahren mit zehn mehr oder weniger beobachtbaren und nachvollziehbaren Indikatoren. Demnach hat sich die Gesellschaft wie folgt verändert:

Tabelle 2: Übersicht über die Veränderungen in der Gesellschaft nach Naisbitt und Aburdune (S. XVIII)

	From ...	**To ...**
1.	Industrial Society	Information Society
2.	Forced Technology	High Tech / High Touch
3.	National Economy	World Economy
4.	Short Term	Long Term
5.	Centralization	Decentralization
6.	Institutional Help	Self-Help
7.	Representative Democracy	Participatory Democracy
8.	Hierarchies	Networking
9.	North	South
10.	Either / Or	Multiple Option

Entwicklungen in der Gesellschaft geschehen sehr verdeckt und schleichend und sind für die Betroffenen in vielen Fällen nicht deutlich erkennbar und beschreibbar. Die Hinweise auf frühere und bessere Zeiten sind jedoch Indikatoren dafür, dass sich etwas verändert hat oder sich zu verändern begonnen hat.

Was sind die neuen Rahmenbedingungen für die Lebens- und Arbeitswelt? Verglichen mit prämodernen Gesellschaften, in denen Lebens- und Arbeitswelt integriert waren, sind die nachfolgenden Gesellschaftsformen durch ein Auseinanderdriften der gesellschaftlichen Bereiche gekennzeichnet. Die Lebens- und Arbeitswelt werden separiert und bekommen auch eigene Örtlichkeiten. Parallel dazu entstehen das Verwaltungssystem und in Ansätzen das Bildungssystem als eigene Systeme. Die fortschreitende Arbeitsteilung und Spezialisierung leitet einen unumkehrbaren Ausdifferenzierungsprozess ein. Individualisierung, Globalisierung und Digitalisierung (Dettling 1998, S. 65) wirken als Verstärker dieser Separationstendenzen.

Im Schlagwort *„Aufstand der Person“* hat Dettling (S. 72) die Entwicklung zu mehr Autonomie der Person treffend beschrieben. Mehr Autonomie für das Individuum bedeutet mehr Pluralismus der Lebensentwürfe und Lebensvollzüge anstatt Konformität und Wertekonsens. Viabilität (via = der Weg; gangbare Wege) wird einerseits zum Gestaltungs- und Lebensprinzip und andererseits zur Bedrohung von Wertmonopolisten (z. B. Kirchen).

Folgende Fragen sind daher zu klären: Welcher Art sind die Auswirkungen auf das schulische Lernen? Ist die heutige Lernkultur in Schulen noch zeitgemäß? Bereitet die Schule auf die veränderten Arbeits- und Lebensbedingungen der Informationsgesellschaft vor? Ist die Schule in der Postmoderne in ihrer Anlage und ihrer Lernkultur ein Ergebnis der Moderne? Ist die Schule in der Lage, auf eine Gesellschaft vorzubereiten, die durch ein erhöhtes Ausmaß an Dezentralisation und Selbstverantwortlichkeit gekennzeichnet ist? Kann Schule mit dem Phänomen der „mutiple options“ in der Gesellschaft adäquat umgehen? Ist die Schule kompetent und offen genug, um multioptionales Handeln zu initiieren und zu fördern?

1.2. Ausdifferenzierung als Kennzeichen der postmodernen Gesellschaft

Die Übergänge von der prämodernen zur modernen und die Weiterentwicklung zur postindustriellen Gesellschaft sind von einer Reihe von Differenzierungsprozessen gekennzeichnet. Lebenswelten und Teilbereiche der Gesellschaft mit unterschiedlichen Aufgaben (z. B. Verwaltungssystem, Wirtschaftssystem, Bildungssystem, Kunst, Freizeitsystem usw.) haben sich entkoppelt und gehen eigene Wege (Habermas; zit. n. Welsch 1996, S. 127).

In einer grafischen Darstellung hat Meyer (1994, S. 90) die Ausdifferenzierung der Gesellschaft nachgezeichnet. Man hat den Eindruck, dass es „Hauptsysteme“ gibt und Schule diesen anderen Systemen bei- oder gar untergeordnet ist. Meyer bezeichnet die Schule als gesellschaftlichen System-Zwitter. Deutlich wird auch, dass Veränderungen in den übergeordneten Systemen direkt oder indirekt einen Einfluss auf die Schule haben.

Abbildung 2: Das Subsystem Schule im Verhältnis zu anderen Umweltsystemen (z. B. Wirtschaft, Staat etc.) nach Meyer (1994)

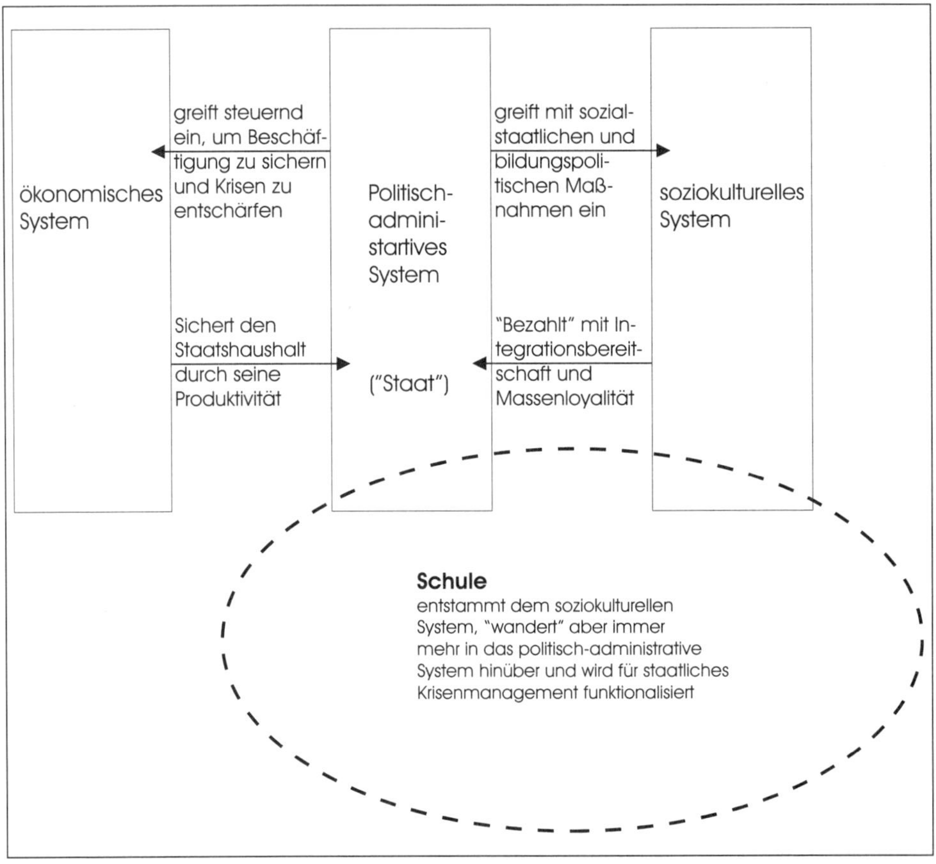

Der oben beschriebene Prozess ist schon sehr alt, hat er doch begonnen, als der Lebensort und der Ort der Berufsverrichtung erstmals getrennt wurden. Parallel zur Lebenswelt entstand das „System" (Habermas; zit n. Welsch 1996, S. 127) mit den Bereichen Bildung, Ausbildung, Wissenschaft, Technik, Ökonomie, Kultur und Rechtssprechung. Das „System" organisiert über die Subsysteme Wirtschaft und Verwaltung die materielle Reproduktion. Lebenswelt und „System" stehen einander manchmal jedoch entfremdet gegenüber. Beide Sektoren unserer Gesellschaft haben eine eigene Sprache entwickelt und, wie systemische Denker (Huschke-Rhein 1992, S. 48; Senge 1999, S. 54) sagen, auch eine eigene „Logik" entfaltet. Als „Logik" bezeichnet man die Gesamtheit an charakteristischen Verhaltensweisen, den Stil und die Präferenzen in einem Bereich (z. B. von asketischen Protestanten erwartet man als „Lebenslogik", dass sie hart, fleißig und bescheiden leben). In der Lebenswelt ist die kommunikative „Logik" oder Vernunft und im System ist die instrumentelle bzw. zweckrationale (oder funktionalistische) Vernunft verankert. Ziel der kommunikativen Vernunft ist die „Erzeugung" von Sinn; im Zentrum der instrumentellen Vernunft stehen Geld, Macht, Aufstieg, Steigerung der Produktion und in einer liberalen Wirtschaftsgesinnung die Gewinnmaximierung. Die Lebenswelt hat die Aufgabe, die Reproduktion der Gattung durch Tradierung und Erzeugung von Sinn zu übernehmen. In den Subsystemen Politik, Wirtschaft und Technik sind Geld und Macht die Systemregulative, es herrscht die zweckrationale bzw. instrumentelle Vernunft (auch funktionalistische Vernunft genannt). In der Privatsphäre wie in der Öffentlichkeit findet man die kommunikative Vernunft realisiert. Reese-Schäfer (1999, S. 12) verwendet für die Subsysteme Politik, Wirtschaft, Recht, Wissenschaft, Religion und Kunst den Begriff „Funktionssystem".

Der Vorgang der Differenzierung ist mit der Ausbildung von Expertenkulturen verbunden, die sich vom Alltag abgespalten haben. In Stammeskulturen war das Expertenwissen auf wenige Individuen konzentriert und in das Alltagsleben integriert. Leitungs- und Verwaltungswissen ist im Stammeshäuptling und Gesundheitswissen beim Medizinmann akkumuliert. Abspaltung und Ausdifferenzierung bedeutet Atomisierung der Rationalität. Wissenschaft, Moral und Kunst beginnen sich in Richtung von eigenen Subsystemen zu entwickeln; es entsteht eine kognitive, ethische und ästhetische Rationalität (Welsch 1996, S. 128).

Separation und Desintegration werden zur Regel

Teilweise haben sich Funktionssysteme wie Wirtschaft und Schule und Rationalitätsbereiche wie Chemie und Umweltschutz bereits soweit verselbstständigt, dass sie kaum mehr eine gemeinsame Sprache finden können. Verbale Attacken von Wirtschaftsvertretern auf die durch Schule hervorgebrachten Qualifikationen stellen Signale für Entfremdung dar, wenn die Wirtschaft der Schule zu wenig Vorbereitung auf die Berufswelt vorwirft. Dies ist dann ein untrügliches Zeichen dafür, dass sich die Systeme im erheblichen Ausmaß voneinander wegbewegt haben. Die theoretische Darstellung dieses Prozesses wurde von Luhmann in seiner „Theoriekathedrale" (Reese-Schäfer 1999, S. 7) im Werk „Die Gesellschaft der Gesellschaft" (1997) vorgenommen. Durch den Prozess der Ausdifferenzierung entstanden Funktionssysteme wie Politik, Wirtschaft, Recht, Wissenschaft, Religion und Kunst (Reese-Schäfer, S. 12).

Es stellt sich nun die Frage, ob auch das Bildungswesen mit seinen vielen Subsystemen ebenso ein Funktionssystem darstellt. Durch die Ausdifferenzierung entstehen selbstständige Systeme mit einem Eigenleben und einer eigenen Sprache (z. B. Rechts- oder Gesundheitssystem). Das trifft auch für das Bildungssystem zu; es kann von einem eigenen Funktionssystem gesprochen werden. In einem nachfolgenden Kapitel wird der Gedanke der Ausdifferenzierung bis auf Schulebene und Klassenebene weiterverfolgt. Wenn sich der Ausdifferenzierungsprozess auch auf Schulen, Klassen bis hinunter zu den Unterrichtsstunden nachweisen ließe und gleichsam Entitäten mit „eigener Sprache und Wirklichkeit", wäre diesem Prozess methodologisch Rechnung zu tragen.

Zwischen den gesellschaftlichen Teilsystemen gibt es in unterschiedlichem Ausmaß Überschneidungen. So beeinflusst das Rechtssystem in beträchtlichem Ausmaß das Bildungs- und Gesundheitssystem über die vom Rechtssystem geschaffenen Regelungen. Die Veränderungen im gesellschaftlichen Gesamtsystem und im Wirtschaftssystem haben Auswirkungen auf das Funktionssystem Schule. Am Beispiel des Fortschritts neuer Technologien im Wirtschaftssystem und am Arbeitskräftemangel für Computerspezialisten kann gezeigt werden, wie ein Funktionssystem Eigenleben entwickelt hat.

In der nachfolgenden Abbildung wird ein Ausschnitt aus dem gesellschaftlichen Gesamtsystem mit relevanten Subsystemen dargestellt. Die unterschiedlichen Konstellationen der Subsysteme zueinander werden grafisch veranschaulicht (z. B. Überlappung der Subsysteme Rechtssystem und Bildungssystem, Rechtssystem und Gesundheitssystem und Rechtssystem und soziales System).

Abbildung 3: Übersicht über den Ausdifferenzierungsprozess in der modernen Gesellschaft (eigene Darstellung)

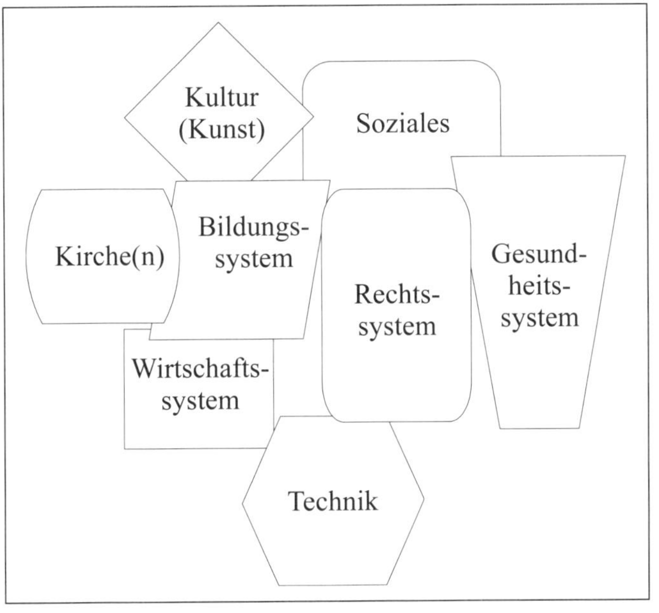

Als weitere Funktionssysteme nennt Huschke-Rhein (1992, S. 19) noch Soziales, Kultur (Kunst) und Kirche. Die Funktionssysteme schreiten in ihrer Spezialisierung weiter fort und werden dadurch auch autonomer und geschlossener. Systemtheoretiker wie Luhmann (1997, S. 600) verwenden dafür auch den Terminus autopoietisch.

Jedes Funktionssystem hat im Zuge der Differenzierung spezifische Steuerungsmedien (symbolisch generalisierte Kommunikationsmedien) ausgebildet (z. B. Geld im Wirtschaftssystem, Macht im Politiksystem, Wahrheit im Wissenschaftssystem usw.). Ausdifferenzierung bedeutet aber auch Steigerung der eigenen Komplexität und der Komplexität des Gesamtsystems. Beide Prozesse zusammen – Ausbildung eigener Steuerungsmedien und Komplexitätssteigerung – machen die Verständigung der Systeme untereinander schwieriger. Die geschichtete Gesellschaft kann als Vorläufer der ausdifferenzierten Gesellschaft betrachtet werden (Huschke-Rhein 1992, S. 18). In geschichteten Gesellschaften hatte das Individuum einen zugewiesenen Lebensort und damit ein hohes Maß an Sicherheit, aber auch Alternativlosigkeit. Die Geschichtetheit der Gesellschaft brachte es mit sich, dass es ein „Oben“ und ein „Unten“ gab. Die Mitglieder der oberen Schichten waren im Besitz des Privilegs von Bildung, wodurch sie Macht und Herrschaft erreichten. Die Mitglieder der unteren Schichten waren kaum im Besitz der Schrift und erlangten ihre „Qualifikationen“ durch einen Meister in der konkreten Arbeit. Für das Verstehen von Anordnungen in der Gesellschaft und Befehlen im Kriegsfall wurde höhere Bildung nicht als erstrebenswert erachtet. In der geschichteten Gesellschaft galt das *„kosmisch-hierarchische Ordnungsbewusstsein Alteuropas, das sich an einem Primat von Politik und / oder Religion orientieren konnte“* (Huschke-Rhein 1992, S. 19). Zusätzlich hat der begrenzte Zugang zum Erwerb der Schrift die hierarchische Strukturierung der Gesellschaft perpetuiert und Alternativen begrenzt.

In hochdifferenzierten Gesellschaften nehmen die Möglichkeiten für Individuen zu. Alle können grundsätzlich an allen Funktionssystemen teilnehmen. Durch den Zugang zur Bildung, durch die Überwindung der Stratifikation, durch den Privilegienabbau und die fortschreitende Demokratisierung kann – zumindest theoretisch – jeder *„Priester oder König“* (Huschke-Rhein 1992, S. 19) werden. Wenn schon nicht diese hohen Positionen erreicht werden können, so kann in der postmodernen Gesellschaft jeder Arzt, Anwalt oder Lehrer werden. Dies war in der stratifizierten Gesellschaft nicht für jedermann möglich.

Zusammenfassend kann gesagt werden, dass das Individuum in einer modernen Gesellschaft mehr Möglichkeit zur Verfügung hat als die Vorgängergenerationen. Dies hängt auch mit der Tatsache zusammen, dass der Primat von Politik und Religion immer mehr schwindet. Die universelle Gültigkeit eines einheitlichen Wertesystems wird durch mehr Optionen geschwächt und teilweise ersetzt.

Es ist nicht ganz klar, ob das Funktionssystem Schule einen wesentlichen Beitrag zur Öffnung aller Funktionssysteme für alle Individuen leistet. Über die drei klassischen Funktionen Qualifikation, Selektion und Legimitation (Fend 1981) scheint Schule eher eine stabilisierende Wirkung zur Aufrechterhaltung des Status quo auszuüben.

Nun kommen aber neue Herausforderungen auf das Bildungssystem zu, nämlich auf den Umgang mit den Multioptionen vorzubereiten. Multioptionalität bedeutet Vielfalt der Wege und Problemlösungen, also Viabilitäten. Für Politiker, Erzieher, Berater etc., die an schnellen, überschaubaren und universalistischen Lösungen interessiert sind, ist dieser Denkansatz eine Herausforderung, weil der Grad an Unsicherheit bezüglich der Gültigkeit einheitlicher Sichtweisen, Normen, Werte und Problemlösungen steigt.

Eine weitere Herausforderung für diejenigen, die in sozialen Systemen arbeiten, ist das Phänomen der Äquifinalität (Watzlawick 1982, S. 122). Äquifinalität bedeutet, dass in sozialen Systemen Ergebnisse nicht so sehr durch die Anfangszustände als vielmehr durch die Natur der Prozesse bestimmt sind. Dadurch ist es möglich, dass verschiedene Anfangszustände zu gleichen Endzuständen und auch verschiedene Ergebnisse auf dieselben Anfangszustände zurückführbar sind. Äquifinalität ist nach Watzlawick eine Eigenschaft offener Systeme (S. 18). Ein weiteres Charakteristikum stellt die Ganzheit dar:

> *„Jeder Teil eines Systems ist mit dem anderen Teilen so verbunden, dass eine Änderung in einem Teil eine Änderung in allen Teilen und damit dem ganzen System verursacht. Das heißt, ein System verhält sich nicht wie eine einfache Zusammensetzung voneinander unabhängiger Elemente, sondern als ein zusammenhängendes, untrennbares Ganzes. Dies wird vielleicht am deutlichsten, wenn man den Begriff der Ganzheit mit seinem Gegenteil, dem Begriff der Summation, vergleicht."*

Eine andere Perspektive zur Erklärung gesellschaftlicher Phänomene stellen die mechanistischen Theorien (Watzlawick 1982, S. 119) dar, nach denen alle *„Geschehnisse sich letzthin aus dem zufälligen Zusammenwirken physikalischer Elementarteile ergeben*" (S. 119). Wenn Teile eines Ganzen zufällig zusammenhängen, kann man diese auch getrennt studieren. Daraus entstand das Untersuchungsprinzip, dass man jeweils einen Faktor verändern und die Auswirkung auf nur einen anderen Faktor beob-achten kann. Nach Watzlawick ist das Gegenteil des Prinzips der Übersummation das Modell der einseitigen Beziehungen:

> *„In dieser Sicht wird der Einfluss eines Senders auf einen Empfänger, nicht aber dessen Rückwirkung auf den Sender untersucht."* (S. 121)

Das Modell der einseitigen Beziehungen ist der Kern der klassischen monadischen Auffassung, in der z. B. Interaktionen als Derivate individueller Eigenschaften wie Rolle, Werte, Erwartungen, Motivationen etc. verstanden werden (S. 120).

Zum Modell der einseitigen Beziehungen gehört auch das monokausale Input-Output-Denken, auch maschinenorientiertes oder maschinenhaftes Denken genannt, das in der industriellen Gesellschaft entstanden ist und in vielfacher Form verbreitet war. Für die industrielle Gesellschaft kann die These gewagt werden, dass die „Maschine" oder das „Maschinenhafte" das Denken der Menschen geprägt hat. In der Taylorisierung der Arbeit, in der fortschreitenden Ausdifferenzierung der Gesellschaft und im Glauben an die zentrale staatliche Planbarkeit und Steuerbarkeit aller Abläufe (Keynesianismus) fand dieses Paradigma seine Umsetzung (Martin 1996, S. 153). Das Muster der Funktionsweise von Maschinen wurde auch auf andere Vorgänge übertragen. Vereinfacht gesprochen hat eine Maschine einen Input, eine Verarbeitung (Operation) und einen Output. Man schüttet Körner in den „Input" und erhält auf der Outputseite Mehl. Im Fall der Kaffeemaschine wird aus dem Wasser und gemahlenen Kaffee auf der Inputseite durch die Operation der Maschine trinkbarer Kaffee.

Abbildung 4: Modell einer trivialen Maschine

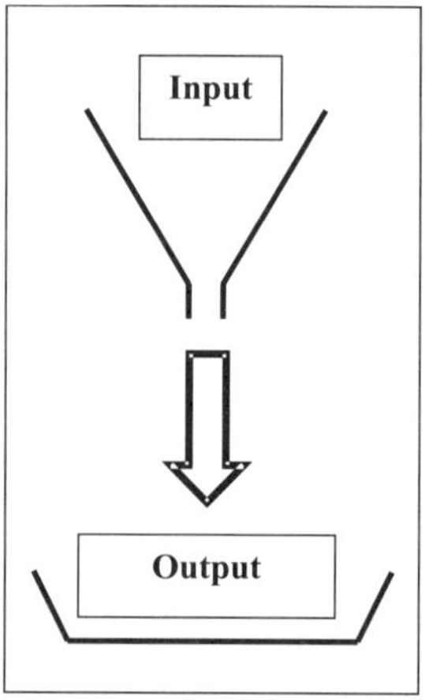

Förster nennt solche Maschinen triviale Maschinen (1998, S. 60):

> *„Triviale Maschinen verbinden fehlerfrei und unveränderlich durch ihre Operationen ‚Op' gewisse Ursachen (Eingangssymbole, x) mit gewissen Wirkungen (Ausgangssymbole, y)."*

Solche Maschinen sind synthetisch determiniert, analytisch determinierbar, vergangenheitsunabhängig und voraussagbar.

Maschinenorientiertes Denken findet man in vielen Bereichen unserer Gesellschaft. Zu nennen wären die verschiedenen Schnell-Methoden zum Abnehmen von Gewicht, das Abrichten von Tieren, Versuch der Verhaltensänderung über Information (z. B. Verbesserung des Verkehrsverhaltens durch Werbespots, Informationskampagnen mit Broschüren zur Veränderung des Essverhaltens etc.). Trivialisierungstendenzen lassen sich auch im Bildungswesen nachweisen. Kritiker sehen in der Übertreibung der Selektionsaufgabe durch externe Tests und im Ranken von Schulen Elemente der Input-Output-Orientierung. Es wird jenes Wissen gelehrt und geprüft, das einer produktorientierten und relativ einfachen Messung am besten zugänglich ist. Komplexe Inhalte entziehen sich in der Regel einer einfachen und outputorientierten Feststellung. Förster (1985, S. 12) hat diese Entwicklung des Bildungswesens als Trivialisierung des Nachwuchses bezeichnet. Die Planung des Unterrichts folgt der Maschinenlogik. Wissensinhalte werden solange zerlegt, bis die „Produkte" des Lernvorganges am Ende mit einfachen Fragen – entweder in dichotomer oder multipler Form – abgefragt werden können. Dies stellt nach Ansicht von Förster eine Verkürzung schulischen Lernens dar, weil soziale, emotionale und komplexe Bildungsziele nicht in dieser Form abgeprüft werden können. Die Konsequenzen einer solchen Lern- und Prüfungskultur sind Vereinzelung der Schüler, die Verstärkung der Konkurrenz unter den Schülern und die Herausbildung eines bestimmten Prüfungsverfahrens (Krainz-Dürr 1999, S. 37).

Maschinell orientiertes Denken lässt sich im Modell der wissenschaftlichen Betriebsführung nach Taylor (Ritzer 1995, S. 50) nachweisen. Die Idee war, die mangelnde Effizienz in der Arbeitswelt zu beheben. Es wurden die Weberschen Kriterien – Effizienz, Voraussagbarkeit, quantifizierbare Berechenbarkeit und Kontrolle – auf die Gestaltung und Beschleunigung von Arbeitsabläufen angewendet. Der Automobilproduzent Ford hat dies konsequent weitergedacht und zu Beginn des Jahrhunderts das Fließband entwickelt. Nach Ritzer (1995, S. 51) entstand dadurch eine „nichtmenschliche Technologie", die zu vielen Irrationalitäten geführt hat. Menschen an Fließbändern wurden zu Produktionsfaktoren und mechanischen Robotern. Das fehlerlose Produkt zu möglichst niedrigen Produktionskosten stand im Vordergrund. Die Zerlegung komplexer Produktionsabläufe in kleinste Produktionsschritte am Fließband machte Arbeitgeber unabhängig; man brauchte kein qualifiziertes Personal und konnte nach Belieben z. B. in Streikfällen Arbeitnehmer austauschen. Durch die Dequalifizierung der Arbeitnehmer und durch die Übergabe von Steuerungs- und Produktionswissen an Computer ist der Arbeitnehmer leichter entbehrlich und austauschbar geworden. Die Rolle des Menschen im Produktionsprozess wurde gravierend verändert.

Vom modernen Arbeitnehmer wird ein hohes Maß an Flexibilität (Senett 1998, S. 58) gefordert. Mit einem Bild (der moderne Mensch möge sich wie ein Baum im Wind verhalten) beschreibt Senett diese Form an Flexibilität. Von einer berechenbaren und kontrollierbaren Ausgangslage aus sollte sich der Mensch den Strömen der Luft und der Winde anpassen und wann immer es erforderlich ist, wieder in die Ausgangslage zurückkehren. Um in der Welt des neuen Kapitalismus berufsmäßig Fuß fassen zu können, muss sich der moderne Arbeitnehmer von alten Prinzipien (z. B. Firmentreue) lösen und für Veränderungen und neue Risiken offen sein. Diese beinhalten neben einem häufigen Arbeitsplatz- und Wohnortwechsel ganz besonders eine ständige Weiterentwicklung in neuen technologischen Fertigkeiten und Fähigkeiten und eine ständige Ausweitung seiner beruflichen Erfahrungen.

Die wenig Qualifizierten bleiben als Modernitätsverlierer und oftmals als Langzeitarbeitslose auf der Strecke. Flexibilität hat aber auch eine Schattenseite. Durch die Abnahme an Sicherheit, Langfristigkeit und Berechenbarkeit und die ständige Bereitschaft, „in Bewegung" bleiben zu müssen, entstand ein Zustand, den Senett (1998, S. 22) *„Drift"* (Zustand des Dahintreibens) nennt. Ein Merkmal dieses Dahintreibens ist der Kontrollverlust in Arbeit und Privatleben und die rasante Abnahme von Langfristigkeit. Arbeitsplätze in der modernen Dienstleistungsindustrie kennen sowohl bezüglich der erforderlichen Qualifikationen als auch der Dauerhaftigkeit des Arbeitsverhältnisses keine pragmatisierte Stabilität. Diese Entwicklung wird von der *„Stärke schwacher Bindungen"* (S. 28) begleitet. Alles wird oberflächlich und kurzfristig. Der Arbeitnehmer kann nur überleben, wenn er Loyalität und Dienstbereitschaft durch oberflächliche Kooperationsbereitschaft und Distanz zu ersetzen beginnt. Senett sieht alles driften und sieht in *„bleib in Bewegung, geh keine Bindungen ein und bring keine Opfer"* (S. 29) die neue Lebenshaltung.

Zusammenfassend kann gesagt werden, dass die postindustrielle Gesellschaft und der postindustrielle Kapitalismus die Lebens- und Arbeitsbedingungen grundlegend verändert haben. Die neue Flexibilität zwingt den Menschen, traditionelle Werte wie Treue, dauerhafte Bindungen und gegenseitige Verpflichtung aufzugeben. Das Langfristige wird durch das Kurzfristige und die Treue durch die Flexibilität ersetzt. Stabile Beziehungen werden durch Netzwerke von Kooperationen abgelöst. Menschen erleben anstatt Stabilität und Berechenbarkeit Kontrollverlust in Familie, Arbeit und Beziehungen. Es stellt sich die Frage, ob bleibende Werte in einer ungeduldigen und auf den Moment ausgerichteten Gesellschaft ausgebildet und verfolgt werden können.

Für Erzieher stellt sich die Frage, wie Erziehung und Unterricht in einer solchen Gesellschaft zu organisieren sind. Genügt das Vermitteln neuer Werte oder die Einführung eines neuen Unterrichtsprinzips (z. B. ökologische Erziehung), um auf die neuen Herausforderungen reagieren zu können?

Das nächste Kapitel soll die Dramatik der Veränderungen aus einer anderen Perspektive beschreiben und Argumente dafür liefern, dass ein „Neubau" oder eine „Neuerfindung der Schule" (Voß 1999) erforderlich ist.

1.3. Megatrends und Revolutionen

Die Darstellung von Megatrends und Revolutionen in der Gesellschaft soll deutlich machen, dass das Umfeld von Schule starken Veränderungen unterworfen ist. Schule ist ein *„Kind ihrer Zeit“* (Meyer 1994, S. 79) und kann sich auf Dauer den Strömungen in der Gesellschaft nicht entziehen. Dies alles bewirkt und bewirkte einen Funktionswandel der Schulen (Meyer 1994, S. 88; Struck 1996, S. 5ff). Wenn die Gegenwart immer kürzer wird (Lübbe 1997, S. 119) und die Zukunft immer drängender vor der Tür steht, möchten wir wissen, wohin unsere Gesellschaft steuert, um uns orientieren und vorbereiten zu können. Lübbe (1997, S. 117) macht fünf Megatrends namhaft, die den Verlauf unserer Gesellschaft bestimmen, nämlich temporale Innovationsverdichtung, Netzverdichtung, Selbstorganisation, Moralisierung und Ökonomisierung.

Temporale Innovationsverdichtung

Dieser Trend beschreibt die *„Beschleunigung, mit der sich im Prozess der Zivilisation die Innovationsrate pro Zeiteinheit erhöht“* (Lübbe 1997, S. 117). Im wissenschaftlichen Bereich drückt sich die temporale Informationsverdichtung in der absinkenden Halbwertszeit wissenschaftlicher Literatur aus und durch intensivierte elektronische Verbreitungsmöglichkeiten wissenschaftlicher Publikationen. Dadurch entsteht ein großer Rezeptions- und Selektionsdruck. Temporale Informationsverdichtung führt uns auch die Aufnahmekapazitäten von Individuen vor Augen. Weiters führt dieser Trend zu einer Verkürzung der Gegenwart; die Übergänge von der Vergangenheit in die Zukunft schrumpfen. Die fortschreitende temporale Informationsdichte verlangt wegen des Veralterungsgrades von Wissen kürzere tertiäre Ausbildungen und danach die lebenslange Bereitschaft zum Weiterlernen. Das Interesse an alterungsresistenten Informationsbeständen nimmt zu.

Netzverdichtung

Diesen Trend beschreibend, vertritt Lübbe (1997, S. 121) die These, dass der Fortschritt Netze braucht, um Waren, Güter und Information befördern und austauschen zu können. In früherer Zeit waren dies Verkehrsnetze, die von Zentren zu Zentren – meist Metropolen – führten. Mit zunehmender Netzverdichtung von Verkehrswegen wurden die Metropolen unwichtiger. In der Jetztzeit ist zum Verkehrsnetz das Telekommunikationsnetz hinzugetreten. Dies trägt das Potential weiterer Verdichtung in sich; damit werden Zentren eigentlich bedeutungslos. Netzverdichtung bringt kulturelle und politische Dezentralisierung. Die weitere Verselbstständigung und Ablösung des Telekommunikationsnetzes vom Verkehrsnetz lässt die „Zentralität des Systems" (S. 124) verschwinden. Das hat auch demokratiepolitische Auswirkungen.

> *„Kommunikationsverdichtung und flächendeckende Mobilität machen den Zugriff zu Informationen und Gütern zentrumslos universell" (S. 124).*

Netzverdichtung führt zur Verringerung von Zentrumsorientierung und macht Einheit zugunsten von Vielheit virulent.

Selbstorganisation

Selbstorganisation ist ein Pendant zum Zentralismus und zu rigid verfassten Staatsformen. Agrarisch und / oder frühindustriell basierte Staatsformen waren zentralistisch organisiert. Mit der Transformation unserer Gesellschaft zu einer Informationsgesellschaft werden die Tendenzen zur Selbstorganisation stärker. Den Personenverkehr konnte man noch mit Mauern und Zäunen regeln; Informationen lassen sich ungleich schwieriger unzugänglich machen. So gesehen bewirken die temporale Innovationsverdichtung und die engeren Maschen von Informationsnetzen Demokratisierungsimpulse, die unumkehrbar sind. Lübbe (1997, S. 128) vertritt sogar die These, dass die informationstechnologisch gestützten Impulse die Aufrechterhaltung totalitärer Systeme untergräbt. Zusammen mit den Tendenzen der Netzverdichtung und den beobachtbaren Trends zur Regionalisierung in Europa und zum Föderalismus in den Nationalstaaten erhalten verschiedenste Formen der Selbstorganisation Realisierungschancen auf unterschiedlichsten Ebenen. Durch Selbstorganisation entsteht eine neue Vielfalt. Zusätzlich entstehen neben dem üblichen Personalplebisziten (den Wahlen) immer öfter Sachplebiszite (z. B. Abstimmungen über eine politisch relevante Frage). Für Lübbe hängen Komplexitätssteigerung in Systemen und Partizipation folgendermaßen zusammen:

> *„Je komplexer unsere Organisationen werden, umso größer wird der Zwang zur dezentralen Verarbeitung von Informationen einschließlich Selbstorganisation ihrer Entscheidungs- und Handlungsfolgen."* (Lübbe 1997, S. 131)

Somit führt Selbstorganisation zu kleinen Einheiten in großen Komplexen und erhöht somit auch das Potential der Vielfalt.

Moralisierung

Hinter diesem Trend verbirgt sich das „Undankbarkeits"-Phänomen. Je höher der Wohlstand und je besser unsere Gesundheitsvorsorge ist, desto unzufriedener werden wir mit dem, was wir erreicht haben, und mit dem, was uns geboten wird. Je höher das Niveau der Wohlfahrt wird, umso anspruchsvoller und raffinierter werden unsere Forderungen an das Wohlfahrtssystem. Zugleich reagieren wir immer gereizter auf die Folgekosten des hohen Wohlfahrtsniveaus. Der Grund, warum Lübbe diesen Trend „Moralisierung" nannte, liegt in der sinkenden Akzeptanz – der abnehmenden moralischen Übereinstimmung – gegenüber einem System, das wir wollen und dessen wir uns auch bedienen, wofür wir aber immer zögerlicher aufkommen wollen:

> *„Der Grad der moralischen Übereinstimmung unserer Zivilisationsgenossenschaft mit den Bedingungen ihrer Wohlfahrt wird geringer."* (Lübbe 1997, S. 132)

Der Zivilisationsmensch (z. B. im Alter von ungefähr 50 Jahren) vergisst infolge der Zukunftsschrumpfung so rasch das soziale Elend der 20er und 30er Jahre seiner Eltern und wird in seinem Urteil über die unmittelbare Gegenwart ungerecht.

Der Staat sieht sich mit so genannten Doppelforderungen konfrontiert. Es sollten einerseits höhere Leistungen des Staates für die Gesamtheit zur Verfügung gestellt werden, andererseits sollte dies bei sinkenden Kosten geschehen. Dieses Phänomen lässt sich auch bei der Modernisierung der Infrastruktur beobachten. Der Forderung nach leistungsfähigeren Straßen steht die geringe Akzeptanz, dafür Grund und finanzielle Mittel zur Verfügung zu stellen, gegenüber. Die Folgen sind, dass wir immer mehr Geld für Akzeptanzbeschaffung in den Bereichen Verkehrs- und Schienenbau, Industrieanlagenbau usw. ausgeben müssen. Ansonsten würden die Verweigerungspotentiale und die Betroffenheitsdemokratie (z. B. Bürger sind von einer Infrastrukturmaßnahme betroffen und organisieren Widerstand) noch höher sein.

Ökonomisierung

Hinter diesem Trend verbergen sich mehrere Aspekte. Am bekanntesten ist wohl der Aspekt, dass alle Unternehmen Gewinne machen müssen, und wenn der Profit auszubleiben droht, müssen Arbeitskräfte freigesetzt werden. Einen weiteren Aspekt sieht Lübbe (1997, S. 136) in der Ökonomisierung der natürlichen Ressourcen. Der Terminus „Ökonomisierung" wird von Lübbe in diesem Zusammenhang im Sinne von „Haushalten" verstanden. Das erklärt auch die Forderung nach mehr „haushälterischen" Maßnahmen für unsere natürlichen Lebensgrundlagen. Letztlich sollte unter diesem Trend auch die Kostenwahrheit sozialer und medizinischer Leistungen für Bürger erfahrbar gemacht werden, um ein Verständnis für den sparsamen Umgang der Mittel zu erwecken. Man könnte zusammenfassend sagen, dass wir einen immer höheren Wohlstand einfordern, aber über die wahren Kosten zu wenig Bescheid wissen und / oder wissen wollen. Ökonomisierung ist also als Wirtschaftsprinzip und als Wirtschaftsverständnis zu verstehen.

Die Zukunftsforscher Naisbitt und Aburdene haben zehn Megatrends (1990, S. XIX) für das nächste Jahrtausend identifiziert:

1. *„The Booming Global Economy of the 1990's"*
2. *„Renaissance of the arts"*
3. *„The emergence of the free-market socialism"*
4. *„Global lifestyles and cultural nationalism"*
5. *„The privatisation of the welfare state"*
6. *„The rise of the pacific rim"*
7. *„The 1990's: decade of woman in leadership"*
8. *„The age of biology"*
9. *„Religious revival of the third millennium"*
10. *„Triumph of the individual"*

Die Trends von Naisbitt und Aburdene enthalten einander widersprechende Trends (z. B. Globalisierung und nationalistische Tendenzen). Naisbitt (1994, S. 5) hat sich in der Publikation „Global Paradox" mit diesen Antagonismen auseinandergesetzt:

„The bigger the world, the more powerful smallest players."

Was Naisbitt das globale Paradoxon nannte, wurde von Lübbe als Trend zur Selbstorganisation in zentralistischen Kontexten identifiziert. Das Ergebnis ist in beiden Fällen, dass „Einheitlichkeit", zentrale Autorität und das Monopol auf eine Wirklichkeitskonstruktion zerbröckeln.

Die nachhaltigen Veränderungen der Gesellschaft werden in ähnlicher Weise von Dallin (1997) vorausgesagt und beschrieben. Unter Revolution will er *„durchgreifende Veränderungen der Wahrnehmung, Reflexion und Erklärung der Wirklichkeit, ferner eine Veränderung von Haltungen, Machtverhältnissen und Strukturen, die für die Gesellschaft der Zukunft von entscheidender Bedeutung sind"* (Dallin 1997, S. 56) verstanden wissen.

Tabelle 3: Übersicht über verändernde Kräfte (Revolutionen) nach Dallin (1997)

	Art der Revolution	**Charakterisierung**
1	**Wissens- und Informations-revolution**	Diese Revolution ist dadurch gekennzeichnet, dass die Produktion materieller Güter zurückgedrängt und von immer weniger Beschäftigten bewältigt wird. Die neuen Produktionssparten erzeugen immaterielle Güter. Hoch qualifizierte „White-colour"-Beschäftigte erzeugen und verteilen Information; andere verdienen sich in den neuen Dienstleistungsbereichen wie Werbung, Beratung und Public Relation ihren Lebensunterhalt. Volkswirtschaften mit einem hohen Anteil von Beschäftigten im neuen Dienstleistungssektor sind agrarischen oder industriellen Gesellschaften einkommens- und machtmäßig überlegen.
2	**Bevölkerungs-revolution**	Die rasante Zunahme der Bevölkerung auf unserer Erde wird das momentane Gleichgewicht nachhaltig beeinflussen. Es gibt Voraussagen, dass die Weltbevölkerung in ungefähr 10 Jahren die 8-Milliarden-Grenze überschritten haben wird. Das Wachstum wird in den Entwicklungsländern aber wesentlich höher sein als in den reichen Industrieländern. In Zusammenhang mit der Tatsache, dass die meisten bevölkerungszunehmenden Länder auch Agrar- oder höchstens Industrieländer sind, ergibt sich starkes Ungleichgewicht im Hinblick auf das Welteinkommen.
3	**Globalisierende und regionalisierende Revolution**	In der Moderne war der Nationalstatt ein wichtiger Bezugsrahmen für Identitäten. Die Wirtschaft hat aber die Bedeutung der Nationalstaaten stark vermindert; ebenso haben die großen Zusammenschlüsse wie EU und NAFTA die Globalisierung vorangetrieben.
4	**Revolution der gesell-schaftlichen Verhältnisse**	Neue Entwicklungen (z. B. Überwindung von Traditionen und historisch geprägten Rollenvorbildern, Abnahme der Autorität von Kirchen etc.) eröffnen für Benachteiligte in der Gesellschaft neue Chancen. Durch das Zurückdrängen von patriarchalischen Verhältnissen entstehen für Frauen neue Chancen in der Gesellschaft. Auch bislang benachteiligte Minderheiten finden neue Chancen der Lebensführung und Verwirklichung vor. Der zunehmende Pluralismus und die fortschreitende Multikulturalität in westlichen Gesellschaften bereiten manchen große Sorgen; für andere wird dies aber als große Chance gesehen. In letzter Zeit scheint es so, dass die zunehmende Heterogenität in Gesellschaften rechtspopulistische Kräfte zu wecken beginnt.

Fortsetzung Tabelle 3:

5	**Wirtschaftliche Revolution**	Das wirtschaftliche Denken und Handeln wurde einem Paradigmenwechsel unterworfen (Martin 1996, S. 153). Der Keynesianismus, der in der Lenkung aller Lebensbereiche und der Intervention durch den Staat die Maxime sah, wurde von neoliberalen Ansätzen abgelöst. Hayek und Friedman propagieren den Rückzug des Staates auf wenige Kernfunktionen und sehen in der freien Marktwirtschaft und im Wettbewerb das Ziel von politischem und wirtschaftlichem Handeln. Der Wettbewerbsgedanke wurde auch in vormals monopolisierte Lebensbereiche getragen (z. B. Telekommunikation und Energieversorgung). Anzumerken ist aber auch, dass das neue Wirtschaften viele Menschen zu Verlierern gemacht hat. Besonders in den USA konnte beobachtet werden, dass einerseits eine bestimmte Schicht reicher wurde, aber andererseits eine große Zahl von Menschen verarmte. Dies gilt auch für Nationalökonomien; den Gewinnern (meist OECD-Staaten) stehen viele Verlierer (Länder der vierten und fünften Welt) gegenüber.
6	**Technologische Revolution**	In seinem Klassiker „Die Macht des Computers und die Ohnmacht der Vernunft“ vertritt Weizenbaum (1978, S. 36) die These, dass Werkzeuge, die der Mensch erfunden und entwickelt hat, die Gesellschaft und auch das Leben der Menschen unumkehrbar verändert haben. Dies kann an den technischen Errungenschaften der Uhr (z. B. wir richten den Tag nicht mehr nach den natürlichen Zeitgebern wie der Sonne aus), der Baumwollpflückmaschine (z. B. viele Schwarze zogen wegen Arbeitsmangels auf dem Land in die großen Vorstädte und konnten dort wegen mangelnder Qualifikation schwer Arbeit finden) und auch der Atombombe gezeigt werden. Im Moment sind es die modernen Technologien (Gentechnologie und Informationstechnologien), die unumkehrbare Entwicklungen ausgelöst haben.
7	**Ökologische Revolution**	Verkehrsaufkommen zu Straße und zur Luft, ungebremster Fortschritt und Zivilisation haben das ökologische Gleichgewicht in einem solchen Ausmaß gestört, dass es sich nicht mehr selbst erholen kann. Der Wirtschaftsstil der USA und Westeuropas (z. B. steigender Energiebedarf) hat zwar Wohlstand gebracht, aber auch Entwicklungen losgetreten, die unseren Nachkommen große Reparaturbelastungen auferlegen (z. B. Ozonbelastung, Erderwärmung, Monokulturen internationaler Konzerne in Lateinamerika, Afrika etc.). Die Revolution bestünde in einer Ressourcenbewirtschaftung nach dem Muster von „Faktor vier“ (Weizsäcker 1997), nämlich den Wohlstand zu verdoppeln und den Naturverbrauch zu halbieren.
8	**Ästhetische Revolution**	*„From the United States and Europe to the Pacific Rim, wherever the affluent information society has spread, the need to re-examine the meaning of life through the arts has followed.”* (Naisbitt 1990, S. 50) Als Gegenströmung zur fortschreitenden Uniformierung aller Lebensbereiche und zum Massenkonsum sehen viele Zukunftsforscher die Möglichkeit einer ästhetischen Revolution (Dalin 1997, S. 90). Beide Autoren sehen unter anderem im Museumsboom und in den sich vervielfachenden Opernvorstellungen Indikatoren für ihre These der steigenden Bedeutung der Künste.

Fortsetzung Tabelle 3:

9	**Politische Revolution**	Die Moderne war nach Dalin (1997, S. 91) dadurch gekennzeichnet, dass sich Nationalstaaten mit einer Zentralmacht herausbildeten. In der zweiten Hälfte des vergangenen Jahrhunderts war das weltpolitische Geschehen weitgehend von den zwei Supermächten USA und UdSSR bestimmt worden. Der Kommunismus ist in Osteuropa beinahe verschwunden und mit ihm der Warschauer Pakt und der kalte Krieg. Die bipolare Mächtekonstellation wurde durch eine multipolare abgelöst. Zu Ende des letzten Jahrzehnts sind besonders in Westeuropa trotz steigenden Wohlstandes populistische Parteien stark geworden, die ihren Zulauf dadurch sichern, dass sie behaupten, dass die Ausländer in den jeweiligen Ländern den Wohlstand schmälern würden. In Europa konnte trotz der Vereinigungsbestrebungen durch die EU auch die gegenläufige Entwicklung festgestellt werden; Regionen (z. B. Schottland) und kleine Länder (z. B. Dänemark) gehen ihre eigenen Wege und fordern mehr Selbstständigkeit.
10	**Revolution der Werte**	Der Verlust der Autorität traditioneller Institutionen (z. B. Familien, Kirchen und Staat) und die Zunahme von Pluralismus und Individualisierung wird von manchen Beobachtern als Werteverlust und Verfall beschrieben. Die positive Perspektive sieht darin eine Zunahme von Lebensoptionen und eine notwendige Basis für die Demokratisierung aller Lebensbereiche.

Mit der Darstellung der zehn Revolutionen sollten die vielen Facetten der postmodernen Gesellschaft brennglasartig vergrößert und verdeutlicht werden und die Rahmenbedingungen für Schule neu definiert werden. Auffallend ist, dass in der Liste der Revolutionen die Revolution betreffend des Umbaus des Sozialsystems fehlt. Lediglich Lübbe thematisierte in seiner Auflistung der Trends das Problem der Sozialsysteme.

1.4. Wie lebt und denkt die Jugend heute?

Der Eintritt unserer Gesellschaft in die Postmoderne hat eine Reihe von Gesellschaftskritikern zur Publikation von Diagnosen veranlasst. In vielen Fällen fallen diese Analysen sehr generalisierend und pessimistisch aus. Mit zwei Beispielen soll diese These belegt werden. Prisching (1998, S. 152) befindet, dass es einen *„Wandel von den Pflicht- und Akzeptanzwerten zu den Selbstentfaltungswerten“* gibt, und stellt fest, dass gerade die jungen Generation traditionelle Werte hinter sich lässt:

> *„... mit den Pflichten hält es die junge Generation, die alle Hände voll mit Selbstentfaltung zu tun hat, in der Tat nicht mehr gar so sehr, während die große Abwendung von den materiellen Werten sich schwer wahrnehmen lässt, wenn man sich umblickt ...“* (Prisching 1998, S. 152)

Nach Meinung von Prisching hat in der postmodernen Gesellschaft das Individuelle über das Gemeinsame gesiegt. Und die Sinnfindung ist nicht mehr Sache der Gemeinschaft, sondern des Individuums:

> *„In der liberal-individualistischen Gesellschaft ist jeder einzelne dafür zuständig, seine Lebenswelt mit Sinn zu durchtränken, und wenn er dabei versagt, kann er die Schuld nur bei sich selbst suchen. Die Selbsterschaffung ist jedermanns eigene Sache.“* (Prisching 1998, S. 153)

Mit der These, dass wir in der neoliberalen, globalisierten und pluralistischen Gesellschaft zum Driften verurteilt sind, erstellt Senett (1998, S. 31) eine ähnliche Diagnose:

> *„Wie lassen sich langfristige Ziele in einer auf Kurzfristigkeit angelegten Weltgesellschaft anstreben? Wie sind dauerhafte soziale Beziehungen aufrechtzuerhalten? Wie kann ein Mensch in einer Gesellschaft, die aus Episoden und Fragmenten besteht, seine Identität und Lebensgeschichte zu einer Erzählung bündeln?“*

Die Orientierung auf den Moment und die unmittelbare Zukunft wird als erodierender Faktor identifiziert:

> *„‚Nichts Langfristiges' desorientiert auf lange Sicht jedes Handeln, löst die Bindungen von Vertrauen und Verpflichtung auf und untergräbt die wichtigsten Elemente der Selbstachtung.“* (Senett 1998, S. 38)

Die obigen Aussagen sollen den Ergebnissen der 13. Shell Jugendstudie (Fischer, Fritsche, Fuchs-Hernitz & Münchmeier 2000) gegenübergestellt werden. Es soll geprüft werden, ob sich diese Diagnosen in dieser dramatischen Form bei Jugendlichen nachweisen lassen. Die Studie hat eine beachtliche Datenbasis: 734 Jugendliche in der Vorstudie zur Erstellung und Entwicklung der Untersuchungsinstrumente, 4 546 Jugendliche im Alter zwischen 15 und 24 Jahren in der quantitativen Hauptstudie, 648 Jugendliche als zusätzliche Stichprobe von ausländischen Jugendlichen; weiters 30 qualitative Explorationen und 32 biografische Interviews. Die Studie ist deshalb von großem Interesse, weil sie zu einem Zeitpunkt entstanden ist, *„zu dem Jugend in der öffentlichen Rhetorik, in Medien und Akademien in besonderer Weise ins Spiel gebracht wurde“* (S. 11). Man warf *„sorgen- wie auch hoffungsvolle Blicke auf die junge Generation“* (S. 11), weil man zu wenig Kenntnisse zu haben glaubte, welche Zukunftssichten, welchen Gestaltungswillen, welche Wert- und Lebensvorstellungen verfolgt werden und wirksam sind:

> *„In solchen medialen Diskursen erscheint ‚die' Jugend häufig zurechtgemacht, stilisiert, auf eine griffige Schlagzeile reduziert und zu einer irgendwie publikumswirksam benannten ‚Generation' verdichtet. Oder sie wird als Hoffungsträger beschworen, als ‚Generation, die Zukunft' macht, die die Ängste der älteren Generation beschwichtigt, weil sie mit ‚neuem Unternehmergeist' und der ‚Tugend der Orientierungslosigkeit' die sich stellenden Aufgaben anpackt.“* (S. 11)

Die Shell Jugendstudie über das Denken und Leben von Jugendlichen in Deutschland stellt eine wohltuende Ausnahme dar. Die Autoren der Studie schaffen es, die Datenlage ohne Weltuntergangsbegleitmusik und Pauschalierung zu interpretieren. Es war eine Absicht der Studie, den unzulässigen Pauschalierungen gegenüber Jugendlichen und der gesellschaftlichen Entwicklung entgegenzuwirken. Eine ähnlich umfangreiche und gründliche Studie mit Vergleichswerten aus vorangegangenen Studien liegt für österreichische Verhältnisse nicht vor; deshalb wird auf bundesdeutsche Ergebnisse zurückgegriffen.

Wie sehen die Jugendlichen der BRD die Zukunft?

Die Grundstimmung in Bezug auf die persönliche und die gesellschaftliche Zukunft kann als recht optimistisch, aber keineswegs fröhlich bezeichnet werden. Dies bedeutet im Vergleich zur vorangegangenen Shell Jugendstudie einen Anstieg der Zuversicht. Von einem *„unbekümmerten Optimismus“* (Fischer et al. 2000, S. 13) kann keine Rede sein. Sie sehen sehr klar die großen Herausforderungen der Informationsgesellschaft und auch die Anstrengungen, um diese Herausforderungen zu meistern. Ebenso ist Leistungsbereitschaft, Beharrlichkeit und Ausdauer zur Erreichung der gesetzten Ziele nachweisbar. Zukunftsorientiertheit und klare Lebensplanung sind von Ernsthaftigkeit und nicht – wie früher – von Sorgenfreiheit geprägt. Diese Befunde sind aber gruppenspezifisch zu modifizieren. Die Jugendlichen, die über gute Bildung und hohe Unterstützung durch die Eltern, über eine klare Lebensplanung und gute Persönlichkeitsressourcen (z. B. Selbstvertrauen) verfügen, haben eine optimistischere Sicht der Zukunft als ostdeutsche oder türkische Jugendliche. Klar widersprochen wird folgendem Pauschalbefund:

> *„In der Zusammenschau spricht wenig für die manchmal zu hörende Unterstellung, die Jugendlichen wüssten angesichts von fortdauernder Arbeitslosigkeit, von Flexibilisierung und Globalisierung sowie vom rasanten Wandel in allen Lebensbereichen nicht mehr aus noch ein. Eher im Gegenteil! Relativ zuversichtlich und überzeugt von der eigenen Leistungsfähigkeit versuchen sie mehrheitlich, aktiv ihre Lebensperspektive vorzubereiten.“* (S. 13)

Nach den Befunden sind die Jugendlichen weder verängstigt, noch leichtsinnig unbekümmert. Sie sehen die Herausforderungen der Zukunft sehr realistisch und sind entschlossen, diese zu meistern. Der realistische und zielstrebige Blick in die Zukunft inkludiert aber auch die problematischen Aspekte.

Die Wertschätzung der Familie

Bezüglich der Inhalte und der Ziele der Zukunftsplanung zeichnet sich ein breiter Konsens für Familie und Beruf ab:

> *„Sie wollen keineswegs einem individuellen Individualismus huldigen, der sich von diesen traditionellen Lebensformen freimacht und jenseits von Beruf und Familie ein gegenwarts- und selbstbezogenes Leben propagieren."* (S. 14)

Es ist wahrlich bemerkenswert, dass die empirischen Ergebnisse ein völlig andere Sprache sprechen als die pessimistischen Diagnosen von Prisching (siehe Einleitung zu diesem Kapitel):

> *„Bei den deutschen Jugendlichen scheint die Orientierung an der Zentralstellung der Familie für die eigene Lebensplanung losgelöst zu sein von irgendwelchen ‚materiellen' Nutzenüberlegungen, so hat etwa die ‚Versorgungsehe' ausgespielt. Vielmehr wird die Familie als Ressource, als emotionaler Rückhalt, als Ort der Verlässlichkeit, Treue, Häuslichkeit und Partnerschaft verstanden."* (S. 14)

Mit Ausnahme der 22-24-jährigen jungen Frauen wollen die Jugendlichen Beruf und Familie aufeinander abstimmen und in ihrer Lebensplanung ausgewogen verbinden. Das Verhältnis der Jugendlichen zu den Eltern kann als gut bezeichnet werden. Eltern werden als Vertrauenspersonen wahrgenommen. Die Erziehung ist – im Vergleich zu früher – weniger streng. Der Ablösungsprozess geschieht in partnerschaftlicher und konfliktfreier Weise; er vollzieht sich in Absprache mit den Eltern und mit deren voller Unterstützung. Schichtspezifisch betrachtet konnten aber auch problematische Beziehungssituationen in der Unterschicht gefunden werden.

Die Ergebnisse zur beruflichen Orientierung zeigen an, dass sich Jugendliche keineswegs auf die Spaß- und Freizeitgesellschaft jenseits der Berufsorientierung vorbereiten.

Wertewelt der Jugendlichen

Auf der Basis von qualitativen Vorstudien wurden Wertedimensionen in engem Zusammenhang mit Lebenskonzepten und biografischen Zielen entwickelt. Es wurden also keine vorgegebenen Werteskalen verwendet (Fritzsche 2000, S. 99). Die Wertedimensionen wurden sozusagen mit Hilfe der Jugendlichen rekonstruiert. Das bedeutet, dass sie „aus dem Leben kommen."

Durch Faktorenanalyse wurden acht neue Wertedimensionen ermittelt:

Tabelle 4: Wertedimensionen der Shell Jugendstudie (Fritsche 2000, S. 99)

	Dimension	Beschreibung
1	Autonomie, Kreativität und Konfliktfähigkeit	Selbstständig denken und handeln; allein auf Ideen kommen; sich von ungenehmen Dingen nicht unterkriegen lassen; die eigene Meinung vertreten, auch wenn die Mehrheit anders denkt; keine Angst vor Konflikten haben; den Mut haben, nein zu sagen.
2	Menschlichkeit, Toleranz und Hilfsbereitschaft	Hilfsbereit gegenüber anderen Menschen sein; mit anderen teilen, etwas abgeben können; Menschen, die anders sind, akzeptieren; jeden Menschen so akzeptieren, wie er ist; etwas für die Gesellschaft leisten; andere Kulturen kennen lernen.
3	Selbstmanagement, Disziplin und Einordnungsvermögen	Diszipliniert sein; sich im Griff haben, Selbstbeherrschung zeigen; sich in eine Ordnung einfügen, sich anpassen können; bescheiden sein; gründlich sein in allen Dingen; regelmäßig feste Summen sparen.
4	Attraktivität, gutes Aussehen und materieller Erfolg	Auch in 20 oder 30 Jahren noch gut aussehen; sich mit 30 oder 40 Jahren noch jugendlich anziehen können; viel Geld auf der hohen Kante haben; in seinem Leben einmal viel Geld verdienen; vor allem Spaß haben und viel erleben.
5	Modernität, Teilhabe an Politik und technischem Fortschritt	Sich für Politik interessieren; politische Zusammenhänge verstehen; mit Computern umgehen können; mit Technik umgehen können; Ämter in wichtigen Organisationen übernehmen; technisch immer auf dem neuesten Stand sein, gut ausgerüstet sein.
6	Authentizität, persönliche Denk- und Handlungsfreiheit	So bleiben, wie man ist; tun und lassen, was man gerade will; frei von Verpflichtungen sein; sich nicht von anderen beeinflussen lassen; den eigenen Kopf durchsetzen; immer sagen, was man denkt.
7	Familienorientierung, Partner, Heim und Kinder	In einer glücklichen Partnerschaft leben; Kinder haben; eine eigene Familie aufbauen, in der man sich wohlfühlt; sich später ein angenehmes Zuhause schaffen; seinen Kindern einmal ein sicheres Zuhause bieten; treu sein.
8	Berufsorientierung, gute Ausbildung und interessanter Job	Eine vernünftige Ausbildung anstreben; umziehen, wenn es der Job erfordert; ein solider Beruf, mit dem man auf eigenen Beinen steht; ein Beruf, der einem auch später etwas bedeutet; eine sicheren Arbeitsplatz finden.

Für alle Dimension kann gesagt werden, dass es Unterschiede gibt, wenn man den Bildungsstand der Befragten als unabhängige Variable wählt. Die höher Gebildeten stimmen den Dimensionen stärker zu. Wie kann die hohe Zustimmung zur Autonomie mit der hohen Zustimmung zur Menschlichkeit in Einklang gebracht werden? Sind das nicht Widersprüche? Sind das nicht die Trends, auf die die „Doomsayer" ständig hinweisen? Bedeutet die hohe Zustimmung und die Lebensgestaltung nach dem Prinzip der Autonomie nicht Entsolidarisierung? Die Autoren der Studie sehen keinen Widerspruch zwischen den Dimensionen wie Autonomie und Menschlichkeit. Nach ihrer Meinung sei das Gegenteil der Fall; Autonomie und Menschlichkeit korrelieren hoch miteinander. Das führte Fritzsche (2000, S. 16) zur Schlussfolgerung, dass es die „Entweder-oder"-Konstellationen früherer Werterziehungskonzepte nicht mehr gibt. Sie wurden von einem „Sowohl-als-auch"-Konzept von der Realität abgelöst. Das stellt einen deutlichen Hinweis darauf dar, dass neue Wertkonzepte und neue Kombinationen zwischen ursprünglich widerstreitenden Wertkonzepten entstanden sind.

Werteverlust vs. Wertevielfalt

Nach Fritzsche (2000, S. 97) sind Werte individuelle Vorstellungen davon, was erstrebenswert ist. Werte stellen Anhaltspunkte dar, an denen sich Individuen orientieren können, aber nicht müssen. Da „Werte in Menschen" sind, ist es auch außerordentlich schwer, diese zu erfassen. Normen hingegen regeln als eine Art Gebrauchsanweisung unser tägliches Verhalten. Es gibt vereinfacht gesagt zwei Konzepte für die Verbindlichkeit von Werten. Während eine Richtung die Idee der Gültigkeit von Werten über alle Situationen hinweg vertritt, sieht die andere Richtung die lebens- und situationsabhängige Gültigkeit von Werten (S. 97). Diese Mutation der Gültigkeit von Werten wird aber von vielen als typischer Verlust gebrandmarkt. Es ist das Kennzeichen einer pluralistischen Gesellschaft, dass viele Werte nebeneinander im Stile einer „Sowohl-als-auch"-Kombination existieren. Das wird natürlich als Werteverlust gebrandmarkt, während andere darin einen Gewinn sehen:

> *„Die Globalisierung hat uns keinen Werteverlust, sondern eine Wertevielfalt beschert."* (S. 94)

Im Kontext einer konstruktivistischen Arbeit verwundert dies nicht; es ist vielmehr ein Beispiel für verschiedene Sichtweisen und Schlussfolgerungen für ein- und dasselbe Phänomen.

Auch das nächste Zitat wird für manche nicht akzeptabel sein, während andere darin eine längst fällige Modifikation sehen. Weltanschaulich-politische Orientierungen waren in der Vergangenheit stabil:

> *„... es war klar, was links und was rechts war, wer gut und wer böse war. Seit geraumer Zeit kommen diese pseudo-sicheren Eckpfeiler ins Wanken."* (S. 93)

Sehr bildhaft beschreibt Fritzsche den Verlust des Wertekonsenses:

> *„Der Wertehimmel von Nachkriegszeit und Wachstumswunder hat sich ebenso in Wohlgefallen aufgelöst wie der Wertehimmel der Alt-68er."* (S. 93)

Es hat uns eine „neue Unübersichtlichkeit" erreicht. Die Forscherin Fritzsche sieht den Jugendlichen von heute als Konstrukteur seines eigenen Wertekosmos und seiner Biografie. Dies wird als die große Beliebigkeit scharf kritisiert. Prisching (1999, S. 44) spricht in diesem Zusammenhang von der Beliebigkeit als Gesellschaftsfundament. Daraus entstünde nach seiner Ansicht die egozentrische, narzisstische, hedonistische Gesellschaftsform der „Mc-Dekade“:

> *„Mit gutem Recht kann man die postmoderne Gesellschaft, die sich jeder Gültigkeit verweigert, als relativistisch-nihilistische Gesellschaft beschreiben, und der Nihilismus tritt in vielen Formen auf.“* (Prisching 1999, S. 45)

Normalerweise müssten diese Selbstentwürfe aus verschiedenen Versatzstücken aus der Sicht Erwachsener Orientierungslosigkeit und Ohnmacht nach sich ziehen. Diese Überforderungserfahrungen konnten im Rahmen der Shell Jugendstudie nicht festgestellt werden.

Zusammenfassung der Shell Jugendstudie und Schlussfolgerungen

Zuallererst ist anzumerken, dass die Studie ein Beleg für die Selbstorganisationsthese (Lübbe 1997, S. 126) ist. Die Jugend von heute versucht, dem „Wertezentralismus“ der Vorgängergeneration oder der sozialisierenden Institutionen zu entrinnen.

Die Studie zeigt weiter, dass Jugendliche zwischen zwei oder mehreren Wertekomplexen „hin- und herpendeln“. Das ist ein neues Phänomen und soll ausführlicher unter dem Stichwort „transversale Vernunft“ beschrieben werden.

Die Ergebnisse zur Frage der Werte innerhalb der Shell Jugendstudie fasst Fritzsche (2000, S. 93) mit dem Schlagwort *„Inflation am ‚Wertehimmel‘“* und *„Ein Abgesang auf den allgemeingültigen Wertehimmel“* zusammen. Die Interpretation solcher Ergebnisse ist natürlich ein Paradebeispiel für angewandten Konstruktivismus. Während die einen den Verlust allgemein verbindlicher Werte beklagen, ist für die anderen die Wertevielfalt ein Gewinn:

> *„Die Globalisierung hat uns daher keinen Werteverlust, sondern eine Wertevielfalt beschert.“* (S. 94)

Nach diesen ersten Ergebnissen kann von einem „Dahintreiben“ (einem Driften) der Jugendlichen schwerlich gesprochen werden. Man lebt zwar in einem vielfältigen Wertekosmos, hat aber parallel dazu Mechanismen des Umganges erworben. Werte werden nicht als „Entweder-oder“ sondern als „Sowohl-als-auch“-Entwürfe gedacht und gelebt (S. 94). So werden Mobilitätsbereitschaft, Spontaneität und Risikobereitschaft mit Heimatliebe, Loyalität und Verlässlichkeit verknüpft; Flexibilität und interdisziplinäres Denken werden um die Bereitschaft zur Einordnung in und langfristige Bindungen an Institutionen und Gruppen ergänzt. Kreativität, Schnelligkeit und Problemlösekompetenz stehen nicht im Widerspruch zu Disziplin, Beharrlichkeit und Gründlichkeit.

Die Lebens- und Situationsabhängigkeit von Werten wird mit den empirischen Ergebnissen begründet. Diese These steht im Gegensatz zur Lebens- und Situationsunabhängigkeit (Transsituationalität) von Werten. Besonders Patry (1991, 2000) hat in seinen theoretischen Arbeiten auf die Unterschiede zwischen Transsituationalität und Situationsspezifität hingewiesen. Wenn die Wertediskussion ohne diese Unterscheidung geführt wird, kommt es zu pauschalierten Diagnosen und nostalgischen „Übertreibungen"; die Zeiten der Moderne und Prämoderne werden als vorbildliche Zeiten gerühmt, weil angenommen wird, dass Werte in diesen Zeiträumen lebens- und situationsunabhängig wirksam waren.

Dem allgemeinen Konzept der Situationsspezifität wäre aus der Sicht der Shell Jugendstudie die Lebens- und Kontextspezifität hinzuzufügen. So konnte klar nachgewiesen werden, dass die Zustimmung zu bestimmten Werten sehr stark vom Bildungsstand abhängig ist:

> *„Wer weniger gebildet ist, vertritt in der Regel weniger Werte."* (Fritzsche 2000, S. 115)

Auch differenzieren Werte sehr stark nach dem Geschlecht; typische weibliche Werte stellen die Familienorientierung und die Menschlichkeit dar, während Authentizität und Berufsorientierung als männliche Werte bezeichnet werden können. Die Kontextspezifität von Werten kann damit begründet werden, dass Berufs- und Familienorientierung in ländlichen Gegenden einen höheren Wert erreichen als in Mittel- und Großstädten. Weiters stellte sich heraus, dass diese beiden Dimensionen in den neuen Bundesländern höhere Zustimmung erzielten als in den alten. Dafür konnten für Menschlichkeit und Modernität in den alten Bundesländern höhere Werte ermittelt werden. Ein weiteres gewichtiges Argument für die Kontextspezifität ergab der Vergleich zwischen deutschen und nichtdeutschen Jugendlichen; nichtdeutsche Jugendliche zeigen eine niedrigere Autonomie- und Authentizitätsneigung als deutsche. Dafür werden familiäre, kulturelle und religiöse Kontexte verantwortlich gemacht (Fritsche 2000, S. 116).

Fritzsche fasst mit dem Motto *„Die Lebenslage moderiert Werte"* (S. 117) die Richtung der Befunde zusammen:

1. Die objektive Lebenslage, wie Wohnraum, Lebensraum, zeitliche und materielle Ressourcen, Grad der Zukunftsabsicherung und soziale Einbindung, präformiert Wertepräferenzen.
2. Die subjektive Wahrnehmung der Lebenssituation, wie wahrgenommene Lebenszufriedenheit und Atmosphäre in der Herkunftsfamilie, Qualität des Bekannten- und Freundeskreises und persönliche Zukunftsaussichten, bestimmt zusätzlich die Wertelage der Jugendlichen.

Zu ähnlichen Schlussfolgerungen kommt auch die Studie „Experiment Jung-Sein. Die Wertewelt österreichischer Jugendlicher" (Friesl & Polak 2001, S. 13ff). In dieser Studie wird den Jugendlichen eine große Experimentierfreudigkeit in allen Lebenslagen nachgewiesen. So wünschen sich Jugendliche eine Balance zwischen emotionaler Nähe und Autonomie und für ihr berufliches Leben eine Ausgewogenheit zwischen Herausforderung und Sicherheit. Auch für den religiösen Bereich kann diese Experimentierfreudigkeit identifiziert werden. Jugendliche verlassen die Kirche, geben aber ihre religiösen Sehnsüchte nicht auf:

> *„... sie basteln sich ihre religiöse Weltanschauung nach ihren persönlichen Bedürfnissen."* (S. 15)

Wenn man die Selbstverwirklichungs- und Individualisierungskritik von Prisching mit den Befunden der Jugendstudie vergleicht, stößt man auf gravierende Differenzen. Prisching diskutiert und kritisiert transsituational und transkontextuell und kommt deshalb auch zu seinen „großen" Generaldiagnosen, denen zufolge die postmoderne Gesellschaft relativistisch und nihilistisch ist.

Die Studienautoren der Shell Jugendstudie verwenden schärfere und den Lebenslagen nähere „Brenngläser" und interpretieren den Werteverlust und den Abschied vom allgemeinen „Wertehimmel" als Wertevielfalt und Zunahme an positiven Lebens- und Erfahrungsoptionen.

1.5. Multioptionalität als Basis des neueren Denkens und Handelns

In den vorigen Kapiteln wurde Multioptionalität, der Verlust am Wertehimmel und die Vielfalt von Rationalitätstypen dargestellt.

Vorab soll festgehalten sein, woher der Terminus „neueres Denken" stammt; er wurde von Welsch (1996, S. 396) im Zuge eines Rekurses auf Wittgenstein geprägt. „Neueres Denken" kann mit dem Konzept der Vielheitsoptionen assoziiert werden. Besonders Lyotard war ein Verfechter der Multioptionalität:

> *„Lyotard hingegen konfrontiert uns mit einem Maximum an Vielheitsbehauptungen. Er verteidigt die Pluralität radikal gegen jegliches Einheitsansinnen – selbst wenn dieses moderate Züge trägt. Lyotard vermutet hinter jeder Fassade der Einheit stets neue Herrschaftsstrukturen und Keime von Terror. Uneingeschränkt bejaht er Vielheit und lehnt er Einheit ab.“* (Welsch 1996, S. 304)

Auch Glucksman übt Kritik am Einheitskonzept und an den Meisterdenkern (wie Fichte, Hegel, Marx und Nietzsche), deren Denken auf Absolutheit ausgerichtet ist:

> *„Im Primat vereinheitlichender und verallgemeinernder Kategorien und im Kult der Prinzipien zeigt sich der Herrschaftscharakter des traditionellen Denkens.“* (Welsch 1996, S. 197)

Auch Heidegger hat eine ähnliche Kritik vorgetragen. Er kritisierte das „rechnende Denken“, das die totale Weltausrechnung intendiert und *„zugleich die Transformation der Welt in totale Berechenbarkeit und Beherrschbarkeit anstrebt“* (Welsch 1996, S. 190).

Auf Wittgenstein bezugnehmend plädiert Welsch für Vielheit. In seinem Werk „Vernunft“ wird eine Diskussion mit Wittgenstein zitiert, in der Wittgenstein auf Thesen von Hegel folgendermaßen eingeht:

> *„Nein, mit Hegel könnte ich vermutlich nichts anfangen. Mir scheint, Hegel will immer sagen, dass Dinge, die verschieden aussehen, in Wirklichkeit gleich sind, während es mir darum ginge, zu zeigen, dass Dinge, die gleich aussehen, in Wirklichkeit verschieden sind.“* (Welsch 1996, S. 396)

Die Analyse der Gesellschaft unter systemischen Gesichtspunkten führt zur Erkenntnis, dass die postmoderne Gesellschaft unter anderem multioptional ist und Machbarkeitsmythen ihre Wirkung zu verlieren beginnen. Im Zuge der Beschreibung der prämodernen und modernen Gesellschaft wurde festgestellt, dass der Lebensvollzug und auch die Lebensvisionen eher durch Alternativlosigkeit gezeichnet waren. Dies ist das Gegenteil von Viabilität der postmodernen Gesellschaft, in der schon jungen Menschen viele Optionen in Bezug auf das Wertsystem, der Lebensvisionen und des Lebensvollzugs offen stehen. Es stellt sich die Frage, wie das Individuum den neuen Herausforderungen begegnen und wonach es sein Handeln ausrichten soll. Weiters ist zu fragen, wie Schule auf diese neue Situation reagieren soll.

Pluralität und die Paradigmenvielfalt

Es ist ein Kennzeichen der Postmoderne, dass Gewissheiten und Wahrheiten schwinden und die Bedingungen für den Erkenntnisprozess neu reflektiert werden müssen.

Viele Denker gehen von der Existenz von Pluralität aus, während andere wiederum versuchen, trotz großer Vielheit doch noch etwas Einigendes zu finden. Die Akzeptanz von Pluralität setzt einen wichtigen Schritt im Erkenntnisprozess voraus, nämlich die Aufgabe von Gewissheit:

> *„Wir neigen dazu, in einer Welt von Gewissheit, von unbestreitbarer Stichhaltigkeit der Wahrnehmung zu leben, in der unsere Überzeugungen beweisen, dass die Dinge nur so sind, wie wir sie sehen. Was uns gewiss erscheint, kann keine Alternative haben. In unserem Alltag, unter unseren kulturellen Bedingungen ist dies die übliche Art, Mensch zu sein.“* (Maturana & Varela 1987, S. 20)

Nach Huschke-Rhein ist generell von einem hohen Maß an Pluralität auszugehen:

> *„'Objektive' Tatsachen kann es nicht geben, jedenfalls nicht im Sinne des klassischen Methodenpostulats der empirischen Wissenschaften. Was wir für ‚wirklich' halten, ist zunächst nichts anderes als die Sichtweise eines Beobachters, der seine Wahrnehmung der Wirklichkeit selbst ‚konstruiert' hat, weil es nach konstruktivistischer Auffassung überhaupt keinen anderen Zugang zur Wirklichkeit gibt als ihre ‚Konstruktion', und zwar sowohl in der Wahrnehmung fremder als auch eigener Wirklichkeit.“* (Huschke-Rhein 1992, S. 49)

Berater, Lehrer, Therapeuten usw. müssen davon ausgehen, dass sie im Prozess der Erziehung und Veränderung von Individuen nur von Hypothesen ausgehen können. Dasselbe gilt auch für Interventionen in Institutionen. „Diagnosen“ haben also zunächst nur den Status von Hypothesen, die im Verlaufe eines Veränderungsprozesses immer wieder revidiert werden müssen. Somit ist eine plurale Sicht der Wirklichkeit die Basis für unser erzieherisches und interventorisches Handeln.

Für Kösel stellt es keinen *„Verlust“* dar, *„keine einheitliche Weltsicht mehr haben zu können, sondern Pluralität zu bejahen wird zu einer Chance; die Vielheit der Wirklichkeiten zu akzeptieren eröffnet neue Dimensionen im Umgang mit sich selbst und mit anderen“* (Kösel 1997, S. 8).

Pluralität und Vernunft

Auch Vernunft wird von der Existenz von Pluralität auszugehen haben (Welsch 1996, S. 437). Was ist unter Vernunft zu verstehen? Die Begriffsverwendung ist keineswegs einheitlich. Für Wittgenstein tritt Vernunft nicht als Vermögen auf, sondern als gemeinsame Überzeugung und Verfahrensweisen einer Lebensform (S. 430). Wenn heutzutage Fragen der Vernunft erörtert werden, verwendet man nicht den Begriff Vernunft, sondern Rationalität (S. 429). Die Rationalität wurde zwei Pluralisierungsschritten ausgesetzt, wobei der erste Separierungsschritt von Welsch Ausdifferenzierung genannt wurde (S. 542). Zum einen wurde Rationalität in die Typen kognitive, moralisch-praktische und ästhetische Rationalität aufgegliedert. Jeder Rationalitätstyp bezieht sich auf einen klar umgrenzten Bereich. Dies garantiert, dass *„die Rationalitätstypen einander nicht in die Quere kommen“* (S. 442).

Der zweite Pluralisierungsschritt hat innerhalb der Rationalitäten Paradigmen geschaffen. Durch diesen Schritt kommt es zur internen Pluralisierung der Bereiche.

> *„Durch die Paradigmenpluralisierung ist der Weg zur rationalen Unordentlichkeit definitiv eröffnet.“* (Welsch 1996, S. 444)

Die nachfolgende Abbildung veranschaulicht die Tatsache der „Unordentlichkeit“, nämlich dass die drei Rationalitäten nicht trennscharf voneinander abgegrenzt werden können (S. 462). Weiters zeigt die Darstellung, dass innerhalb eines Rationalitätsbereiches mehrere Paradigmen für einen Gegenstandsbereich zuständig sein können.

Standardmodell der ausdifferenzierten Rationalität mit bereichsinterner Pluralisierung

Abbildung 5: Übersicht über die Ausdifferenzierung der Rationalität (Welsch 1996, S. 442)

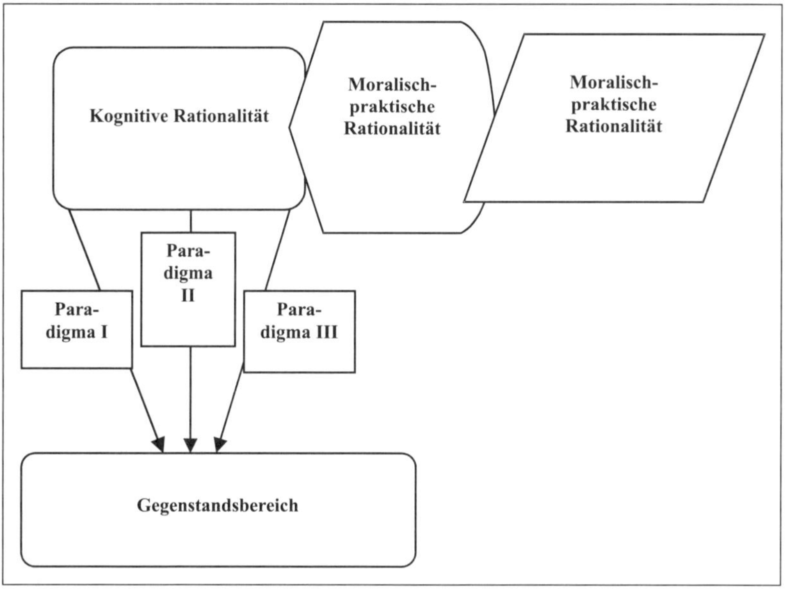

Die Freisetzung von bereichsinterner Pluralität wird von Welsch als die eigentliche *„Pluralisierung im engeren und eigentlich terminologischen Sinn"* (Welsch 1996, S. 542) bezeichnet. Der Unterschied zur Ausdifferenzierung besteht darin, dass die Ergebnisse der Pluralisierung im Rationalitätsbereich auf ein und dasselbe Terrain zugreifen. Im Unterschied zum ersten Schritt entsteht durch den zweiten Separierungsschritt eine so genannte Gleichzeitigkeit der Produkte, die zueinander in Konflikt und Widerstreit stehen. Als Beispiel soll der Gegenstandsbereich „Lehren und Lernen in der Schule" genannt werden. In der aktuellen didaktischen Diskussion versuchen zumindest mehrere prominente Paradigmen ein und denselben Gegenstandsbereich zu erklären. So kommen die Paradigmen Behaviorismus, Kognitivismus und Konstruktivismus bezüglich der Sachbereiche „Unterricht und Lernen" zu völlig unterschiedlichen „Sichtweisen" und Schlussfolgerungen (Schoenfeld 1987; Mader & Stöckl 1999).

Für die Ausdifferenzierung der Rationalitätsbereiche war bereits ein moderates Pluralitätsverständnis erforderlich. Die interne Pluralisierung in den

Rationalitätsbereichen durch die Paradigmenvielfalt macht hingegen ein *„radikales Pluralitätsbewusstsein“* (Welsch 1996, S. 543) notwendig und führt zu einer *„kontroversshaften Gesamtverfassung der Rationalität“* (S. 543).

1.6. Begriffsbestimmung von Rationalität und Vernunft nach Welsch

Als *„rational“* wird von Welsch (1996, S. 614) ein Verhalten bezeichnet, das *„der Gesetzlichkeit eines bestimmten Rationalitätstyps folgt und dessen Kriterien gemäß erfolgreich ist“* (S. 614). Als Beispiele werden die Tätigkeiten von Experten angeführt; einem Chemiker gelingt in einem Laborversuch die Synthese eines neuen Kampfgases oder ein Arzt macht durch medizinische Maßnahmen einen Sportler einsatzbereit. Auch die Komposition eines neuen Musikstückes oder die Berechnung von Bahnen für Flugkörper zum Mars sind Expertentätigkeiten, die den definierten Kriterien einer bestimmten Rationalität folgen. Ein Hinausblicken über die Grenzen des Rationalitätsbereiches wird vielmals von der jeweiligen Wissenschaftsgemeinde als *„hinderlich“* angesehen. Die Konzeptualisierung von Rationalität nach diesem Typus reflektiert selten die Folgen des Expertenhandelns und ist meist nicht durch Weitblick, Durchblick und Einsicht charakterisiert. Nach Welsch (1996, S. 615) tritt Rationalität meist nur als Mono-Rationalität auf. Die Separierungstendenzen stehen vor den Integrationsbemühungen:

> *„Jeder Rationalitätstyp ist auf einem klar umgrenzten Bereich zugeschnitten. Dadurch soll garantiert sein, dass die Rationalitätstypen einander nicht in die Quere kommen. Ihre Gebiete sind fein säuberlich getrennt und die Grenzen sicher. Es gibt keine Überschneidungen oder Durchdringungen zwischen den Rationalitätstypen. Dies verbürgt – trotz der neuen Vielfältigkeit – stabile Wohlordnung im Ganzen der Rationalität.“* (S. 442)

Die Separierungs- und Desintegrationstendenzen lassen sich auch innerhalb der Rationalitätsbereiche auf der Ebene der Paradigmen nachweisen, etwa wenn sich instruktivistisch und konstruktivistisch orientierte Ansätze bei der Erklärung von Lernen gegenüberstehen.

Das umfassendere Vermögen hingegen ist die Vernunft. Sie ist Anwalt des Ganzen und bezieht das Hinausblicken, die Berücksichtigung weitreichenderer Perspektiven und Konsequenzen in das Handeln ein:

> *„Des weiteren erwarten wir von Vernunft, dass sie uns richtige Urteile und Handlungen ermöglicht – Urteile und Handlungen, die sich noch im äußersten Betracht, in der Per-*

spektive des Ganzen als richtig erweisen werden. Dazu gehört, dass dies Urteile und Handlungen nicht einseitigen Interessen entstammen. Das bedeutet, nach üblicher Auffassung vor allem, dass sie nicht affektbestimmt, nicht durch Emotionen determiniert sein dürfen, sondern rational bestimmt sein und den Geboten der Vernunft Folge leisten müssen.“ (Welsch 1996, S. 616)

Transversale Vernunft

In seinem Konzept der *„transversalen Vernunft“* plädiert Welsch für das Denken in Übergängen und für eine Vielfalt der Zugänge zur Wirklichkeit. Dieses Prinzip korrespondiert mit dem Konzept der Viabilität im Konstruktivismus (Glasersfeld 1995, S. 25; Simon 1991, S. 140). Es wird anerkannt, dass die „Produkte“ von Individuen zu ein und derselben Wirklichkeit verschieden sein dürfen. Das ist der Abschied von der Objektivität, die eine zentrale Kategorie der Moderne war (Siebert 2000). Verschiedene Perspektiven und gangbare (viable) Wege werden anerkannt. Simon versteht unter Viabilität Folgendes:

„Tatsache, dass es mit ganz unterschiedlichen Modellen der Wirklichkeit möglich ist, in dieser Wirklichkeit zu überleben. Es gibt niemals nur eine ‚richtige' und eine, wahre' Beschreibung der Wirklichkeit.“ (Simon 1991, S. 140)

Aufgrund des subjektiven Moments gibt es also viele Wirklichkeiten. Die verschiedenen Interessen von Personen, die unterschiedlichen Vorerfahrungen und Kriterien bei der Wahrnehmung von Wirklichkeit etc. führen im Extremfall zu völlig divergierenden Konstruktionen.

1.7. Sind Multioptionalität und Viabilität neue Bildungsziele?

Die Schule hat vom Staat für die Erziehung der jungen Menschen immer einen Auftrag erhalten. Erziehungswissenschafter haben diesen Auftrag in den so genannten Funktionen von Schule zusammengefasst (Fend 1979). Der Auftrag des Staates an die Schule war in monokulturellen Gesellschaften immer Ausdruck des Wertkonsenses der Gesellschaft. Am allerbesten kann der Konsens der Gesellschaft an der Wertorientierung (z. B. katholisch geprägt im Freistaat Bayern und in Österreich, protestantisch orientiert in Schweden) abgelesen werden. Die religiös inspirierte Werterziehung in Schulen geht vielfach auch einher mit einer Dominanz der Kirchen im öffentlichen Leben; Staat und Kirche sind nicht strikt getrennt. In einer agrarisch geprägten und christlich-abendländischen Gesellschaft gab es ein klares Verständnis davon, in welche Richtung die schulische Sozialisation zu laufen habe. Das Morgen- und Tagesschlussgebet eines Schultages an neu gegründeten Hauptschulen in den 60er Jahren in ländlichen Gebieten kann als sichtbare Operationalisierung eines einheitlichen Werteverständnisses gesehen werden. Auch Fragen der Selektivität des Schulwesens und der Gebrauch der Unterrichtssprache sind Indikatoren für das dahinterliegende Werteverständnis. Die Forderung nach Italienisch als zusätzliche Unterrichtssprache (nicht als Fremdsprache) würde in Südbayern wohl von der lokalen Gesellschaft abgelehnt werden. In gemischtsprachigen Gebieten der Schweiz hingegen würde die Idee nach einer zusätzlichen Unterrichtssprache auf einen Kompromiss hoffen können. Am deutlichsten sichtbar werden der Auftrag, Einfluss oder Zugriff des Staates auf das Bildungswesen in totalitären Staatsgebilden.

In multikulturellen Gesellschaften liegt bezüglich der Werterziehung meist ein gesellschaftlicher Kompromiss vor. So sind religiöse Aktivitäten in Schulen in den USA gänzlich ausgeschlossen, da durch die Ausrichtung auf eine bestimmte Richtung Bürger anderer Glaubensrichtungen benachteiligt oder dominiert würden. Deshalb gibt es in den USA, z. B. Bundesstaat Michigan, keine Weihnachts- und Osterferien. Diese wurden in Winter- und Frühlingsferien umbenannt.

Die Grundorientierung einer Gesellschaft ist für Handelnde im Bildungswesen (z. B. Lehreraus- und -fortbildner, Lehrer etc.) von großer Bedeutung. Können und müssen Lehr- und Lernprozesse so angelegt werden, dass sie einem einheitlichen Wertverständnis entsprechen (z. B. Universalität von Werten; siehe auch Leitkulturdiskussion in der BRD) oder ist bereits von Pluralität, Multioptionalität, Multikulturalität etc. auszugehen?

Aus systemisch-konstruktivistischer Sicht ist das eine bedeutende Frage. Stimmt die offizielle gesellschaftliche und pädagogisch behauptete Wirklichkeitskonstruktion mit der aktuellen Entwicklung überein oder sind bereits bedeutende Differenzen und Brüche erkennbar? Kann noch Passung, Koppelung der beiden Konstruktionen (Huschke-Rhein 1992, S. 106) oder Anschlussfähigkeit der beiden Systeme angenommen werden (S. 49)? Es kann davon ausgegangen werden, dass sich die Bezugsgesellschaft für Schulen in Richtung Multioptionalität und Pluralität weiterentwickelt hat. Glasersfeld (1995, S. 25) gesteht Individuen und Interessengruppen zu, dass sie gemäß ihrer Biografie und der aktuellen Lebensauffassung eigene Wege vorschlagen und gehen können. Nach seiner Ansicht haben in unserer modernen Gesellschaft „objektive" Wege ohnedies keinen Platz; er spricht in diesem Zusammenhang vom Abschied von der Objektivität (Glasersfeld 1991, S. 17). Diese Einmaligkeit des Individuums mit seinen Erfahrungen und seiner Geschichte wird von systemischen Experten auch als

Biografizität bezeichnet (Siebert 2000, S. 27). Sie ist die Grundlage dafür, dass Individuen bei ein und denselben Problemstellungen oder Lebensaufgaben unterschiedliche Wege wählen.

Pluralität und Viabilität

Wenn sich eine Gesellschaft zur Pluralität bekennt, dann muss sie auch unterschiedliche viable Wege zulassen. Die postmoderne Gesellschaft bewegt sich mit großem Tempo in Richtung mehr Offenheit und Pluralität der Wertvorstellungen. Die Subsysteme der Gesellschaft (z. B. Wirtschaft, Freizeit etc.) entfernen sich immer mehr von traditionellen und wertebestimmenden Institutionen (z. B. Kirche, Parteien etc.). In unserer postmodernen Gesellschaft existieren viele „Konzepte" von Zusammenleben, Erziehung, Wissenschaft, Werte etc. nebeneinander. Selbst die Schulmedizin als sehr kompaktes Subsystem beginnt, andere Heilungsmethoden (z. B. fernöstliche Behandlungen) wahrzunehmen, zuzulassen und zu integrieren. Pluralität ermöglicht unterschiedliche Handlungsentwürfe und -vollzüge für ein und dasselbe Phänomen. Individuen entwerfen und erproben unterschiedliche Wege und Lösungen für Freizeit, Zusammenleben und Beruf. Einheitliche Auffassungen über bestimmte Lebens- und Problembereiche (z. B. Religionszugehörigkeit, Kindererziehung, Freizeitverhalten etc.) der industriellen Gesellschaft werden durch vielfältige Zugänge abgelöst. Viele Wege können beschritten werden. In Abwandlung eines alten Sprichwortes könnte man sagen, dass „viele Wege nach Rom führen". Die postindustrielle Gesellschaft ermöglicht und fördert viables Erziehungshandeln. So kann es in einer Familie innerhalb einer Generation und zwischen Generationen zu völlig unterschiedlichen Auffassungen über die Kindererziehung kommen. Immer öfter ist auch damit zu rechnen, das es zwischen dem Erziehungsverhalten junger Eltern und den Erziehungsvorstellungen älterer Lehrer zu Diskrepanzen kommt.

Auch die Schule muss sich multioptionalen Herausforderungen stellen. Der Zerfall von Einheitlichkeit und Universalität von Werten wird von Kritikern beklagt. Die Einheitlichkeit und Monokulturalität westeuropäischer Gesellschaften geht auch durch Migration verloren. Andere Beobachter sehen in der Vielfalt von Meinungen, im Werterelativismus und -pluralismus die Basis für die moderne Demokratie (Örter 1995, S. 31). Will Schule auf das Leben in der Gesellschaft vorbereiten, wird sie einen Raum schaffen müssen, in dem die Vielfalt der Meinungen und Lösungen erprobt werden kann.

Es wird von der These ausgegangen, dass viable Verhältnisse in der Gesellschaft auch viables Denken und Handeln in der Schule bedingen. Dies könnte bedeuten, dass Viabilität des Denkens und Handelns als Bildungsziel verankert und dass Viabilität im Lehr- und Lernprozess ermöglicht wird. Gerade für den mathematisch-naturwissenschaftlichen Unterricht scheint Viabilität als Basis für kreatives Problemlösen an Bedeutung gewonnen zu haben. Die Ergebnisse internationaler Vergleichsstudien stellen den österreichischen und bundesdeutschen Oberstufenschülern diesbezüglich kein gutes Zeugnis aus. In Kommentaren zu den TIMSS-Ergebnissen wird bezüglich der Eintönigkeit und Eindimensionalität des bundesdeutschen mathematisch-naturwissenschaftlichen Unterrichts verglichen mit japanischem Unterricht von einem zweiten Sputnikschock gesprochen:

> *„Anspruchsvolle Leistungen sind nicht das Ergebnis von Drill. Das zeigen Videostudien von japanischem Unterricht, der gerade kein Drill-Unterricht ist. Kognitive und sozial-emotionale Bildung geschieht wohl eher so: Gruppen gemeinsamen Lernens widmen sich einem komplexen Problem. Sie bearbeiten es in Subgruppen in wechselnden Sozialformen in hoher Eigenständigkeit. Sie präsentieren ihren Lernweg und ihr Lernergebnis vor der Gesamtgruppe. Die Qualität der Lehrerrolle erweist sich darin, die kreativen Momente unterschiedlicher Lernwege positiv herauszustellen und dadurch zur Weiterarbeit auch an Um- und Irrwegen anzuregen. Solches Lernen in kooperativen Teams führt offensichtlich weiter als die Vorgabe von Aufgaben und die Darstellung eines richtigen Lösungsweges, der dann nur noch eingebimst* (= „eingetrichtert“, Anm. d. Verf.) *werden soll.“* (Herz 1997)

1.8. Zusammenfassung dieses Kapitels und Ausblick auf die nächsten Kapitel

Menschen haben in der postmodernen Gesellschaft mehr Optionen zur Verfügung als die Vorgängergeneration in der präindustriellen und industriellen Gesellschaft. Die Einheitlichkeit der Lebensentwürfe und -vollzüge wurde von Konglomeraten an Lebensentwürfen und -vollzügen abgelöst. Scheinbar widerstreitende Wertekomplexe werden gerade von jungen Menschen immer öfter miteinander kombiniert. Jugendliche beginnen zwischen unterschiedlichsten Wertkomplexen „hin- und herzupendeln“. Das Konzept der transversalen Vernunft (Welsch 1996) wird durch die Lebenspraxis vorweggenommen.

Weißmantelarbeiter brauchen eine höhere und qualifiziertere Ausbildung als die wenigen Eliten der industriellen Gesellschaft. Lebenswelt einerseits und der Ort der Berufsausübung andererseits sind separiert. Ebenso driften Lebenswelt und die Systeme wie Wirtschaft, Politik und Wissenschaft immer weiter auseinander. Die Entfremdung der beiden Bereiche wird dadurch noch weiter gefördert, da in beiden gesellschaftlichen Sektoren verschiedene Rationalitäten wirken.

Die Ausdifferenzierung der Bereiche setzt sich im gesellschaftlichen Gesamtsystem weiter fort. Bildungswesen, Wirtschaft, Politik, Rechtssprechung und Kultur entwickeln eigene „Logiken“ und Zielpräferenzen. Dadurch kommt es zu Konflikten zwischen den Subsystemen (z. B. Wirtschaft und Bildungswesen).

Die instrumentelle Rationalität hat besonders im maschinenorientierten (auch trivialen) Denken ihre typische Ausformung erreicht. Auch wurden Arbeitsprozesse (z. B. Zerlegung von Arbeitsschritten, Massenproduktion etc.) und Lehr- und Lernprozesse (z. B. Input-Output-Orientierung, Zerlegung des Stoffes etc.) nach diesem Prinzip gestaltet.

Das Ende der großen Mythen markiert auch das Ende des Einheitsdenkens und den Niedergang der Ordnungskraft der Organisationen und der Theologie als Werteinstanz. Das Denken in linear-kausalen Mustern wird von anderen Denkansätzen (z. B. systemisches Denken) kritisiert. Es gerät auch der Mythos von der Erziehung und der Didaktik als Machbarkeitsdisziplin, den Menschen direkt verändern zu können, ins Wanken.

Innovationsdichte und Verdichtung der Netzwerke lösen neue Impulse zur Partizipation und Selbstorganisation aus. Je komplexer Systeme werden, desto höher werden die Chancen für die Selbstorganisation. Zentren jedweder Art verlieren an Einfluss. Der Bedeutungsverlust von Zentren zusammen mit der ansteigenden Selbstorganisation schafft neue Lebensformen und fördert die Multioptionalität. Das globale Paradoxon, wird erleb- und erfahrbar; es besagt, dass je größer und komplexer die Welt wird, desto größer wird die Bedeutung der „kleinen Mitspieler“.

Die „neue Unübersichtlichkeit“ und Multioptionalität ist für viele Kulturkritiker ein Verfall der abendländischen Werte. Für andere Denker ist das die längst fällige Revolution der zentralen Definition der Werte durch bestimmte Institutionen. Was für die einen eine Katastrophe darstellt, ist für die anderen eine positive Entwicklung. Der von Generation zu Generation übermittelte einheitliche und fest gefügte Weg der Lebensbewältigung und Weltsicht wird durch eine Vielzahl von Lebensentwürfen und -vollzügen abgelöst. Dem modernen Menschen stehen mehr Optionen offen, und es werden ihm mehr Konstruktionen der Wirklichkeit zugebilligt als noch der Vorgängergeneration. Wir haben die Möglichkeit errungen, viable Wege im Privatleben, im Beruf, in der Freizeit, im Gemeinwesen etc. zu erproben und zu verfolgen. Im nachfolgenden Kapitel wird darauf näher eingegangen.

Die Grenzen der Viabilität im schulischen Lernprozess werden am Beispiel der Lernzielbewegung der 60er und 70er Jahre im Kapitel 4 untersucht. Im Kapitel 5 wird das Prinzip des viabilitätsorientierten Lernens für den Mathematikunterricht dargestellt.

Die These der Ausdifferenzierung des Ganzen (z. B. des Bildungswesens) in Teilsysteme soll im Kapitel 7 aufgegriffen und auf die Subsysteme Schule und Schulklasse angewandt werden. Es soll untersucht werden, ob durch die Ausdifferenzierung in diesem Bereich Subsysteme entstehen und ob diese auch empirisch nachweisbar sind.

2 SCHULE UND UNTERRICHT ZWISCHEN HOMÖOSTASE UND VERÄNDERUNG

Anhand vier ausgewählter Modelle (Fend 1979; Meyer 1997; Oblinger 1979 und Struck 1996) wird der Versuch unternommen, den Funktionswandel von Schule nachzuzeichnen. Das Ziel ist einerseits, die unterschiedlichen Gewichtungen in den Ansätzen herauszuarbeiten und andererseits einen möglichen Wandel, beginnend mit dem Fend-Modell aus der Mitte der 70er Jahre (Fend 1979), nachzuzeichnen. Dem liegt die These zugrunde, dass die Modelle für die Funktionen von Schule in den letzten drei Jahrzehnten eine beträchtliche Veränderung und Schwerpunktverschiebung erfahren haben. Die Ursache wird in der sich rasch verändernden Gesellschaft gesehen.

Der Aufbau dieses Kapitels folgt einer systemischen Perspektive, nämlich der Beschreibung einer Institution nach zwei Zuständen (Watzlawick 1982, S. 131; Huschke-Rhein 1992, S. 44):

Tabelle 5: Gegenüberstellung von zwei verschiedenen Zuständen in Institutionen

Gleichgewicht oder Homöostase	**Veränderung und Transformation**
Charakterisierbar durch ...	Charakterisierbar durch ...
• Beharrung	• das Neue
• Bewahrung	• Aufbruch
• Tradition	• Innovation
• stabile Regeln	• Entwicklung

Das „Leben", die Intentionen und der Zweck von Organisationen und Institutionen (und auch Individuen) kann eher gleichgewichts- oder eher veränderungsorientiert sein. Aussagen wie „Das war schon immer so, da kann man nichts ändern!" oder „Das ist unsere Unternehmenskultur, an dieser darf nicht gerüttelt werden!" lassen auf eine ausgeprägte Gleichgewichtsorientierung und Veränderungsfeindlichkeit schließen. Berater, Organisationsentwickler, Erzieher, Therapeuten usw. kennen das entwicklungshemmende Potential der Biografizität:

> *„Unsere Konstrukte und die Art und Weise, wie wir unsere Wirklichkeit konstruieren, sind im Laufe des Lebens entstanden und haben sich – mehr oder weniger – bewährt."* (Siebert 2000, S. 27)

In zwei Unterkapiteln ist diese Spannung zwischen „Geschichte" und „Zukunft" der Schule verpackt. Die Funktionen von Schule werden unter dem Gesichtspunkt von Bewahrung und Veränderung beschrieben. Die Funktionen nach Fend aus den 80er Jahren und von Oblinger sind eher als bewahrend, reproduzierend und statisch einzustufen. Die Funktionen nach Struck berücksichtigen die Veränderungen in Gesellschaft und Schule und können als dynamisch und veränderungsorientiert angesehen werden.

Weiters soll der Paradigmenwechsel der Gestaltung von Bildungswesen kurz dargestellt werden, nämlich von den Systemdiskussionen der 70er und auch noch 80er Jahre hin zur Gestaltung der Einzelschule (Rolff 1993, S. 106).

In kurzen Kapiteln zu den Themen internationale Vergleichsstudien, Qualitätsdiskussion und der Darstellung des „School-Matters-Ansatz“ wird der Paradigmenwechsel nachvollzogen. Mit einer kurzen Darstellung der wesentlichen Ergebnisse der Mortimore-Studie wird die argumentative Grundlage für die kontextorientierte Analyse von hierarchisch strukturierten Daten durch die Mehrebenenanalyse gelegt.

Schule zwischen Tradition und neuen Herausforderungen

Schule war immer ein Ort der Kontinuität und der Tradition. In diesem Sinne übertrug die Gesellschaft unter anderem der Schule die Aufgabe, die Nachkommenschaft zu sozialisieren:

> *„Mit Sozialisation wird dann jener Prozess bezeichnet, durch den gleichzeitig die Persönlichkeit von Heranwachsenden konstituiert und gesellschaftliche Verhältnisse reproduziert werden.“* (Fend 1981, S. 6)

Die Idee dieser Funktionen von Schule war, dass über Erziehung ein wesentlicher Beitrag zur Stabilisierung und Reproduktion geleistet werde. In Zeiten eines Wertekonsenses und familiär behüteter Kinder war dieser Auftrag unstrittig erfüllbar. Heutzutage stellt sich die Frage, ob die Schule diese Funktion in dieser Form überhaupt noch wahrnehmen kann. Die Rahmenbedingungen für Schule haben sich sehr stark verändert (z. B. Globalisierung und Kapitalströme in renditeträchtige Länder, Export von Arbeit durch Auslagerung in Niedriglohnländer, Import von Technologie, rascher Wandel in Technik und Medien usw.). Nach Ansicht von Fend (1998b, S. 18) haben sich auch die Schüler selbst und deren Lebensbedingungen nachhaltig verändert, sodass Fend vom „neuen Schüler“ spricht, dessen Eltern vermutlich geschieden sind, und der müde und abgeschlafft die Schule besucht, weil er am Vorabend zu lange zappend vor dem Fernsehangebot gesessen ist. Man kann zusammenfassend sagen, dass die „jungen Besucher” (Struck 1996) sich stark verändert haben.

Ordnung, Bewahren, Sozialisieren und Reproduzieren sind die eine Seite der Medaille, nämlich die bewahrende. Die andere Seite beinhaltet ein Bündel von Forderungen nach Veränderung. Einige wenige dieser neuen Aufträge sollen genannt werden:

- Schule soll sich entwickeln.
- Schule soll kundenfreundlich sein.
- Schule soll Rechenschaft ablegen, ob sie ihre Aufgaben wohl erfüllt.
- Schule soll sich evaluieren und evaluieren lassen.
- Schule soll zusätzlich das Erziehungsdefizit von Elternhäusern kompensieren.

In diversen gesellschaftlichen Entwicklungen sehen Posch und Altrichter (1997, S. 2) und Posch (1996, S. 38) Gründe für den Veränderungsdruck, nämlich in der Komplexität und der Geschwindigkeit der gesellschaftlichen Veränderungen, in den allgemeinen Dezentralisierungs- und Individualisierungstendenzen, der Sparpolitik, der wachsenden Heterogenität und in einer skeptischen Einstellung der Gesellschaft gegenüber Wissen.

Ein wesentlicher Grund, warum beinahe alle Institutionen der Gesellschaft in einen Rechtfertigungs- und Qualitätsprüfungsprozess geraten sind, ist in der Tendenz des Subsystems Wirtschaft zu sehen, Profite zu maximieren. Dieses Paradigma wurde – wenn auch in abgewandelter Form – aus dem ökonomischen Bereich auf politische, administrative und andere Systeme übertragen. Im Wesentlichen geht es um Quantifizierung und Messung. Der Soziologe Ritzer (1995) untersucht kritisch die Veränderung verschiedener Lebensbereiche (z. B. Arbeit, Bankgeschäfte, Freizeitverhalten etc.) unter dem Aspekt der Implementierung der Kriterien Effizienz, Vorhersagbarkeit, quantifizierbare Berechenbarkeit und Kontrolle. Er führt diese „Qualitätsindikatoren“ auf Weber zurück und weist nach, dass der Konzern McDonald's einer der ersten war, der diese Kriterien konsequent im gesamten Betriebsablauf umsetzte. Deshalb trägt sein Buch auch den Titel „McDonaldisierung der Gesellschaft“. In dieser Studie zum Zustand der Gesellschaft weist Ritzer nach, dass die betriebswirtschaftlichen Prinzipien des Konzerns McDonald's langsam und beinahe unbemerkt das Leben der Gesellschaft durchdrungen haben. Nach Prisching ist die *„Fast-foodisierung aller Lebensbereiche“* (1998, S. 8) die Folge dieser Entwicklung, in der Dauerhaftigkeit und Langsamkeit von Flüchtigkeit, Unverbindlichkeit und Beschleunigung abgelöst werden. Ein weiterer charakteristischer Veränderungsvorgang ist in der Individualisierung aller Bereiche zu sehen; man spricht in diesem Zusammenhang von einer Gesellschaft der Individuen, die durch Ereignisse (Events) unterhalten werden wollen. Für den intellektuellen Bereich sieht Prisching ein Abgleiten in *„rasche Sager“*, *„hübsche*

Bilder", *„undurchdachte Ideen" und „Gags"* (Prisching 1998, S. 9). Die Inszenierung von Auftritten und das Erregen von Aufmerksamkeit tritt in den Vordergrund und lässt die mühevolle Argumentation als obsolet zurück.

Angesichts der Weiterentwicklung der Gesellschaft zur Multioptionalität und zu „mcdonaldisierten" Verhältnissen ist die Frage zu stellen, ob die klassischen Funktionen von Schule bereits ein historisches Relikt sind. Trotzdem sollen diese Funktionen kurz beschrieben werden, um damit eine Baseline zur Differenzbildung zu anderen Ansätzen zur Verfügung zu haben. Mit einer vergleichenden Analyse der Funktionen soll gezeigt werden, dass sich in den letzten 40 Jahren die Funktionen von Schule beträchtlich verändert haben. Die Funktionen von Schule sind immer auch ein Ausdruck des Zeitgeistes und der vorherrschenden staatlichen Verhältnisse. Als Beleg dafür soll eine These von Meyer angeführt werden; er vergleicht die 30er und 40er Jahre mit den letzten Jahrzehnten und kommt zum Schluss, dass wir *„uns auf dem Wege von der Brüll- und Schreischule zur Aktions- und Erlebnisschule"* (1997, S. 313) befinden. In dieser These kommt zum Ausdruck, dass sich die Bezugsgesellschaft in ähnlicher Weise weiterentwickelt hat.

2.1. Funktionen von Schule

Es gibt viele Gründe (z. B. Arbeitsteilung, höhere Ansprüche an die Ausbildung der Heranwachsenden etc.), warum die Gesellschaft die Erziehung und Unterrichtung einem eigenen System zugewiesen hat. Im Zuge dieses Prozesses hat die Gesellschaft der Schule Aufgaben (Funktionen) bedarfsorientiert übertragen:

> *„Die Schule als System hat bzw. erfüllt bestimmte Funktionen, die sich aus einem (gesellschaftlichen) Bedarf ergeben oder aber am Bedarf vorbeigehen. Die Form der Beziehungen ist deshalb funktional bzw. systemisch."* (Meyer 1997, S. 290)

Funktionen sind einem Wandel unterworfen und können ergänzt oder erweitert werden. In einer Arbeitsdefinition legt Meyer fest, dass *„schulische Funktionshypothesen beschreiben, welchen Nutzen die Gesellschaft aus der Existenz der Schulen zieht"* (S. 295).

Klassische Funktionen von Schule nach Fend

Für Fend (1979, S. 64) zählen zu den „drei Reproduktionsfunktionen“ Qualifikationsfunktion, Allokations- und Selektionsfunktion sowie Integrations- und Legitimationsfunktion. Unter Qualifikationsfunktion versteht Fend die

> *„Beherrschung grundlegender Symbolsysteme wie Sprache und Schrift bis zum Erwerb spezifischer Berufsqualifikationen. (...) Unter Qualifizierung soll die Vermittlung von Fertigkeiten und Fähigkeiten verstanden werden, die zur Ausübung ‚konkreter' Arbeit und zur Teilhabe am gesellschaftlichen Leben erforderlich sind.“* (S. 68)

Die zweite Reproduktionsfunktion kann als „Verteilungsmechanismus“ von Positionen in der Gesellschaft durch die Schule charakterisiert werden:

> *„Danach reproduziert das Schulsystem von Generation zu Generation (1.) die bestehenden sozialen Positionsverteilungen und (2.) die personellen Besetzungen der jeweiligen Positionen (Rekrutierung).“* (S. 101)

Die Selektionsfunktion stellt gleichsam das „Rüttelsieb“ dar, das den „Zugang zu hohen oder niedrigen beruflichen Positionen und damit zu Prestige, Macht und Einkommen reguliert“. (S. 29)

Die dritte Funktion (S. 173) beschreibt die Verpflichtung von Schulsystemen, „Normen, Werte und Interpretationsmuster“ an die Heranwachsenden weiterzugeben, um den Bestand der Gesellschaft im Sinne der vorherrschenden Verhältnisse zu erhalten. Dahinter steht die Weber'sche Idee, dass das Erziehungssystem bei der Stabilisierung der Herrschaftsstrukturen über die Normen- und Werterziehung mitzuwirken und zu legitimieren habe (S. 41).

Das erweiterte Modell nach Oblinger

Im Vergleich zu Fend erweitert Oblinger in seinem Modell (1979, S. 19) die Anzahl der zu erbringenden Aufgaben für die Schule.

Abbildung 6: Modell der Funktionen von Schule nach Oblinger (1979, S. 19)

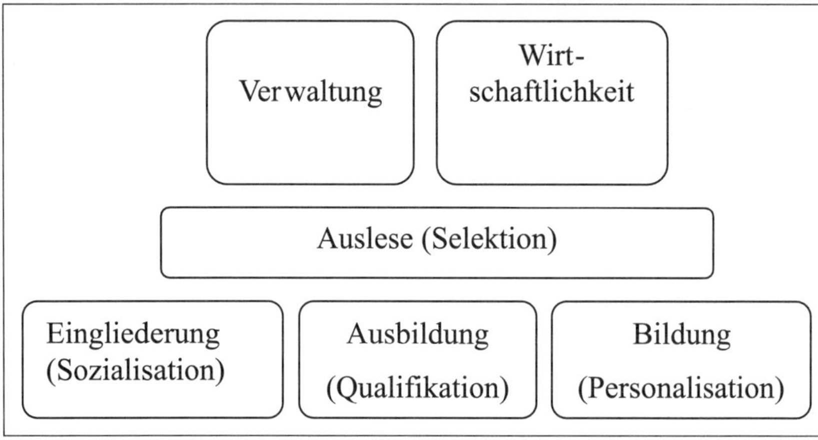

Oblinger fasst die Thesen in zwei Gruppen zusammen, nämlich in Primärfunktionen (Eingliederung, Bildung und Ausbildung) und Zusatzaspekte der Schule (Verwaltung, Wirtschaftlichkeit und Eigengesetzlichkeit). Die Selektionsfunktion wird als nichtpädagogische Zusatzaufgabe der Schule betrachtet. Oblinger unterscheidet drei pädagogische Grundaufgaben (S. 20):

Tabelle 6: Übersicht und Beschreibung der Funktionen von Schule nach Oblinger (1979)

These	Beschreibung der These
Sozialisationsinstanz	Die Schule ist eine Eingliederungsanstalt und hat die Aufgabe, den Heranwachsenden nach der Eingliederung in Familie und Nachbarschaft die Normen und Werte der Gesellschaft zu vermitteln.
Personalisationsinstanz	Die Schule ist eine Bildungsanstalt, in der der Heranwachsende die Möglichkeiten erhalten soll, seine geistigen und seelischen Kräfte entfalten zu können. Das Richtziel wäre geistige Kultivierung, Weisheit und Entwicklung des selbstständigen Denkens.
Qualifikationsinstanz	Die Schule ist eine Ausbildungsanstalt, in der der Heranwachsende die Fertigkeiten, Fähigkeiten und das Wissen für seine Lebensmeisterung vermittelt bekommen soll.

Selektion wird von Oblinger als nicht pädagogische Zusatzfunktion (S. 23) hinzugefügt:

Selektionsinstanz	Die Schule ist eine Ausleseanstalt und hat die Aufgabe, die Zugänge zu den Lebensstellungen in der Gesellschaft zu regeln.

Fortsetzung Tabelle 6:

Die folgenden Zusatzaspekte von Schule (S. 23) stellen eigentlich keine Funktionen dar:

Administrationsinstitution	In dieser These steckt die Janusköpfigkeit, Widersprüchlichkeit und oftmalige Unvereinbarkeit von zwei Ansprüchen. Rechtsstaatlicher Vollzug einerseits und pädagogische und klientenbezogene Orientierung andererseits sind die beiden Pole, denen Schulen gerecht werden müssen.
Ökonomische Institution	Damit will Oblinger den hohen Mitteleinsatz für das Bildungswesen hervorheben und auf Mitteleinsatz-Effizienz-Zusammenhänge hinweisen.
Institution mit einer gewissen Selbstgesetzlichkeit und einer beschränkten Autonomie.	Mit dieser These soll betont werden, dass die Schule – obwohl Teil der Gesellschaft – sich zu einem selbstständigen Bereich mit eigenen Regeln und Gesetzen weiterentwickelt hat.

In zwei weiteren Thesen werden die oben angeführten Thesen untereinander und mit dem gesellschaftlichen Umkreis vernetzt. In den Interdependenzthesen wird festgehalten, dass die Einzelfaktoren untereinander und mit dem gesellschaftlichen Umfeld in einem gegenseitigen Wirkungsverhältnis stehen.

Das wesentlich erweiterte Modell von Struck

Das Modell von Struck spiegelt die veränderte Zeit und den Funktionswandel von Schule wieder. Schule hat für Struck mehr Funktionen als bloß Reproduktion, Pflege der Tradition und Fortschreibung bestehender Verhältnisse. In der Berücksichtigung des Gedankens des Schullebens und der Schule als *„Lebensstätte“* sieht Struck (1996, S. 5) wesentliche Impulse zur Neukonzeption der Funktionen von Schule. Die schrittweise Abkehr von der Belehrungsanstalt und Drillschule im Stil eines „Nürnberger Trichters“ zur Lernschule hat weitere Modifikationen der Funktionen von Schule erforderlich gemacht.

Bezugnehmend auf die These von Meyer von der Gesetzmäßigkeit eines Zusammenhanges zwischen Gesellschaft und Funktionen von Schule, kann festgehalten werden, dass bei Struck auch Impulse aus der Pädagogik zu einer Erweiterung von Funktionen von Schule geführt haben (z. B. therapeutische und kompensatorische Funktionen).

Tabelle 7: Übersicht und Beschreibung der Funktionen von Schule nach Struck (1996)

These	Kurze Beschreibung der These
Qualifizierungsfunktion	Diese Funktion wird von Struck schon weiter gesehen, wenn er fragt, ob die Abgänger nicht auch Schlüsselqualifikationen wie Erkundungs- und Handlungskompetenz, Teamfähigkeit, Kreativität, Konfliktfähigkeit und vernetzendes Denken erwerben sollten (S. 19).
Selektionsfunktion	In diesem Zusammenhang vertritt Struck die bemerkenswerte These, dass *„der bedeutendste Selektionsfaktor im Leben eines Schülers der Lehrer ist“* (S. 23).
Reproduktionsfunktion	Während Fend und Oblinger diese Funktion kaum problematisieren, sieht Struck für diese Funktion in einer pluralistischen Gesellschaft große Probleme. Wenn man in *„einer pluralistisch-demokratischen Gesellschaft unterschiedliche und auch gegensätzliche Wertvorstellungen als Bauprinzip haben will, (…) lassen sich Werte nicht verordnen; das können sich nur totalitäre Systeme erlauben“* (S. 29). Und Struck fragt weiter, ob denn auch kontroversielle Themen wie Empfängnisverhütung, vorehelicher Geschlechtsverkehr, Müllvermeidung, Nutzung von Kernenergie etc. „gelehrt“ werden sollten und mit welchen Bezugsrahmen.
Innovationsfunktion	Diese Funktion wird in Zusammenhang mit dem wettbewerbsfähigen Wirtschaftsstandort und umfasst im weitesten Sinne neue Technologiekompetenzen.
Integrationsfunktion	Diese Funktion ist bei Fend und Oblinger nicht in dieser Deutlichkeit aufgetreten und ist eine Antithese zur Selektionsfunktion. Sie ist auch die Antwort auf die multikulturelle Gesellschaft und umfasst das Programm der Multikulturalität für den Klassenraum. Weiters bedeutet diese Funktion die Vermeidung von Auslese von Behinderten und wenig Leistungsfähigen.
Kompensatorische Funktion	Die Sozialisation der Kinder wird im Wesentlichen von den folgenden vier Lebenswelten bestimmt: der Familie, der Schule, durch das Fernsehen und durch den Umgang mit den Gleichaltrigen. Nach Struck wachsen viele Kinder *„soziokulturell benachteiligt auf“* (S. 39). Sie bewegen sich zu wenig und haben zu viele oder zu wenig stabile Bezugspersonenbeziehungen. Sie leiden an *„Aufmerksamkeits- und Zuwendungsdefiziten, unter Mangel an sprachlicher Herausforderung, unter Kulturkollisionen oder unter einer allgemeinen erzieherischen und leiblichen Vernachlässigung“* (S. 39). Die kompensatorische Funktion besteht für Schule darin, neben dem Unterrichten auch ausgleichende Erziehungsaktivitäten zu setzen. Manche sehen schon Schulen, die in Zukunft mehr erziehen als unterrichten. Andere wiederum wollen die Erziehungsfunktion klar der Familie zugewiesen wissen.
Familienergänzende Funktion	Durch die hohe Anzahl von Scheidungskindern werden Lehrer zu Mutter- oder Vaterersatz. Für Einzelkinder bietet die „neue“ Schulklasse Geschwisterlichkeit.
Funktion für die leibliche Versorgung	Mit dieser Funktion wird ein ganzheitliches Lernumfeld gefordert, das auch die leibliche Versorgung einschließt. Auch will diese Funktion die förderliche innenarchitektonische Gestaltung von Lernräumen berücksichtigt wissen.
Präventionsfunktion	Diese Funktion will die Vorbeugung festschreiben. Über besondere Programme sollen Gewalt- und Suchtgiftprobleme verhindert werden und den Schüler Verhaltensalternativen aufgezeigt werden.
Diagnostische Funktion	Diese neue Funktion will Lehrer zu einem angemessenen pädagogischen Handeln professionalisieren, in dem pädagogisches Handeln dem diagnostisch gestützten Wahrnehmen und Verstehen vorausgeht.
Therapeutische Funktion	Diese ebenfalls neue Funktion korrespondiert mit der diagnostischen Funktion. Es wird in der Schule der Postmoderne als wichtig erachtet, dass Lehrer in therapeutischer Sicht kompetenter werden.

Fortsetzung Tabelle 7:

These	Kurze Beschreibung der These
Bewahrende Funktion für kindliche Entwicklungsstufen	Diese Funktion umfasst pädagogische Maßnahmen zum Aufbau und Stärkung der Nahsinnes- und Umwelterfahrung, die für eine Reihe von Lernprozessen als ganz wesentlich erachtet werden.
Medienpädagogische Funktion	In der von neuer Technologie geprägten Welt brauchen Lehrer und Schüler medienpädagogische Kompetenz. Es geht nicht nur darum, in welcher Weise mit Computer und Internet im Unterricht gelernt werden kann. Gefordert wird auch eine medienkritische Kompetenz.
Den Trends der Sozialisation der Gleichaltrigen gegensteuernde Funktion	Diese Funktion ist als Gegensteuerung zu Ausformungen der aktuellen Jugendkultur zu sehen. Auf die Probleme wie Konsum, Rauschgift, Fremdenfeindlichkeit etc. soll erzieherisch eingewirkt werden.
Sparfunktion	Der Bildungssektor wurde zu jenem staatlichen Ausgabenbereich, wo Sparpotentiale gesehen werden (z. B. Erhöhung der Klassenschülerzahlen, Erhöhung der Lehrverpflichtungen etc.).

Das Modell von Struck überschneidet sich in einigen Funktionen (z. B. Selektions-, Qualifikations- und Reproduktionsfunktion) mit den Modellen nach Fend und Oblinger. In vielen Bereichen stellt es jedoch eine beträchtliche Erweiterung (z. B. Innovationsfunktion, Familien ergänzende Funktion, Präventionsfunktion, therapeutische Funktion) dar.

Das Modell von Meyer

Im Modell von Meyer (1997, S. 326) werden klassische Funktionen zu einer neuen Kategorie zusammengefasst und neue Funktionen aufgenommen. Auch wird zwischen Sekundär- oder „Huckepackfunktionen“ und Grundfunktionen unterschieden. Zu den Sekundärfunktionen gehören die Schule als Wirtschaftsfaktor und Arbeitgeber, als Modell für ökologisches Verhalten und als Kulturträger einer Region.

Es werden drei Grundfunktionen festgelegt, nämlich Reproduktionsfunktion, Humanfunktion und Bildungsfunktion. Die Reproduktionsfunktion wird als Voraussetzung zur Weiterentwicklung der Gesellschaft durch schulische Sozialisation in den drei Dimensionen Qualifizierung, Selektion und Integration verstanden.

Qualifizierung sollte durch Vermittlung von Sach- und Sozialkompetenz und Kritikfähigkeit geschehen. Der Selektionsauftrag sollte durch Disziplinierungsmaßnahmen und Leistungsorientierung sichergestellt werden. Die Integrationsfunktion sollte durch *„Anpassung an und die Verlebendigung der Normen und Traditionen der Gesellschaft“* (Meyer 1997, S. 305) erfüllt werden.

In der zweiten Grundfunktion – der Humanfunktion – schreibt Meyer (1997, S. 307) die Rahmenbedingungen und das Recht auf ein Aufwachsen in Menschlichkeit fest. Dies ist ebenfalls eine aggregierte Funktion und meint folgende pädagogische Maßnahmen:

- Gegenwirken gegen Gefährdungen von innen und außen (z. B. Prävention bezüglich Rauschgift)
- Behüten (z. B. von der Straße holen und vor Gewalt und Verführungen schützen)
- Pflegen (z. B. Maßnahmen zur gesunden Ernährung und zur seelischen Stabilisierung)
- Beschäftigen (z. B. Erziehung zur Arbeitsverrichtung, Feiern etc.)
- Ästhetisches Gestalten

Die dritte Grundfunktion ist ebenfalls ein Konglomerat aus einzelnen Teilfunktionen und wird von Meyer als *„Freisetzung des Menschen zu sich selbst“* (Meyer 1997, S. 321) bezeichnet. Diese Funktion umfasst folgende Bildungsziele:

- Aufklärung
- Ermutigung zur Kritik
- Weckung von Selbstvertrauen
- Befähigung zum solidarischen Handeln

Dieses Modell kann als ausgeglichen eingestuft werden. Es umfasst einerseits reaktive Elemente, nämlich die Reproduktionsfunktion, und antwortet und vernetzt sich damit mit dem Umfeld. Es hat aber auch eine fürsorglich-pädagogische Komponente. Und drittens stellt sie einer möglichen unkritischen Reproduktion von gesellschaftlichen Verhältnissen eine aufklärerisch-kritische Dimension entgegen.

Paradoxie von Funktionen und Zielen von Schule

Die Funktionen von Schule sind bei genauerer Analyse sehr widersprüchlich formuliert:

> *„Die Zielsetzungen der Schule sind nicht nur heterogen, sondern bei näherer Betrachtung äußerst widersprüchlich. Schule soll ausbilden und bilden, erziehen und Wissen vermitteln, den einzelnen umfassend fördern und selektieren, Unterschiede ausgleichen und gleichzeitig produzieren, auf die Zukunft vorbereiten und Traditionen weitergeben.“* (Krainz-Dürr 1999, S. 19)

Dies hat zur Folge, dass die Umweltsysteme (z. B. Wirtschaft und Universitäten) von Schule breite Angriffsflächen für Kritik vorfinden, da viele Ziele nicht gleichzeitig und zu aller Zufriedenheit realisiert werden können. Es ist allgemein bekannt, dass Schule und Unterricht zu den Bereichen der Gesellschaft zählen, die in hohem Maße verrechtlicht und hierarchisiert sind. Krainz-Dürr (1999, S. 16) spricht von der besonderen Organisationsgestalt der Schule. Je nach Perspektive kann Schule als Institution, Organisation, Rechtssystem, Sozialraum, Gemeinschaft, Lernort oder soziales System gesehen werden. Die Verrechtlichung von Schule zusammen mit anderen Stabilisierungsprozessen haben aus der Schule ein System geformt, das sehr stark von Kontinuität, Tradition und Stabilisierung von Abläufen geprägt ist. Kritiker sagen, dass Schule in vielen Bereichen erstarrt und verkrustet ist. Das ist die eine Seite der Medaille; auf der anderen Seite ist die Schule aus dem Umweltsystem Wirtschaft mit hohen Forderungen nach Anpassung an die Bedürfnisse der Wirtschaft konfrontiert. Man verlangt, dass Schule flexibel und rasch auf veränderte Bedürfnisse reagieren soll. Schule und Unterricht sind heutzutage einem paradoxen Druck ausgesetzt. Man erwartet sich einerseits von Schule und Unterricht sowohl Kontinuität und Ordnung und andererseits Flexibilität und Veränderung. Das macht Schulentwicklung zu einem anspruchsvollen Vorhaben.

2.2. Die Qualitätsfrage und Evaluation als neue Herausforderungen für Schulen

In der bildungspolitischen Diskussion der 90er Jahren tauchen neue Themen auf. Völlig neu ist das Thema der „Kundenorientierung" der Schule:

> *„Das Bildungswesen ist bei uns das größte Unternehmen der öffentlichen Hand, mit den meisten Beschäftigten und den meisten ‚Kunden'. Es gestaltet Millionen von menschlichen Schicksalen mit."* (Fend 1998a, S. 357)

Es wird die Qualität von Bildungseinrichtungen hinterfragt, und in der Mehrzahl werden wirtschaftsnahe Qualitätssysteme vorgeschlagen. Die Palette reicht von TQM über ISO 9000 bis EFQM (Gonon 1999). Das Ziel ist, im Bildungswesen eine Gesinnung von Markt- und Wettbewerbsorientierung anzubahnen und zu fördern und Schulen als Betriebe nach den Prinzipien von Wirtschaftlichkeit, Effizienz und Erfolg zu organisieren. Jede einzelne Schule sollte sich ein Leitbild erarbeiten, an dem sie ihre Evaluationsmaßnahmen ausrichten sollten. Alle Maßnahmen zusammen sollten die Schule und das Lehrerkollegium zum Aufbruch bewegen, um Schulentwicklung von unten zu starten. Im Zuge der allgemeinen Deregulierungsdiskussion hat man ansatzweise auch begonnen, der Schule neue Selbstständigkeiten zuzugestehen (Posch 1992).

Die Qualitätsansprüche an Organisationen und Institutionen im Allgemeinen und an die Schule im Besonderen sind in den letzten Jahrzehnten gestiegen. Wirtschaft und Elternschaft verlangen heutzutage von der Schule nicht nur die Erfüllung der ihnen zugeordneten Aufgaben, sondern fordern mittlerweile mehr Service und höhere Qualität ein. In den 70er und auch noch in den 80er Jahren beherrschte die Systemfrage die bildungspolitische Diskussion. In den 90er Jahren ist die Qualitätsfrage in der Bildungsdiskussion in den Vordergrund getreten (Fend 1998a, S. 13). Hinzugekommen ist noch Evaluation, wobei nicht ganz klar ist ob als *„Androhung, als Auftrag oder als Angebot"* (Thonhauser & Patry 1999, S. 22). Man kann durchaus von einer Erweiterung der Aufgaben der Schule sprechen. Der neue gesellschaftliche Auftrag an die Schule spiegelt sich in zahlreichen Publikationen wider (Altrichter & Posch 1999; Doherty 1994; Fullan 1992; Krainz-Dürr 1999; Specht & Thonhauser 1996; West-Burnham 1997).

Bezüglich der Sicherstellung von Qualität kann eine veränderte Perspektive durch die Bildungspolitik und Schulbürokratie festgestellt werden, nämlich von einer zentralistisch-bürokratischen Sicht zu einer Übertragung der Verantwortung auf die Schule vor Ort. Im traditionellen und klassisch hierarchisierten CIPP-Modell (Context-Input-Process-Product; nach Stuffelbeam; zit. nach Rolff 1996, S. 376) erfolgte Steuerung und Qualitätssicherung gleichsam durch die zentralistische Bürokratie über den Input (z. B. Lehrpläne, Richtlinien, Schulbuchkommissionen, Schulaufsichten, Lehrerbildung und Lehrerfortbildung). Qualität glaubte man über die staatlichen Prüfungsordnungen und andere legistische Maßnahmen zu erreichen. Die großen Auseinandersetzungen über selektive oder komprehensive Systeme wurden im Geiste zentraler Steuerung geführt. Nach Rolff (1996, S. 375) ist aber die Wirkung dieser zentralistischen Steuerung und Qualitätssicherung weitgehend unbekannt.

Abbildung 7: Traditionell angelegte Steuerung und Qualitätssicherung (Rolff 1996, S. 376)

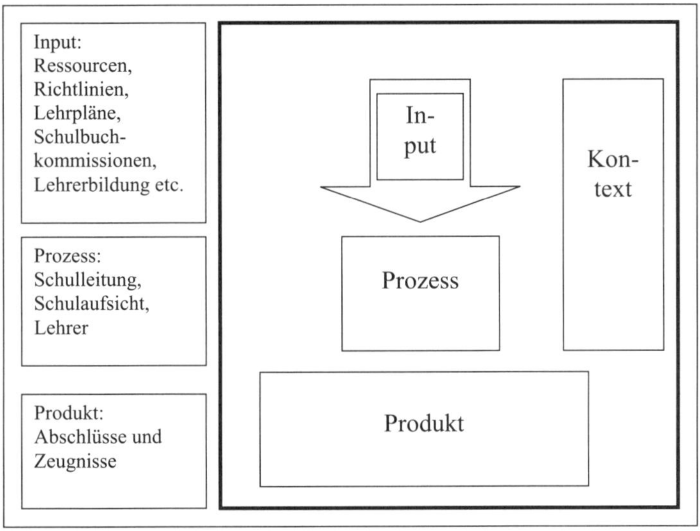

Angeregt durch die allgemeine Dezentralisierungsdiskussion (Posch & Altrichter 1997, S. 3) in westlichen Industrieländern und Forschungen über die Wirkungen der Einzelschule (Steffens & Bargel 1993, S. 11) setzte ein allgemeines Umdenken ein. Die zentrale Steuerung wurde in modernen Bildungssystemen nicht aufgegeben, zum Unterschied von früher hat der „Abstand" zugenommen, mit dem gesteuert wird. Zusätzlich ist man von der direkten zur indirekten Steuerung übergegangen. Schulentwicklung wurde von der Ebene der zentralen Schuladministration auf die Einzelschule verlagert (Rolff 1996, S. 377). Schulen wurde als *„Individualitäten"* und *„pädagogische Handlungseinheiten"* (S. 12) entdeckt. Als Gegenbewegung zur angloamerikanischen Perspektive der Schuleffektivität, die sehr stark an externen Tests und Rankings orientiert ist, entstand in Mitteleuropa die Qualitätsdiskussion. Mit dem umfassenderen Begriff der Qualität wollte man das mechanistisch-technologisch und behavioristisch ausgerichtete Effektivitätsmodell zugunsten einer ganzheitlicheren Sicht überwinden.

Die Aufwertung der Einzelschule entspricht auch theoretischen Forderungen. Aus der Sicht der Systemtheorie ist begründbar, dass Orte, an denen Individuen zu einem bestimmten Zweck zusammenkommen und Prozesse stattfinden (das Mittelglied im CIPP-Modell), sich zu eigenständigen Einheiten (Systemen) ausbilden. Durch vielfältige Mechanismen (z. B. Schaffung einer Klassen- und Schulkultur; Entwicklung einer Beziehungskultur etc.) grenzen sich diese Einheiten von ihrer Umwelt ab und entwickeln Identitäten. Die Bedeutung der Einzelschule und die fachliche und überfachliche Kooperation der Lehrer wird als besonderer Ansatzpunkt zur Veränderung von Schule und Unterricht in den Programmen zur Steigerung der Effizienz des mathematischen und naturwissenschaftlichen Unterrichts nach den wenig erfreulichen Ergebnissen der TIMS-Studie betrachtet (Baumert 2000, S. 21). Aus diesem Grund setzen alle Veränderungsprogramme, die von der Bund-Länder-Kommission in der BRD beschlossen wurden, konsequent bei der Einzelschule an. Im so genannten SINUS-Programm („Effektivierung des mathematisch-naturwissenschaftlichen Unterrichts") wird versucht, über Modellschulen unter Vernetzung aller relevanten Institutionen *„Kooperative Modelle zur Entwicklung einer guten Praxis im Mathematikunterricht"* zu etablieren (Blum 2000, S. 7).

Die Überlassung von mehr Autonomie für die Einzelschule wurde allerdings mit der Forderung nach Evaluation gekoppelt. Über verschiedene Formen der Evaluation (Selbst- und Fremdevaluation) ist die Gesamtadministration mit der Einzelschule gekoppelt (Rolff 1996, S. 378). Der Preis für mehr Autonomie für die Einzelschule ist sozusagen die Rechenschaftslegungspflicht.

Der „Quality-Jungle"

Beginnend mit den 60er Jahren wurde verstärkt nach der Wirkung von Schulen gefragt; es wurden Wirkungsanalysen unter dem Gesichtspunkt der Effektivität und / oder Effizienz vorgenommen. Es entstand in diesem Zusammenhang eine große Begriffsvielfalt; einige Jahrzehnte später kam noch die Frage nach der Schulqualität hinzu. Das „Feld" ist einigermaßen unübersichtlich geworden. Dies bestätigt auch Doherty (1994, S. 3), der alle Qualitätsbemühungen zusammenfassend die entstandene Vielfalt als „Quality Jungle", in dem das „quality business" seine Aktivitäten entfalten kann, bezeichnet. Auch die ‚Autoren der OECD-Publikation „Schools and Quality" sehen im Begriff „Qualität" einen breiten Interpretationsspielraum:

> *„‚Quality' has a variety of meanings. It can be descriptive rather than a normative term. It can be refer simply to trait or attribute. Thus, a pupil or teacher, a school or school district, a regional or national education system, can have any number of qualities or defining characteristics."* (OECD-Publikation „Schools and Quality" 1989, S. 27)

Weiters wird kritisch gefragt, welche Qualität zur Diskussion gestellt werden soll (S. 31):

„For many people, ‚quality' is predominantly about outcomes."

Mit der Frage *„Quality of what?"* (S. 31) wird der Blick auch auf Inputs und Prozesse gelenkt. Mit der Frage *„Quality for whom?"* (S. 33) wird zum Ausdruck gebracht, ob in der allgemeinen Qualitätsdiskussion der durchschnittliche Schüler gemeint ist oder ob die Diskussion auch die Behinderten und die Begabten in irgendeiner Weise einschließt und dafür andere Qualitäten berücksichtigt.

Zu Beginn der 90er Jahre kann im angloamerikanischen Raum eine Neuorientierung der Diskussion festgestellt werden, nämlich von einfachen „Effectiveness"-Modellen zu erweiterten Modellen. Cheng definiert *„school effectiveness"* folgendermaßen:

> *„From the conception of school functions, we may define school effectiveness as the capacity of the school to maximize school functions or the degree to which the school can perform school functions, when given a fixed amount of school input. Since there are five types of school functions, school effectiveness may be further classified into five types: technical / economic, human / social, political, cultural and educational effectiveness."* (Cheng 1996, S. 13)

Mit den fünf Kategorien „technical / economic effectiveness" (TE), „human / social effectiveness" (SE), „political effectiveness" (PE), „cultural effectiveness" (CE) und „educational effectiveness" (EE) und fünf Ebenen von „effectiveness" (Individual-, Schul-, Gemeinde- und Gesellschaftsebene und internationale Ebene) wird eine Matrix mit 25 Feldern entworfen, um Klarheit darüber herzustellen, welche Art von Effektivität zur Diskussion steht.

Tabelle 8: Matrix nach Cheng (1996, S. 10) zur Evaluation von *„school effectiveness"*

School effectiveness at ...	**TE technical / economic**	**SE human / social**	**PE political**	**CE cultural**	**EE educational**
... individual level	1	2	3	4	5
... institutional level	6	7	8	9	10
... community level	11	12	13	14	15
... society level	16	17	18	19	20
... international level	21	22	23	24	25

Diese Matrix wird verwendet, um *„school effectiveness"* und *„school efficiency"* in differenzierter Weise zu recherchieren und zu dokumentieren. Der Unterschied der beiden Begriffe wird von Cheng folgendermaßen festgelegt:

> *„If the discussion is mainly in terms of monetary input (for example, $ 1 000 input per student, cost of books, salary, opportunity cost etc.), then the comparison between school*

output function and monetary input may be called school efficiency.“ (Cheng 1996, S. 13)

Im deutschsprachigen Raum stand die Wirksamkeitsforschung unter dem Aspekt, welches Schulsystem besser sei. Als Konzept stand dahinter die Überzeugung, dass durch schulorganisatorische Änderungen die pädagogische Wirksamkeit von Schulen verbessert und neue Ziele erreicht werden könnten. Auch glaubte man, dass andersgeartete Schwerpunktsetzungen realisiert werden könnten (Aurin 1991, S. 9).

Die Forschungsschwerpunkte haben sich in den späten 80er und frühen 90er Jahren verschoben. Es setzte sich die Erkenntnis durch, dass Schule ein komplexes Unternehmen ist und dass reduktionistische Ansätze zu kurz greifen. Diese Zeit war gekennzeichnet durch die „Wiederentdeckung des Lehrers“ (Aurin 1991, S. 10) und die Untersuchungen zum Innenleben von Schulen (z. B. innerschulische Kooperation, Leitung der Schule, Steuerung des Schulgeschehens usw.); man begann danach zu fragen, was eine gute Schule ausmacht (Aurin 1991; Tillmann 1989). Man kann von einem Paradigmenwechsel sprechen, wenn Schulen unter dem Gesichtspunkt des erweiterten Begriffes von *„Qualität“* (Steffens 1993, S. 9) und Güte untersucht werden. Zur Feststellung der Qualität einer Schule kam das Programm der Schulentwicklung hinzu; damit ging dieses Konzept über die Momentaufnahme unter dem Gesichtspunkt der Effizienz- und Effektivitätsrecherche hinaus.

2.3. Zusammenfassung dieses Kapitels und Ausblick auf die nächsten Kapitel

Es wurden insgesamt vier Modelle gegenübergestellt. Würde man die Modelle den Polen eines Kontinuums zuordnen, so würde das Fend-Modell dem reaktiven Pol – Schule reagiert auf das, was man von ihr erwartet – zugeordnet werden. Das Modell von Meyer könnte dem Pol zugerechnet werden, der die Funktionen der Schule in balancierter Weise darstellt, nämlich zwischen Anspruch der Gesellschaft, Fürsorge für die Heranwachsenden und Erziehung zur Mündigkeit und Kritikfähigkeit. Durch die stärkere Betonung von pädagogischen Funktionen geraten Konzeptionen zu Schulfunktionen stärker in den *„Funktionswiderspruch der Schule“* (Einsiedler 1974, S. 59; Meyer 1997, S. 325). Nach Einsiedler leidet die Schule seit jeher an der Doppelfunktion zwischen gesellschaftlichem Anspruch und pädagogischen Vorstellungen. Dies wird am Modell von Meyer in besonderer Weise deutlich, da im Dreieck „Reproduktionsfunktion-Bildungsfunktion-Humanfunktion“ zwei Gruppen von Funktionen aus dem pädagogischen

Bereich stammen. Meyer versucht in einer These, den Balanceakt zwischen den drei Funktionen festzuschreiben, ist sich aber bewusst, dass eine „Harmonie“ in der Theorie einfacher ist als in der täglichen Praxis (Meyer 1997, S. 325). Ferner wurde aufgezeigt, dass die Schule neben der Erfüllung klassischer und junger Funktionen mit weiteren Herausforderungen konfrontiert wurde. Man kann durchaus von neuen Funktionen sprechen, mit denen sich die Schule konfrontiert sieht, nämlich die Sicherstellung von Qualität und die Wahrnehmung von Evaluationsverpflichtungen. Qualitätsdiskussion und Evaluationsverpflichtung stellen Aufforderungen an die Schule zur Veränderung dar. Als permanente Funktion wurden beide Aspekte jedoch noch nicht niedergeschrieben. Wenn man die Qualitätsdiskussion und die Evaluationsmaßnahmen in verschiedenen Bereichen der Gesellschaft in Betracht zieht, kann mit einiger Sicherheit angenommen werden, dass sich die Schule diesen beiden Aufträgen in naher Zukunft nicht entziehen wird können. Für die vorliegende Arbeit soll die Qualitätsfrage nicht generell diskutiert werden, sondern auf den Gegenstand Mathematik eingeschränkt werden. Damit wird ein Allgemeinheitsanspruch aufgegeben, jedoch werden konkretere Impulse für die Veränderung dieses Faches erwartet.

Im nächsten Kapitel wird auf die Möglichkeiten und Grenzen von Veränderungen in Schule und Unterricht eingegangen. Auch wird erörtert, wie Veränderungsprozesse angelegt werden können, damit sie gelingen.

3 VERÄNDERUNG VON SCHULE UND UNTERRICHT UNTER SYSTEMISCHER UND / ODER KONSTRUKTIVISTISCHER PERSPEKTIVE

In diesem Kapitel werden Elemente für eine Schul- und Unterrichtsentwicklung aus einer systemischen und / oder konstruktivistischen Perspektive identifiziert und Grundlagen für neue Impulse für die Schul- und Unterrichtsforschung aus dieser Perspektive beschrieben. Die „und / oder" Kombination zwischen den beiden Adjektiven systemisch und konstruktivistisch wurde deshalb gewählt, weil die beiden Disziplinen von Autoren sowohl in der Bindestrichkombination (also systemisch-konstruktivistisch) als auch einzeln unter Verwendung von Begriffen der je anderen Disziplin dargestellt werden. Dabei treten sehr häufig große begriffliche Unschärfen auf. Wenn man die Literatur inspiziert, stellt man rasch fest, dass Autoren sehr subjektive Rekonstruktionen und Kombinationen der beiden Paradigmen vornehmen. Eine sonst übliche und notwendige Begriffsklärung bzw. Zuordnung der Begriffe wird dadurch wesentlich erschwert. In eigenen Kapiteln soll der Versuch unternommen werden, die Begriffe den Disziplinen zuzuordnen und jene Begriffe zu bestimmen, die für diese Studie relevant sind.

Die „und / oder"-Konjunktion steht für die Suche nach Klarheit

Die Bindestrich-Kombination (z. B. Voß 1999: „Die Schule neu erfinden. Systemisch-konstruktivistische Annäherungen an Schule und Pädagogik.") wurde deshalb nicht gewählt, um eine kritische Distanz und eine gewisse Vorsichtigkeit gegenüber diesem populären Ansatz zum Ausdruck zu bringen. Dies auch deshalb, weil mit dem neuen Ansatz gelegentlich zu einem Bruch und sehr oft zur Überwindung von alten Konzepten aufgerufen wird:

> *„Es wuchs die Überzeugung, dass diese Perspektiven (vom Abbild zur Konstruktion, von der Instruktion zur Perturbation* [= Anregung, Störung, Anm. d. Verf.]*, von der Wahrheit zur Wirklichkeit und vom Individuum zum Kontext, vom Defizit zur Kompetenz, vom Einzelkämpfer zum Team etc.) für die notwendige Neugestaltung der Schule von besonderer Bedeutung sein können."* (Voss 1999, S. 2)

Eine abwägende Haltung wird auch deshalb eingenommen, um nicht mit dem neuen Ansatz wiederum einen Allgemeinheitsanspruch zu erheben, der den „alten" Allgemeinheitsanspruch zu überwinden versucht.

Dem konstruktivistischen und / oder systemischen Paradigma im Bildungsbereich werfen Kritiker vor, keinerlei Beitrag zur allgemeinen Theoriediskussion in der allgemeinen Didaktik zu leisten und geleistet zu haben. Nach Ansicht Terharts liegt kein neuer Ansatz für die allgemeine Didaktik vor. Das konstruktivistische und / oder systemische Paradigma im Bildungsbereich besteht nach seiner Einschätzung aus Elementen verschiedenster Theoriebereiche (Terhart 1999, S. 644).

Auch wird diesem Ansatz Modetrendhaftigkeit vorgeworfen. Terhart kommt zu folgendem Schluss:

> *„..., dass es sich bei der konstruktivistischen Didaktik weder auf theoretischer Ebene noch im Blick auf die empfohlenen didaktischen Praxisformen um einen neuen allgemeindidaktischen Ansatz handelt."* (S. 629)

Ist dann der konstruktivistische Ansatz bloß alter Wein in neuen Schläuchen? Terhart kommt zu einem überraschenden Schluss:

> *„Das konstruktivistische Argumentationsreservoir liefert jedoch eine neue Sprache, mit deren Hilfe die altbekannten Probleme der schulischen Organisation von Lehren und Lernen neu gefasst werden. Das ist nicht nichts."* (S. 645)

Bemerkenswert ist in diesem Zusammenhang, dass in einem (wissenschaftlichen) Diskurs zu apodiktischen und postulativen Aussagen wie *„Das ist nicht nichts!"* (S. 645) gegriffen wurde. Für die wissenschaftliche Auseinandersetzung wäre es hilfreicher gewesen, überzeugende Argumente vorzutragen, um die Theoriediskussion wieder in Gang zu bringen.

3.1. Ursprünge und Ausformungen von Systemtheorie und Konstruktivismus

Das systemisch-konstruktivistische Paradigma soll in diesem Kapitel weniger aus einer erkenntnistheoretischen Perspektive, sondern aus einer angewandten Sicht, nämlich der Didaktik, diskutiert werden. Eine erkenntnistheoretische Diskussion soll nicht geführt werden, da das Ziel und die Absicht der Arbeit nicht im wissenschaftstheoretischen Bereich liegen. In knapper Form sollen Ausformungen und Grundzüge dieses Ansatzes dargestellt werden. Mit einigen Beispielen aus dem Alltag soll in einige relevante Begriffe beider Denkansätze eingeführt werden. Diese Einschränkung wurde deshalb vorgenommen, da je nach Beobachtungsperspektive eine sehr unterschiedliche Anzahl wichtiger Begriffe vorgefunden werden kann. Der Versuch einer Begriffsklärung oder gar -definition kann in einer Studie wie dieser auch nur eine Rekonstruktion der „Konstruktionen des Konstruktivismus" durch den Verfasser dieser Zeilen angesehen werden. Das Schlagwort von den *„Konstruktionen des Konstruktivismus"* stammt von Siebert (1999, S. 5) und soll zum Ausdruck bringen, dass es auf diesem Gebiet noch immer zu wenig begriffliche Klarheit und Sicherheit gibt. Die Auswahl der Begriffe hat mit der *„Brille“* (Voß 1998, S. 17) (und der eigenen Geschichte) zu tun, die dem Verfasser in diesem Moment zur Verfügung steht. Die Brillenmetapher soll zum Ausdruck bringen, dass die Konstruktion oder Rekonstruktion von Wirklichkeit, Erkenntnissen, Begriffen etc. mit der „Brille zusammenhängt, die jemand trägt“, also mit seiner Sichtweise oder Perspektive. Aus den genannten Gründen wird im Folgenden nicht versucht, eine vollständige Synopse der Wurzeln und Ausformungen dieses neuen Ansatzes darzustellen. Es wird nur ein orientierender Überblick zusammengestellt. Die folgenden Ausgangspunkte und Disziplinen nehmen Einfluss auf die systemisch-konstruktivistische Diskussion. Der nachfolgende Überblick wurde im Prinzip von Siebert (1999, S. 8) übernommen und um einige wichtige Vertreter erweitert:

Tabelle 9: Übersicht über die Bezugsdisziplinen des systemisch und / oder konstruktivistischen Paradigmas

Disziplin	**Vertreter**
Philosophie	Vico, Kant
Psychologie und Pädagogik	Rogers, Dewey
Evolutionstheorie	Riedl
Wissenschaftstheorie	Janich, Mittelstraß
Neurobiologie	Maturana, Varela
Gehirnforschung	Roth, Singer
Kognitionsforschung	Glasersfeld, Mandl
Emotionsforschung	Ciompi
Kommunikationswissenschaft	Bateson, Watzlawick
Sprachwissenschaft	Schmidt
Wissenssoziologie	Luckmann, Searle
Systemtheorie	Bertalanffy, Luhmann, Selvini-Palazolli
Psychotherapie	Stierlin, Simon, Rotthaus
Systemische Pädagogik	Bronfenbrenner, Reich, Kösel, Siebert, Voß

Diese vielfältigen Wurzeln und Ausrichtungen im Vorfeld haben auch die Vielfalt im pädagogischen und beraterischen Handlungsfeld mitbestimmt. Diese Vielfalt im pädagogischen Bereich wird aber von Terhart heftig kritisiert. Nach seiner Meinung liegt kein neuer Ansatz in der Allgemeinen Didaktik vor:

> *„Die Antwort kann derzeit nur folgendermaßen lauten: Der sehr aufwendige Argumentationshintergrund des didaktischen Konstruktivismus liefert keine in sich homogene neue Theorie der Allgemeinen Didaktik. Der Argumentationshintergrund ist vielmehr als eine Agglomeration in sich heterogener, z. T. kompatibler, z. T. sich widersprechender Versatzstücke zu bezeichnen.“* (Terhart 1999, S. 644)

Die Vielfalt von Modellen und Ausformungen in einem Handlungsfeld stellt hingegen für den Erkenntnistheoretiker Welsch kein Problem dar:

> *„Neben der diachronen ist eine synchrone Perspektive erforderlich. Paradigmen folgen nicht nur aufeinander, sondern existieren auch nebeneinander. Und zwar innerhalb der gleichen Disziplin."* (Welsch 1996, S. 545)

Dies bedeutet, dass wir von der Vielfalt als Normalfall und nicht von der Einheitlichkeit auszugehen haben. Die Vielfalt von erkenntnistheoretischen Modellen auf dem Gebiet des Konstruktivismus wird sehr deutlich von Ciompi (1999, S. 28) hervorgehoben. In besonderer Weise wird von Shulman auf die Möglichkeit und Notwendigkeit der Paradigmenvielfalt im sozialen Handlungs- und Erkenntnisfeld hingewiesen:

> *„However, in no sense are social fields necessarily dominated by a single school of thought. Indeed, as Kuhn observed, what distinguishes the social from the natural sciences is this very absence of a single dominant paradigm."* (Shulman 1986, S. 5)

Die Konkurrenz von Paradigmen wird von Shulman begrüßt, da sie die Forschung stimuliert.

Paradigmenvielfalt im Bereich des Konstruktivismus

Die Palette der Strömungen reicht vom radikalen Konstruktivismus, relativen Konstruktivismus, kritischen Realismus, naiven Realismus bis zum hypothetischen Realismus. Der radikale Konstruktivismus (Glasersfeld 1991, S. 17ff; 1992a, S. 99ff; 1998, S. 13) bestreitet die Möglichkeit, mit unseren Sinnen die ontische Welt („die Welt da draußen") erkennen zu können:

> *„Streng genommen existiert die Wirklichkeit für die radikalen Konstruktivisten einzig in unserem Gehirn, respektive in unseren konstruierten Begriffen."* (Ciompi 1999, S. 30)

Von den radikalen Konstruktivisten wird jede Übereinstimmung der Konstruktionen mit „an sich" existierenden Objekten bestritten, obwohl die Existenz einer Außenwelt nach Ansicht von Siebert (1999, S. 9) von radikalen Konstruktivisten keinesfalls geleugnet wird. Huschke-Rhein stellt in diesem Zusammenhang fest:

„‚Objektive Tatsachen' kann es nicht geben, jedenfalls nicht im Sinne des klassischen Methodenpostulats der empirischen Wissenschaften. Was wir für ‚wirklich' halten, ist zunächst nichts als die Sichtweise eines Beobachters, der seine Wahrnehmung der Wirklichkeit selbst ‚konstruiert' hat – weil es, nach konstruktivistischer Auffassung – überhaupt keinen anderen Zugang zur Wirklichkeit gibt als über ihre ‚Konstruktion', und zwar sowohl in der Wahrnehmung fremder als auch eigener Wirklichkeit." (Huschke-Rhein 1992, S. 49)

Ohne Anspruch auf Vollständigkeit werden in der nachfolgenden Übersicht die bekanntesten Ausformungen des konstruktivistischen Paradigmas charakterisiert. Die Zusammenstellung folgt einem Vorschlag von Ciompi (1999, S. 31) und Siebert (1999, S. 9). Zur Kontrastierung wird die Position des Naiven Realismus wiedergegeben:

Tabelle 10: Paradigmenvielfalt innerhalb des Konstruktivismus

Richtung	Charakterisierung
Naiver Realismus	Diese Erkenntnisrichtung ist stark sensualistisch geprägt. Es wird die Meinung vertreten, dass es eine reale Welt gibt und dass sie so ist, wie wir sie wahrnehmen.
Streng kritischer Realismus	Auch diese Richtung geht von einer realen Welt aus. Sie nimmt aber zur Kenntnis, dass sie *„nicht in allen Zügen so beschaffen ist, wie sie uns erscheint"* (Ciompi 1999, S. 31).
Hypothetischer Realismus	Die Vertreter dieser Richtung gehen von einer realen Welt aus, deren Strukturen teilweise erkennbar sind. Die Aussagen darüber haben aber hypothetischen Charakter. Als Vertreter wäre Campbell zu nennen.
Relativer Konstruktivismus	Es wird von einer realen Welt ausgegangen. Es wird aber auch angenommen, dass unsere Welterklärungen individuelle Konstruktionen darstellen, die sich an *„keinerlei externer ‚Realität an sich' validieren lassen"* (Ciompi 1999, S. 31).
Methodischer Konstruktivismus; Erlanger Schule	Absolute Wahrheitsansprüche werden relativiert. Es wird aber eine Differenz zwischen alltäglichem Erfahrungswissen und experimentellen Ergebnissen wissenschaftlicher Forschung postuliert.

Die erkenntnistheoretische Diskussion um Wahrheit, Objektivität, ontische Welt etc. soll nicht weiter vertieft werden. Vielmehr soll in den nächsten Abschnitten versucht werden, das Handeln jener Personen (z. B. Erziehern, Therapeuten, Polizisten, Richtern, Strafreferenten, Ärzten, Eltern etc.) durch die „Brille" des Konstruktivismus oder der Systemtheorien zu analysieren, die von Berufs wegen mit Lehren und Lernen, Erziehung, Veränderung und Beratung zu tun haben. Aber auch im Anwendungsbereich des Konstruktivismus – z. B. in der Didaktik – lässt sich eine ähnliche Uneinheitlichkeit der Begrifflichkeit feststellen wie in der Diskussion der Bezugsdisziplin. Dieser ist vielfältig, vielschichtig und diffus; zu dieser Schlussfolgerung gelangen Reinmann-Rothmeier und Mandl:

> *„Die Debatte um den Konstruktivismus in der Pädagogischen Psychologie verläuft in den letzten Jahren sehr intensiv, infolge der Vielschichtigkeit und Vieldeutigkeit des Konstruktivismusbegriffs allerdings auch recht diffus."* (Reinmann-Rothmeier & Mandl 1997, S. 367)

Diese Vielschichtigkeit, Vieldeutigkeit und Diffusität des Konstruktivismusbegriffs mag für die Theorieentwicklung in der Didaktik aus konstruktivistischer Perspektive nicht förderlich sein. Wenn man aber nach dem „Guten im Schlechten" dieses Statements sucht, kann man hoffen, dass diese Situation Impulse für die Weiterentwicklung, Klärung und Verfeinerung des Ansatzes liefert.

3.2. Systemische Grundbegriffe

Didaktische Veränderungsinitiativen und Beratung in Zusammenhang mit Schul- und Unterrichtsentwicklung, Lehrerfortbildung und Fachdidaktik für Mathematik und naturwissenschaftliche Fächer (Physik, Chemie und Biologie) unter systemischer und / oder konstruktivistischer Perspektive stellen eine neue und interessante Entwicklung im Bildungswesen dar. Von diesen Ansätzen wird ein höheres und auch neues Verständnis für Lern- und Veränderungsprozesse und mehr Effektivität erwartet.

Zwischen beiden Paradigmen – Systemtheorie und Konstruktivismus – gibt es Schnittmengen und fließende Übergänge, die eine strikte Trennung schwierig machen. Das Problem liegt also darin, dass es sich beim systemischen und / oder konstruktivistischen Paradigma um unterschiedliche Beobachtungsstandpunkte zur Beschreibung von sozialen Phänomenen handelt. Dies kann am besten am Autopoiese-Theorem (Selbsterhaltung) gezeigt werden. Dieses Theorem wurde von Maturana und Varela als Charakteristikum für Lebewesen beschrieben; es führt zur Autonomie derselben:

> *„Nach unserer Ansicht ist deshalb der Mechanismus, der Lebewesen zu autonomen Systemen macht, die Autopoiese; sie kennzeichnet Lebewesen als autonom"* (Maturana & Varela 1987, S. 55).

Dieses Theorem besagt, dass sich Lebewesen ständig aus sich selbst „erschaffen". Das „Programm" zur Selbsterschaffung ist z. B. für eine Zelle genetisch übermittelt. Ein Eingriff in die Reproduktionsabläufe (z. B. durch Entzug des Sauerstoffs für Gehirnzellen) führt unweigerlich zum Zusammenbruch des organischen Systems. Soziale Systeme verwenden als Prozessform zur Aufrechterhaltung „des inneren Lebens" Kommunikation. Sie wird so prozessiert, dass das eigene System nicht gefährdet wird.

Welche Schnittmenge kann nun zwischen Systemtheorie und Konstruktivismus identifiziert werden? Die Konstruktion von Wirklichkeit ist eine zentrale Kategorie des Konstruktivismus, und über die Konstruktion von Wirklichkeit kann die „Selbsterhaltung“ eines sozialen Systems (z. B. Stigmatisierung von Randgruppen) aufrecht erhalten werden. Durch die selektive Wahrnehmung der Welt und die subjektive und kollektive Konstruktion von Wirklichkeit wird eine Grenzziehung zur Umwelt (zu den anderen) vorgenommen, um das eigene System im Status quo zu erhalten. Die Schnittmenge zwischen beiden Ansätzen ist in der Kommunikation zu sehen. Der Stellenwert der Kommunikation kann aus zwei verschiedenen Perspektiven betrachtet werden. Aus der Sicht der Systemtheorie ist Kommunikation das Mittel zur Aufrechterhaltung des „inneren Lebens“, zur Abgrenzung und zur Selbsterschaffung (Autopoiese). Aus der Sicht des Konstruktivismus ist Kommunikation das selektive Instrument zur systemkonformen Konstruktion von Wirklichkeit. Andere Wirklichkeiten, die das System bedrohen könnten, werden durch den Konstruktionsprozess ausgeschaltet. Man könnte schlussfolgern, dass durch die permanente selektive Konstruktion von Wirklichkeit das System im Status quo aufrechterhalten wird.

Im letzten Jahrzehnt wurden zahlreiche Publikationen zum systemischen Paradigma veröffentlicht (z. B. Fuchs 1993; Königswieser 1999; Luhmann 1999; Maturana & Varela 1987; Reese-Schäfer 1999; Rotthaus 1999; Simon 1999; Willke 1999; Willke 2000), wobei die Autoren unterschiedliche Handlungsfelder abdecken. Willke bereitet die Systemtheorie im Band „Systemtheorie I: Grundlagen“ (2000; 6. Auflage) auf und legt in einem weiteren Band „Systemtheorie II: Interventionstheorie“ (1999; 3. Auflage) die Grundzüge zur Intervention in komplexen Systemen dar, wohingegen Rotthaus und Simon das systemische Paradigma auf die Psychotherapie anwenden. Die folgende Auswahl von Begriffen kann der Systemtheorie zugeordnet werden (Willke 2000, S. 246). Es handelt sich bei den folgenden „Begriffen“ sowohl um Prozesse in Systemen als auch um Konzepte. Im Falle des „Begriffes“ Kontingenz dürfte es sich um einen Zustand eines Systems handeln. So verwendet Willke (2000, S. 58) für den „Begriff“ Autopoiese auch die Bezeichnung „Autopoiese-Konzept“. Bestimmte Autoren vermeiden bewusst eine Festlegung auf Begriff, Konzept, Theorem oder Prozess. Siebert (2000, S. 22) führt Autopoiese, Viabilität, Selbstorganisation und strukturelle Koppelung als Schlüsselbegriffe. Für Huschke-Rhein (1992, S. 48) hingegen ist Autopoiese ein Theorem.

3.2.1. Die relevanten Schlüsselbegriffe nach Willke (2000)

Im Folgenden werden die Begriffe Autopoiese, Evolution, Emergenz, Kontingenz, Grenze, Sinn, Selbstreferenz und Umwelt erläutert.

Autopoiese

Dieser Begriff kann mit Selbst-Reproduktion (griech. autos = selbst; poiein = machen) übersetzt werden und kommt aus der Biologie. Er beschreibt die Selbstreproduktion lebender Systeme (z. B. Zelle). Das System erzeugt seine Elemente selbst; in der Tiefenstruktur seiner Selbststeuerung ist das System von der Umwelt unabhängig. Nach Willke ist dies ein Begriff der Systemtheorie (Willke 2000, S. 246), nach Siebert ein Schlüsselbegriff des Konstruktivismus (Siebert 2000, S. 307) (Wirklichkeit ist „hausgemacht" und von jedem selbst konstruiert). Nach Kösel (1997, S. 43) führt Autopoiese zur Autonomie von autopoietischen Systemen.

Evolution

Dies ist ein selbstorganisierender (und somit autopoietischer) Prozess, der drei Verlaufsformen haben kann, nämlich (1) äußere Evolution von Systemen (durch Variation, Selektion und Retention), (2) innere Evolution (gesteuert durch Anschließbarkeit und Passung) und (3) Koevolution von Systemen mit der Umwelt.

Emergenz

Der Ursprung dieses Begriffs liegt wohl im Verb „emergieren" („*emerge*" im Englischen) und bedeutet so viel wie auftauchen und emporkommen. Emergenz bedeutet, dass in Systemen durch Verknüpfungen etwas Neues entsteht (z. B. neue Einsichten und Bedeutungen), das durch die Eigenschaften der Elemente nicht erklärt werden kann. Auch durch Handlungen und Impulse kann es zu Emergenzen wie „Aha-Erlebnissen" kommen. Nach dem Prinzip der Emergenz können Verständnis, Sinn, Bedeutung etc. nicht von außen vermittelt werden; sie entstehen im Inneren von Systemen durch neue Verknüpfungen.

Kontingenz

Dieser Begriff bezeichnet die Freiheitsgrade zur Selbststeuerung (das Ausmaß an Handlungsalternativen und den Verhaltensspielraum) in einem System. In Konflikt- und Krisenfällen kann die Kontingenz drastisch verringert sein, was zu einer Verengung der Wahrnehmungsmöglichkeiten von Problemlösungen führen kann.

Grenze

Bei Zellen (und anderen biologischen Systemen) ist die Bestimmung der Grenze einfach. Die Membran stellt die Grenze zur Umwelt dar. Bei sozialen und psychischen Systemen müssen Kriterien festgelegt werden, nach denen Interaktionen als dazugehörig und nicht dazugehörig qualifiziert werden können.

Sinn

Dies ist ein wesentlicher Begriff in der Systemtheorie. Ein andere Umschreibung erfolgt mit dem Begriff „Logik". Systeme entwickeln ein Set von gemeinsamen Weltbildern, Werten, Normen, Rollen etc.; auf dieser Basis erfolgt Kommunikation und Interaktion zwischen Systemen. Systeme mit unterschiedlicher Sinnfestlegung oder „Logik" sind in ihrer Kommunikation und Interaktion störanfällig und konfliktbeladen.

Selbstreferenz

Grenzen stabilisieren ein System und verweisen das Eingeschlossene auf sich selbst (Willke 2000, S. 57). Systeme wie Schulklassen, Familien, Nationen, Kulturen, wissenschaftliche Disziplinen, religiöse Vereinigungen, Sekten, Freimaurerlogen etc. legen ihre Grenzen zu relevanten Umwelten fest und bilden Identitäten aus. Die intern erzeugten Identitäten werden zu Abgrenzungszwecken nach außen kommuniziert. Identitätsbildung geschieht unter dem Prozess der ständigen Selbstverweisung oder Selbstreferenz; mit der Definition einer Grenze lässt sich dieser Prozess steigern.

Umwelt

Damit wird all das bezeichnet, was infolge der Unterscheidung nicht zum System gehört. Für Systeme gibt es relevante Umwelten und solche, die wenig oder keine Bedeutung haben.

3.2.2. Die verwendeten Begriffe bei Rotthaus

Der Arzt und Therapeut Rotthaus (1999) geht in seinem Buch „Wozu erziehen?“ der Frage nach, warum Erziehung so oft scheitert. Auf systemischer Basis wird Erziehung analysiert und es werden die Grenzen und Möglichkeiten der Beeinflussung ausgelotet. Der Autor nennt sein Werk im Untertitel „Entwurf einer systemischen Erziehung“. Bei der Durchsicht des Registers fällt auf, dass der Begriff „Konstruktivismus“ oder andere konstruktivismus-bezogene Begriffe völlig fehlen. In drei Thesen werden seine Vorstellungen von systemisch orientierter Erziehung dargelegt: (1) Begrenztheit der Beeinflussbarkeit und Erziehbarkeit von Menschen (Grenze-Umwelt-Problem); (2) das zu erziehende Individuum wählt aus dem Anregungsangebot (Autopoiese-Problem) aus und (3) Individuen steht ein unterschiedlicher Verhaltensspielraum oder Möglichkeitsraum für eigenständiges Handeln zur Verfügung (Kontingenz-Problem).

Königswieser (1999) fokussiert auf die systemische Intervention in der Beratung und im Change Management und kommt zu ähnlichen Schlussfolgerungen. Demnach sind Interventionen Impulse, aus denen die Institution *„das macht, was es* [die Institution, Anm. d. Verf.] *machen kann. Die Einflussmöglichkeit ist sehr begrenzt“* (S. 24).

Weitere relevante Schlüsselbegriffe

In diesem Kapitel werden die Begriffe Viabilität, Beobachterabhängigkeit, strukturelle Koppelung, Strukturdeterminiertheit, Selbstorganisation, Zirkularität und Rekursivität dargestellt.

Viabilität

Das ist eine Kernthese des Konstruktivismus und geht auf Glasersfeld zurück:

> *„Der Konstruktivismus gibt die Forderung auf, Erkenntnis sei ‚wahr', insofern sie die objektive Wirklichkeit abbilde. Statt dessen wird lediglich verlangt, dass Wissen viabel sein muß, insofern es in die Erfahrungswelt des Wissenden passen soll.“* (Glasersfeld 1992a, S. 30)

Beobachterabhängigkeit

Wirklichkeit wird von Subjekten konstruiert. Zwei Subjekte können aber von ein und demselben Gegenstand unterschiedliche Auffassungen haben (z. B. Zeugen bei einem Verkehrsunfall):

> *„‚Objektive' Tatsachen kann es nicht geben, jedenfalls nicht im Sinn des klassischen Methodenpostulats der empirischen Wissenschaften. Was wir für ‚wirklich' halten, ist zunächst nichts als die Sichtweise eines Beobachters, der seine Wahrnehmung der Wirklichkeit selbst ‚konstruiert' hat ...“* (Huschke-Rhein 1992, S. 49)

Strukturelle Koppelung

Dieser Begriff geht auf Maturana und Varela (1987, S. 85ff) zurück. Zwei oder mehr autopoietische Einheiten gehen im Laufe ihrer Ontogenese eine Koppelung ein; ihre Interaktionen können als rekursiv und stabil bezeichnet werden (z. B. Schule und Berater im Kontext von Schulentwicklung; Honigbiene und Blume etc.). System und Umwelt stellen einander wechselseitig Perturbationen zur Verfügung. Diese „Störungen“ (oder „Verstörungen“) lösen Strukturveränderungen aus. Es wird sehr deutlich festgestellt, dass eine Instruktion (direkte Steuerung oder „Vorschreibung“) nicht für möglich gehalten wird. Die Ergebnisse sind, solange System und Umwelt (Schule und Berater) zusammen bleiben, Strukturveränderungen. Das Verhältnis von Lehrenden und Teilnehmern kann als strukturell gekoppelt beschrieben werden. Trotz der Autopoiese ist also Kommunikation und Interaktion zwischen Systemen möglich (Siebert 1999, S. 202).

Strukturdeterminiertheit

Nach diesem Prinzip werden Denken und Lernen nicht von außen, sondern durch die vom System gegebenen kognitiven und emotionalen Strukturen determiniert (Siebert 1999, S. 201). Maturana und Varela (1987, S. 111) stellen dazu fest, dass eine Interaktion eine Strukturveränderung nicht bewirken kann. Die Struktur eines Systems ist durch die vorangegangene Struktur des betroffenen Systems determiniert und *„nicht durch die Struktur des perturbierenden Agens“* (S. 111). Zustandsänderungen als Veränderung der Struktur sind mit Identitätsverlust verbunden. Struktur- und Zustandsänderungen werden im Wesentlichen nicht von der perturbierenden Umwelt, sondern von der Organisation des Systems ausgelöst (Kösel 1997, S. 45).

Selbstorganisation

Nach Siebert (1999, S. 201) ist dieser Begriff der Systemtheorie zuzurechnen. In der neueren Kognitionswissenschaft wird das Faktum diskutiert, dass in unserem Gehirn Neuronengruppen die Fähigkeit zur Selbstorganisation haben. Für lebende Systeme bedeutet dies, dass sie in der Lage sind, sich selbst – ohne Zutun von außen – zu organisieren (Kösel 1997, S. 45). Gemäß der inneren Struktur entstehen dem System gemäße Ordnungen. Weiter oben wurde dieser Prozess mit Willke als Emergenz beschrieben.

Zirkularität

Viele Abläufe in ökologischen Systemen verlaufen zirkulär und nicht monokausal. In zirkulären Wechselwirkungen beeinflusst nicht nur die Gegenwart die Zukunft, sondern auch die Antizipation der Zukunft die Gegenwart. Als Beispiel kann der Mechanismus der sich-selbst-erfüllenden Prophezeiung genannt werden (Brohpy & Good 1976; Ludwig 1991). Eine Antizipation für die Zukunft wirkt auf das Handeln in der Gegenwart (Siebert 1999, S. 202).

Rekursivität

Die Rückbezüglichkeit spielt bei der Intervention von außen eine entscheidende Rolle. Lernen und Veränderung geschieht immer rekursiv; das System bezieht alles auf die gegebene Struktur. Das System baut auf dem Vorhandenen, dem Gelernten, der gegebenen Ordnung etc. auf. Lernen und Veränderung ist demgemäß strukturkonservativ und strukturdeterminiert (Siebert 1999, S. 201). Durch die Rekursivität wird ein Ergebnis einer Operation zur Grundlage weiterer Operationen verwendet. Das, was möglich ist, ist dadurch bestimmt, was vorher war.

3.3. Die systemisch und / oder konstruktivistische Perspektive in der Didaktik

Der Konstruktivismus wird von Siebert nicht als eigene Wissenschaftsdisziplin angesehen, sondern als ein inter- und transdisziplinäres Paradigma, das *„sich vor allem von ontologischen und metaphysischen Wahrheitsansprüchen distanziert“* (1992, S. 7). Der Transfer des konstruktivistischen Paradigmas aus der Erkenntnistheorie in die Beratung, Didaktik und Praxis wurde inbesondere von angloamerikanischen Autoren geleistet. Auffallend ist, dass viele Publikationen gerade eine mathematisch-fachdidaktische

Orientierung aufweisen (Ernest, 1996; Jaworski 1996; Schifter & Fosnot 1995; Steffe & Gale, 1995). Die Autoren Krüssel (1993), Siebert (1999; 2000) und Müller (1996) orientieren sich ebenfalls nur am Konstruktivismus. Ersterer (Krüssel 1993, S. 4) versucht in seiner Studie „Konstruktivistische Unterrichtsforschung" zu begründen, *„inwieweit die konstruktivistische Erkenntnistheorie als mögliche Basis für die Erziehungswissenschaft und die Erziehungspraxis fruchtbar gemacht werden kann".* In zwei Publikationen von Siebert (1999, 2000) wird versucht, die Ideen des Konstruktivismus in der Didaktik zu verankern. In seinem Buch „Didaktisches Handeln in der Erwachsenenbildung. Didaktik aus konstruktivistischer Sicht." (Siebert 2000, S. 22) wird in einer „kognitiven Landkarte" der Konstruktivismus in das Zentrum gerückt. Die Systemtheorie scheint unter jenen Disziplinen (z. B. Neurobiologie, Kognitionspsychologie, Pragmatismus, Hermeneutik etc.) auf, die als Vorläufer eingestuft werden. Im Werk von Siebert aus dem Jahr 1999 „Pädagogischer Konstruktivismus. Eine Bilanz der Konstruktivismusdiskussion für die Bildungspraxis" werden zwar eine Reihe systemischer Grundbegriffe (z. B. Autopoiese, strukturelle Koppelung etc.) verwendet, aber nicht als solche gekennzeichnet. Darin legt Siebert (1999, S. 5) die Möglichkeiten und Grenzen aller jener, die leiten, regieren, kurieren und erziehen, fest.

Die Kernthese lautet:

> *„Menschen sind autopietische, selbstreferenzielle, operational geschlossene Systeme. Die äußere Realität ist uns sensorisch und kognitiv unzugänglich. Wir sind mit der Umwelt lediglich strukturell gekoppelt, das heißt, wir wandeln Impulse von außen in unserem Nervensystem strukturdeterminiert, das heißt auf der Grundlage biografisch geprägter psycho-physischer, kognitiver und emotionaler Strukturen um. Die so erzeugte Wirklichkeit ist keine Repräsentation, keine Abbildung der Außenwelt, sondern eine funktionale, viable Konstruktion, die von anderen Menschen geteilt wird und die sich biografisch und gattungsgeschichtlich als lebensdienlich erwiesen hat. Menschen als selbstgesteuerte ‚Systeme' können von der Umwelt nicht determiniert, sondern allenfalls perturbiert, das heißt ‚gestört' und angeregt werden."* (Siebert 1999, S. 5)

Dies ist eine von vielen Stellen der konstruktivistischen (und besonders der systemischen) Literatur, die in fakten- und begriffsdichter Weise systemische und konstruktivistische Elemente miteinander in Beziehung setzt. Diese These kann als Beispiel für Paradigmenkomplementarität zur Erklärung menschlicher Existenz und menschlichen Verhaltens angesehen werden. Denken und Handeln von Individuen ist durch die Struktur des Lebewesens und die Biografie bestimmt (systemischer Aspekt: Autopoiese-Theorem). Impulse zur Veränderung von außen werden kritisch geprüft und abgelehnt, wenn diese nicht mit dem „inneren Leben" übereinstimmen (systemischer Aspekt). Diese Prozesse werden durch die Konstruktion von Wirklichkeit generell und durch eine selektive Auswahl von Reizen aus der Umwelt erst möglich (konstruktivistischer Aspekt).

3.3.1. Der systemisch-konstruktivistische Ansatz nach Reich

Starke Impulse zur Entwicklung didaktischer Konzepte aus systemisch-konstruktivistischer Sicht sind von den Heidelberger Tagungen ausgegangen. Man wollte ein Forum für systemisch-konstruktivistisch Interessierte schaffen (Voß 1998, S. 11); das Echo war beträchtlich. Über 1000 Teilnehmer bekundeten ihr Interesse und Engagement an der Sache. Der Sammelband „SchulVisionen" wurde von Voß (1998) herausgegeben; er trug den Untertitel „Theorie und Praxis systemisch-konstruktivistischer Pädagogik". In einer weiteren Publikation unter der Herausgeberschaft von Voß (1999) mit dem Titel „Die Schule neu erfinden" wurde der Untertitel wesentlich vorsichtiger gewählt, nämlich „Systemisch-konstruktivistische Annäherungen an Schule und Pädagogik".

Die Begriffskombination „systemisch-konstruktivistisch" geht auf Voß zurück:

> *„Das Adjektiv ‚systemisch' kennzeichnet eine allgemeine Sichtweise, die nicht unabhängige, voneinander getrennte und klar abgegrenzte Objekte voraussetzt, sondern ‚Systeme' zur Einheit ihres Denkens macht, mit denen sie sich konstruktivistisch als Erkenntnisgegenstand befasst."* (Voß 1999, S. 9)

Nach Voß (1999, S. 9) kommt die Kombination zwischen Konstruktivismus und Systemtheorien (er weist ausdrücklich auf den Plural hin) deswegen zustande, weil die erkenntnistheoretische Position des Konstruktivismus in die Systemtheorien Eingang gefunden hat. Der Titel „Das systemisch-konstruktivistische Paradigma in der Pädagogik" stellt demnach das Dach dar, unter dem sich im Sinne der in Kapitel 1.5 beschriebenen Pluralität und Paradigmenvielfalt die beiden Paradigmen ausgebildet haben. Als Beispiel sei das Prinzip der Autopoiese (lebende Systeme erschaffen sich selbst) genannt, das im Rahmen der Theorie lebender Systeme von Maturana und Varela formuliert wurde. Der konstruktivistische Aspekt besteht darin, dass ein System sich durch selektive Wirklichkeitskonstruktion selbst bestätigt und so den Status quo aufrecht erhalten kann.

Mit vier Grundpostulaten versucht Reich (1999, S. 70) eine systemisch-konstruktivistische Didaktik zu konzipieren. Im Anschluss an diese Postulate werden drei methodische Lernkonzepte, auf denen diese Didaktik fußt, nämlich Konstruktion, Rekonstruktion und Dekonstruktion dargestellt. Den

Abschluss bildet ein „Anforderungsprofil“ für die praktische Umsetzung dieses Lern- und Lehrmodells.

Vier Grundpostulate

Das erste Grundpostulat besagt, dass Didaktik nicht eine Theorie der Abbildungen oder eines rein rekonstruktiven Vorgangs des Wissenserwerb und der Wahrheitsbestimmung ist. Aus systemisch-konstruktivistischer Sicht sollte Didaktik Lehren und Lernen als einen konstruktiven Ort der eigenen Weltfindung konzeptualisieren. Etabliertes Wissen soll vom Schüler rekonstruktiv erworben und genutzt werden. Weiters soll der Schüler lernen, in Bezug auf dieses Wissen Blickrichtungen zu ändern, Fragen zu stellen, Ausgangspunkte zu klären, Rahmungen und Begrenztheiten zu erkennen, um so seinen persönlichen Prozess der Wirklichkeitskonstruktion einzuleiten.

Das zweite Postulat befasst sich mit der Erziehung zum mündigen Bürger. Didaktik wird nicht als *„sichere Theorie der Aufklärung, der Emanzipation, die zu verkünden weiß, wer wie zu emanzipieren und mit welchen Inhalten aufzuklären ist“* (Reich 1999, S. 70) verstanden. Eine systemisch-konstruktivistische Didaktik ist eine Beobachtungstheorie, die die konstruktiven Akte der Reflexion und des Aufklärens an die Schüler und Lehrer in möglichst hoher Selbsttätigkeit zurückgibt. Reich rekapituliert historische Bemühungen aus den 60er und 70er Jahren in Deutschland, die eine moderne Bildungstheorie unter die Leitmotive Demokratisierung, Frieden, Umwelt, soziale Gerechtigkeit, Möglichkeiten und Gefahren moderner Techniken sowie Autonomie und Solidarität stellen wollten (z. B. Klafki, Schulz). Die praktische Umsetzung dieser Leitbilder in der realen Unterrichtssituation erwies sich aber als mangelhaft. Der inhaltliche Auftrag von Schule hat nach seiner Ansicht die notwendige Beziehungsentfaltung, die eine Voraussetzung für die Realisierung sozialer Ziele darstellt, behindert. Reich kritisiert in diesem Zusammenhang auch die Vernachlässigung der Beziehungsfähigkeit im Hochschulcurriculum der Lehrerausbildung und betont dementsprechend die Wichtigkeit der strukturierten Förderung von kommunikativen Kompetenzen in der universitären Ausbildung. Besondere Bedeutung komme dabei Lehrveranstaltungen zu, die eine gemeinsame Vermittlung von Inhalten und Beziehungen zuwege bringen.

Das dritte Postulat wendet sich gegen jeden klaren Auftrag (z. B. in Curricula etc.) für Erziehungsprozesse. Auch jedwede Organisation und Planung von Erziehungsprozessen wird als unangemessen betrachtet. Selbst- und Mitbestimmung kann nur als Konstruktion, in der lebendige Beziehungen ausgehandelt werden, realisiert werden. Die Prozessorientierung steht vor einer Zielorientierung. Prozesse der Mitbestimmung als Gegenkraft zu hierarchischen Strukturen (Lehrer-Schüler, Herr-Knecht) können nur in einer Gruppe selbst entstehen und niemals an sie herangetragen werden. Daraus folgt, dass alle Konzepte von Mit- und Selbstbestimmung immer scheitern werden, wenn sie inhaltlich vor die Beziehungen der Beteiligten gerückt werden, weil sie dann Gruppen bloß manipulieren. In der praktischen Umsetzung erfordert Mitbestimmung zwei wichtige Komponenten, nämlich erstens kompetente Beziehungspartner und zweitens kompetente Lehrer. Schüler benötigen einen Grundstock an rekonstruiertem Wissen, um in den Mitbestimmungsprozess einsteigen zu können, und Lehrer benötigen die Kompetenz, den Widerstreit von Theorien zuzulassen und auszuhalten. Des Weiteren wird nur ein Lehrer, der in seiner eigenen Persönlichkeit die Konzepte der Selbsttätigkeit und Selbstbestimmung pflegt und lebt, diese Qualitäten auch seinen Schülern zugestehen und fördern.

Im vierten Postulat wird festgehalten, dass die systemisch-konstruktivistische Didaktik nicht nur eine Theorie der Schülerorientierung ist. Schülerorientierung ist mehr; es ist ganz besonders die Reflexion der Lehrer-Schüler-Beziehung, die einer wirksamen Schülerorientierung vorgelagert ist. Durch diese „wahre Schülerorientierung“ könne das Bildungswesen aus der *„inhaltlichen Unübersichtlichkeit“* und der *„beziehungsmäßigen Unentschlossenheit“* (Reich 1999, S. 71) heraustreten.

Perspektiven einer konstruktivistischen Didaktik nach Reich

Systemisch-konstruktivistische Theorien der Didaktik sind eigentlich schwer zu fassen. Ihre Verweigerung einer Festlegung erinnert an die gruppendynamische Tradition der 60er und 70er Jahre, die das Niedergeschriebene zu vermeiden versuchte, weil es vornehmlich um Haltung gegangen wäre. In den Formulierungen von Reich findet man ähnliche Sprachmuster, wenn er vorschlägt, dass um die folgenden drei Perspektiven (Konstruktion, Rekonstruktion und Dekonstruktion) sich eine systemisch-konstruktivistische Didaktik aufbauen ließe, die als *„offene Theorierichtung dem Schulleben wieder mehr Selbstvertrauen und Selbstwert zurückgeben kann“* (Reich 1999, S. 87). Zur praktischen Umsetzung der oben formulierten Postulate schlägt Reich die Förderung der folgenden drei grundsätzlichen Denk- und Handlungsmuster ohne Rezepte und Dogmen vor:

Konstruktion

Nach dem Motto „Wir sind die Erfinder unserer Wirklichkeit“ sollten Schüler durch eigenes Erfahren, Experimentieren und Ausprobieren ideelle oder materielle Wirklichkeitskonstruktionen schaffen und diese Konstruktionen in ihren Bedeutungen für persönliche Interessens-, Motivations- und Gefühlslagen thematisieren.

Rekonstruktion

Nach dem Motto „Wir sind die Entdecker unserer Wirklichkeit“ sollten Schüler auch fähig werden, die Wirklichkeitserfindungen anderer (etabliertes Wissen) für sich nachzuentdecken. Kritische Denkprozesse, die vor allem auch gezielte Fragen zur Blickerweiterung auf das rekonstruierte Wissen beinhalten, sollten explizit gefördert werden. In diesem Zusammenhang sei auch erwähnt, dass durch die Vielfalt, Komplexität und Unübersichtlichkeit von fachspezifischen Inhalten ein exemplarisches Lernen notwendig wird. Die Stoffauswahl muss sich dabei an den konstruktiven Bedeutungen für den Heranwachsenden orientieren.

Dekonstruktion

Nach dem Motto „Es könnte auch noch anders sein“ sollte auch jener Lernprozess immer wieder praktiziert werden, der die Tendenz der Starrheit und Endgültigkeit von eigenen und fremden Konstruktionen untergräbt. Das Aufwerfen von „dummen“, nur scheinbar überflüssigen Fragen durch zirkulär denkende Menschen fällt ebenso in diesen Bereich wie das bewusste Ändern von Beobachtungsstandpunkten (ethnische, soziologische, historische, gesellschaftspolitische, religiöse etc. Blickwinkel) und dem dadurch möglichen Erkennen der Rahmungen von Konstruktionen.

Ausgangsthesen einer konstruktivistischen Didaktik

In der ersten These wird für eine konstruktivistische Didaktik „eine möglichst offene Herangehensweise, die sowohl Schüler als auch Lehrern eine re / de / konstruktive eigene Erarbeitung ihrer Wirklichkeiten ermöglichen will" gefordert (Reich 1999, S. 88). Dies impliziert hohe Selbsttätigkeit, ein hohes Ausmaß an Erfahrungslernen und Reflexion für den Lernprozess. Wirklichkeitskonstruktionen sind keine beliebige Spielerei, sondern sind unabdingbar an persönliche Verantwortung gekoppelt, die in einem kontinuierlichen Kommunikationsprozess von allen Beteiligten „zur Rede gestellt" werden sollten. Dieser Kommunikationsprozess sollte integraler Bestandteil eines Unterrichtsprozesses sein. Eines der wichtigsten Qualitätsmerkmale im Prozess der Wirklichkeitskonstruktion ist die Erhöhung und Förderung des Selbstwertgefühls des konstruierenden Schülers.

In der zweiten These wird festgehalten, dass eine konstruktivistische Didaktik interaktionistisch ist (Reich 1999, S. 88).

In der dritten These wird die Verknüpfung von Inhaltslernen und Beziehungslernen angesprochen. Unterrichtsmethoden betreffend greift Reich auf Bekanntes zurück:

> *„Konstruktivistische Didaktik verlangt deshalb neue Techniken der inhaltlichen Vermittlung und der konstruktiven Bearbeitung der Beziehungen. Sie intendiert eine methodische Offenheit, in der alle Methoden und Techniken, die bekannt sind, eingesetzt werden können ... "* (Reich 1999, S. 89)

Einen besonderen Stellenwert misst Reich den Medien bei. Medien sollten zur Veranschaulichung von Inhalts- und Beziehungsprozessen eingesetzt werden. Die mediale Überflutung im Stile virtueller Belanglosigkeit wird abgelehnt.

In der vierten These wird eine Neukonzeption der Lehrerausbildung auf der Basis einer konstruktivistisch orientierten Hochschuldidaktik gefordert.

Die fünfte These empfiehlt die Adaption von systemischen Arbeitstechniken (z. B. zirkuläres Fragen, Skulpturen, Reflecting Teams).

In weiteren Thesen werden eine systemische Weiterbildung der Lehrer und Supervisionsgruppen für Lehrer gefordert. Die praktische Erprobung und Simulation von entsprechenden Konzepten könnte durch die interdisziplinäre Zusammenarbeit mit systemischen Therapeuten zielführend ermöglicht werden.

3.3.2. Subjektive Didaktik nach Kösel

In Abgrenzung von einer „objektiven Didaktik“ entwirft Kösel (1997) eine subjektive Didaktik, die für ihn einen Paradigmenwechsel in der Didaktik darstellt. Das Konzept der subjektiven Didaktik ist für Kösel keine *„Einheits-Theorie, sondern eine Finde-Theorie für didaktisches Handeln, die heuristischen Charakter hat“* (Kösel 1997, S. 35). Getragen wird die subjektive Didaktik von mehreren Säulen, nämlich von systemtheoretischen Überlegungen nach Maturana und Varela, dem Radikalen Konstruktivismus nach von Förster und Glasersfeld und der Habitustheorie nach Bourdieu. Kritiker würden das wahrscheinlich „Agglomeration“ nennen. Aus einer positiveren Perspektive betrachtet kann man auch behaupten, dass durch Synthese aus verschiedenen Ansätzen ein neues und viables Modell für die Didaktik geformt wurde.

Die Begriffe Didaktisches Morphem, Driftzone und Chreoden werden nur von Kösel (1997, S. 236) zur Modellierung von Lehr- und Lernprozessen verwendet:

Tabelle 11: Übersicht über relevante systemische Begriffe bei Kösel (1997)

Begriff	Beschreibung
Driftzone	Als „Didaktische Driftzone“ bezeichnet Kösel (S. 239) den Interaktionsraum, in dem sich Lehrende und Lernende begegnen und wo Lernende der Anreizstruktur des Lehrenden ausgesetzt sind.
Didaktisches Morphem	Wenn ein Lehrender bestimmte Ziele, Methoden und Medien als Anreizstruktur anbietet, ist *„dies immer als ganzheitliche Gestalt anzusehen“* (S. 243).
Chreode	Die Chreode ist eine bestimmte Entwicklungslinie eines Individuums, die durch die autopoietische Struktur des Individuums und das perturbierende Milieu begrenzt ist (S. 240).

3.3.3. Systemisch-ökologische Pädagogik nach Huschke-Rhein

In seinen Publikationen aus den frühen 90er Jahren bringt Huschke-Rhein (1992, S. 21) einen neuen Aspekt ins Spiel, nämlich das ökologische Moment. Der ökologische Aspekt wurde von Bronfenbrenner übernommen; damit sollte die „Lehre vom Lebensraum“ (z. B. Schule, Klasse, Elterhaus etc.) unterstrichen werden. Mit diesem neuen Aspekt entsteht eine neue „Bindestrich-Kombination“. Mit der neuen Kombination aus systemisch und ökologisch wird der Beziehungsaspekt von Kommunikation in den diversen Erlebens- und Erfahrungsräumen von Individuen stark betont. Es wird der Ort (= oikos) hervorgehoben, an dem die pädagogischen Phänomene passieren und beobachtet werden können. Es wird nach den Kreisläufen und Entitäten gefragt, in denen menschliches Handeln geschieht:

„Die Systeme, in denen pädagogisches Handeln stattfindet, sind immer reale Systeme, unser Handeln darin hat stets reale Folgen, wir handeln an einem realen Ort (oikos) und insofern immer ‚ökologisch'.“ (Huschke-Rhein 1992, S. 199)

Dieser Ansatz erinnert an Heinze (1978, S. 7), der Unterricht als soziale Situation konzeptualisierte, in der neben der Inhaltsdimension (Lerngegenstand) die Beziehungsdimension (Interaktionen zwischen Lehrenden und Lernenden und zwischen Lernenden) einen großen Stellenwert einnimmt.

In seinem Beitrag zum Tagungsband der Heidelberger Tagung fokussiert Huschke-Rhein (1999, S. 33ff) auf die Schule als Lernsystem und das Lernen für das Leben. In dieser Publikation verwendet jedoch der Autor die Adjektivenkonstruktion „systemisch-konstruktivistisch“. Im Zentrum steht die Erarbeitung von Kriterien für die Gestaltung ganzheitlicher Lernprozesse. Ausgehend von dem oft als Motivationsleitspruch für Schüler verwendeten Ansatz „Wir lernen nicht für die Schule, sondern fürs Leben“ rekapituliert Huschke-Rhein primär die lerntheoretischen Grundkonzepte fünf bedeutender Konstruktivisten (Maturana, Varela, Glasersfeld, Bateson & Ciompi), um dann in einem zweiten Schritt aus diesen Konzepten eine Orientierungshilfe für die Schule von heute und morgen zu präsentieren. Für den Lernprozess werden drei wesentliche Vorgänge und Bedeutsamkeiten angenommen: (1) Lernen liefert einen Beitrag zur Selbstorganisation des Lebens eines Schülers (Fortsetzung der eigenen Autopoiese) und somit eine direkte Möglichkeit, von der Fremdbestimmung zur Selbstbestimmung zu gelangen; (2) Lernen sollte Inhalte und Fähigkeiten vermitteln, die „anschlussfähig“ an die Lebenswelt des Lernenden außerhalb der Schule sind. Die Lehrinhalte und Lehrmethoden sollten so gewählt werden, dass der Schüler ihre Relevanz für sein späteres berufliches oder persönliches Leben erkennt. (3) Lernen ist unter anderem eine Beziehung eines Lebewesens auf seine Umwelt, eine „Systemrelation“. In diesem Zusammenhang hat der Lernvorgang direkten Einfluss auf den Kontext, in dem er stattfindet; er verändert sein Wissen. Er besitzt somit einen koevolutionären Charakter. Systemtheoretisch betrachtet sind die Bildungs- und Erziehungsprozesse des traditionellen Schulwesens auf die Etablierung eines linearen und stabilen Systems ausgerichtet (im Sinne einer trivialen Maschine nach Förster). Konservativ angelegt geht es dem „System Schule“ dabei in erster Linie um die Erhaltung seiner selbst (Selbsterhaltungstrieb), was in einer konsequent vereinfachenden Sichtweise Schüler zu Systemerhaltern degradiert:

„Schüler lernen für das System.“ (Huschke-Rhein 1992, S. 36)

Huschke-Rhein setzt diesem Pessimismus zwei Gedanken entgegen: Zum einen attestiert er dem Lehrer die Freiheit der Beobachtungsperspektive und meint damit, dass der Lehrer in seiner Unterrichtsgestaltung systemerhaltenden Aspekten weniger Bedeutung geben (z. B. Prüfungen) und stattdessen seinen Fokus verstärkt dem Verhalten, Kommunizieren, Leisten und Interagieren der Systemelemente (Lehrer) zuwenden kann. Zum anderen könnte der Lehrer unabhängig von Geschlecht, Herkunft und sozialem Stand Lernenden ein Bildungsangebot machen, das ihnen zu Autonomie, Selbstbestimmung und Mündigkeit verhilft. Das wäre eine potentielle Gegenkraft zu den Stabilisierungs- und Selbsterhaltungstendenzen traditioneller Schulsysteme.

Die Biologen Maturana und Varela verstehen Lernen als Organisationsvorgang einer strukturellen Kopplung des Menschen (eines autopoietischen Systems) mit seiner Umwelt (ebenfalls ein autopoietisches System). Eine Determination des Individuums durch seine Umwelt (Erzieher, Lehrer etc.) wird für unmöglich gehalten. Lernen kann nur als strukturelle Koppelung ablaufen. Diese strukturelle Kopplung ist ein dynamischer Prozess, in dem es zu andauernden Transformationen des neuronalen Netzwerkes während der Interaktionen des Organismus mit seiner Umwelt kommt. Dabei betonen sie die Wahlfreiheit des Menschen in Bezug auf das Zulassen und den Wirkeffekt von solchen Interaktionen zwischen dem Individuum und seiner Umwelt. Durch diese Autonomie des Menschen ist die strukturelle Kopplung nicht von vornherein genetisch festgelegt. Die strukturelle Koppelung wird von Huschke-Rhein in besonderer Weise betont:

„Das Lernen organisiert nicht nur das Leben, sondern auch das Überleben der Gattung.“ (Huschke-Rhein 1992, S. 42)

Aufbauend auf der These von Maturana und Varela, der zu Folge jedes Tun ein Erkennen ist und jedes Erkennen ein Tun ist, kommt Huschke-Rhein zu folgender eigener These für das Lernen:

„Denn jedes Lernen ist ein Erkennen, und jedes Erkennen ist ein Tun.“ (Huschke-Rhein 1992, S. 40)

3.4. Thesen für eine systemisch und / oder konstruktivistisch orientierte Erziehung und Intervention

Die Vertreter einer systemisch und / oder konstruktivistisch orientierten Erziehung und Intervention grenzen mit der Metapher von der trivialen Maschine ihre Vorgangsweise zur Erklärung menschlichen Verhaltens von anderen Ansätzen ab. Die Modellvorstellung von Vorgängen nach dem Prinzip der trivialen und nicht-trivialen Maschine geht auf Förster zurück (1998, S. 60ff). Eine triviale Maschine verbindet *„fehlerfrei und unveränderlich durch Operationen ‚Op' gewisse Ursachen (Eingangssymbole, x) mit gewissen Wirkungen (Ausgangssymbolen, y)"* (S. 60). Triviale Maschinen sind synthetisch determiniert, analytisch determinierbar, vergangenheitsunabhängig und voraussagbar. Dem Konzept der Trivialität stellt Förster das Modell der Nicht-Trivialität gegenüber; dieses ist ebenso synthetisch determiniert, aber analytisch unbestimmbar, vergangenheitsabhängig und unvoraussagbar. Förster fordert uns auf, eine *„Epistemologie der Nicht-Trivialität"* (S. 66) zu entwickeln und der Tendenz zur Trivialisierung zu widerstehen:

> *„Wenn immer sich beunruhigende Zeichen von Nicht-Trivialität andeuten, eilen wir zu den Fachleuten, deren Beruf es ist, zu trivialisieren. Ja, manchmal versuchen wir sogar, unsere Mitmenschen zu trivialisieren, denn man könnte sich dann manche Überraschung ersparen."* (Förster 1998, S. 66)

Erziehung und Interventionen sind nicht berechenbar; Erziehung ist letztlich nicht planbar (Rotthaus 1999, S. 90).

These 1: Erziehung funktioniert nach dem Modell der Nicht-Trivialität.

Erziehung und Bildung funktioniert nicht nach dem Prinzip einer trivialen Maschine (Förster 1998, S. 41ff; Huschke-Rhein 1992, S. 50).

3.4.1. Die Rolle der individuellen und institutionellen „Geschichte"

Wenn man die obigen Beispiele zusammenfasst, könnte man zum Schluss kommen, dass es tatsächlich eine „Starrheit und Trotzigkeit" von Individuen gegen Veränderungsabsichten von außen gibt.

These 2: Lebende Systeme begegnen Neuem aus der Sicht der eigenen Geschichte (Struktur).

Lebende Systeme sind wesentlich dadurch festgelegt, was sie im Moment sind; sie sind „skeptisch“ und abwehrend gegenüber neuen Reizen und Veränderungsabsichten. Das Neue wird aus der Sicht der eigenen Biografie, der Vorerfahrungen, der Werte und Normen, der angeeigneten Stereotype etc. bewertet. Man kann sagen, dass lebende Systeme so reagieren, dass sie ihren eigenen Zustand bestätigt wissen wollen und erhalten können. Das macht Veränderungsarbeit oder Change Management so schwierig und mühevoll.

These 3: Der Grund für „Starrheit“, „Sturheit“ und Veränderungsresistenz von Systemen liegt in der Autopoiese.

Sich autopoietisch zu verhalten heißt, vereinfachend gesagt, so zu bleiben wie man ist, und alles so lassen, wie es ist. Der Grund für diese Reaktion auf Außenreize liegt in der Strukturdeterminiertheit, in den Vorerfahrungen, der Biografie etc. eines Systems. Durch diese Elemente wird festgelegt, wie sich das System in der Gegenwart und der Zukunft verhalten wird.

3.4.2. Konstruktion von Wirklichkeit

These 4: Was wir für „wirklich“ halten, ist zunächst nichts anderes als die Sichtweise eines Beobachters, der durch seine Wahrnehmung und auf der Basis seiner Geschichte die Wirklichkeit selbst „konstruiert“ hat.

Die Radikalität des konstruktivistischen Ansatzes besteht darin, dass die Realitätserfahrung eines jeden Menschen selbsterzeugt ist. Wenn nun die Wirklichkeitserfahrungen von Individuen als „hausgemacht“ angesehen werden, muss man sich auf zahllose Wirklichkeiten einstellen. Das meint auch Welsch (1996, S. 613ff) mit dem Begriff der transversalen Vernunft und den vielfältigen Zugängen zur Wirklichkeit. Nach konstruktivistischer Auffassung gibt es keinen anderen Zugang zur Wirklichkeit als über die viablen „Konstruktionen“ von Individuen.

3.4.3. Das Subjekt entscheidet

These 5: Es entscheidet also das Subjekt, welcher Außenreiz angenommen und verarbeitet wird.

Somit scheidet eine *„von ‚außen' kausal und linear zielverändernde"* (Huschke-Rhein 1997, S. 50) Intervention aus. Die Autopoiese eines Menschen bestimmt, wie er mit externen Reizen umgeht (Kösel 1997, S. 43). Die Phänomene „Starrheit", „Sturheit", „Unbelehrbarkeit" oder „Innovationsfeindlichkeit" können auch als mangelnde Anschlussfähigkeit und -bereitschaft des intervenierenden Akteurs an das Klientensystem gewertet werden. Das Autopoiese-Theorem besagt, dass lebende Systeme Umweltreize darauf hin bewerten, *„ob sie für die Fortsetzung der eigenen Struktur tauglich sind, ‚anschlussfähig' sind"* (Huschke-Rhein 1992, S. 50). Es entscheidet also das Subjekt, welcher Außenreiz angenommen und verarbeitet wird. Für das pädagogische Handeln bedeutet das, dass wir mit autonomen (und „wählerischen") Subjekten rechnen müssen, die eine Input-Output-Intervention erschweren oder in vielen Fällen verunmöglichen.

3.5. Abschied von der „Allmacht" der direkten Intervention?

Der Therapeut Rotthaus (1999, S. 66ff) legt Thesen vor, in denen er die Grenzen und Möglichkeiten der Erziehung auslotet. Die Thesen von Rotthaus werden durch Thesen anderer Autoren ergänzt. Nach jeder These wird versucht, erste Schlussfolgerungen für eine neue Didaktik zu ziehen.

These 6: Die unmittelbare Wirkung von erzieherischen Maßnahmen wird überschätzt. „Menschen sind nicht in verlässlicher Weise zu einem ganz bestimmten, von einem anderen festgelegten Verhalten zu veranlassen." (Rotthaus 1999, S. 66)

Kösel (1997, S. 18) sieht in einer Didaktik, die an die direkte Veränderung und Steuerung von lebenden Systemen glaubt, einen Mythos. Siebert stellt fest, dass lineare technologische Sender-Empfänger-, Reiz-Reaktions-, Input-Output-Modelle die Autopoiese des Lerners vernachlässigen, denn autopoietische Systeme können von außen nicht *„instruiert"* (1999, S. 37) werden.

Aus systemischer Sicht ist es die so genannte Strukturdeterminiertheit des Systems, die über die Wirksamkeit einer Maßnahme entscheidet. Diese Tatsache ist Eltern bekannt, die gerade ein Kind im Trotzalter haben. Das Faktum der Unbeeinflussbarkeit ist für Therapeuten nicht neu. Wir wissen heute, dass besonders magersüchtige Patienten sehr widerwillig auf Therapie ansprechen. Es stellt sich daher die Frage, ob man überhaupt erziehen, therapieren, beeinflussen etc. kann.

Die Frage, ob Menschen in bestimmten Situationen „starr“, „stur“ oder veränderungsresistent sind, kann aufgrund der theoretischen Überlegungen mit einem Ja beantwortet werden, wenn Menschen als Objekte behandelt werden, von denen bestimmte „Verhaltensproduktionen“ verlangt werden.

These 7: Für das beraterische und pädagogische Handeln bedeutet das, dass wir mit autonomen (und „wählerischen“) Subjekten und Institutionen rechnen müssen, die eine Input-Output-Intervention erschweren oder in vielen Fällen verunmöglichen.

Wie aber kann ein Lehrer, Erzieher oder Therapeut auf ein geschlossenes System (einen Schüler), das die Umweltreize auch noch darauf prüft, ob sie passend sind, Einfluss nehmen?

Wie Huschke-Rhein (1997, S. 50) betont, müssen Lehrer und Erzieher von der pädagogischen Allmacht Abschied nehmen. Auf der Basis einer „Ethik der Bescheidenheit“ muss nach neuen Formen der Erziehung und Gestaltung von Lernprozessen nachgedacht werden. Bedeutet dies das Ende jedweder Intervention und Erziehung?

These 8: Mit geringen Steuerimpulsen können Systemveränderungen ausgelöst werden. Lebewesen und Milieu können füreinander als Quelle von Perturbationen (Kösel 1997, S. 44; Huschke-Rhein 1992, S. 52) wirken. Damit ist die Möglichkeit einer Beeinflussung, nicht aber Steuerung, gegeben.

Die Tatsache der Unbeeinflussbarkeit stellt für die Erziehung eine negative Perspektive dar und war ein Grund für Kritik am konstruktivistischen Denken. Wenn eine konstruktivistisch orientierte Pädagogik um systemische Elemente erweitert wird, bekommt der Erzieher eine neue und bedeutende Rolle, nämlich als Akteur, der einen „Energieeinfluss von außen“ in Gang setzt. Wenn man im „Bild des Glases“ bleibt, dann stellt das geschlossene Glas das Kind dar und das Licht von außen den Erzieher.

Bildlich gesprochen kann man sich das soziale System einer Beratungssituation, einer Unterrichtsstunde oder einer Erziehungssituation als Meer vorstellen, in dem die interagierenden Personen (die autopoietischen Systeme) sich auf Booten versammeln.

Jede Person lebt mit seiner Biografie und seinem Denken auf einem Schiffchen; auch der Lehrer lebt und agiert von einem Schiffchen aus. Die Schiffchen-Metapher veranschaulicht, dass wir Einheiten darstellen, die sich gegen die Umwelt abgrenzen. Dies wird in der Systemtheorie als *„das Problem der Grenze zwischen System und Umwelt“* diskutiert (Huschke-Rhein, S. 72). Im ungünstigsten Fall liegen die Schiffchen der Lernenden untereinander und zum Schiffchen des Lehrers weit auseinander. Für eine solche soziale Situation wäre die Metapher von „Menschen auf Inseln lebend“ geeigneter; Kommunikation und Interaktion sind selten und schwach und gegenseitige Beeinflussungen kaum möglich. Es ist nun die Aufgabe des Lehrers, die Distanz zu den Schiffchen insgesamt zu verringern und möglichst viele Berührungspunkte herzustellen. Die Chance, die anderen aus nächster Nähe zu sehen und zu beobachten, bietet die Gelegenheit zur Einflussnahme. Huschke-Rhein (1992, S. 164) nennt das den „sozialen Kitt“, der notwendig ist, damit Erziehung gelingen kann. Systemisch orientierte Didaktiker nennen diese Voraussetzung für gelingende Erziehung „strukturelle Koppelung“ (S. 164).

Strukturelle Koppelung kann man sich mit der Schiffchen-Metapher besser vorstellen als mit der Insel-Metapher. Schiffchen können näher rücken und man kann sogar für „immer oder auch nur temporär in ein anderes Schiffchen umsteigen“. Möglicherweise sollte man beide Metaphern benützen, um auszudrücken, dass autopoietische Systeme beides in sich tragen: den Wunsch nach Eigenleben bis hin zur Isolation und den Wunsch nach Koppelung und Kontakt. Die Schiffchen-Metapher ist ermutigender und dynamischer als das Inselbild, das sehr viel Statisches und Endgültiges in sich hat.

3.5.1. Intervention und Erziehung durch positive Konnotation

Huschke-Rhein (1992, S. 52) sieht trotzdem Möglichkeiten der Einwirkung und nennt besonders die Methode der positiven Konnotation. Die Strategie der positiven Konnotation macht sich ein Prinzip des Konstruktivismus zunutze. Wenn Wirklichkeit konstruiert wird, dann kann sie durch geringe Steuerimpulse (z. B. Störungen) auch teilweise umkonstruiert werden. Für dysfunktionale Muster ist es möglich, neue Konnotationen einzuführen. Das Ziel ist es, in beiden Fällen neue Bedeutungen und neue Ideen in das

System einzuführen. Dadurch soll Veränderung ermöglicht werden. Ein bekanntes Prinzip in diesem Zusammenhang ist die Suche des Guten im Schlechten oder die Reframing-Techniken des Neurolinguistischen Programmierens (Ulsamer 1994, S. 46).

3.5.2. Die hilfreiche Wirkung von Gesprächen mit Vertrauten

Wir kennen die hilfreiche Wirkung von Gesprächen mit Freunden. Viele Menschen haben die Erfahrung gemacht, dass schwierige Lebenssituationen oder selbst Krisen durch ein Gespräch mit einem Vertrauten überwunden werden konnten, ohne dass der Zuhörende direkt eingegriffen hat.

These 9: Außenkontakte und Reize aus der Umwelt stellen für das Individuum wichtige Quellen für Perturbationen dar.

In dieser These wird die Notwendigkeit des Außenreizes und die eigenständige Auswahl von Reizen durch das System betont (Rotthaus 1999, S. 71). Nicht alles, was wir für andere für gut halten, wird von den Zielsystemen auch als gut eingestuft. Ob ein Reiz Anregungscharakter bekommt, hängt von der „Logik“ und der Anschlussbereitschaft des betroffenen Systems ab. Das wird von Seiten der Systemtherapie als hilfreicher Umwelteinfluss zur Selbstsozialisation angesehen. Obwohl in den obigen Thesen die Grenzen des erzieherischen Einwirkens postuliert wurden, wird mit der neunten These eine Wirkung des Umweltreizes für möglich gehalten. Die Einschränkung liegt darin, dass eine Wirkung nur dann erwartet werden kann, wenn es das System für sich entschieden hat, dass es sich beeinflussen lassen möchte. Relevant ist die Logik des betroffenen Systems und nicht die Logik des intervenierenden Systems. Dies bedeutet, dass sich der Erzieher im Falle des Erziehens und Unterrichtens von Kindern um die kindgemäßen Logiken kümmern muss. Lehrer haben vielfach die Erfahrung gemacht, dass Kinder sehr erfolgreich anderen Kindern in anderer Weise komplizierte Sachverhalte erklären können. Dieses Phänomen kann damit erklärt werden, dass kompatible kindgemäße Logiken aufeinandertreffen. Aus systemisch-theoretischer Sicht haben zwei Systeme ihre Distanz verringert und können damit in wirksamerer Weise einander anregen. Dieses Näherkommen wird als strukturelle Koppelung bezeichnet (Huschke-Rhein 1992, S. 164). Lernen aufgrund von Umwelteinflüssen, um in die gemeinsame Welt hineinzuwachsen, bezeichnet man als Sozialisation.

3.6. Kritik des Ansatzes

Die Kritik an einer systemisch und / oder konstruktivistisch orientierten Pädagogik hat sich unter anderem an der Behauptung entzündet, dass Instruktion und direkte Intervention nicht möglich seien. Ein zweiter Vorwurf betrifft die Inkonsistenz des Ansatzes. Das systemisch und / oder konstruktivistische Paradigma in der Pädagogik habe aus zu vielen Bezugsdisziplinen Versatzstücke zusammengetragen (Terhart 1999). Besonders aus handlungstheoretischer Sicht wird der systemische Ansatz kritisiert (Hackl 2000a, 2000b). Es geht um die Frage, ob menschliches Handeln strukturdeterminiert oder reflexiv selbstbestimmt ist. In der Kritik von Hackl (2000a) am systemischen Ansatz wird eine Frage aufgegriffen, auf die Generationen von Wissenschaftern eine Antwort zu geben versucht haben. Es geht um die Frage, ob die *„subjektive Rationalität des bewusst denkenden Menschen“* (Hackl 2000a, S. 33) Denken, Entscheidungen und Handeln des Individuums bestimmt (reflexive Selbstbestimmung), oder ob die Eigendynamik des Autopoietischen und der Selbstreferenz dies tut. Im zweiten Fall würde das Individuum als System oder als Mitglied eines Systems, „gleichsam fremdbestimmt“, ohne Möglichkeit und Fähigkeit des reflexiven Denkens agieren. Hackl postuliert eine *„unabwendbare Einsicht“* (S. 33), dass es sowohl die Fähigkeit des reflexiven Denkens gibt als auch deren Beschränkungen. Dieses reflexive Denken versetze den Menschen in die Lage, Bedingungen, Verlaufsformen und Effekte des Handelns zu erfassen und zu beurteilen, um absichts- und planvoll zu handeln. Mit dem Konzept der Selbstreflexivität versucht Willke (Willke 2000, S. 36) das Konzept der teilweisen oder gänzlichen Fremdbestimmtheit zu überwinden. Ein Instinkt gesteuertes Tier kann auf Grund der genetischen Determination und der Prägung tatsächlich nur bestimmte Reize aus dem Reizangebot nach der eigenen „Biografizität“ verarbeiten. Ein ebenso Instinkt gesteuerter Reiz-Reaktions-Mechanismus gewährleistet, dass der Systemzweck erhalten bleibt (z. B. Fortpflanzung, Verteidigung etc.). Eigenkomplexität und Kontingenz (Freiheitsgrade) sind bei Tieren tatsächlich sehr gering (Willke 2000, S. 36). Bei psychischen und sozialen Systemen werden aber von Willke höhere Formen der Komplexität und Kontingenz angenommen:

> *„In dem Maße, wie psychische und soziale Systeme komplex sind, d. h. aufgrund funktionaler Binnendifferenzierung und der Fähigkeit zum Aufbau innerer Modelle der Außenwelt ihre Eigenkomplexität entwickeln, sind sie in der Lage, die aus der Umwelt selegierten Daten, Beziehungen und Möglichkeiten anzureichern, neu zu verknüpfen, kurz: aufzubereiten und in diesem Sinne Komplexität zu verarbeiten.“* (Willke 2000, S. 37)

Aus systemtheoretischer Perspektive ist dies eine extrem wichtige, evolutionär bedeutsame Fähigkeit. Der Sprung aus dem Bereich notwendiger Reiz-Reaktions-Verknüpfung in den Bereich höherer Freiheits- und Kontingenzgrade markiert eine Schwelle der Evolution, die mit den Begriffen Sinn, Identität, Reflexion, Selbstverständnis und Selbstthematisierung verbunden ist.

Bei Willke haben psychische und soziale Systeme die Fähigkeit, intern Komplexität zu produzieren:

> *„Das, was man beim Menschen etwa Kreativität, Phantasie oder einfach Denken und geistige Produktivität nennt, ist nichts anderes als die Produktion neuer Komplexität."* (Willke 2000, S. 37)

Mit diesen Belegen von Willke kann die These gewagt werden, dass Erziehung und Beratung sowohl durch Irritation eines geschlossenen Systems als auch durch die Aktivierung des Reflexiven über die Instruktion und / oder Irritation möglich sind.

Auch das Konzept des Autopoietischen wurde von Willke (2000, S. 57) revidiert. Ein autopoietisches System wird folgendermaßen definiert:

> *„... ein autopoietisches System reproduziert die Elemente, aus denen es besteht, mit Hilfe der Elemente, aus denen es besteht."* (S. 57)

Eine Zelle oder ein Organismus reproduzieren sich mittels ihrer bzw. seiner Ressourcen immer wieder neu. Maturana und Varela haben diesen Vorgang als Geschlossenheit und Selbststeuerung auf einer Tiefenstruktur interpretiert und „basale Zirkularität" genannt. Er führt zu einer Homöostase und gänzlichen Unabhängigkeit und Unbeeinflussbarkeit von ihrer Umwelt. Ein Eingriff in die operative Geschlossenheit führt zum Zusammenbruch des Systems. Dieser autopoietische Prozessmodus auf der Tiefenstruktur wird von außen als nicht beeinflussbar angesehen, da Einflussnahme die Zerstörung des Systems bedeuten würde. Ihre Existenz hängt von der internen Strukturdeterminiertheit ab. Willke betont ausdrücklich, dass die operative Geschlossenheit sich nur auf die basale Zirkularität der Selbststeuerung der eigenen Reproduktion bezieht. Bezüglich der Aufnahme von Energie und Information werden Systeme als *„durchaus und notwendigerweise offen"* (Willke 2000, S. 59) betrachtet. Das Prinzip der energetischen Offenheit wurde von Willke so definiert:

> *„Vielmehr müssen wir nun von einem voraussetzungsvolleren und präzise zu bestimmenden Interaktions- und Bedingungsverhältnis von partieller Geschlossenheit und durchaus ermöglichter Offenheit ausgehen."* (S. 59)

Mit dem Konzept der „strukturellen Koppelung“ wird das Tor zur Umwelt und für Interventionen geöffnet. Danach können Systeme von außen zu eigenen Operationen angestoßen und angeregt werden. Über dieses Konzept wird nach Willke die strikte Selbstreferenz durch das Prinzip der Fremdreferenz abgefedert:

> *„Reine Selbstreferenz müßte sich in der Perpetuierung des immer gleichen erschöpfen; sie würde eine Welt fensterloser Monaden schaffen. Da außer Zweifel steht, dass auch im Verhältnis zwischen psychischen und sozialen Systemen Veränderungen stattfinden, ist der Schluß zwingend, dass reine Selbstreferenz nicht möglich ist und auch zur Erklärung der Prozesse nicht ausreicht.“* (S. 62)

Die operative Geschlossenheit autopoietischer Systeme ist also nicht nur Selbstzweck, sondern auch *„Bedingung der Möglichkeit für Offenheit“* (S. 62).

Willke unterscheidet weiters zwischen psychischen und sozialen Systemen einerseits und biologischen andererseits. Wenn soziale Systeme als geschlossen bezeichnet werden, muss nach den ablaufenden Prozessen gefragt werden, die die Geschlossenheit erzeugen. Nicht die Ansammlung von Menschen, sondern das Prozessieren von Kommunikation wird als konstitutiv betrachtet. Die ablaufenden Prozesse in sozialen Systemen sollten *„entbiologisiert“* (S. 61) diskutiert werden. An der Sinnbildung wird die Grenze zwischen der biologisch orientierten und der psychisch-sozial orientierten Betrachtungsweise gezogen:

> *„Sowohl psychische wie soziale Systeme sind sinnhaft konstituierte Systeme – hier kann der Unterschied nicht liegen. Es ist die Prozessierungsform, welche den Unterschied ausmacht: psychische Systeme verarbeiten Sinn in Form von Gedanken und Vorstellungen; soziale Systeme dagegen prozessieren Sinn in Form sprachlich-symbolisch vermittelter Kommunikation.“* (S. 61)

Mit diesen Konzeptualisierungen gelingt es Willke, aus der *„Selbstlähmung durch Eigenbewegung“* (S. 64) und dem Reduktionsvorwurf auf das nur Funktionalistische des Autopoietischen zu entkommen. Mit dem Prozessmodus der Sinnbildung kommt die Inhaltlichkeit wieder zurück.

Zusammenfassend kann gesagt werden, dass aktuelle systemtheoretische Theorien Folgendes berücksichtigen:

- Sinnbildung
- Kombination von Offenheit durch Geschlossenheit
- Simultaneität von Selbst- und Fremdreferenz

In neueren Überlegungen von Willke wird das Konzept der Autonomie an die Stelle des biologischen Konzepts der Autopoiese gesetzt; Autopoiese wird als Spezialfall der Autonomie eingestuft (Willke 2000, S. 64). Dieser Begriff wird nur mehr dann verwendet, wenn ein System sich tatsächlich aus sich selbst erzeugt. Somit wird Autopoiese auf chemische Prozesse beschränkt:

> *„... jede Übertragung auf andere Emergenzebenen als ‚Kategorienfehler' ausgeschlossen."* (Varela 1979, S. 55; zit. n. Willke 2000, S. 64)

Mit dem Autonomiekonzept wird die „die Einheit der Differenz von Autopoiese und Umweltkontakt, von Selbstreferenz und Fremdreferenz" (Willke 2000, S. 65) realisiert:

> *„Denn in einem wörtlichen Sinne meint Autonomie die Eigengesetzlichkeit der Operationsweise eines Systems, die nun präzisiert werden kann als Autopoiese, als Tiefenstruktur der Selbststeuerung eines System ...*(S. 65)
>
> *Im Gegensatz zum Begriff der Autopoiese ist Autonomie aber nicht auf den Innenhorizont eines Systems beschränkt. Autonomie soll beide Seiten, Innenhorizont und Außenhorizont übergreifen und den Zusammenhang von Selbstreferenz und Fremdreferenz betonen. Ein autonomes System ist mithin ein System, das auf der Grundlage autopoietischer Selbststeuerung spezifische, durch seine Leitdifferenz und seinen Operationsmodus vorgezeichnete Umweltbeziehungen unterhält."* (S. 65)

Für komplexe Systeme gilt, dass sie also bezüglich der Tiefenstruktur der Selbststeuerung unanhängig sind. Gleichzeitig sind sie aber von der Umwelt abhängig, wenn Systeme Informationen und Bedeutungen gewinnen wollen.

3.7. Zusammenfassung

In diesem Kapitel wurden das konstruktivistische und systemische Paradigma dargestellt und die relevanten Verbindungslinien (z. B. Zusammenhang zwischen Autopoiese und selektiver Wirklichkeitswahrnehmung) zwischen beiden Paradigmen aufgezeigt. Es wurde auf die unterschiedlichen Ursprünge, die Begriffsvielfalt und die verschiedenen Ausformungen hingewiesen. Dem Modell einer einheitlichen und allgemein gültigen Theorie aus beiden Paradigmen für Erziehung, Didaktik und Beratung wurde der Denkansatz der Komplementarität aus beiden Paradigmen gegenübergestellt. Dies wurde mit dem erkenntnistheoretischen Prinzip der transversalen Vernunft nach Welsch und dem paradigmenkonkurrierenden Ansatz von Shulman begründet.

Wegen der inkonsistenten Verwendung der Bindestrich-Kombination „systemisch-konstruktivistisch“ erschien eine Übernahme nicht angezeigt. Deshalb wurde die Bindestrich-Kombination für diese Arbeit nicht übernommen. Für die beiden pädagogischen Handlungsfelder, Unterrichts- und Schulentwicklung, wurde die Leistungsfähigkeit des konstruktivistischen und systemischen Ansatzes untersucht.

Der Allgemeinheitsanspruch ist in der Regel bei systemisch und / oder konstruktivistisch orientierten Autoren (z. B. Huschke-Rhein 1992; Kösel 1997; Voß 1999) sehr hoch (z. B. Erziehung und Intervention kann nur über Perturbationen erfolgen). Dies wurde in den zehn Thesen für eine systemisch orientierte Intervention deutlich. Fremdsteuerung und / oder instruktivistische Elemente werden nicht akzeptiert, da diese aus theoretischen Gründen für unmöglich gehalten werden.

Einem Postulat der Theorie der Situationsspezifität (Patry 1991; 2000) folgend sollte in sozialen Handlungsfeldern jedoch situationsspezifisch entschieden werden, wann welcher Weg angemessen ist, wann welche Theorie von mehreren viablen Theorien verwendet werden soll bzw. welches Viabilitätskriterium angesetzt werden soll.

Die Wege zum Erreichen von Zielen müssen angemessen und brauchbar sein. Es wird deshalb für eine situationsspezifisch begründete Viabilität der Intervention plädiert:

> *„Statt globale (situationsübergreifende) Konzepte, wie sie in der Erziehungs- und Unterrichtsstilforschung üblich sind, müssten in diesem Zusammenhang jedoch differenzierte situationsbezogene Ansätze verfolgt werden.“* (Patry 2000, S. 40).

Mit den Formeln *„Nicht zuviel und nicht zuwenig“* (Patry 2000, S. 81) (z. B. bezüglich der Lenkung von Unterricht), Realisierung des Optimums anstatt des Maximums in Abhängigkeit von den Schülern (z. B. bezüglich der Darbietung offenerer Lernumgebungen) und *„Soviel Instruktion als erforderlich und so viel Konstruktion als möglich!“* (S. 81) wird kein neuer Allgemeinheitsgeltungsanspruch in der Didaktik postuliert.

Ein solcher Ansatz steht im Einklang mit jüngeren Aussagen von Glasersfeld (Interview mit Glasersfeld auf der DVD zum Buch; Schwetz 2001a). In diesem Interview vertritt Glasersfeld die Meinung, dass es bei Konventionalinhalten (z. B. Fakten wie Monatsnamen etc.) und gewissen Lernzielen der untersten Ebene nach Bloom nicht sinnvoll ist, einen konstruktivistischen Weg zu beschreiten. Bei Inhalten jedoch, die ein konzeptuelles Verständnis brauchen, vertritt Glasersfeld die Ansicht, dass dies nicht übermittelt werden kann. Somit wird die Viabilität der Methoden zum allgemeinen Kriterium und nicht die Forderung, dass nur ein Weg, nämlich die Perturbation, zum Ziel führe. Viabilität im methodischen Bereich steht dann im Einklang mit dem Aptitude-Treatment-Interaction-Ansatz (Gage & Berliner 1979, S. 181). Dieser Ansatz plädiert für die situationsspezifisch orientierte Abstimmung der Unterrichtsmethode auf den Schüler.

Das Kapitel wird mit einem Rekurs auf das Reflexive abgeschlossen. Auf Willke rekurrierend konnte der Nachweis geführt werden, dass das Reflexive Element des systemischen Denkens ist. Willke spricht in seiner Theorie von partieller Geschlossenheit, möglicher Offenheit, Fremdreferenz und Sinnbildung. Mit diesen Argumenten hebt Willke zumindest psychische Systeme aus der Maschinenhaftigkeit der Reproduktion aus sich selbst heraus.

Für die weitere Arbeit ist dieses Kapitel von besonderer Relevanz. Zwei theoretische Elemente werden eine besondere Rolle spielen, nämlich das Phänomen der Grenzbildung von Systemen (siehe Kapitel 7) und das Prinzip der Viabilität (siehe Kapitel 5).

Für die Beschreibung von Schulklassen als soziale Systeme und als mögliche Faktoren zur Erklärung von Schulleistung wird das Autonomietheorem als theoretische Basis gewählt.

Es soll empirisch mit der Mehrebenenanalyse der Nachweis erbracht werden, dass die Schulkasse, die Schule und selbst die Region, in denen Schulen wiederum zu einem System zusammengefasst werden können, als autonome Einheiten tatsächlich existieren und einen Beitrag zur Erklärung der Schulleistung liefern.

Viabilität wird als methodisch-didaktisches Prinzip im Rahmen der Implementation von Lernumgebungen beschrieben werden.

4 MATHEMATIKUNTERRICHT IM WANDEL – VON DER MENGENLEHRE ZUR TIMS-STUDIE

Neuorientierungen im Umfeld des Bildungssystems haben immer Einfluss auf das Bildungssystem genommen. Diskussionen und Modifikationen des allgemeinen oder gegenstandsspezifischen Bildungsbegriffs sind dann die Folge. Die Abhängigkeit des Bildungsbegriffs von gesellschaftlichen Strömungen kann an einem historischen Beispiel sehr gut aufgezeigt werden, nämlich an der Ablösung der formalen Bildung durch die materiale Bildung zur Zeit des Wirkens von Pestalozzi (1746-1827). Pestalozzi war ein Verfechter der formalen Bildung. Demnach war es die Aufgabe des Rechenunterrichts, die geistigen Kräfte des Menschen zu entfalten und nicht Wissen auf Vorrat anzuhäufen (Radatz & Schipper 1983, S. 29). Damit verbunden war eine Vernachlässigung lebenspraktischer Aufgaben. Dieser Umstand und eine einseitige methodische Ausrichtung des Unterrichts (z. B. fast ausschließliche frontalunterrichtliche Ausrichtung des Unterrichts, Chorsprechen im Rechnunterricht etc.) führten zu einer Ablehnung der Idee der formalen Bildung. Das Pendel begann in die andere Richtung auszuschlagen, nämlich in die Richtung der materialen Bildung. Als Ziel dieser Bildung wurde das Verwertbare, die Vorbereitung auf das Leben als künftiger Bürger, Bauer und Soldat festgelegt (Radatz & Schipper 1983, S. 31).

Im Folgenden wird die Diskussion zum Bildungsbegriff für den Mathematikunterricht aus verschiedenen Perspektiven aufgenommen. Der Geltungsbereich der folgenden Aussagen in diesem Kapitel soll auf die Sekundarstufe I beschränkt bleiben. Damit wird einer Forderung der Vertreter der Theorie der Situationsspezifität (Patry 1991; 2000) nachgekommen, die den allgemeinen Geltungsanspruch erziehungswissenschaftlicher Aussagen eingeschränkt wissen wollen. In diesem Kapitel wird weiters beispielhaft untersucht, in welcher Weise die Lernzielbewegung, die so genannte Mengenlehre und die TIMS-Studie (Third International Mathematics and Science Study) zu einer Revision des Bildungsbegriffs für den Mathematikunterricht geführt haben. Daran anschließend wird die Reflexion der TIMSS-Ergebnisse in Österreich kritisch analysiert und aufgezeigt, dass die Aufarbeitung der wenig erfreulichen Ergebnisse sehr stark von Abwehr und Rechfertigung des Status quo geprägt war. Weiters wird am Beispiel der USA gezeigt, wie unbefriedigende Ergebnisse internationaler Vergleichsstudien von gesellschaftlichen Gruppen benützt werden, um auf die Schule Druck und Einfluss auszuüben und einen bestimmten Bildungsbegriff durchzusetzen. Die konservative „Back-to-the-Basics"-Bewegung in den USA wird kurz in ihrer Programmatik beschrieben und aufgezeigt, dass ein und dieselben Ursachen (nämlich die wenig zufriedenenstellenden TIMSS-Ergebnisse) zu völlig unterschiedlichen Diagnosen und Reformvorschlägen führen können. Während die „Back-to-the-Basics“-Bewegung das Pendel in Richtung mehr Rechenfertigkeit, Algorithmentraining und Verwertbarkeit lenken möchte, schlagen engagierte Fachdidaktiker genau den umgekehrten Weg vor. Sie sehen in der Überwindung der Drill- und Algorithmenorientierung die Lösung.

In den letzten Jahrzehnten, beginnend mit dem Lehrplan 1974, wurde der Bildungsbegriff für den Mathematikunterricht dem Zeit- und Wissenschaftsgeist entsprechend immer wieder neu interpretiert. Im Großen und Ganzen können für die letzten 40 Jahre folgende vier inhaltlich relevante Orientierungspunkte identifiziert werden. Zusätzlich enthält die nachfolgende Darstellung auch die Kritik Wagenscheins am Mathematikunterricht der 70er Jahre.

Abbildung 8: Überblick über Bildungsbegriffsorientierungen für das Fach Mathematik

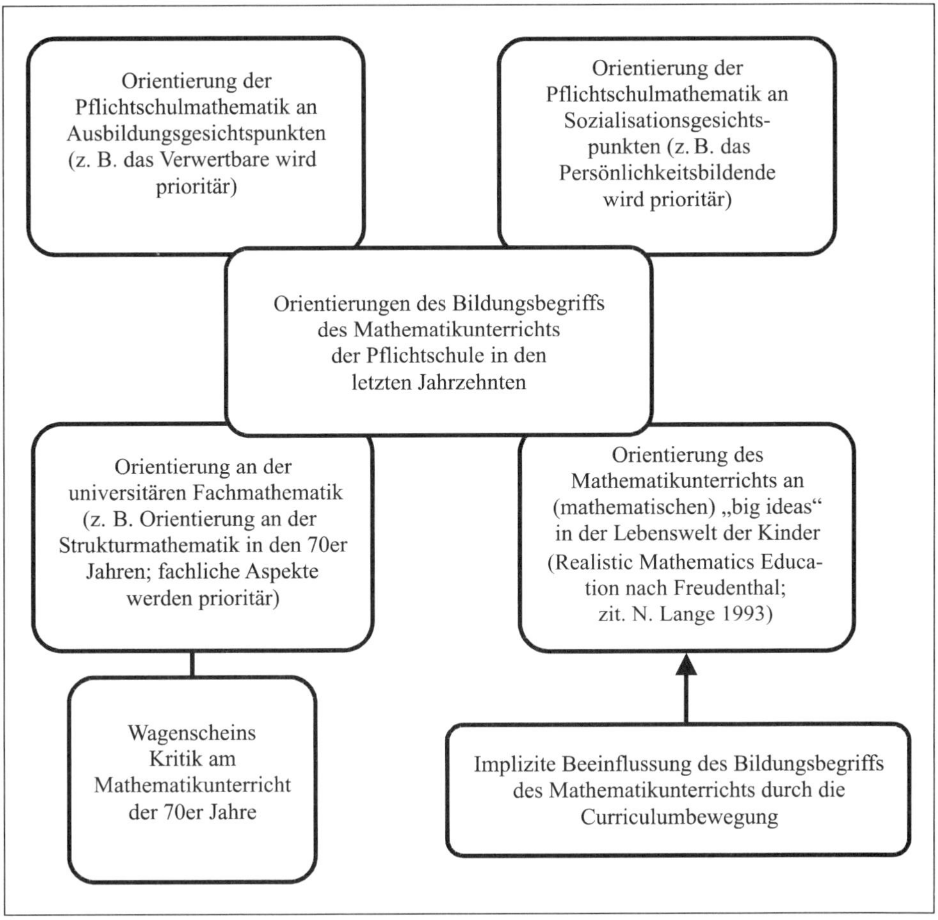

Die „implizite Beeinflussung des Bildungsbegriffs des Mathematikunterrichts durch die Lernzielbewegung“ wurde als fünfte Größe hinzugefügt, da eine inhaltliche Prägung des Bildungsbegriffs dadurch ursprünglich nicht intendiert war. Sehr wohl hat aber die Praxis gezeigt, dass die Lernzielbewegung das mathematische Lernen in Richtung des Messbaren und kognitiver Einseitigkeit gelenkt hatte.

Die strukturierte Darstellung in der obigen Abbildung stellt auch den Leitfaden für die Ausführungen in den nachfolgenden Kapiteln dar.

4.1. Die Ausrichtung der Bildungsziele der Pflichtschulmathematik an der universitären Fachmathematik

Die Entwicklung neuer Grundlagen für die Fachmathematik (die Strukturmathematik) machte nach Ansicht von Fachmathematikern eine Neuausrichtung der Schulmathematik in den frühen 70er Jahren erforderlich. Die „Neue Mathematik" hielt in der Schule (Amstler et al. 1974, S. 16; Griesel 1973) Einzug. Der Bildungssinn der Mathematik wurde mit dem Lehrplan 1974 (Amstler 1974, S. 16) völlig verändert. In der Alltagssprache hat sich für diese Neuerung die Metapher „Mengenlehre" festgesetzt. Der anfänglichen Distanz folgte eine wechselvolle Akzeptanz durch Lehrer und Eltern. Es können mehrere Phasen unterschieden werden: (1) die Phase der Einführung der Neuen Mathematik (und der Lernziele); (2) die Phase der Ernüchterung und der Ablehnung der Neuen Mathematik und (3) die völlige Neuorientierung mit dem Lehrplan 1999 (völlige Abwendung von Intentionen der Neuen Mathematik). In den neuesten Entwürfen zum Lehrplan sind die meisten Elemente der so genannten Neuen Mathematik wieder verschwunden (Positionspapier des Pädagogischen Institutes in Steiermark, 1998). Wie bei manch anderen Neuerungen in der Schule misslang eine begründete Einführung in die Neue Mathematik für die Lehrer. Es entstand viel Halbwissen um die Neue Mathematik. So passierte es, dass die neuen Inhalte anwendungslos neben traditionellen Inhalten gelehrt wurden (Radatz & Schipper 1983, S. 47). Die Schulbücher waren nicht nur Übersetzungshilfen für die Neue Mathematik, sondern trugen zur weiteren Reduzierung der relevanten Konzepte bei, bis daraus verselbstständigte und isolierte Übungen zur Mengenlehre wurden. Aus heutiger Sicht entartete der Mathematikunterricht zu einem lebensfernen und abstrakten Mengenlehre- und Aussagenlogikunterricht.

Aus einer systemischen Perspektive (siehe Kapitel 3) wurden vermutlich der Schule in dieser Zeit zu viele Änderungen zugemutet. Die Einführung der Gesamtschule wurde diskutiert, Schulversuche wurden durchgeführt und die tägliche Planungsarbeit der Lehrer wurde durch die Einführung der Lernziele wesentlich verändert (Boeckmann 1974; Messner & Rumpf 1971; Peterßen 1975). Wichtige andere Neuerungen des Lehrplans 1974, wie die psychologische Fundierung mathematischer Lernprozesse nach den Ideen von Piaget und Bruner, wurden nicht im gewünschten Ausmaß rezipiert.

Aus der Perspektive neuerer fachdidaktischer Orientierungen (z. B. „Realistic Mathematics Education" nach Freudenthal und des neuen Lehrplans

1999) kann festgestellt werden, dass die Fehlentwicklungen in zu frühen Abstrahierungen und überzogenen Formalisierungen lagen. Auch hat sich die Mathematik der Pflichtschule zu weit von der Lebenswirklichkeit wegbewegt. So wurden Grundrechnungsarten mengentheoretisch begründet und für zwei parallele Gerade wurde die leere Menge bemüht. Für den Pflichtschüler hat dieser neue formale Apparat keine wesentlichen neuen Erkenntnisfortschritte gebracht. Die Neue Mathematik wurde dann auch zunehmend kritisiert. Die Kritik kam nicht nur von der Wirtschaft, die eine Vernachlässigung der mathematischen Kulturtechniken sah, sondern auch von Eltern und Fachdidaktikern.

4.2. Wagenscheins Kritik am Mathematikunterricht der 70er Jahre

Die vorherrschende Praxis des Mathematikunterrichts und die Fachdidaktik des Mathematikunterrichts der ausgehenden 70er Jahre wurde von Wagenschein (Volk 1980, S. 61ff) heftigst kritisiert. In einer umfangreichen Defizitliste werden die Fehlentwicklungen des Mathematikunterrichts und der Fachdidaktik für Mathematik aufgelistet:

- Die Mathematiklehrer und Vertreter verschiedener Denkrichtungen der Fachdidaktik für Mathematik sind mathematikgläubiger als die Mathematik selbst. Beide sind zu stark an der Bezugsdisziplin, der universitären Mathematik, orientiert.
- Das hohe Ausmaß an Vorratslernen im Mathematikunterricht wird von Lehrern und Fachdidaktikern nicht reflektiert. Der *„Vorrats-Vorwand“* (S. 62) und der Vollständigkeitswahn schaffen für den Mathematikunterricht ein schier uner-schöpfliches Stoffreservoir.
- *„Die Fixierung auf die aktuelle Verfassung der Hochschulmathematik und das Vorratsdenken verführen zu einem darlegenden, zu bloß dozierendem Lehren.“* (S. 62) Die Schüler werden in eine passive und rezipierende Rolle gedrängt, *„Lähmung des kindlichen Geistes ist die Folge“* (S. 62).
- Das Lernen im Mathematikunterricht ist geprägt von Stoffdruck und Hast. Das Ergebnis ist *„Stoffhuberei“* und *„geistige Fassadenkletterei“* (S. 62). Das geforderte mathematische Denken wird auf automatisierbares Denken eingeschränkt. Mathematisches Lernen wird fehlervermeidend konzipiert. Der richtige Lösungsweg wird dargeboten, um falsche Lösungswege und Lösungen zu vermeiden. Dies wird als zeitsparend erachtet, verhindert aber das selbstständige Bemühen des Lerners um Lösungswege und Lösungen. Die Maxime, dass *„unrichtige Vorstellungen von vornherein“* (S. 63) zu

vermeiden sind, lässt nur den Lehrer als Akteur und Dozenten und den Lernenden nur als passiven Empfänger zu.

- Der Mathematikunterricht zerstört durch seine aktuelle Anlage die emotionale Basis für ertragreiches Lernen (z. B. Sinnverlust anstatt Sinnfindung, Leistungsdruck anstatt Leistungssog, Angst anstatt Motivation etc.).
- Abstriche vom traditionellen Kanon werden von Lehrplanautoren nur dann akzeptiert, wenn neue Stoffe hinzugefügt werden können. So bleibt das stoffliche *„Gedränge"* (S. 62) erhalten.
- Die Schulmathematik ist von der primären Wirklichkeit des Kindes weit entfernt. Der Mathematikunterricht krankt daran, dass die Wirklichkeit nicht mehr vorkommt. Die Schüler bekommen nur mehr aspekthafte Nachbildungen vorgesetzt und Teilbilder übermittelt. Fragmentierungen sind die Folge. Diese Teilbilder werden nicht ineinander integriert.
- Der Mathematikunterricht verursacht *„intellektuellen Unmut"* (S. 63) und trägt zur Bildung sowohl von Wissenschaftsfeindlichkeit als auch zur Wissenschaftsgläubigkeit bei. Ein Ergebnis ist, dass die Disziplin Mathematik als Geheimwissenschaft begriffen wird; sie wird sowohl *„scheu verehrt"* als auch *„gekränkt verabscheut"* (S. 63).
- Der aktuelle Mathematikunterricht versetzt den Schüler ins *„Passivum"* und lässt *„keinen Raum für Eigeninitiative und Schöpferkraft"* (S. 63).

Dieser Kritik setzt Wagenschein sein Konzept eines schülergerechten und einsichtsorientierten Mathematikunterrichts entgegen (Volk 1980, S. 63ff):

- Das Verstehen des Verstehbaren wird als Menschenrecht gefordert. Das Lehren sollte Einsicht ermöglichen, Einsehen anregen und schrittweises Einsehen anbahnen.
- Bildung als Ermöglichung von Einsicht bedarf der Muße; Verstehen braucht Gründlichkeit und Zeit.
- Deshalb wird die Ausweitung der Arbeitszeiten gefordert und der Epochenunterricht vorgeschlagen.
- Dem „Stoffdruck" kann nur mit dem Prinzip des exemplarischen Lernens begegnet werden.
- Es wird für den Mathematikunterricht die genetische Methode vorgeschlagen. Diese sollte ausgehend von der primären Wirklichkeit wissenschaftliches Handeln versteh- und nachvollziehbar machen. Grundzüge des wissenschaftlichen Handelns sollen wiederentdeckt und nacherfunden werden.

- Mathematikunterricht sollte auf das Verstehen ausgerichtet sein. Dafür wird ein problemorientierter Mathematikunterricht mit so genannten Initiationsproblemen vorgeschlagen. Diese Probleme sollten aus der Lebenswelt der Schüler stammen und für diese mit ihren Kenntnissen und dem Normalverstand lösbar sein. Sie sollten in die Mathematik einführen.
- Dem selbsttätigen Entdecken kommt eine große Rolle zu, denn Verstehen kann man nicht durch Übermittlung von Information und Rezeption anbahnen. Verstehen erfordert, dass der Lernende *„selber tätig“* (S. 65) ist.
- Der Unterricht sollte die Möglichkeiten für handwerkliche Tätigkeiten bieten, denn Dinge sind anregender als Symbole. Ausdrücklich wird auf die Notwendigkeit der enaktiven und ikonischen Repräsentation hingewiesen.
- Umwege, Unvollständigkeiten und Fehler haben im Lernprozess einen großen Stellenwert. Das selbstständige Irren ist ein wichtiger Bestandteil von Lernprozessen.

Der Reformvorschlag von Wagenschein für den Mathematikunterricht hat zweifellos wichtige Aspekte thematisiert (z. B. Vorratslernen und Außenorientierung des Mathematikunterrichts, Stofffülle, Zeitdruck, Fragwürdigkeit der Dominanz des Frontalunterrichts, Notwendigkeit enaktiver und ikonischer Repräsentation etc.). Das Modell kann aber nur begrenzt als lernerorientiert bezeichnet werden. Wagenschein proklamiert zwar, dass von Problemen aus der Lebenswelt der Schüler (mittels Initiationsproblemen) auszugehen ist und explizit Irrwege und Fehler zuzulassen sind, wählt aber dabei Inhalte, die von der universitären Bezugsdisziplin bestimmt sind. In einem von Wagenschein (Volk 1980, 74) angebotenen prototypischen Beispiel für ein Initiationsproblem (Nichtabbrechen einer Primzahlenfolge) wird nicht auf die Lebenswelt der Kinder zurückgegriffen, sondern auf ein relevantes Prinzip der universitären Mathematik. Dieses Primzahlenproblem ist mit Sicherheit nicht ein Lebensproblem eines Kindes, und es ist zu bezweifeln, ob sich dieses Problem ein Schüler *„selbst stellt“* oder ob es *„als Problem ohne Zögern“* (S. 64) empfunden wird. Das Nichtabbrechen der Primzahlenfolge stellt nicht einmal für ein normales Erwachsenenleben ein wirkliches Lebensproblem dar. Es ist ein innermathematisches Problem, und als solches sollte man es betrachten. Trotzdem ist ein solcher Inhalt wichtig. Problemtisch ist nur, wenn versucht wird, daraus ein lebensweltliches Problem für Schüler zu konstruieren.

Die Künstlichkeit der Wagenscheinschen Initiationsprobleme wird von Volk (1980, S. 71) kritisiert.

Ein wichtiges Element der genetischen Methode stellt das Wiederentdecken und Wiedererfinden dar. Es stellt sich allerdings die Frage, welche „Gegenstände“ und Inhalte dafür in Frage kommen und wer darüber bestimmt, was im Zentrum des Lernprozesses stehen sollte. Für Wagenschein wäre der Lerner die Instanz, die über die Akzeptanz eines Problems entscheidet. Nach den in der Literatur vorfindbaren Beispielen stellt sich die Situation aber anders dar. Dies bestätigt auch Volk, wenn er feststellt, dass die Inhalte der Wiederentdeckungen *„letzten Endes Stücke der heute faktisch betriebenen Hochschulmathematik“* (S. 68) sind.

Mit der Beschreibung der Situation anlässlich der Einführung der Neuen Mathematik in den 70er Jahren wurde die Bildungsbegriffsdiskussion für den Mathematikunterricht an den Pflichtschulen in diesem Kapitel eröffnet. Diesem Ansatz wurde das scheinbar lernerorientierte Modell von Wagenschein gegenübergestellt. In den nächsten Kapiteln soll die Diskussion um die Orientierung des Mathematikunterrichts an den Pflichtschulen noch weiter vertieft werden. Dies geschieht dadurch, dass das „Verwertbare und das Vorrätige“ des mathematischen Lernens dem „Persönlichkeitsfördernden“ gegenübergestellt wird.

4.3. Mathematikunterricht zwischen Verwertbarkeit und Erziehung zur Mündigkeit

Für die Neupositionierung eines Bildungsbegriffs in Mathematik standen und stehen neben fachmathematischen Bezügen weitere Orientierungspunkte zur Verfügung. Es ist dies das unmittelbar Verwertbare (z. B. der Ausbildungsaspekt), jenes Wissen, jene kognitiven Fähigkeiten und praktischen Fertigkeiten, die ein Absolvent für das Studium oder eine berufliche Tätigkeit braucht. Ein Bildungsbegriff kann auch an der Persönlichkeitsbildung und / oder Werterziehung (z. B. Erziehung zum kritischen Denken und zum mündigen Bürger, Entwicklung und Förderung der Neugier, spielerisches Tun zur Ausbildung von Erfindungsgeist etc.) orientiert sein. Als Beispiel für den letzteren Ansatz soll die Freinet-Mathematik nach Bohec kurz dargestellt werden. In seinem Werk „Verstehen heißt Wiederfinden“ vertritt der Freinet-Pädagoge Bohec (1997) einen Ansatz, der von der Wirtschaftsseite nicht akzeptiert werden würde. Im Zentrum seines Konzepts für einen anderen Mathematikunterricht steht die *„natürliche Methode“* (Bohec 1997, S. 90). Sie ist dem Ansatz von Wagenschein sehr ähnlich, weil sie auch für den Wiedererfindungsprozess plädiert. Nicht „Reize aus der Umwelt“ (im Stile eines Stimulus-Response-Lernens) sollte der Lernende beantworten, sondern *„seine Hypothesen und Theorien wie ein Netz über* *die Welt"* werfen (S. 95). Bezüglich der Inhalte und Gegenstände kann zwischen Bohec und Wagenschein eine große Differenz festgestellt werden. Bohec lässt z. B. neue Zeichen und Zeichen für Ziffern erfinden, wohingegen Wagenschein konkrete Inhalte und Konzepte mit seinen Initiationsproblemen vermitteln will. Die spielerische Komponente, die Förderung der Neugier und des Entdeckens stehen bei Bohec im Vordergrund, ebenso der schöpferische Ausdruck (S. 165). So werden Kinder ermuntert, eigene Additionen zu erfinden. Dies kann auch mit Wörtern geschehen.

Abbildung 9: Additionsaufgaben nach Bohec (1977, S. 137)

wenn: co + chron = cochon
dann: cochon - chon = co
und: chocon - co = chon
wenn: e + ric = eric
dann: eric - e = ric
und: eric - ric = e

Auch zu „grafischen" Additionen werden Kinder von Bohec angeregt.

Abbildung 10: Additionsaufgaben nach Bohec (1997, S. 138)

Körper + Schwanz = Schwein

Die natürlichen Methode und das zweckfreie mathematische Spiel (S. 173) zusammen betonen sehr stark den Subjektivitätsaspekt. Ergänzt werden diese beiden Aspekte durch das lebendige Rechnen (S. 165), das sich aus Alltagssituationen ergibt. Das Mathematisieren beginnt mit einer konkreten Problemsituation; Lösungswege oder gar fertige Algorithmen werden den Lernenden zur Bearbeitung nicht angeboten. Bohec (S. 169) demonstriert diesen Aspekt seines Mathematikunterrichts am Problem des Aufhängens von vier gleich großen Bildern an einer Wand. Alle Bilder sollten voneinander den gleichen Abstand haben. Über Versuch und Irrtum, über konkretes Ausprobieren mit Messen und Arrangieren bis hin zur Entwicklung einer Formel ist alles möglich. Es werden zwar Modellierungen und Formalisierungen angestrebt, sollten aber immer mit einer konkreten Situation assoziierbar sein. Zusammenfassend kann man sagen, dass der Schwerpunkt der Freinet-Mathematik nach Bohec eindeutig Bildungsziele nach dem Subjektivitätsaspekt bevorzugt.

Das unmittelbar Verwertbare und das mittelfristig bis langfristig Erziehliche (Persönlichkeitsbildende) können konfligiernde Intentionen sein. Für die Schule kann sich diese Spannung zwischen beiden Optionen als paradoxe Aufforderung durch die relevanten Umwelten darstellen. In der Regel verlangt die Wirtschaft andere Qualifikationen als Vertreter einer humanistisch orientierten Elternschaft. Auf diese paradoxe Spannung (Krainz-Dürr 1999) wurde bereits im Kapitel 2.1 eingegangen. Die Schule sollte das Traditionelle (z. B. Latein- und Griechischunterricht etc.) bewahren und Innovationen implementieren; die Schule sollte traditionelle Werte (z. B. Einfügen und Konformität etc.) vermitteln und neue Werte (z. B. Selbstständigkeit und kritisches Bewusstsein etc.) anbahnen. Die genannten Beispiele stellen den Fall einer pragmatischen Paradoxie dar; darunter versteht man eine paradoxe Handlungsaufforderung oder Voraussage. Eine paradoxe Situation ist mit dem neurotisierenden Mechanismus der „Illusion der Alternativen“ (Watzlawick 1982, S. 214) verwandt. Jemand hat zwei Alternativen; wählt eine Person X eine Alternative A, hätte sie infolge einer nachfolgenden (oftmals impliziten) Handlungsaufforderung Option B wählen sollen. Hätte jedoch Person X Alternative B gewählt, wäre ihr beschieden worden, dass A angemessener gewesen wäre. In eine ähnliche Lage gerät oftmals der Mathematikunterricht. Als Option A könnte man sich die Wahrnehmung von Kernaufgaben (z. B. verstärkter Fokus auf Rechenfertigkeiten) vorstellen und als Alternative B das Persönlichkeitsbildende. Mitter (1998, S. 14) stellt fest, dass eine Reihe von Bildungsaufträgen für die Schule paradoxe Aufforderungen beinhalten. Nach seiner Ansicht befindet sich Schule mit den folgenden Bildungsaufträgen in einem Spannungsfeld:

1. *„Autonomie versus Steuerung,*
2. *Macht versus Demokratie,*
3. *nationale Kohärenz versus kulturelle Pluralität,*
4. *Einzelstaat versus Europa,*
5. *Europäisierung versus Globalisierung.“ (Mitter 1998, S. 14)*

Eine besondere Herausforderung für die Schule als Lernort wird im Spannungsfeld *„Rationalität versus Subjektivität“* (S. 14 u. 17ff) gesehen. Mit dem Pol „Rationalität“ ist jene Funktion von Schule gemeint, mit der die Absolventen auf den Beruf und die Bedürfnisse der Wirtschaft vorzubereiten sind:

> *„In der Wahrnehmung dieser Funktion dient die Schule primär der Produktion ökonomisch verwertbaren Wissens und ihrer Anpassung an den Bedarf des Beschäftigungssystems an qualifiziertem Nachwuchs.“* (Mitter 1998, S. 17)

Fend (1979) ordnet diese Aufgabe von Schulen der Qualifizierungsfunktion zu; im Modell von Oblinger (1979) wird dieser Auftrag der Gesellschaft an die Schule in die Ausbildungs- und Bildungsfunktion aufgegliedert (siehe auch Kapitel 2.1). Bei Struck (1996) umfasst dieser Pol die Qualifizierungs- und Innovationsfunktion. Der Pol der Subjektivität im Spannungsfeld Rationalität-Subjektivität will die Schule als Ort der Persönlichkeitsbildung und Sozialisation verstanden wissen. Der Konsens bezüglich Rationalität und Subjektivität schulischer Funktionen ist durch den Wertepluralismus in der Gesellschaft schwieriger geworden. Zu Konflikten kommt es, wenn bestimmte gesellschaftliche Gruppen oder pädagogische Ansätze etwa Subjektivität einseitig definieren und ein Maximum an Subjektivität fordern. Dies ist dann der Fall, wenn das Wohlfühlen in der Schule und die Zufriedenheit der Schüler zu prioritären Zielen hochstilisiert werden und andere Ziele wie z. B. Vermittlung von Wissen, relevanten kognitiven Fähigkeiten, Leistungsförderung etc. nachrangig betrachtet werden. Bildungsbegriffe mit Maximumsorientierungen steuern ohne Konsens aller Beteiligten (z. B. relevante Umwelten wie Wirtschaft, Eltern etc.) geradewegs auf Konflikte zu. Ein Ausweg und eine konsensuelle Lösung liegt in der Optimumorientierung von Bildungszielen (Patry 2001, S. 81ff). Diesem Spannungsverhältnis ist auch der Mathematikunterricht ausgesetzt.

Die Rationalitätsorientierung des Mathematikunterrichts

Das Phänomen der Ausdifferenzierung der Gesellschaft in verschiedene Subsysteme (z. B. Rechtssystem, Wirtschaftssystem, Bildungssystem etc.) wurde im Kapitel 1.2 beschrieben. In den 60er und 70er Jahren wurde das Bildungssystem verstärkt nach den Wünschen des Wirtschaftssystems ausgerichtet. Die Frage der Verwertbarkeit schulischen Wissens stand sehr stark im Vordergrund. Es gab einen Engpass an Qualifikationen. Durch eine Verbesserung des Bildungswesens und des mathematisch-naturwissenschaftlichen Unterrichts erwartete man sich eine Behebung des Qualifikationsdefizits (Claus 1989, S. 14). Der Schule wird nach dieser Ausrichtung die Rolle als „Zulieferer“ für das Beschäftigungssystem zugeschrieben und dient *„der Produktion ökonomisch verwertbaren Wissens und ihrer Anpassung an den Bedarf des Beschäftigungssystems an qualifiziertem Nachwuchs“* (Mitter 1998, S. 17).

Die Subjektivitätsorientierung des Mathematikunterrichts

In der Wahrnehmung des Sozialisationsaspekts fokussiert Schule für das lernende Subjekt auf Persönlichkeitsbildung, Erziehung zum kritischen Denken und zum mündigen Bürger, Ermöglichung von mehr Freiraum und Selbstbestimmung für die Lernenden etc. (Mitter 1998, S. 18). Zur Zeit scheint sich das Pendel eher in Richtung Subjektivität zu bewegen; die reformpädagogische Durchdringung der Pädagogik und des Schulalltags können dafür als Beleg angeführt werden. Nach Mitter ist *„die ‚Subjektivität' bis an die Schwelle der Gegenwart im Schatten der ‚Rationalität' gestanden"* (S. 18). Die Subjektivitätsseite von Bildungsvorgängen meint, dass die Personwerdung des Lerners und die Werterziehung in den Vordergrund gerückt werden. Diese Aufgabe wurde in der Vergangenheit eher implizit wahrgenommen und kaum thematisiert, da man ohnehin von einem Wertekonsens ausgehen konnte. Die Schule war sich gewahr, dass Familien und Kirchen diesen Prozess primär begleiten und unterstützen (S. 18). Wie im ersten Kapitel ausführlich beschrieben, ist sowohl der Konsens über verbindliche Werte geschwunden als auch der Sozialisationsbeitrag der außerschulischen Institutionen wie Familien und Kirchen.

Sozialisations- und Werterziehungsfragen werden von Vertretern der Fachdidaktik für Mathematik sehr unterschiedlich konzipiert. Am konsequentesten vertritt Volk (1980) die Subjektivitätsposition und fordert vom Mathematikunterricht einen entsprechende Unterordnung unter das emanzipatorische Erziehungsziel der Emanzipation. Unter Emanzipation versteht Volk Folgendes:

> *„... die Herstellung einer Praxis der ‚Selbstbestimmung'. Selbstbestimmt heiße ein Handeln (eine Praxis), das ‚einsichtig begründeten' Orientierungen folgt."* (Volk 1980, S. 9)

Für Volk ist eine Handlungsorientierung dann begründet, wenn sie *„einwandsstabil"* (S. 9) ist, und Einsichtigkeit entsteht dann, wenn eine handelnde Person die Gründe prüfen kann. Die Einwandsstabilität von Orientierungen müsse nach Volk in *„rationalen Beratungen"* (S. 9) festgestellt werden. Eine rationale Beratung zeichnet sich durch Unvoreingenommenheit, Verzicht auf Sanktionen und Täuschung aus. Emanzipatorische Erziehung kann durch folgende Punkte charakterisiert werden: (1) Befähigung von Schülern, in *„aktuellen und in zu erwartenden Lebenssituationen begründete Orientierungen (Interessen) einsichtig entwickeln und angemessen verwirklichen zu können"* (S. 9) und (2) Befähigung von Schülern zum selbstbestimmten (= autonomen) Handeln. Dieses Bildungsziel stellt für das erzieherische Handeln sehr hohe Ansprüche. Es wird auch gefordert, dass die Verwirklichung einer an Emanzipation orientierten Erziehung selbst emanzipatorische Praxis ist.

Als prototypisches Beispiel für einen Mathematikunterricht mit Subjektivitätsorientierung kann ein Unterrichtsentwurf von Kanitz (1924; zit n. Volk, 1980, S. 168ff) genannt werden, in der die Mechanismen des Kapitals und des Marktes enttarnt werden. Die Unterrichtsstunde trägt den Titel *„eine objektive, doch gefährliche Rechenstunde“* (Volk 1980, S. 174). In dieser Rechenstunde wird gezeigt, dass „Geld arbeitet“ und diejenigen verdienen lässt, die reich sind. Angesichts von Turbokapitalismus, Globalisierung und Ausbeutung der Arbeiterschaft in Billiglohnländern hat diese Rechenstunde aus den 20er Jahren wenig von ihrer Aktualität eingebüßt. Eingebettet in einem Textbeispiel wird der Weg von 100 000 Kronen vom Einleger über die Bank zum Fabrikanten nachgezeichnet. Dieser nimmt sich einen Kredit von 100 000 Kronen, kauft Leder, läst dieses von Arbeitern zu Schuhen verarbeiten und verkauft die Schuhe. Der Wert der verkauften Schuhe beträgt 200 000 Kronen. Nach diversen Regiekosten bleibt dem Fabrikanten ein Gewinn von 15 000 Kronen; die Bank verdient 5 000 Kronen und der Einleger erhält 10 000 Kronen an Zinsen (S. 177). Die Rechenstunde von Kanitz verfolgt emanzipatorische Ziele. Sie möchte die Irreführung der Arbeiterschaft und deren Kinder durch den Kapitalismus aufdecken und aufzeigen, dass ausbeuterische Gesellschaftsordnungen keinesfalls *„gottgewollt und naturgesetzlich“* (S. 178) sind. Diese Rechenstunde enthält mehr an „Stoff“ als nur das Berechnen von Differenzen, Zinsen und Zinseszinsen. Diese Rechenstunde will zeigen, dass der Arbeiter nicht nur für den Fabrikanten, sondern auch für die Bank und den Einleger gearbeitet hat. Kritiker könnten einwenden, dass dieses Exempel simplifiziere und die Risken des Anlegers, der Bank und des Fabrikanten nicht berücksichtige. Das mag richtig sein. Dann allerdings wäre an Lehrbuchautoren und Lehrer die Forderung zu richten, angemessenere Beispiele zu konzipieren.

Dies tat das entwicklungspolitische Bildungsprojekt im oberösterreichischen Gewerkschaftsbund. Mit Lernmaterialien und dem ansprechenden Plakat *„Wer verdient am teuren Markenschuh“* (Österreichischer Gewerkschaftsbund Oberösterreich 2001) wird aufgezeigt, wer an der Produktion und dem Vertrieb eines Sportschuhs der Marke Nike verdient.

Abbildung 11: Lernumgebung „Nike"-Schuh zum Mathematisieren

Wie im Falle der Fabriksarbeiter in einer Schuhfabrik sind auch in diesem Fall die Arbeiter die Verlierer. Die Gewinner sind der Handel, das Marketing, der Vertrieb und letztendlich der Konzern, der die finanziellen Mittel und Netzwerke besitzt, um eine weltumspannende Produktion aufzuziehen. Der Schuhpreis für den Konsumenten von € 94.40 (ATS 1 299.-) setzt sich aus folgenden Beträgen zusammen.

Tabelle 12: Übersicht über Teilbeträge; Lernumgebung „Nike"-Schuh zum Mathematisieren

Art des Teilbetrages	Teilbetrag in €	Teilbetrag in ATS	%
Lohn	0.36	5.00	0.38
Produktionskosten	1.53	21.00	1.61
Material	7.56	104.00	8.00
Gewinn für die Markenfirma	12.57	173.00	13.31
Einzelhandel	47.24	650.00	50.00
Produktionsentwicklung und Verwaltung	10.54	145.00	11.16
Werbung	7.99	110.00	8.46
Gewinn für den Subunternehmer	1.89	26.00	2.00
Transport und Steuern	4.72	65.00	5.00

In diesem Teilkapitel wurden zwei Positionen für die Ausrichtung von Mathematikunterricht einander gegenübergestellt, nämlich die Orientierung am unmittelbar Verwertbaren und an der Erziehung zur Mündigkeit. Auf die beiden konfligierenden Bildungsbegriffe wurde hingewiesen und die Ansicht vertreten, dass es sich bezüglich der verschiedenen Bildungsbegriffe um eine paradoxe Entscheidungssituation für die im pädagogischen Feld Agierenden handelt.

4.4. Der Einfluss der Curriculumbewegung auf den Bildungsbegriff des Mathematikunterrichts

In einer Abhandlung zur Fachdidaktik Mathematik unternimmt Schoenfeld (1987, S. 1ff) einen kurzen historischen Streifzug, um die Einflüsse verschiedener Theorien auf Unterricht zu bewerten. Drei große Ansätze werden genannt, nämlich der Assoziationismus von Thorndike, „gestaltism" nach Wertheimer und der Behaviorismus Skinnerscher Prägung. Nach der Einschätzung von Schoenfeld hat der Assoziationismus die erste Hälfte dieses Jahrhunderts stark geprägt. Diese Lerntheorie ging von der Annahme aus, dass es mentale Verbindungen (oder Assoziationen) zwischen einer Anzahl an Reizen und deren Reaktionen gibt (Beispiel: 7 mal 8 – der Reiz – sollte mit der Reaktion 56 verbunden sein). Durch Einsatz von Verstärkungen sollte die Reiz-Reaktions-Verbindung dauerhafter werden. Eine Reihe pädagogischer Prinzipien wurden formuliert, so zum Beispiel, dass Verbindungen, die zusammengehören, auch zusammen unterrichtet werden sollen. Nach Schoenfeld gehört auch „Drill und Practice" zu diesen Prinzipien. Dieser Denkansatz fand in CAI (*„computer assisted instruction"*) eine digitale Umsetzung; viele Lernprogramme der 80er und 90er Jahre sind nach diesem Modell konzipiert worden. Wertheimer verwarf die Grundannahmen des Assoziationismus mit den extremen Ausformungen des Auswendiglernens. Lernen und Denken braucht mentale Strukturen, die komplexer sind als Reiz-Reaktions-Verbindungen. Diese Richtung erkennt zwar an, dass durch das Reiz-Reaktions-Lernen gewisse Inhalte gelernt werden können, wendet aber ein, dass das Gelernte oberflächlich und nicht flexibel einsetzbar ist. Diese Einwände belegte Wertheimer mit Ergebnissen aus einer Reihe von relativ einfachen Testaufgaben in nicht standardisierten Situationen. Die Studenten scheiterten in den meisten Fällen. Sein Schluß daraus ist, dass Reiz-Reaktions-Ansätze zu kurz greifen, und er fordert andere Instruktionsformen, um die reichen mentalen Strukturen der Lernenden zu entwickeln und zu fördern. Der Behaviorismus war noch etwas radikaler in der Verwerfung jedweder Form von Mentalismus oder der Annahme irgendwelcher mentaler Strukturen. Für Skinner zählte nur das beobachtbare Verhalten. Lernen war nach seiner Auffassung die Interaktion des Individuums mit der Umwelt. Die Rolle des Lehrers ist, die Umwelt so zu gestalten, dass optimales Lernen möglich ist. Man ging von der Annahme aus, dass es ein fehlerloses Lernen durch Zerlegung des komplexen Stoffes gäbe: *„... errorless learning was possible through shaping of behaviour by small successive approximations."* (Schoenfeld 1987, S. 5)

Das verhaltenorientierte Denkmodell wurde auch auf die Unterrichtsplanung und Unterrichtsorganisation angewandt. Mit dem Instrument „Curriculum“ wurde ein *„den gesamten Unterricht bestimmendes und lenkendes Steuerungsorgan“* (Claus 1989, S. 14) etabliert. Unter Curriculum wurde ein Planungs- und Steuerungsvorgang verstanden, der die Elemente Lernziele, Lerninhalte, Lernprozesse und Lernorganisation umfasste. Lernen wurde als Verhaltensänderung konzeptualisiert:

> *„In der allgemeinsten Fassung wäre Lernen zu definieren als die Veränderung von Verhaltensdispositionen von Individuen aufgrund von Erfahrungen.“* (Peterßen 1975, S. 15)

Das Endverhalten des Lernenden trat in den Mittelpunkt des Planungs- und Erziehungsinteresses (Boeckmann 1974, S. 27; Gage & Berliner 1979, S. 35). Über die Modellierung des Endverhaltens (z. B. Verstärkerpläne) wollte man nachhaltig Verhaltensdispositionen modifizieren (Peterßen 1982, S. 116). Die Modellierung des Endverhaltens beinhaltete noch folgende weitere Schritte:

- die Elementarisierung von Lernzielen (Aufgliederung der Inhaltskomponente des Lernziels) (Peterßen 1982, S. 121)
- die Operationalisierung von Lernzielen (Festlegung der Verhaltenskomponente über Verben; Angabe der Mittel, mit denen die Ziele erreicht werden können und Festlegung des Beurteilungsmaßstabes) (S. 123ff)

Für Siebert (2000) ist die Lernzielbewegung „ein Paradebeispiel moderner Pädagogik“, in „der operationalisierte, für alle verbindliche Lernziele und objektive standardisierte Lernkontrollen“ zur höchsten Maxime erhoben wurden. „Stoff durchnehmen“, „dieses Kapitel gerade noch streifen“, „die Schüler müssen davon gehört haben“ usw. sind die didaktischen Alltagsaussagen, die auf trivialisierenden Unterricht schließen lassen. Dem trivialisierenden Unterricht liegt weiters der Gedanke zu Grunde, dass es im Sinne des Input-Output-Mechanismus möglich ist, möglichst viel Stoff in kürzester Zeit zu übermitteln. Bildhaft könnte man dieses didaktische Modell durch den „Nürnberger Trichter“ veranschaulichen. Sehr oft verrät die pädagogische Umgangssprache das dahinterliegende Konzept. In den Verben wie „eintrichtern“, „einhämmern“, „abspeichern“, „drillen“ usw. kommt der Input-Output-Gedanke von Lernen zum Ausdruck. Der Lernende wird als „berechenbare und voraussagbare Maschine“ betrachtet, dem man entsprechende Stoffe darbietet. Die „Verarbeitung“ des Stoffes ist dann das Drillen, das Abspeichern. Der Output ist in der Reproduktion bei Prüfungen und in Tests zu sehen. Für einfache Faktenreproduktion mag dieser Weg geeignet sein. Für komplexe und anspruchsvolle Leistungen gibt es viele Hinweise, dass diese Steuerungsdidaktik zu kurz greift, obwohl sie sehr beliebt zu sein scheint.

Folgende Erneuerungsannahmen waren mit der Einführung des lernzielorientierten Unterrichts verbunden: (1) Mehr Gerechtigkeit durch Standardisierung der Ziele für den Unterricht durch Abkoppelung der Unterrichtsqualität von der Lehrerpersönlichkeit. Angestrebt wurde eine Kontextunabhängigkeit des Lernerfolgs; Schüler verschiedener Klassen, verschiedener Schulen und unterschiedlicher Fähigkeitsstufen erhalten standardisierten Unterricht, der optimale Lernergebnisse hervorbringt. (2) Aus der Annahme heraus, dass es Unterricht verschiedener Qualität gibt, wird der Schluss gezogen, dass es den optimalen Unterricht geben muss. Dieser wäre allen Schülern in der gleichen Weise zu erteilen. Der Entscheidungs- und Spielraum für Lehrer wurde entscheidend eingeengt. Nach Claus (1989, S. 15) wurde der Lehrer *„zum Handlanger degradiert“*. Dieser Ansatz wurde heftig wegen seiner behavioristischen Ausrichtung und seiner Veränderungsannahmen für menschliches Verhalten kritisiert (S. 23). Folgende Annahmen dieses Ansatzes wurden von Kritikern attackiert:

- Die Annahme, dass man mit dem richtigen Verstärker im richtigen Moment dem Menschen alles beibringen kann.
- Die Auffassung vom lernenden Individuum als Automat, der in der Lage wäre, optimierte Serien von Lernzielen zu schlucken und dessen Verhalten dadurch in die Richtung operationalisierter Lernziele verändern werden könnte.
- Die Annahme, dass komplexe Denkvorgänge in kleinste Schritte zerlegt und gelehrt werden könnten.

Die Lernzieloperationalisierung hat für viele Anwender einen großen Aufwand bedeutet und Energien gebunden, da dieser Prozess sich vielfach zum „Finden der richtigen Verben“ reduzierte. Im Wesentlichen bestand die Kritik darin, dass (1) die Lehrfreiheit der Lehrenden eingeschränkt werde, (2) die vorab bestimmten Lernziele den Spielraum und die Mitbestimmungsmöglichkeiten für die Lernenden einenge, (3) sich an leicht prüfbarem Wissen orientiere und (4) die Verflachung der erzieherischen Wirksamkeit der Schule bewirke (Claus 1989, S. 135ff).

Insgesamt reduzierten die obgenannten Annahmen das Lernen aus Mathematik und Naturwissenschaft. Wichtige Lernaspekte wie die affektive Komponente, das Anwenden von Strategien oder heuristische Fähigkeiten wurden deshalb nicht erfasst, weil sie nicht zufriedenstellend operationalisiert werden konnten. Wie in den vorangehenden Kapiteln (siehe Kapitel 3) schon ausgeführt, ist bei Lern- und Veränderungsprozessen die Selbststeuerungskomponente und der Widerstand von Menschen gegen Veränderungen zu berücksichtigen. Das Modell des verstärkerorientierten Lernens und des lernzielorientierten Unterrichts marginalisiert diese Komponenten. Die Lernzielbewegung hat ganz wesentlich die Didaktik des Mathematikunterrichts und den Mathematikunterricht in dieser Zeit beeinflusst. Unterrichtsplanung und Leistungsbeurteilung wurden nach Lernzielen und Taxonomien ausgerichtet. Taxonomien wurden von Bloom für den kognitiven Bereich und von Krathwohl für den affektiven Bereich vorgelegt (Messner & Posch 1971, S. 16ff). Da die Bloomsche Taxonomie (6-stufig) für den Mathematikunterricht zu wenig spezifisch war, wurden weitere Taxonomien von Wilson (5-stufig) und Travers (3-stufig) entwickelt (Ellrott & Schindler 1975, S. 129ff). Rückblickend lässt sich feststellen, dass die Operationalisierung von Lernzielen für den Mathematikunterricht stark reduktionistische Effekte bezüglich des Bildungsbegriffs auslöste und den Glauben an die Machbarkeit des pädagogischen Erfolgs stärkte.

Korrespondierend dazu wurde mathematisches Lernen von einer psychologischen Perspektive aus beschrieben. Viele Autoren von fachdidaktischen Büchern für Mathematik griffen auf die Lerntheorie und die Lerntypen von Gagne zurück und bezeichneten ihre Abhandlungen meist mit „Psychologie des Mathematikunterrichts“ (Claus 1989, S. 52ff; Wittmann 1975, S. 75ff). Die handbuchartigen Publikationen dieser Zeit waren an der vorherrschenden Sicht von Lehren und Lernen, nämlich Reiz-Reaktions-Lernen und Wissenstransfer-Lernen ausgerichtet.

Auch die Leistungsfeststellung wurde von der Lernzieloperationalisierung durchdrungen. Es wurde das Ziel verfolgt, die Leistungsfeststellung zu verbessern (Steindorf 1981, S. 108) und objektiver zu gestalten. Im Zuge dieser Entwicklungen trat allerdings das Messbare allzu stark in den Vordergrund und die kognitive Komponente des Bildungsbegriffs wurde unverhältnismäßig einseitig favorisiert.

Analyse der Ziele des Mathematikunterrichts am Beispiel eines weit verbreiteten Handbuchs

In einem Standardwerk der 80er Jahre, „Grundkurs der Mathematikdidaktik“ (Zech 1983), wird ein umfangreicher Zielkatalog für den Mathematikunterricht dargelegt. Als Ziele des Mathematikunterrichts (Zech 1983, S. 50) werden fachübergreifende Ziele definiert, die in sechs fundamentale Denktätigkeiten (Anschauungsvermögen, logisches Denken, Kommunikationsfähigkeit und Kooperationsfähigkeit, Sprachförderung und Kritikfähigkeit, Förderung von Problemlöseverhalten und Kreativität und Selbstständigkeit und Selbsttätigkeit) und acht geistige Grundtechniken (Vergleichen, Ordnen, Abstrahieren, Verallgemeinern, Klassifizieren, Konkretisieren, Formalisieren und Analogisieren) unterteilt werden. In diese Zielgruppe fallen auch allgemeine Erziehungsziele des Mathematikunterrichts (S. 54). Damit sind Arbeitstugenden wie Sorgfalt, Genauigkeit, Gewissenhaftigkeit, Klarheit und Ordnung gemeint. Die allgemeinen fachbezogenen Ziele des Mathematikunterrichts umfassen zwei Zielgruppen:

(1) Fähigkeiten und Haltungen (Beherrschung von mathematischen Kulturtechniken, die Fähigkeit, einfachere Umweltsituationen zu mathematisieren, und die Fähigkeit, Umwelterscheinungen mathematischer Art zu verstehen und kritisch zu beurteilen); (2) auf das Fach insgesamt bezogene Einsichten und Einstellungen (Fähigkeit, Möglichkeiten und Grenzen der Mathematik zu sehen, und die Freude an der ästhetischen und spielerischen Seite der Mathematik). Von den 20 angeführten Zielen können nur wenige dem Subjektivitätspol zugerechnet werden. In den methodischen Vorschlägen zur Erreichung der 20 Ziele stößt man in diesem Werk beinahe nur auf geschlossene Unterrichtsformen. Das Ziel, das noch am ehesten der Persönlichkeitsbildung zugerechnet werden könnte, nämlich Kommunikationsfähigkeit und Kooperationsfähigkeit, wird streng mathematisch verstanden. Dieses Ziel sollte nach Zech die *„Bereitschaft zum ‚rationalen Dialog'"* (S. 50) einschließen. Gemeint ist damit die Einhaltung der *„Spielregeln der Logik"* (S. 50), wenn kommuniziert und kooperiert wird.

Zusammenfassend kann festgestellt werden, dass die Diskussion des Bildungsbegriffs für den Mathematikunterricht nichts von seiner Aktualität verloren hat. Die Palette von Bildungsbegriffen kann trotz bestehender Lehrpläne noch immer von fachwissenschaftlicher Orientierung bis zu gesellschaftlich-kritischer Orientierung reichen. Die Verständigung über den Bildungsbegriff wird umso wichtiger, je mehr internationale Vergleichsstudien geplant und durchgeführt werden. Auch wird die Verständigung über den Bildungsbegriff für den Mathematikunterricht besonders im nationalen Bereich immer bedeutsamer, je mehr im Zuge von Autonomisierung und Dezentralisierung Qualitätsvergleiche und Evaluationen eingefordert werden.

4.5. Impulse für die Bildungsbegriffsdiskussion für den Mathematikunterricht durch die TIMS-Studie

Zum dritten Mal hat die IEA (International Association for the Evaluation of Educational Achievement) eine internationale Vergleichsstudie vorgelegt (Baumert, Bos & Lehmann 2000, S. 19). Die Veröffentlichung der Mittelwerte für die beteiligten Länder hat zu interessengeleiteter Interpretation bestimmter gesellschaftlicher Gruppen und zu einer *„allzu großen Simplifizierung komplexer Befunde"* (S. 18) geführt. Aus diesem Grund wird auf eine neuerliche Darstellung von TIMSS-Ergebnissen verzichtet und vielmehr auf die auf Veränderung von Schule und Unterricht abzielenden Befunde eingegangen. Das entspricht auch den Intentionen der Studie, Argumente für Schul- und Unterrichtsentwicklung im Allgemeinen und für den mathematischen und naturwissenschaftlichen Unterricht im Besonderen zusammenzutragen und ein Modell für die Praxis zu entwerfen. Die Ergebnisse der TIMS-Studie können zumindest für Österreich und die Bundesrepublik Deutschland als heftige Irritation des „Lehrsystems" für Mathematik und Naturwissenschaft bezeichnet werden. Die Diskussion des Bildungsbegriffs und der Qualität für den Mathematikunterricht erhielt durch diese Vergleichsstudie neue Impulse. Vieles ist in Bewegung gekommen. Die Homöostase in den fachdidaktischen „Communities" scheint durch die Diskussion und die Reflexion der Gründe für das ungünstige Abschneiden gestört worden zu sein. Klemm hat dies ironisch folgendermaßen auf den Punkt gebracht: *„Es macht Mut, dass der Mathematikunterricht ins Gerede gekommen ist."* (1997; URL: http://www.hagen.de; zuletzt abgefragt am 4. April 2000)

Die Ergebnisse aus den TIMSS-Tests und den Video-Vergleichsstudien haben alle am Bildungsgeschehen Beteiligten in der BRD überrascht, da sich Deutschland in der angelsächsischen Solidargemeinschaft mittelmäßig abschneidender Länder (USA, England, Neuseeland) befindet. Die Ergebnisse der Staaten aus dem fernen Osten sind nach Hage-Ali *„um Lichtjahre voraus"* (1997, S. 2). Dies bedeutet, dass der größere Teil der deutschen Zehntklässer im Vergleich etwa zu Japan eine unbefriedigende Sicherheit im Umgang mit mathematischen Symbolen, Modellen und Verfahren aufweist: Japanische Schüler verfügen über vergleichbare Kenntnisse und Fertigkeiten bereits in der achten Klasse. Es stellt sich die Frage, welches Schulsystem besser ist, das gegliederte oder das ungegliedertes System. Klemm (1997; URL: http://www.hagen.de; abgefragt am 4. April 2000) schließt Ursachen im Bereich der Schulstruktur aus; unterschiedliche Organisationsmerkmale von Schulsystemen können als Haupteffekte für die gefundenen Leistungsdifferenzen nicht verantwortlich gemacht werden. Kritiker von „anschlussfähigen" und die Schulpraxis möglicherweise verändernden Schlussfolgerungen könnten abermals das Simplifizierungsargument vorbringen, da die beträchtlichen Kulturunterschiede zwischen Japan und der BRD nicht in Rechnung gestellt wurden. Die Unterschiede der gesellschaftlichen und auch die das Bildungswesen stützenden Faktoren sind besonders beträchtlich (z. B. institutionalisiertes Nachhilfewesen in Japan, sehr hohe Leistungserwartungen von Eltern und Lehrern etc.). Deshalb fordern Baumert et al. (2000, S. 31ff), dass vor dem Vergleich der Ergebnisse die generelle methodologische Vergleichbarkeit (z. B. Vergleichbarkeit der national definierten Grundgesamtheiten für die Erfassung der mathematisch-naturwissenschaftlichen Grundbildung) gegeben sein muss. Die national recht unterschiedlich gezogenen Stichproben beeinträchtigen die Verallgemeinerbarkeit der Ergebnisse für die Population (S. 37). Für die Sekundarstufe II konnte gezeigt werden, dass z. B. Österreich und die Niederlande sehr positiv ausgelesene Stichproben zur Verfügung gestellt haben.

Ein Reihe von Projekten in der BRD und in Österreich zeigten, dass der Abstand zu den Ergebnissen der Nachbarländer wie der Schweiz und den Niederlanden nicht stillschweigend hingenommen wurde. Die Bund-Länder-Kommission für Bildungsplanung und Forschungsförderung in der BRD hat ein umfangreiches Programm zur Veränderung des mathematisch-naturwissenschaftlichen Unterrichts in Angriff genommen (Bund-Länder-Kommission für Bildungsplanung und Forschungsförderung. Gutachten zur Vorbereitung des Programms „Steigerung der Effizienz des mathematisch-naturwissenschaftlichen Unterrichts“ 1997). In Österreich wurde im Auftrag des Bildungsministeriums vom IFF (Interuniversitäres Institut für Interdisziplinäre Forschung und Fortbildung der Universitäten Klagenfurt, Wien, Innsbruck, Graz) das Projekt IMST (= Innovations in Mathematics, Science and Technology Teaching) (Masterplan des Projektes IMST 2000) gestartet. Dieses Projekt verfolgt folgende Ziele: (1) nachhaltige Qualitätsentwicklung im Mathematik- und Naturwissenschaftsunterricht, (2) bessere Grundbildung (z. B. mehr Verstehen, mehr Problemlösekompetenz, mehr Argumentation und mehr Reflexion im Unterricht), (3) kreatives Lernen und Einsatz von neuen Medien und Technologien, (4) professioneller Erfahrungsaustausch unter den Lehrenden und (5) Sammlung und Dokumentation von Unterrichtsinnovationen („good practice“).

Die Veröffentlichungen und Diskussionen rund um TIMSS haben besonders in der Bundesrepublik Deutschland und auch in Österreich die Frage nach dem „richtigen“ Mathematikunterricht aufgeworfen. Durch die TIMS-Studie wurden klassische Fragen der allgemeinen Didaktik aufgeworfen, nämlich was Schüler im Mathematikunterricht lernen sollten (Blum 2000, S. 6).

Die Video-Vergleichsstudie von TIMSS

Über die „typische" Mathematikstunde in Deutschland (und dies dürfte auch für Österreich zutreffen) weiß man deshalb so gut Bescheid, weil in den Ländern Japan, USA und der BRD Videostudien durchgeführt wurden. Die Analyse der Videoaufzeichnungen förderte überraschende Erkenntnisse zutage. Mit den Videodokumenten konnte ein Vorurteil über japanischen Unterricht widerlegt werden. Die Analysen von japanischem Mathematikunterricht zeigen, dass dieser kein Drill-Unterricht ist. Die Kausalzuschreibung guter Leistungen auf Drill und einem gewissen Maß an Rigidität kann nach den Videoauswertungen nicht aufrecht erhalten werden. Das japanische Beispiel zeigt, dass herausragende Schülerleistungen in Mathematik nicht das Ergebnis von Drill sind. Diese Tatsache wird auch von europäischen fachdidaktischen Vertretern anerkannt (Herz 1997, S. 4). Die Unterrichtsaufzeichnungen zeigen klare Strukturen im Unterricht, ein hohes Maß an Disziplin und einen respektvollen Umgang unter Schülern und zwischen Lehrern und Schüler. Dieses hohe Maß an Achtung ist auch dann sichtbar, wenn falsche Lösungswege und Lösungen präsentiert werden. Das und die Möglichkeit des Beschreitens eigener Wege sind die Ursachen des ausgezeichneten Abschneidens. Japanische Lehrer arrangieren sehr anregende Lernumgebungen, in der kognitive und sozial-emotionale Förderung initiiert werden. In Gruppen widmet man sich dem gemeinsamen Lernen an komplexen Problemen; in Subgruppen werden in wechselnden Sozialformen eigenständig und kommunikativ Aufgaben bearbeitet. Die Schüler präsentieren ihre Lernwege und die Lernergebnisse vor der Gesamtgruppe. Die Qualität der Lehrerrolle erweist sich darin, die kreativen Momente unterschiedlicher Lernwege positiv herauszustellen und dadurch zur Weiterarbeit auch an Um- und Irrwegen anzuregen. Die Stärke der asiatischen Schüler liegt nicht im Memorieren von Formeln und der Beherrschung von Rechenroutinen. Der asiatische Mathematikunterricht fördert in weit größerem Ausmaß mathematisches Denken, das Lösen innermathematischer Probleme und die Anwendung mathematischer Modelle und Verfahren auf quantitative Alltagsprobleme.

Dieses neue Lernen macht den Qualitätsunterschied im Vergleich zum traditionellen Lernen aus, in dem Algorithmen und Aufgaben vorgegeben werden und Schüler zu Reproduzierenden und Anwendern von Algorithmen in Scheinsituationen werden.

Die großen Leistungsunterschiede haben Analysten angeregt, nach weiteren Ursachen Ausschau zu halten. Nach Übereinstimmung der Experten kann die unterschiedliche Organisationsstruktur der Bildungssysteme nicht dafür verantwortlich gemacht werden. Das japanische Schulsystem kennt im Bereich der Mittelstufe im Vergleich zu Deutschland keine Selektion in vier Schularten (Gymnasium, Realschule, Hauptschule und Sonderschule). Japanische Schüler werden in Einheitsschulen ohne fachspezifische Niveaudifferenzierung unterrichtet. Das Ausmaß an Selektivität ist in der BRD wesentlich höher als in Japan. So beträgt die Repetentenrate in der BRD jährlich 5%. Das japanische System kennt kein Wiederholen von Klassen. Trotzdem schneiden deutsche Gymnasiasten, die das leistungsstärkste Drittel darstellen, schwächer ab als der Durchschnitt aller japanischen Schüler.

Welche fachdidaktischen Schlussfolgerungen sind für den Mathematikunterricht zu ziehen?

Die Leistungsvergleiche mittels TIMSS sind für die deutsche Forschergruppe um Baumert mehr als mathematische und naturwissenschaftliche „olympische mathematische Spiele“ mit internationaler Beteiligung. Das viel größere Verdienst der Studie liegt in der Initiierung und Schaffung eines erhöhten Problembewusstseins im Hinblick auf Bildungsfragen in der Gesellschaft und einer Neupositionierung von Schul- und Unterrichtsentwicklung. Es kann eine Überwindung der Strukturfragen der 70er Jahre hin zur Bedeutung der Einzelschule, der Schulklasse und des Unterrichts beobachtet werden. In den 70er Jahren versuchte man *„gerechte Strukturen“* (Fend 1998a, S. 14) zu schaffen. Heutzutage hat sich die *„aus der geisteswissenschaftlichen Tradition stammende Orientierung“* (S. 14) etabliert: *„Es kommt vor allem auf die Lehrer an!“* (S. 14)

Auch wurde durch TIMSS ein fachdidaktischer Reflexionsprozess ausgelöst. Fragen des kumulativen fachlichen Lernens traten ebenso in den Vordergrund wie anspruchsvolle und neue Modelle der Aufgabenformulierung. Kritisiert wurde auch die Enge und Einseitigkeit des fragend-entwickelnden Unterrichts. Als Alternative konnte die Diskussion um motivierende und kognitiv aktivierende Formen des Lehrens und Lernens in Gang gesetzt werden. In fünf Punkten fassen die Autoren Baumert, Bos und Lehmann (2000, S. 21) die Wirkungen der Studie auf die Weiterentwicklung des Schulsystems zusammen:

- Schärfung der professionellen Aufmerksamkeit für den Unterricht als die Kernaufgabe von Schule und Betonung der Bedeutung der Einzelschule und der Lehrerteams für Veränderungen.
- Das Aufzeigen von Stärken und Schwächen der bundesdeutschen Schüler hat nicht nur der fachdidaktisch orientierten Forschung

neue Impulse versetzt, sondern auch Ansatzpunkte zur Veränderung der momentanen Situation geliefert;
- Entwicklung und Implementation von Modellversuchen auf Schulebene.
- Versachlichung der Bildungspolitik und Relativierung der Schulstrukturdebatte.
- Schaffung eines Problembewusstseins für Qualitätsentwicklung und Qualitätssicherung auf Systemebene und Entwicklung neuer Instrumente zur Steuerung des Bildungswesens neben den Instrumenten der klassischen Bürokratie.

Besonders hervorzuheben ist die Erkenntnis nach TIMSS, dass es eine allgemein gültige Lösung der Probleme nicht gibt:

> *„Die gemeinsame Aufgabe besteht in der Optimierung pädagogischer Prozesse innerhalb von Institutionen – eine Aufgabe, für deren Lösung es keinen schulstrukturellen Generalschlüssel gibt.“* (Baumert, Bos & Lehmann 2000, S. 22)

Dies bedeutet wohl, dass Lösungen von sozialen Situationen und Kontexten abhängig zu machen sind. Dieses situationsspezifische Argument für Veränderungen im Bildungswesen wird in die generelle forschungsleitende Frage dieser Studie einfließen.

Erzeugt ein bestimmter Mathematikunterricht „träges Wissen“?

Im Test der Sekundarstufe II wurden in der TIMS-Studie so genannte konzeptuelle und einfach lösbare Aufgaben aus der Sekundarstufe I eingesetzt. Die niedrigen Lösungshäufigkeiten lösten große Überraschung und je nach Perspektive unterschiedliche Ursachenzuschreibungen aus. Während eine Gruppe von Analysten die Ursachen in mangelnden mathematischen Fertigkeiten und Fähigkeiten vermutet (Götz & Reichel 1998, S. 30ff), vermuten andere den wahren Grund im Unterricht (Reinmann-Rothmeier & Mandl 1997, S. 41ff). Es ist ein Ergebnis und Verdienst von TIMSS, die Frage von „trägem Wissen“ ins Bewusstsein gerückt zu haben. Der Begriff „träges Wissen“ umschreibt all jene Wissensbestände, die Individuen nur passiv zur Verfügung stehen (ausgefallene Vokabeln in einer Fremdsprache, das Linnesche Pflanzensystem, die Kohlenwasserstoffe usw.). Falls man daran erinnert wird, kommen diese Wissensbestände meist mit einem Aha-Erlebnis wieder ganz oder verschwommen in Erinnerung. Systematische empirische Befunde darüber, wie viel vom schulischen Wissen tatsächlich als aktives Wissen zur Verfügung steht, sind für Mathematik kaum vorhanden. Nach Reinmann-Rothmeier und Mandl (S. 41) ist trotz vielfältiger Reformvorschläge und -versuche das reizreaktionsbasierte Wissens-

Transfer-Modell weit verbreitet und weitgehend für die Entstehung von trägem Wissen verantwortlich. Der Lehrende übermittelt neue Inhalte als fertige Wissenssysteme. Die Lernenden sind weitgehend passiv, und ihre Aufgabe besteht darin, Wissen aufzunehmen und wiederzugeben. Aktivität, Eigeninitiative und Selbststeuerung haben keinen Platz. Das Fehlen von bedeutungsvollen Kontexten und Bezügen zum Erfahrungshintergrund der Lernenden beschleunigt zusätzlich das Entstehen von „trägem Wissen“. In einer Vergleichsstudie von jeweils 18 Studierenden der Betriebswirtschaftslehre und der Pädagogik haben Reinmann-Rothmeier und Mandl gezeigt, wie erworbenes Wissen nicht umgesetzt werden kann. In einem Vortest konnten die Studierenden der Betriebswirtschaft das in der Simulation benötigte Wissen (Preis-Absatz-Funktion) korrekt wiedergeben. In der Anwendungssituation, der Leitung eines computersimulierten Unternehmens, schnitten die Studierenden der Betriebswirtschaft überraschenderweise schlechter ab als die Studierenden der Pädagogik. Ähnliche Ergebnisse sind auch aus einer anderen Untersuchung bekannt. Studierende der Medizin waren angehalten, ihr Wissen in einer Simulation (fallbasiertes Computerprogramm zur Diagnose von Anämien) anzuwenden. Anstatt systematisch und professionell vorzugehen, verloren sich die Studierenden in konzeptlosem Sammeln von Daten.

Ähnlich erging es Oberstufenschülern in Österreich mit einer einfachen Standardaufgabe zum Prozentrechnen. Zwei Beispiele aus dem Oberstufentest der TIMS-Studie (Götz & Reichel 1998, S. 5) sollen als Beleg angeführt werden:

1. Aufgabe:

Fachleute sagen, dass 25% aller schwerwiegenden Fahrradunfälle mit Kopfverletzungen verbunden sind und dass 80% aller Kopfverletzungen tödlich sind. Wie viel Prozent aller schwerwiegenden Fahrradunfälle mit Kopfverletzungen enden tödlich?

Aus der Liste der möglichen Antworten hätte die richtige Lösung angekreuzt werden sollen.

A	16%	B	20%	C	55%	D	10%

2. Aufgabe:

Auf einer Shampooflasche „Glanz“ steht geschrieben: 20% mehr! Die neue Flasche enthält 60 ml mehr als die alte Flasche. Wie viel ist in der neuen Flasche?

A	300 ml	B	320 ml	C	360 ml	D	420 ml

Die nachfolgende Tabelle stellt die Lösungshäufigkeiten generell und nach Schultypen aufgegliedert dar.

Tabelle 13: Lösungshäufigkeiten zweier Prozentaufgaben aus dem TIMSS-Test

Lösungshäufigkeiten nach Schulart in%	1. Aufgabe	2. Aufgabe
Alle getesteten österreichischen Schüler	63	48
AHS	80	43
BHS (Berufsbildende Höhere Schule)	81	56
BMS (Berufsbildende Mittlere Schule)	62	50
BS (Berufsschule)	50	47

Die Lösungshäufigkeiten der beiden Aufgaben sind sowohl dem österreichweiten Durchschnitt als auch den einzelnen Schultypen betreffend nicht zufriedenstellend. Beide Aufgaben können halbschriftlich oder gar mündlich gelöst werden. Man benötigt keinen schriftlichen Algorithmus. Sehr wohl erfordern diese Aufgaben ein konzeptuelles Verständnis von der Prozentrechnung. In der ersten Aufgabe trat vermutlich die „Verwirrung“ dadurch ein, dass zwei Prozentrechnungen aneinander gekoppelt wurden. Die Schwierigkeit der zweiten Aufgabe dürfte darin zu suchen sein, dass ein Denk- und Rechenvorgang umzukehren ist. Man muss sozusagen vom Endzustand auf den Anfangszustand schließen. Das stellt offensichtlich eine große Anforderung dar.

Die Ergebnisanalyse von konzeptuell ausgerichteten Standardaufgaben ist für die Neuorientierung des Mathematikunterrichts von großer Bedeutung. Soll der Mathematikunterricht eher Fertigkeiten und Algorithmensicherheit oder in verstärktem Ausmaß mathematische Konzepte in den Vordergrund rücken? Kann ein Mathematikunterricht konzipiert werden, der beide Positionen vereint, um „träges Wissen“ und Konzeptdefizite zu vermeiden? Wenn Oberstufenschüler Problemstellungen aus der Unterstufe nicht lösen können, dann ist „träges Wissen“ sicher eine Ursache. Zwei österreichische Fachmathematiker sehen das nicht in einem solchen Kontext. Ihre Diagnose ist eine andere:

„Das bei der TIMSS in Österreich nicht Gekonnte müsste laut den geltenden Lehrplänen alles gekonnt werden! Das Problem – insbesondere beim Prozentrechnen etwa – ist, dass das alles in der dritten Klasse (bzw. vorher), jedenfalls also dann, wann es besprochen wird oder wurde, sehr wohl gekonnt wird, danach aber nicht mehr; insbesondere in der Oberstufe nicht, da wird das alles vielfach als viel zu ‚trivial' abgetan.“ (Götz & Reichel 1998, S. 31)

Von allen getesteten österreichischen Oberstufen-Schülern können mehr als 50% die zweite Prozentaufgabe nicht lösen. Anstatt die unangenehme Frage zu stellen, ob das etwas mit einer bestimmten Art von Mathematikunterricht zu tun hat, verlegen sich Götz und Reichel auf das Spekulieren. Sie „wissen“, dass diese Art von Aufgaben in der Unterstufe gekonnt wurden. Empirische Belege werden für diese Behauptung allerdings nicht vorgelegt. Es ist vielmehr möglich, dass diese Aufgaben bereits in der Unterstufe nicht verstanden wurden und das konzeptuelle Defizit in die Oberstufe mitgenommen wurde.

In Zusammenhang mit der TIMSS-Analyse in Österreich haben wir es mit einem interessanten Phänomen zu tun. In Wirklichkeit gibt es über das Innenleben von Schulen und über die Abläufe von Lernprozessen mehr Ungewissheiten und Unklarheiten als sichere Erkenntnisse. Rumpf (1971) schrieb in diesem Zusammenhang in den 60er Jahren, dass es *„leichter sei, über die Fische der Südsee oder den Sprachgebrauch des Sophokles Zuverlässiges zu erfahren als über das, was tagtäglich in unseren Gymnasien wirklich vorgeht“* (Rumpf 1971, S. 62).

In einer eigenen Studie wurden Studierende der Pädagogischen Akademie (Volksschul- und Sonderschullehrerausbildung; n = 35) über das Ausmaß des „trägen Wissens“ zum exponentiellen Wachstum befragt. Die Aufgaben entstammen alle aus Schulbüchern der Sekundarstufe I oder ähnlichen Werken für diese Altersstufe.

Der Test

Folgende Aufgaben wurden vorgegeben:

Abbildung 12: Test zum exponentiellen Wachstum für Studierende (Zusammenstellung; Schwetz 2000)

Der Stromverbrauch eines Haushaltes betrug im Jahre 1985 insgesamt 4 300 kWh. In den Jahren 1986, 1987 und 1988 ist der Verbrauch jeweils um 3.2% gestiegen. Wie hoch war der Stromverbrauch im Jahre 1987?
Ein Kapital von € 4 000 wird durch 5 Jahre mit 4% verzinst. Berechne das Guthaben am Ende jeden Jahres.
Wie lange muss Petra ihre Ersparnisse von € 1 500 bei 4%iger Verzinsung am Sparbuch liegen lassen, bis das Guthaben auf € 3 000 anwächst?
Bakterien verdoppeln ihre Anzahl in bestimmten Zeitabschnitten. Stelle die Anzahl der Bakterien bei vier Verdoppelungen in Form einer Tabelle und in einem Schaubild dar. Angenommen wird bei der Aufgabe, dass keine Bakterien zugrunde gehen. Dies ist allerdings in Wirklichkeit nicht der Fall. Nimm an, zu Beginn seien drei Bakterien vorhanden.
Ein Bogen Papier wird mehrmals gefaltet. Welche Dicke besitzt das 10-mal gefaltete Papier, wenn das einfache Blatt 0.5 mm dick ist?
Eine Neuigkeit wird von jeder Person in einer Stunde durchschnittlich drei weiteren Personen mitgeteilt. Nach wie vielen Stunden kennen alle Grazer diese Neuigkeit?
Über einer Diagonale eines Quadrates mit 1 cm^2 Flächeninhalt wird ein neues Quadrat errichtet; dieser Vorgang wird wiederholt. Das wievielte Quadrat hat einen Flächeninhalt von mehr als 100 cm^2.

Die Beispiele 2, 5, 6 und 7 wurden vom Verfasser dieser Studie hinzugefügt. Die Studierenden wurden angehalten, die Beispiele nicht zu lösen. Sie erhielten den Auftrag, die Texte zu studieren und anzugeben, ob diese Aufgaben bezüglich des dahinterliegenden mathematischen Konzept einem oder mehreren mathematischen Fachgebieten zugeordnet werden können. Es wurde erwartet, dass die Studierenden mehrheitlich das relevante mathematische Konzept, nämlich das exponentielle Wachstum, nicht identifizieren können. Das Ergebnis in der nachfolgenden Tabelle zeigt, dass eine große Mehrheit (rund 88%) das mathematischen Konzept nicht erkennen konnten.

Tabelle 14: Übersicht über die Lösungshäufigkeiten für die Testergebnisse zum exponentiellen Wachstum (Studierende)

ja	keine Antwort	nein
6.06%	6.06%	87.87%

Die Studierenden wurden dann auch gebeten, für jedes Beispiel aus ihrer Sicht das mathematische Stoffgebiet zu nennen, aus dem das Textbeispiel entnommen sein könnte. Diese Auswertung erbrachte die Nennung folgender Kapitel: Prozentrechnen, Lösen von Sachproblemen / Textaufgaben, Statistik (es fiel auf, dass von einigen Befragten Beispiel 1 bis Beispiel 4 für statistische Aufgaben gehalten wurden); Folgen und Reihen, Geometrie, Primfaktoren, Wahrscheinlichkeitsrechnung, Potenzrechnung, Pythagoräischer Lehrsatz und Multiplikation. Weiters ist anzuführen, dass ein Befragter angab, keine Idee zu haben, zu welchem Gebiet diese Rechnungen zu zählen sind. Ein Befragter antwortete, dass Aufgabe 1 bis Aufgabe 3 Prozentrechnungen seien und Aufgabe 4 bis Aufgabe 7 Aufgaben aus dem Bereich der exponentiellen Funktion darstellen.

4.6. Die Reflexion der TIMSS-Ergebnisse in Österreich

Die TIMSS-Ergebnisse wurden in Österreich sehr unterschiedlich aufgenommen. Götz und Reichel (1998) wollen *„das Österreich-Ergebnis der TIMS-Studie in keiner Weise beschönigen“* (S. 28), doch sollte man auch nach deren Meinung *„die Kirche im Dorf lassen“* (S. 28). Obwohl später auf die eigenartige Diktion der Autoren noch gesondert eingegangen wird, soll an dieser Stelle schon die Frage gestellt werden, was denn die Autoren mit der „Kirche im Dorf lassen“ in einem pädagogischen – in diesem Fall in einem fachdidaktischen – Zusammenhang wohl gemeint haben könnten.

Über den Verbreitungsgrad der Ergebnisse liegen für Österreich keine empirischen Untersuchungen vor. Über die erfreulichen Resultate für die Unterstufe wurde in Österreich ausführlich berichtet. Die Ergebnisse der Oberstufenuntersuchung wurden entweder verschwiegen oder ob ihrer Anlage, der ausgewählten Testitems usw., stark kritisiert. Götz und Reichel stellen dazu fest:

> *„Andererseits sind die damit im Zusammenhang (und in guter europäischer Tradition) stehenden Fähigkeiten und Fertigkeiten kaum abzufragen, schon gar nicht durch ‚multiple choice'-Aufgaben oder durch Probleme, deren Bewältigung gewisse Standardtechniken verlangen, durch Aufgaben also, wie sie in der TIMSS vorherrschen.“* (Götz & Reichel 1998, S. 30)

Im Folgenden sollen markante Punkte der Kritiker Götz, Reichel und Taschner wiedergegeben werden.

Die Kritik von Taschner

Die Rezeption und Analyse der TIMSS-Ergebnisse durch Taschner, einem Universitätsprofessor für Mathematik an der TU Wien, ist nicht abwehrend. Ohne Umschweife und Ausreden bemühend werden die unerfreulichen Ergebnisse von ihm akzeptiert. Die vorgeschlagenen Maßnahmen sind jedoch wenig schlüssig und durchdacht. Taschner nimmt zu den unerfreulichen Ergebnissen folgendermaßen Stellung:

> *„Nun ist es amtlich: Österreichs Lehrer und Schüler der Oberstufe weisen im Fach Mathematik katastrophale Schwächen auf.“* (Taschner 1998; ohne Seitenangabe)

Ein „nonchalantes Wegwischen der Studie unter dem Hinweis, dass Beurteilungen notgedrungen statistischen Schwankungen unterworfen sind, wäre Selbstbetrug“, da „unsere Maturanten nach der neuesten internationalen TIMS-Studie im internationalen Vergleich auf dem beschämenden letzten Platz“ liegen.

Es gab auch Rezensenten, die Gründe für das ungünstige Abschneiden der Oberstufenschüler vorbrachten. Diese Rezensenten werden von Taschner (1998) in die Schranken gewiesen. Er wirft solchen Argumenten Skurrilität vor: „Nebenbei bemerkt, wirkt es ziemlich skurril, wenn jemand sich auf statistische Schwankungen ausredet“, wenn Schüler die elementaren Prozentrechnungen nicht beherrschen. Als Gegenmaßnahme schlägt Taschner eine verbesserte Ausbildung von Mathematiklehrern vor. Weiters fordert er, dass mehr „reine“ Mathematik in der Ausbildung verankert werden solle:

> *„Jede Lehrerin und jeder Lehrer der Mathematik muss sich in seinem Fach zu Hause fühlen.“* (Taschner 1998, ohne Seitenangabe)

Bezüglich der Studienpläne äußert der Universitätslehrer folgende Kritik:

> *„Vielfach wird die Bedeutung der fachlichen Ausbildung zugunsten mancher (oft dubioser, weil extrem praxisferner) pädagogischer Veranstaltungen vernachlässigt; die Absolventen fühlen sich dementsprechend im Fachgebiet, das sie künftig ihr Leben lang lehren sollen, kaum sattelfest.“*

Dieses Argument von mehr Fachmathematik in der Ausbildung ist bekannt und weit verbreitet. Dahinter verbirgt sich eine Art „Gleichungsdenken“. Von mehr fachwissenschaftlichem Input erwartet man sich mehr fachdidaktischen Output in der täglichen Praxis. Für das unbefriedigende Abschneiden der österreichischen Oberstufenschüler wird von Taschner unter anderem die Unfähigkeit zum exakten Argumentieren verantwortlich gemacht. Es ist bedauerlich, dass eine systematische und gründliche Aufarbeitung der Ergebnisse nicht geleistet wurde. Man vermisst den üblichen Vierschritt akademisch orientierter Kritik, nämlich theoriebezogene Formulierung von Hypothesen, empirisch fundierte Analyse des Ist-Zustandes, ideologiefreie Interpretation der Datenlage (auch der TIMSS-Daten) und das Ziehen nachvollziehbarer Schlussfolgerungen. Die kritische Analyse der TIMSS-Ergebnisse verkommt an machen Stellen zu Polemik. Für Taschner ist die Schule eine *„prolongierte Spielstätte Unmündiger, die einerseits als Aufbe-*

wahrungsstätte für arbeitslose junge Menschen und andererseits als unverbindlicher Debattierklub dient" (Taschner 1998). In einer solchen Schule hat – nach Ansicht von Taschner – ein *„Fach wie Mathematik keinen Platz"*. Die von Allgemeinheiten und Spekulationen durchsetzten fachdidaktischen Äußerungen von Götz, Reichel und Taschner erinnern an ein Phänomen, das von Rumpf in den 70er Jahren identifiziert wurde. Man weiß über einen Analysegegenstand (z. B. das Gymnasium) wenig, aber trotzdem schreibt man darüber in einer Weise, als wüsste man alles.

Die Zeitlosigkeit der Kritik von Rumpf

Wenn man österreichische Texte zur Interpretation der TIMSS-Ergebnisse liest, wird die von Rumpf in den 60er Jahren geäußerte Kritik lebendig. In den Aufsätzen „Der unbekannte Schulunterricht – gezeigt am Beispiel des Gymnasiums" (Rumpf 1971, S. 61) und „Sprachnebel" (S. 69) vertritt Rumpf die folgenden Thesen:

- Über das Gymnasium, seine Tatsächlichkeiten und seine Wirkungen gibt es gut wie kein gesichertes Wissen: „Wissen also, das nicht auf zufälligen, individuellen Erfahrungen, Meinungen und Eindrücken, sondern auf intersubjektiv nachprüfbaren Verfahren beruht." (Messner 1971, S. 62)
- Über das Gymnasium existieren nur Scheinkenntnisse; daraus erfolgen Scheindiagnosen und Scheinreformen. Das Gymnasium ist faktisch unerforscht und unbekannt.
- Über Bildung, Unterricht und das Schulleben wird vielfach in Form von Vermutungen und diffusen Grundbegriffen geschrieben und diskutiert.
- Wenn über Unterricht reflektiert wird, verraten Alltagssprache und präskriptive Sprache mehr handwerkliches als wissenschaftliches Denken.

Die sprachkritische Analyse von Taschners Beitrag fördert noch weitere alltagssprachliche, problematische und unwissenschaftliche Passagen zutage:

> *„Man soll es freimütig eingestehen: Die Möglichkeit, ‚seine eigene Befindlichkeit einzubringen', ist im Unterrichtsfach Mathematik kaum gegeben. Daher steht man vor einer Grundsatzentscheidung: Entweder man will in der vielfältigen Unterrichtslandschaft auch ein ‚sprödes' Fach wie Mathematik angemessen zu Wort kommen lassen – dann muss man auch die dafür ausgewiesenen Experten, die Mathematiklehrerinnen und -lehrer, darin unterstützen, ..."* (Taschner 1998, ohne Seitenangabe)

In den oben angeführten Zitaten findet man sehr häufig eine vorschreibende Diktion (z. B. in Form von „müssen"). Präskriptive Sprache (z. B. in Form von „dürfen nicht" oder wäre unklug") verrät nach Rumpf (1971, S. 63) das dahinter liegende Denken des Schreibers. Anleitungen und Vorschreibungen wurden von Handwerksmeistern benutzt, um ihre Gesellen anzuleiten.

Wenn man diese Analysen liest, fällt auf, dass die fachdidaktische Frage nicht gestellt wird. Die didaktischen Empfehlungen und Schlussfolgerungen erwecken nicht den Eindruck einer theoretischen fundierten Analyse:

> *„Sinnvoll erschiene uns eine Art Mischung zwischen individuell auf den Unterricht der Klasse abgestimmten (und unseretwegen komplexen) Aufgaben und gewissen Standardaufgaben wie sie den TIMSS-Aufgaben (im Geiste!) entsprechen."* (Götz & Reichel 1998, S. 31)

Die unerfreulichen Ergebnisse hätten auf der Basis vorhandener Schulentwicklungsliteratur auch Ausgangspunkt von Überlegungen zur Qualitäts- und Unterrichtsentwicklung für den Mathematikunterricht sein können. Stattdessen wird von Götz und Reichel versucht, mit einem didaktischen Imperativ das Problem zu beheben:

> *„Die Individualität der Klasse und des Unterrichts sollte gewährleistet bleiben! Gleichzeitig muss erreicht werden, dass Österreich bei internationalen Vergleichen besser dasteht. Insbesondere muss ein guter Mathematikunterricht selbstverständlich die bei der TIMSS gestellten Aufgaben bewältigen lassen. Diese Fragen muss ein vor der Matura stehender Schüler bzw. eine vor der Matura stehende Schülerin einfach können."* (Götz & Reichel 1998, S. 31)

Ohne es näher zu definieren wird als Maßnahme zur Hebung künftiger TIMSS-Leistungen das „Einstreuen" von „altem Problemgut" empfohlen:

> *„Wie können wir das nun gewährleisten? Unseres Erachtens vor allem dadurch, dass immer wieder in den Unterricht ganz einfach erscheinende Aufgaben eingestreut werden. Warum greifen wir nicht – sozusagen alle paar Stunden – auf altes und einfaches ‚Problemgut' zurück?"* (Götz & Reichel 1998, S. 31)

Die didaktischen Empfehlungen von Götz und Reichel lassen sehr viele Fragen offen und unbeantwortet. Was sind einfach erscheinende Aufgaben? Sind dies genau jene Aufgaben, die zu „trägem Wissen" geführt haben? Wenn ja, warum haben diese Aufgaben zu trägem Wissen geführt?

Auffallend ist die gegenständliche Sprache (z. B. mathematische Beispiele „einstreuen") der Autoren (Autor Götz ist Lehrer am Akademischen Gymnasium in Wien und Autor Reichel Professor am Institut für Mathematik der Universität Wien):

> *„Ein unseres Erachtens verbessernswerter Zug des Mathematikunterrichts in Österreich liegt darin, dass ein einmal ‚abgefragtes' Gut (bei Schularbeiten etwa) nicht wieder ‚drankommt'. Bisweilen könnte man doch zurückgreifen, um früher Gelerntes wieder aufzufrischen. Das bei TIMSS in Österreich nicht Gekonnte müsste laut den geltenden Lehrplänen alles gekonnt werden!"* (Götz & Reichel 1998, S. 31)

Die unmittelbaren Analysen nach Erscheinen der Ergebnisse lassen differenzierte fachdidaktische Kriterien vermissen. Abschließend werden einige Fragen aufgeworfen, auf die von den Autoren keine Antwort gegeben wird:

1. Sind offizieller Auftrag des Lehrplans (Bauer 2000), dessen Übersetzung in Schulbüchern und die subjektiven Theorien der Lehrer bezüglich der Bildungsziele, der Inhalte, der Methode usw. kongruent? Wenn nicht, welche Komponenten bestimmen hauptsächlich das Alltagsgeschehen in der Mathematikklasse?
2. Meinen Lehrer, Lehrplanautoren und Fachdidaktiker dasselbe, wenn sie von Problemlösen, exaktem Argumentieren usw. sprechen?
3. Warum schneiden die deutschsprechenden Schweizer und die flämisch-belgischen Schüler besser ab als die österreichischen? Warum schneiden die schwedischen Schüler so gut ab?
4. Gibt es eine Gemeinsamkeit zwischen dem anglo-neuseeländisch-amerikanischen Mathematikunterricht und dem deutschen?
5. Gibt es womöglich Mängel in der universitären Lehrerausbildung, die möglicherweise Ursache für das schlechte Abschneiden der Oberstufenschüler sind?
6. Wie erklärt man das gute Abschneiden der Unterstufen-Alterskohorte im Vergleich zur Oberstufen-Kohorte? Unterstufenschüler werden in Österreich zu 75% von Hauptschullehrern unterrichtet. Gibt es möglicherweise einen Zusammenhang zwischen Ausbildung und Qualität des Unterrichts?
7. Warum schneiden japanische Lehrer aus heterogenen Einheitsschulklassen so gut ab?
8. Warum werden Unterstufen-Prozent-Aufgaben durch Oberstufenschüler nicht gelöst, wenn diese Schüler aber in der Lage sind, anspruchsvolle Aufgaben zu lösen (z. B. eine Kugel mit maximalem Volumen in einen Tetraeder einzuschreiben)?

9. Hat der vermeintliche „Stoffdruck“ und das Denken in Kategorien wie „Durchnehmen von Stoff“ etwas mit schlechten Ergebnissen zu tun?

4.7. Die „Back-to-the-Basics“-Bewegung in den USA

Die Ergebnisse der TIMSS haben in den USA zu einer fachdidaktisch-fundamentalistischen Bewegung, nämlich der „Back-to-the-Basics“-Initiative geführt. Im Jahre 1967 lagen die USA mit den Ergebnissen aus der ersten „International Study of Achievement in Mathematics“ (Altersgruppe der 13-jährigen Schüler) an vorletzter Stelle der zehn wichtigsten Industrienationen. Die Ergebnisse der zweiten internationalen Vergleichsstudie (1981) waren für die USA nicht günstiger. Unter 20 teilnehmenden Nationen erreichten die Schüler der 8. Schulstufe den 10. Rang in Algebra, den 12. Rang und in Geometrie und den 16. Rang und den 18. Rang bei den Größenbereichen und deren Umwandlungen. Durch die dritte Studie wurden den USA ein Platz im unteren Mittelfeld zugewiesen (O'Brien 1999, S. 435). Die Reaktionen auf das schlechte Abschneiden der Schüler fielen sehr konträr aus. Eine von Konservativen getragene Initiative sah in offeneren Unterrichtsformen und in der gängigen Unterrichtspraxis die Ursache für das schlechte Abschneiden. Ein Rückkehr zu mehr Fertigkeiten, zu mehr Übung und den wesentlichen „Basics“ wurde gefordert. Der Streit um die Schlussfolgerungen und Forderungen der „Back-to-the-Basics“-Bewegung und der Gegner dieser Bewegung haben etwas Interpunktionelles (Watzlawick 1982, S. 92) an sich. Interpunktionsketten stellen Abfolgen von Ereignissen dar, über deren Ursachen unterschiedlichste Meinungen konstruiert werden. Interpunktionskonflikte zwischen Interaktionspartnern oder Gegnern treten immer dann auf, wenn in einer Ereigniskette jeder der Partner den „Beistrich“ an einer nach seiner Ansicht richtigen Stelle setzt.

Abbildung 13: Interpunktionsmechanismus für die Forderung nach mehr „Basics“

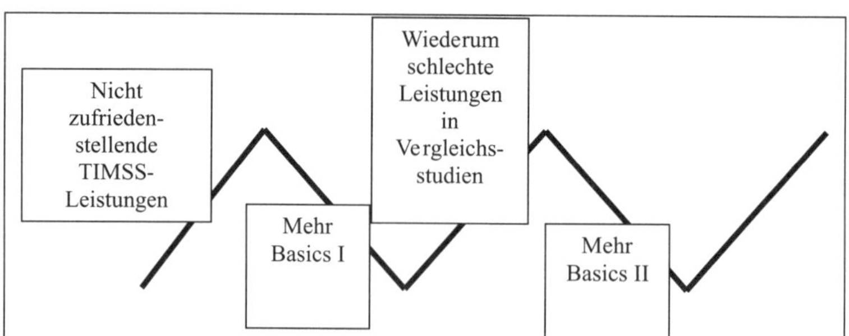

Da anspruchsvolle mathematische Leistungen von US-amerikanischen Schülern (Ereignis a) nicht erbracht wurden, wird das gefordert, was vermeintlich von Schulen nicht geleistet wird, nämlich die „Basics“ (Antwort b). Das ist die Interpunktion (oder Ursachenzuschreibung) der „Back-to-the-Basics“-Bewegung. Ein wenig kulturtechnikorientierter Unterricht ist aus deren Sicht die vermeintliche Ursache für die Defizite der amerikanischen Schüler. Die Konservativen setzen also den „Beistrich“ beim Ereignis der „nicht zufrieden stellenden TIMSS-Ergebnisse“ (also an der Stelle a). Weil es dieses Ereignis gibt, muss als Schlussfolgerung (oder Reaktion) der Unterricht in Richtung mehr „Basics“ verstärkt werden, damit bei einer neuerlichen Leistungsfeststellung bessere Ergebnisse erzielt werden können. Die „Basiscs“-Gegner setzen ihren „Beistrich“ bei der Betonung der „Basics“ (Ereignis b) und fordern genau das Gegenteil, nämlich die Überwindung des Unterrichts, der nur die „Basics“ zum Ziel hat. Für den Fachdidaktiker O´Brien (1999, S. 436) können die schlechten Ergebnisse bezüglich anspruchsvoller mathematischer Leistungen auf eine bestimmte Art von Mathematikunterricht zurückgeführt werden. Er bezeichnet diesen Unterricht als „Parrot“-Mathematik (Papageien-Mathematik). Damit will O'Brien zum Ausdruck bringen, dass Lernen inszeniert wird, wie es beim Einlernen von einigen wenigen Wörtern bei Papageien beobachtet werden kann. Die „Parrot“-Komponente des amerikanischen Mathematikunterrichts wird in der hauptsächlichen Beschäftigung mit mathematischen Routinen gesehen:

> *„Reporting on the analyses of the video component of the TIMSS, Stigler and Hiebert state that U.S. eighth graders spend almost all their time practioning routine procedures transmitted by the teacher, while in Japan students are asked to think.“* (O´Brien 1999, S. 436)

Für Sozialformen mit sehr hoher Lehrerlenkung, verbunden mit dem Zwang von Reproduktion großer Stoffgebiete, verwendet Meyer (1994, S. 281) die Kategorie „Memorieren und Katechisieren“. Dieses didaktische Modell kann auf die mittelalterlichen Lateinschulen zurückgeführt werden; in den 60er und 70er Jahren erfreute sich das Memorieren und Katechisieren noch in den Gymnasien großer Beliebtheit. Im Einstudieren des „Aurea prima satast etas ...“ und im Auswendiglernen langer Gedichte wie „Die Bürgschaft“ und „Die Glocke“ fand dieser Ansatz seine Ausformung. Gaidoschik verwendet für einen Mathematikunterricht, der nach obigem Muster ausgerichtet ist, die Kennzeichnung „Muttertagsgedicht-Mathematik“ (1999; Vortrag an der Pädagogischen Akademie des Bundes in Graz vom 14. Mai 1999); man kann Verschiedenes aus Mathematik „gut aufsagen“. O'Brien (1999) hat einen fast ausschließlich auf Reproduktion, Aneignung von Fertigkeiten und Abarbeitung von Algorithmen ausgerichteten Mathematikunterricht „Parrot-Mathematik“ („Papageien-Mathematik“) genannt.

Das unbefriedigende Abschneiden wird also je nach Perspektive unterschiedlich erklärt. Nach Ansicht der Initiative, die mehr „Basics“ einfordert, sollte der Mathematikunterricht wieder zu den Grundlagen und Kulturtechniken zurückkehren. Dies unterstellt allerdings, dass sich der Mathematikunterricht mehrheitlich davon wegbewegt hat. Aus der Sicht von O’Brien gibt es dafür keine Belege:

> *„We cannot go back to basics as the critics demand. We've been there all along. And the fact is that the back-to-basics approach, not the activity-based approach, has failed us.“* (O’Brien 1999, S. 436)

Lerntheoretisch gesehen vertritt die „Back-to-the-Basics“-Bewegung einen behavioristischen Ansatz. In der behavioristisch orientierten Sprache (z. B. „bits of information“, „transmitted“ und „receptors“) sieht O’Brien den Beleg für die Wissenstransfer-, Fertigkeits- und Drillorientierung der Bewegung:

> *„The back-to-the-basics approach to learning has been dominant in U.S. math classrooms throughout this century. As early as the 1930s the math education researcher William Brownell saw parrot math as dominant and criticized it heartily, pleading for children to be allowed to find meaning in math. But the view of math as isolated bits of information to be transmitted to passive receptors continues to be dominant in America's schools.“* (O’Brien 1999, S. 435)

Die „Back-to-the-Basics“-Bewegung vertritt in vehementer Weise Ziele, die auf der Bloomschen Taxonomie weit unten anzusiedeln wären (z. B. Fakten wie Einmaleins, Algorithmen wie schwierige Divisionen etc.). Problemlösefähigkeit und die Fähigkeit, das erworbene mathematische Wissen (also Verständnis von Konzepten) in neuen Situationen anzuwenden, wird als Folgeerscheinung von gut trainierten Fertigkeiten angesehen.

In den Reformvorschlägen der „Back-to-the-Basics“-Bewegung sind auch Elemente von Lösungsansätzen erster Ordnung enthalten, die in einer so genannten „Mehr-desselben-Strategie“ versuchen, ein Problem zu lösen. Mit zwei Beispielen aus dem Alltagsleben soll der Kern einer „Mehr-desselben-Strategie“ veranschaulicht werden: Eine Kühlschranktür ist offen. Der nach der „Mehr-desselben-Strategie“ handelnde Kühlschrank weiß dies aber und versucht das Erhöhen der Temperatur durch vermehrtes Kühlen zu beheben. Diese Strategie führt jedoch nicht zum gewünschten Ergebnis. Auch in der Erziehung kann diese Strategie beobachtet werden. In vielen Fällen wird schlechte Disziplin durch vermehrtes Strafen zu verbessern versucht. Es ist der Fall vorstellbar, dass durch vermehrtes Strafen die Disziplin weiter absinkt. Wenn nun die sich weiter verschlechternde Disziplin wiederum mit Strafen beantwortet wird, liegt eine „Mehr-desselben“-Strategie oder eine Lösung erster Ordnung vor. Lösungen vom Typ „Mehr desselben“ – meist aus dem System – werden als Lösungen erster Ordnung bezeichnet.

Strategien oder Lösungen zweiter Ordnung erforschen Gründe von Problemen und suchen originelle Lösungen meist außerhalb des Systems und wollen das System verändern. Im Falle der geöffneten Kühlschranktür wäre eine Prüfvorrichtung für die offen stehende Tür und eine automatische Vorrichtung zum Schließen die Lösung zweiter Ordnung.

Die „Back-to-the-Basics“-Initiativen vertreten die Meinung, dass die Probleme mangelnder mathematischer Leistungen dadurch beseitigt werden können, dass „mehr desselben Unterrichts“, der zu den beschriebenen Problemen geführt hat, veranstaltet werden soll. Das entsprechende Wissen sollte z. B. besser unterrichtet, effizienter übermittelt, gründlicher geübt, geprüft usw. werden.

Eine Lösung zweiter Ordnung zur Behebung mangelnder mathematischer Leistungen wird von O'Brien vorgeschlagen. Er sieht in einem konzeptorientierten Mathematikunterricht eine Lösung. Mit der Analyse der NAEP-Testergebnisse (National Assesssment of Educational Progress) versucht O'Brien seine Argumente für einen konzeptorientierten Mathematikunterricht zu untermauern. O'Brien (1999, S. 436) wählt ein klassisches mathematisches Beispiel aus den 80er Jahren, um zu zeigen, dass es den Schülern im Mathematikunterricht an Verständnis für dahinter liegende Konzepte fehlt:

Schätze die Antwort für folgende Rechnung: $^{12}/_{13} + {}^{7}/_{8} =$. Welcher Zahl der angegebenen Zahlen (1, 2, 19, 21) liegt das Ergebnis am nächsten? Du hast keine Zeit, die Aufgabe mit Papier und Bleistift zu lösen.

Tabelle 15: Lösungshäufigkeiten für den NAEP-Test

Mögliche Antworten	Alter: 13 Jahre in%	Alter: 17 Jahre in%
1	7	8
2	24	37
19	28	21
21	27	15
weiß nicht	14	16

Die Lösungshäufigkeiten sind erschreckend niedrig und zeigen auf, dass ein mangelhaftes konzeptuelles Verständnis für Brüche insgesamt vorliegt und wann Brüche nahe an einem Ganzen liegen.

In diesem Unterkapitel wurde versucht, die Sichtweise der „Back-to-the-Basics"-Bewegung nachzuzeichnen. Weiters wurde auf das von Watzlawick beschriebene Phänomen der Interpunktion von Ereignisfolgen in der Erklärung der Ursachen wenig zufrieden stellender internationaler Testergebnisse hingewiesen. Damit sollte gezeigt werden, dass Ursachenerklärungen von Initiativen und Personen konstruierte Perspektiven darstellen.

4.8. Zusammenfassung

Es war die Absicht, in diesem Kapitel einen Überblick über die Orientierungen des Bildungsbegriffs für den Mathematikunterricht zu geben. Vier Bezugspunkte wurden dargestellt:

1. Orientierung der Pflichtschulmathematik an verwertbaren Erkenntnissen
2. Orientierung der Pflichtschulmathematik an der universitären Fachmathematik
3. Orientierung der Pflichtschulmathematik an Sozialisationsgesichtspunkten
4. Orientierung der Pflichtschulmathematik an „big ideas" aus der Lebenswelt der Kinder

Es wurde auch die Kritik Wagescheins am Mathematikunterricht der 70er Jahre und der doch bedeutende Einfluss der Curriculum-Bewegung auf den Mathematikunterricht referiert.

Des Weiteren wurde untersucht, in welcher Weise die TIMSS-Ergebnisse zu Impulsen für die Reform des Mathematikunterrichts geführt haben.

In kurzen Abschnitten des Kapitels wurde auf das Problem des „trägen Wissens" eingegangen und dargestellt, wie die TIMSS-Ergebnisse in Österreich aufgenommen und diskutiert wurden.

Es wurde auch beschrieben, wie in den USA die unbefriedigenden Ergebnisse aus der TIMS-Studie zu einem Pendelschlag in Richtung mehr „Basics" (z. B. Betonung der Grundrechnungsarten etc.) geführt haben und wie diese „Back-to-the-Basics"-Initiativen mit den vorgeschlagenen Lösungsrezepten auf „Mehr-desselben"-Strategien, also Lösungen erster Ordnung, zurückgreifen.

Die Orientierung des Mathematikunterrichts an „big ideas" wird im nächsten Kapitel ausführlicher beschrieben.

5 ASPEKTE EINES LERNUMGEBUNGSBASIERTEN UND VIABILITÄTSORIENTIERTEN MATHEMATIKUNTERRICHTS

Aus vielen Bereichen sind Argumente für eine Reform des Mathematikunterrichts zu vernehmen. So stellt die Tatsache der veränderten Sozialisationserfahrungen von Kindern und Jugendlichen für Fend (1998, S. 15) einen Reformimpuls für Schule und Unterricht dar.

Die Intention der vorliegenden Arbeit ist es, auf die Notwendigkeit von Veränderungen im Bildungssystem im Allgemeinen und für den Mathematikunterricht im Besonderen hinzuweisen, diese zu begründen und auf Alternativen für das Handeln der darin Agierenden aufzuzeigen. Mit der Perspektive im Hintergrund, dass Menschen ihr Wissen konstruieren und dass Veränderungen auf Knopfdruck schwer möglich sind, wurden in den vorgegangenen Kapiteln wichtige Elemente eines neuen schulischen „Change Managements“ beschrieben.

So wurden die wenig zufrieden stellenden TIMSS-Ergebnisse als Ausgangspunkt für Veränderungen identifiziert. Aus einer älteren fachdidaktischen Publikation soll ein weiteres Argument für die Reform des Mathematikunterrichts wiedergegeben werden. Die beiden Fachmathematiker Fischer und Malle stellen die Frage nach der Sinnhaftigkeit des und der Sinnfrage im Mathematikunterrichts:

> *„Wir sind der Auffassung, dass Sinnfragen im Mathematikunterricht in zu geringem Maß gestellt werden, wenn sie nicht überhaupt systematisch ausgeklammert werden. Eine Ursache sehen wir in einem Bild von Mathematik, das oft anzutreffen ist (insbesondere bei Lehrern) und so aussieht: Mathematik ist eine Menge von Definitionen, Sätzen und Verfahren, die alle sehr sicher (zumindest im Vergleich zu anderen Wissenschaften) und sehr bedeutend sind.* (Fischer & Malle1985, S. 11)

Aufforderungen zur Veränderung des Mathematikunterrichts werden auch aus der Sicht der Forscher zum „trägen Wissen“ vorgetragen. Die vorherrschende Instruktion im Mathematikunterricht sollte zugunsten einer weitgehenden Konstruktion des Wissens weiterentwickelt werden (Reinmann-Rothmeier & Mandl 1996, S. 41).

Vertreter von Bildungszielen für das Formalisieren, Abstrahieren und das Abarbeitens von Algorithmen standen immer im Widerstreit mit Vertretern für einen anwendungsbezogenen und schülerorientierten Unterricht. So schrieb der Fachdidaktiker Wittmann im Jahre 1975 bezüglich der Ausrichtung des Mathematikunterrichts:

> *„Die Schüler sollen lernen, die von ihnen aufgenommene Mathematik selbstständig auf neue Probleme (auch außerhalb der Mathematik) und auf die noch zu schaffende Mathematik anzuwenden.“* (Wittmann 1975, S. 22)

Obwohl bei Wittmann zeitgemäße Aspekte (z. B. Anwenden) bereits nachvollziehbar sind, steht bei ihm wie bei vielen anderen Didaktikern (Leutenbauer 1981; Radatz & Schipper 1983) die Rezeption von Mathematik, der Wissenstransfer und die Instruktion im Zentrum ihrer Didaktik.

Die Veränderung von Unterricht ist mittlerweile zu einem Daueranliegen für die Lehrerfortbildung geworden. Allerdings hat man den Eindruck, dass die Erfolge mäßig sind. In den 70er Jahren stellte Grell fest, dass es bezüglich der Unterrichtsgestaltung das *„Gesetz der zwei Drittel“* (Grell 1975, S. 62) gibt: Zwei Drittel des Unterrichts sind Frontalunterricht. Tausch kommt zu einem vergleichbaren Ergebnis. Das Ausmaß an *„Dirigierung und Lenkung im Schulunterricht“* (Tausch 1977, S. 337) ist unverhältnismäßig hoch. Tausch kommt für durchschnittliche Unterrichtsstunden von 40 Minuten zu folgenden Detailergebnissen:

- Ca. 50 Befehle des Lehrers an die Schüler der Klasse
- 50 bis 75 Fragen des Lehrers an alle Schüler der Klasse
- 50 bis 80% der Kommunikation werden vom Lehrer bestritten
- Der Schüleranteil an der Kommunikation beträgt 1 bis 2%
- 15 bis 20 Aufforderungen des Lehrers an die Schüler, angefangene Sätze zu vervollständigen

In den 80er Jahren belegt die Hagener Studie, dass sich in der Lernkultur kaum etwas verändert hat. Von den untersuchten Sozialformen Gruppenunterricht (7.43%), Klassenkooperation (2.6%), Partnerarbeit (2.88%), Einzelarbeit (10.24%) nimmt der Frontalunterricht mit 76.86% die Spitzenposition ein (Meyer 1994, S. 60ff). Forschungsergebnisse zur Situation im Mathematikunterricht zu dieser Zeit weisen ebenso in Richtung Dominanz des Frontalunterrichts (Hopf 1980, S, 192). Auf die Hopf-Studie Bezug nehmend beklagt Bauersfeld das *„erdrückende Vorherrschen frontaler Unterrichtsformen, voran der ‚fragend-entwickelnde Unterricht‘ in weiterer und engerer Form sowie der ‚Lehrervortrag‘“* (Bauersfeld 1984, S. 7).

In diesem Kapitel soll der Versuch unternommen werden, neben der Darstellung eines alternativen Konzepts, das im Projekt „MATHECON“ (Schwetz 1999) erprobt wurde, die Umrisse für eine neue fachdidaktische

Konzeption zu entwerfen. Das Projekt „MATHECON“ war sehr stark vom Ansatz der „Real Mathematics Education“ (RME) nach Freudenthal inspiriert (Streefland 1991, de Lange 1993, Gravemeijer 1994).

Mit Beispielen aus dem RME-Ansatz und mit eigenen Beispielen sollen die wesentlichen Eckpunkte eines zeitgemäßen Mathematikunterrichts skizziert werden.

5.1. „Realistic Mathematics Education“ nach Freudenthal

Der Ansatz der „Real Mathematics Education“ (RME) kann als die große didaktische Bemühung von Freudenthal und seine Nachfolgern bezeichnet werden, mit der der Mathematikunterricht von der Instruktion zur Konstruktion des Wissens geführt und der Mathematikunterricht lebensnaher und kindgerechter konzipiert werden sollte. Der „Realistic Mathematics Education“-Ansatz wurde von Freudenthal in den Niederlanden entwickelt. Damit wurde in der Fachdidaktik ein eigenständiges Modell etabliert (Streefland 1991; de Lange 1993; Gravemeijer 1994). Dieser Ansatz entstand unter Einbeziehung konstruktivistischer Ideen:

> *„... the ‚theory for realistic mathematics education' evolved after twenty years of developmental research related to the constructivist approach.“* (de Lange 1993, S. 4)

Folgende Ziele werden vom RME-Modell vertreten:

- *"Intelligent citizen (mathematical literacy)“,*
- *„to prepare for the work-place and for future education and*
- *to understand mathematics as a discipline.“* (de Lange 1993, S. 4)

Das große Bildungsziel des „Realistic Mathematics Education“-Ansatzes ist *„mathematical literacy“* (S. 4). Zwischen den Bildungszielen des „Realistic Mathematics Education“-Ansatzes und den Vorstellungen der NCTM (National Council for Teachers in Mathematics, USA) für einen zeitgemäßen Mathematikunterricht gibt es große Affinitäten (zit n. de Lange 1993, S. 4):

- Verständnis für die Entwicklung der Mathematik und Einschätzung ihrer Rolle in der Gesellschaft. Wertschätzung der Mathematik
- Entwicklung und Stärkung von Selbstvertrauen bezüglich der eigenen Fähigkeiten. Entwicklung und Stärkung von Vertrauen in das eigene mathematische Denken und die Fähigkeit, Problemsituationen zu meistern

- Anbahnung und Entwicklung der Fähigkeit, um ein mathematischer Problemlöser zu werden. Dies ist deshalb so wichtig, um ein verantwortungsvoller und produktiver Bürger zu werden. Dies erfordert Erfahrung im Problemlösen von anspruchsvollen und durch Routine lösbaren Aufgaben
- Anbahnung und Entwicklung der Fähigkeit, um mathematisch kommunizieren zu lernen. Erwerben und Verstehen aller Zeichen, Symbole und Terme
- Anbahnung und Entwicklung der Fähigkeit, um mathematisch argumentieren zu können. Erwerb der Fähigkeit, um Behauptungen aufstellen, Belege sammeln und mathematische Argumente aufstellen zu können

Das wesentlichste Kennzeichen des „Realistic Mathematics Education"-Ansatzes ist die Überwindung eines Mathematikunterrichts, der sich an Abstraktem und Formalen orientiert:

„... away from formalistic New Math, directed to reality." (Streefland 1991, S. 19).

Das Konzept des Begründers des „Realistic Mathematics Education"-Ansatzes enthält vier programmatische Aussagen:

- *„His ideas emphasize rich thematic contexts,*
- *integration of mathematics with other subjects and areas of reality,*
- *differentiation within individual learning processes and*
- *the importance of working together in heterogeneous groups."* (Streefland 1991, S. 19)

Üblicherweise wird im Mathematikunterricht eher gerechnet, Zusammenhänge mit Formeln ausgedrückt und konstruiert und weniger geschrieben. Im Konzept des „Realistic Mathematics Education"-Ansatzes nach Freudenthal nimmt die „Produktion" von Niederschriften von Lösungswegen und Beschreibungen aller Art bis hin zum mathematischen Aufsatz eine breiten Raum ein. Das Zulassen von Schülerprodukten mit all den möglichen Fehlern und Halbfertigkeiten ist ein wichtiger Schritt für Lehrende von der Welt der „Objektivitäten" und „Eindeutigkeiten" in die Welt der Lernenden einzutreten.

Mit „reichen" Kontexten sollen Schüler zu eigenen Lösungswegen ermutigt und Vertrauen in ihre eigenen mathematischen Problemlösekompetenzen geweckt werden. Das Ziel ist also die Viabilität von Lösungswegen, und wenn möglich von Lösungen. Das Zulassen von viablen Wegen durch Mathematiklehrer ist vermutlich der schwierigste mentale Schritt für Lehrer, die in einer Welt der Curriculumtheorie als Schüler und Lehrerstudenten sozialisiert wurden.

Diese Ziele stellen eine Neuorientierung dar, nämlich weg von der traditionellen Praxis hin zu allgemeineren Zielen wie Problemlösen, Kommunikation und kritischem Bewusstsein. Der „Realistic Mathematics Education"-Ansatz versteht sich als Lern- und Instruktionstheorie, wohingegen die Theorie des sozialen Konstruktivismus nur eine Theorie des Lernens im Allgemeinen darstellt (de Lange 1993, S. 5). Der Bildungsbegriff des „Realistic Mathematics Education"-Ansatzes ist integrativ, da er sowohl den Subjektivitätsfaktor („intelligent citizen") als auch die Vorbereitung auf das Berufsleben („preparing for the workforce") beinhaltet. Dieser Ansatz gehört zur Gruppe der so genannten Mathematisierungsmodelle. Diese wollen erreichen, dass Schüler lernen, die Umwelt zu mathematisieren, und stellen dafür auch ausreichend Zeit und Geduld zur Verfügung. Zu ihrem „Programmverständnis" gehört es auch, dass Schüler bei der Bearbeitung und Lösung von Problemen halbfertige und lokal gültige Algorithmen entwickeln, diese benützen und somit Umwege beschreiten.

5.1.1. Prototypische Beispiele aus dem „Realistic Mathematics Education"-Ansatz

Für das Projekt „MATHECON" wurden die Materialien von „Mathematics in Context" des Verlages Enzyklopedia Britannica (1998) adaptiert. Dieses Lehrwerk (Kurzform: EB) mit Schülerheften und Lehrerhandanweisungen wurde vom Freudenthal-Institut in Zusammenarbeit mit der Universität in Wisconsin entwickelt.

Abbildung 14: Geometry Strand (EB-Teacher Guide 1997, S. XX)

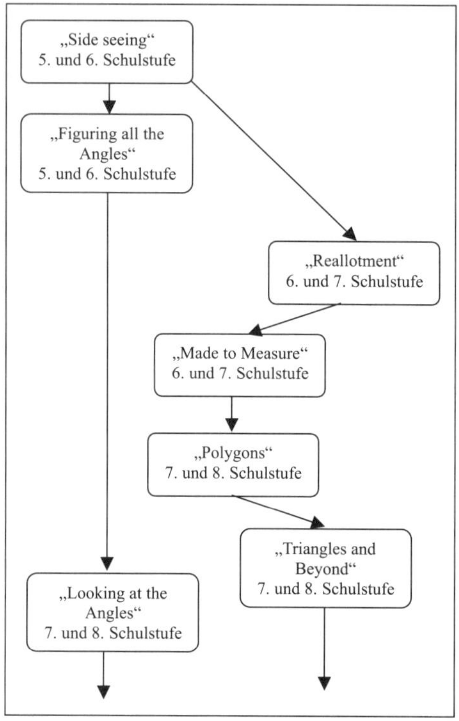

Die Besonderheit dieses Lernwerkes ist die Strukturierung des Stoffes in „strands“. Es wurden Lernlinien entwickelt, in denen klar festgelegt ist, welche Konzepte als Voraussetzung für andere Konzepte erforderlich sind. Mathematische Stoffgebiete sind somit nicht isoliert, sondern sachlogisch aufeinander bezogen.

Grund- und Aufriss von Gegenständen aus der Perspektiven von Fotografen

Das Thema „Side Seeing“ (EB-Heft „Side Seeing“ 1997) stellt in der 5. oder 6. Schulstufe die Basis für weitere Module in diesem „strand“ (vgl. nachfolgende Abbildung) dar. Mit einer Geschichte und mit Hilfe von Einheitswürfeln wird in das Thema Grundriss und Aufriss eingeführt:

> *„This unit is about seeing things from different directions. You will study shapes from different point of views. You will then compare what you see to drawings and photographs that represent this views, for example, in the first lesson, objects will be used to represent the stage for a school play.“* (EB-Teacher Guide 1997, S. VI)

Ein Zelt wird auf die Bühne gestellt und von Schülern aus verschiedenen Perspektiven fotografiert. Hernach ist in einer bildlichen Darstellung anzugeben, welches Bild aufgenommen wurde. Die Übung wird damit fortgesetzt, dass verschiedene Gegenstände auf die Bühne gestellt werden. Die Schüler werden angehalten, Vermutungen anzustellen und diese dann zu verifizieren oder zu falsifizieren. Das vermutungsorientierte Vorgehen beim Lösen von Aufgaben enthält Elemente des wissenschaftlichen Arbeitens.

Der Schwierigkeitsgrad der Übungen wird gesteigert. Im didaktischen Konzept ist von „constraints" die Rede. Die ursprüngliche Geschichte oder der Kontext bleiben allerdings immer erhalten, jedoch werden die Schüler angeleitet, ohne Bezug zu den Gegenständen oder den Bildern die Lösung zu finden. Der Vorteil dieses Konzeptes liegt darin, dass leistungsschwächere Schüler sofort auf Gegenstände oder bildhafte Darstellungen zurückgreifen können. Damit kann die Forderung nach Individualisierung und Differenzierung erfüllt werden.

In der nachfolgenden Problemstellung (Abbildung 15) sind die Wände eines Zeltes richtig zu identifizieren. Als Anhaltspunkte werden zwei Kameraperspektiven vorgegeben.

Abbildung 15: Kontextualisierung von Grund- und Aufriss (EB-Heft „Side Seeing" 1997, S. 14)

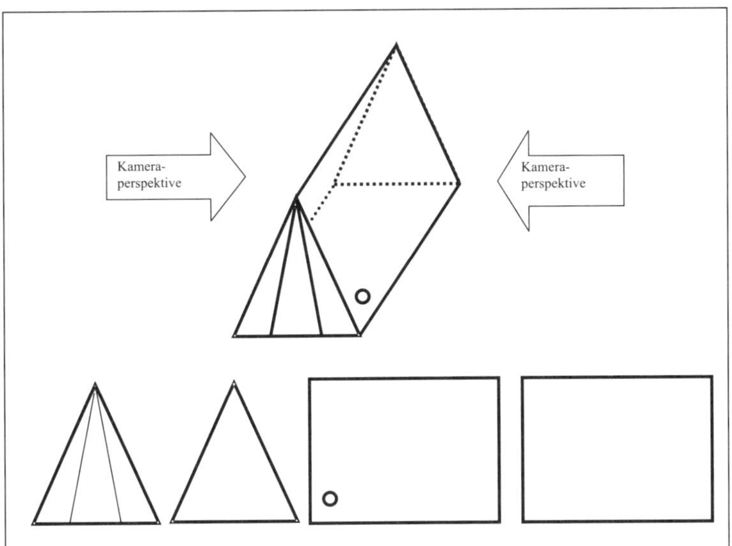

Mit Gebilden aus Einheitswürfeln (Abbildung 16) auf Arbeitsblättern wird das Handeln mit Gegenständen in das Handeln auf der Vorstellungsebene ohne Gegenstände übergeleitet. Das Ziel ist, verschiedene abgebildete Seitenansichten richtig zuzuordnen. Falls dies nicht gelingt, kann für leistungsschwächere Kinder auf die Handlungsebene zurückgekehrt und mit Holzwürfeln die Aufgabe nachgestellt werden.

Abbildung 16: Erweiterte Aufgabenstellung zum „Side Seeing" (EB-Heft „Side Seeing" 1997, S. 26)

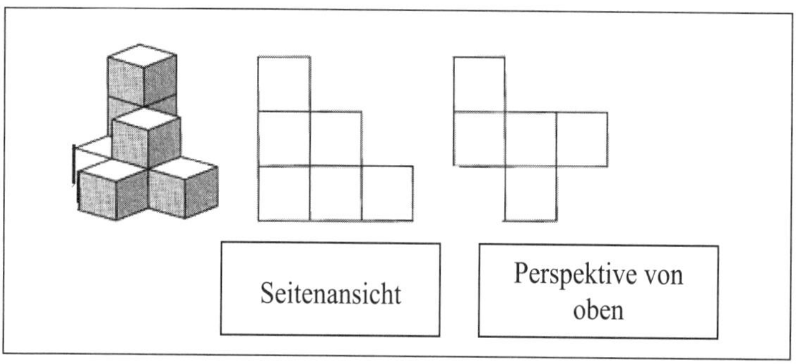

Die Entwicklung der Kopflänge vom Baby bis zum Erwachsenenalter

Das für Schüler schwierige Thema „Verhältnisse" wird mit Fotos von Personen aus verschiedenen Lebensphasen kontextualisiert (EB-Heft „Grasping Sizes" 1997, S. 11). Die folgenden Arbeitsaufträge können gestellt werden:

- Welchen Bruchteil stellt der Kopf des Babies bezogen auf seine Gesamtkörperlänge dar?
- Welchen Bruchteil stellt der Kopf des Erwachsenen bezogen auf seine Gesamtkörperlänge dar?
- Wie veränderte sich die Kopflänge der Person vom Baby zu Erwachsenen?

Abbildung 17: Das Verhältnis von Körper- zur Kopflänge

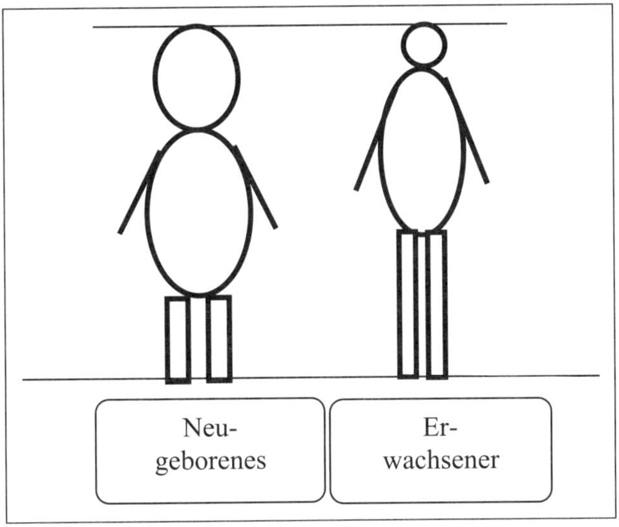

Das Prinzip der Situierung von mathematischen Inhalten wird in diesem Lehrwerk konsequent umgesetzt. In diesem Fall wird eine aktuelle Action-Figur zum Ausgangspunkt des Mathematisierens gewählt.

Abbildung 18: Das Verhältnis Kopf zu Körperlänge bei einer Action-Figur

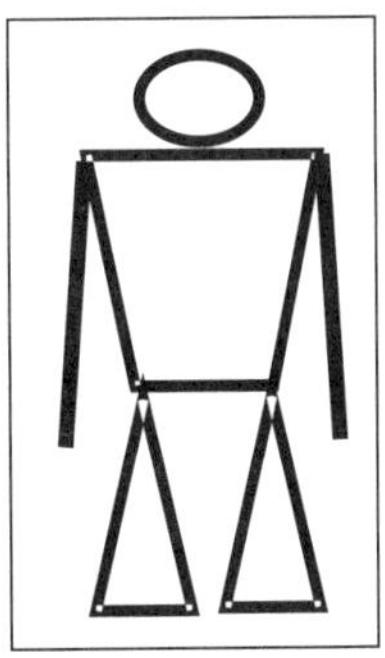

Auch dieses Thema gehört einem „Strand“ an, den die Autoren „Number Strand“ genannt haben.

Abbildung 19: Darstellung für den „Number Strand" (EB-Teacher Guide „Grasping Sizes" 1997, S. XX)

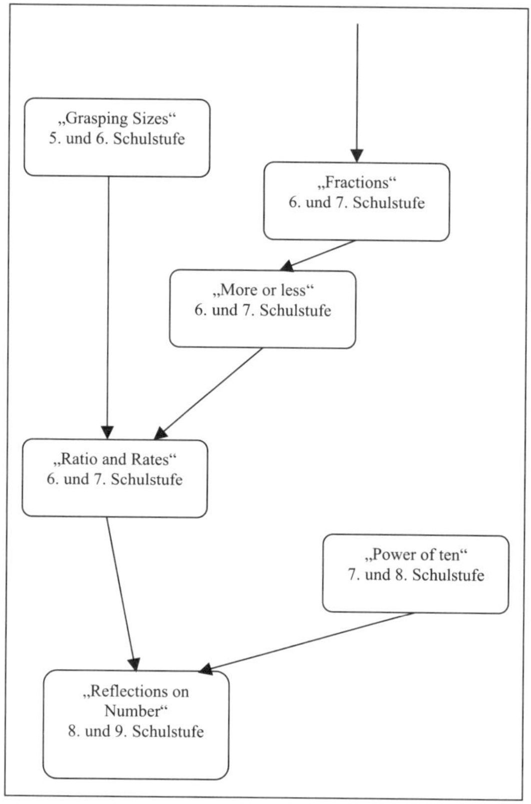

Die „Strand"-Darstellung ist für Lehrwerke außergewöhnlich und wäre für andere Schulbücher nur wünschenswert. Sie zeigt für die Lehrer, an welcher Stelle das Thema lokalisiert ist und welche Themen die Voraussetzung darstellen.

Lösen von Gleichungen ohne üblichen Algorithmus

Die nächste Abbildung ist einem typischen Beispiel aus diesem Lernwerk (EB-Heft „Decision Making" 1997) nachempfunden. Wenn Schüler noch in Unkenntnis des Lösungsalgorithmus für das Lösen von Gleichungen mit zwei Unbekannten sind, können sie mit der nachfolgenden Bildgeschichte zum Lösen der Gleichung angeregt werden.

Abbildung 20: Bilder als Angabe zum Lösen von Gleichungen

			€ 2 100,-
			€ 1 350,-

Da die Lernenden den Algorithmus zum Lösen zweier Gleichungen mit zwei Unbekannten noch nicht kennen, sind sie gefordert, eigene Lösungswege zu entwickeln. In einigen Versuchen in Schulklassen konnten bis zu vier verschiedene Wege beobachtet werden.

5.1.2. Lernumgebungen als Ausgangspunkt zum autonomen Lernen

Freudenthal fordert von Lehrern, dass *„reiche“* (Streefland 1991, S. 19) Lernumgebungen für den mathematischen Lernprozess zur Verfügung stehen sollen, die in der Lage sind, bei den Kindern Neugier und Forschungsfreude auszulösen. Die „reichen“ Lernumgebungen sollen sozusagen die Instruktion ersetzen und Schüler dabei unterstützen, ihre eigenen Konzepte von mathematischen Phänomen neu zu konstruieren. Durch „con-straints“ von Lehrerseite sollen die Schüler auf den richtigen Weg geleitet werden. Die „Realistic Mathematics Education“-Lernumgebungen verfolgen das Ziel, autonomes und eigenverantwortliches Lernen in Gang zu setzten.

Im Lernprozess treffen zwei Systeme aufeinander, nämlich das Lehrer- und das Schülersystem. Es wird von der These ausgegangen, dass ein System für das andere nicht instruierend sein kann (Huschke-Rhein 1992, S. 77). Daraus folgt, dass Lernen nur durch das Setzen von Außenreizen arrangiert werden kann. Dem liegt die These von der Anregung zur Selbstsozialisation zugrunde (Rotthaus 1999, S. 89). Dies geschieht am besten durch reizauslösende Lernumgebungen mit Lebensbezug und Erfahrungsmöglichkeit (z. B. „Math Walk“; Lernmaterialien zum Auslösen von Mathematisierungs-prozessen).

Rotthaus definiert die Lernumgebung folgendermaßen:

> *„Eine andere Möglichkeit, die erzieherische Absicht nicht oder kaum deutlich werden zu lassen, liegt darin, Lernsituationen zu schaffen, in denen das Kind selbst die von der ErzieherIn beabsichtigte Erfahrung macht. So kann die ErzieherIn durch das Bereitstellen von Materialien oder die Gestaltung von Freiheitsräumen, in denen das Kind voll eigenverantwortlich handelt, Lernsituationen gestalten, in denen das Kind die – von der ErzieherIn beabsichtigten Erfahrungen – macht und die Folgen des eigenen Handelns erlebt. Derartiges Vorgehen der ErzieherIn steht – aus der Sicht des Kindes formuliert – unter dem Motto: ‚Lass mich lernen, lehre mich nicht!‘“* (Rotthaus 1999, S. 93)

Wiedererfindung mathematischer Konzepte durch Kontexte

Nach Freudenthal hat der Lernende das Recht, *„to recapitulate, in a fashion, the learning process of mankind“* (zit. n. Lange 1993, S. 5). Dies bedeutet, dass der mathematische Lernprozess nicht mit dem Formalsystem beginnen sollte; das sollte das Endprodukt sein. Nach Ahlfors et al. sollte der Lernprozess so angelegt sein, dass das entsprechende Konzept aus einer konkreten Situation entstehen kann: *„extracting the appropriate concept from a concrete situation“* (Ahlfors 1962; zit. n. Lange 1993, S. 5). De Lange nannte es *„conceptual mathematisation“* (S. 5). Das ist das Gegenteil eines Fakten transferierenden und formalisierenden Mathematikunterrichts.

Mit den Materialien *„Mathematics in Context“* (1997) aus dem Verlag Encyclopaedia Britannica Educational Corporation kann dieser Anspruch eingelöst werden. Sie bieten außergewöhnliche „reiche“ Lernumgebungen, die bei den Lernenden nachhaltige Desäquilibrien auszulösen vermögen.

Zusammenfassend kann gesagt werden, dass mit den EB-Materialien Lernen nach den Prinzipien des Aktiv-Lernzyklus ermöglicht werden kann. Dieses Lernen ist gekennzeichnet von der freien Produktion von Lösungswegen und Lösungen, der Handlungsorientierung, der Interaktion durch die Lernenden, dem selbstständigen Konzeptaufbau und dem Durchschreiten von Desäquilibrien als Konsequenz des Bearbeitens von „Constraints“ (Lange 1993, S. 5).

5.2. Neue Perspektiven für den Mathematikunterricht

Wenn mathematische Inhalte für den Schulunterricht begründet werden sollen, kann nach Fischer und Malle (1985, S. 21ff) auf mehrere Argumentationsstränge zurückgegriffen werden. In der so genannten Mengenlehre wurde versucht, Mathematik auf der Basis des Ansatzes von *„fundamentalen Ideen“* (S. 21) zu begründen. Dieser Weg und auch die Begründung können als gescheitert betrachtet werden.

Weiters kann auf den traditionalistischen Ansatz zurückgegriffen werden, um die Berechtigung mathematischer Inhalte zu rechtfertigen. Weil es immer so war, ist das, was in Lehrplänen und Büchern vorliegt, aus Gründen der Kontinuität und Tradition außer Zweifel. Dieses Argumentationsmuster entspricht nach Fischer und Malle dem „QWERTZ“-Standpunkt (S. 24). Weil die Anordnung der Tasten in der obersten Buchstabenreihe auf einer Tastatur immer so war, wird sie deshalb beibehalten. Mathematische Inhalte können aber auch durch die Transferthese begründet werden. Diese Begründung erinnert an die Rechtfertigung des Lateinunterrichts; man erlerne in diesem Gegenstand Kompetenzen, die weit über das Fach hinausreichen und in anderen Anwendungsfällen einsetzbar wären. Auf das Fach Mathematik übertragen bedeutet dies, dass man das, was man in Mathematik lernt, in anderen Fächern und Bereichen gebrauchen könne. Die Transferhypothese wird aber von Fischer und Malle bestritten:

> *„Der Zusammenhang zwischen bestimmten mathematischen Inhalten und gewissen allgemeinen Qualifikationen ist keineswegs gesichert, ebenso wenig die Annahme, dass sich mathematische Fähigkeiten von mathematischen auf andere Situationen übertragen lassen.“* (Fischer & Malle 1985, S. 23)

Der konstruktivistischen Praxis folgend werden fünf Perspektiven für die Neuorientierung des Mathematikunterricht aufgezeigt:

- Subjektorientierung im Mathematikunterricht
- Lernumgebungsbasierung und Kontextbezogenheit
- Verankerung von mathematischen Konzepten durch Lernumgebungen
- Viabilitätsorientierung
- Mit „Constraints“ zu vielfachen Viabilitäts-Checks

5.2.1. Subjektorientierung im Mathematikunterricht

Neuere Konzepte zur Begründung des Mathematikunterrichts stellen das Subjekt in den Vordergrund. Nach Fischer und Malle gewinnt die *„Subjekti-*

vität" (Fischer & Malle 1985, S. 8) an Bedeutung. Damit rückt der Schüler mit seinen Möglichkeiten und mit seiner Lebensumwelt, seiner Motivationslage und seinen Interessen in den Vordergrund. Die Relevanz mathematischer Inhalte wird aus der Sicht der *„Lebenssituationen in Beruf und Privatleben"* (S. 22) begründet.

Ausgangpunkt des Mathematikunterrichts ist nicht die fachliche Orientierung, sondern der Lerner. Im RME-Ansatz wird dem konzeptuellen Verstehen von Inhalten der Vorrang gegeben. Den Kindern wird ermöglicht, zur Lösung von Aufgabenstellungen unvollkommene und eigene Wege sowie Algorithmen zu verwenden.

Durch den Aufbau des mathematischen Stoffs in „Strands" wird zu einem späteren Zeitpunkt auf bereits erworbene Konzepte zurückgegriffen. Diese werden wieder aufgenommen, ausgebaut und vervollständigt.

5.2.2. Lernumgebungsbasierung und Kontextbezogenheit

Damit werden für den Mathematikunterricht neue und anspruchsvolle Qualitätskriterien gesetzt. Weitere Standards sind aus einer neuen Perspektive bezüglich des Stellenwertes von Schrift und Zahlen für die menschliche Geistesentwicklung zu erwarten. Nunes ordnet der Schule zwei wichtige Aufgaben zu:

> *„Within this perspective, schools have two extremely important functions in the development of intelligence: to propose to learners new objects for thought and to offer them new tools for thinking with."* (Nunes 1998, S. 1)

In Anlehnung an Nunes hätte ein lernumgebungsbasierter und viabilitätsorientierter Mathematikunterricht die Aufgabe, den Lernern interessante „Gegenstände" und auch „Werkzeuge" zu vermitteln. Sowohl die „Gegenstände" als auch die „Werkzeuge" sind Ergebnisse eines langen sozialen und historischen Konstruktionsprozesses und verändern das Denken und Handeln von Individuen, wenn sie mit den „Gegenständen" und „Werkzeugen" manipulieren. Diese Position hat weitreichende Konsequenzen für den Bildungsauftrag der Schule und den Erkenntnisvorgang im Allgemeinen. Soll die Schule „fertige Denkprodukte" oder „Gegenstände zum Denkenlernen" vermitteln? Die Versuchung von Schule ist natürlich sehr groß, die Ergebnisse mühevoller Erkenntnisgewinnung und -konstruktion durch die Menschheit, den Lernenden als Faktum vorzusetzen. Erkenntnisse der Menschheit können also als Errungenschaft von Wissenden zu Lernenden transferiert werden oder als „Denkwerkzeuge" zur Erforschung und Durchdringung der Welt eingesetzt werden. Dann nämlich würde für Lernende die sozio-historische Dimension zum Tragen kommen:

> „*... it is possible to speak of veritable intellectual mutations of the human intellect in the course of history, which are later transmitted as ways of thinking in the culture and offer young people new hypotheses for understanding the world.*" (Nunes 1998, S. 4)

Am Beispiel der Vermittlung der Mendelschen Vererbungslehre zeigt Nunes, dass Lernende heutzutage nicht mehr mit Beobachtungen an Pflanzen beginnen müssen, sondern das Wissen um Gene und Gesetze als „Denkwerkzeug" benutzen können, um aktuelle Probleme zu untersuchen und zu bewerten:

> „*... students start from a different object of thought, the concept of gene, a symbolic object historically constructed.*" (Nunes 1998, S. 4)

Aus dieser Perspektive ist es daher nur konsequent, wenn Nunes für die Kommunikation die Schrift als *„objects of thought"* (S. 7) und Texte als *„objects of and tools for thought"* (S. 17) bezeichnet. Für das mathematische Tun werden *„numbers as object of thought"* (S. 21) und die von Menschen erfundenen „Werkzeuge" wie Taschenrechner, Lineal, Waagen, Computer und Software werden als *„numeracy's tools for thinking"* (S. 28) verstanden.

5.2.3. Verankerung von mathematischen Konzepten durch Lernumgebungen

Mit fünf mathematischen Problemstellungen aus der eigenen Fortbildungstätigkeit in Zusammenhang mit dem Projekt „MATHECON" soll skizziert werden, was unter den beiden Aspekten – lernumgebungsorientiert und viabilitätsorientiert – eines neuen Mathematikunterrichts verstanden werden kann. Die Lernumgebungen wurden in verschiedenen Situationen erprobt und sind auch filmisch dokumentiert.

Beispiel 1: Die Umbenennung des „Würfelzuckers"

Die Ergebnisse von lernzielorientierten Tests haben gezeigt, dass die Schüler in der Grundschule und auch in der 5. und 6. Schulstufe der Sekundarstufe I die Begriffe Würfel, Quader, Quadrat, Oberfläche, Flächeninhalt und Umfang nicht sicher diskriminieren können (Schwetz 2001b). Die Erkenntnisse der Theorie der subjektiven Erfahrungsbereiche benutzend (Bauersfeld 1983, S. 1ff), wurde eine Lernumgebung und ein Kontext zur Verankerung der Unterschiede der beiden Begriffe Würfel und Quader geschaffen. Dazu wurde eine „Geschichte" benutzt. Die Schüler wurden gebeten, an einer Umbenennungsinitiative des Unterrichtsministeriums teilzunehmen:

Abbildung 21: Arbeitsauftrag zur „Würfelzucker"-Lernumgebung

Ab dem 1. September 2002 sollte der „Würfelzucker", der in den meisten Fällen eine Quaderform hat, in „Quaderzucker" umbenannt werden. Um den richtigen Gebrauch des Begriffs möglichst rasch umsetzen zu können, werden alle Schüler gebeten, die Eltern, die Großeltern, Verwandte und Freunde mit einem Stück „Würfelzucker" in der Hand über die Umbenennung zu informieren.

Die „Würfelzucker"-Lernumgebung mit dem erwarteten Assoziationspotential kann theoretisch mit dem „Anchored Instruction"-Ansatz (Kohler 2001, S. 101) und der Theorie der subjektiven Erfahrungsbereiche (Bauersfeld 1984, 10ff) abgestützt werden.

Der „Anchored Instruction"-Ansatz ist durch die Jasper-Geschichten bekannt geworden, die videobasiert dargeboten wurden. Die Geschichten zeichnen sich durch hohe Realitätsnähe aus. Die Intention war, den Stoff in lebensnahem Zusammenhang so einzubetten, dass ein hohes Assoziationspotential bei den Lernenden entsteht. Die Jasper-Geschichten wurden auch so konzipiert, dass durch sie ein hohes Aufforderungsmaß zum Problemlösen initiiert wurde.

Die Theorie der Subjektiven Erfahrungsbereiche beschreibt, wie Erfahrung und Wissen durch Individuen gespeichert und abrufbar gehalten wird:

> *„Erfahrungen mache ich stets in einem Kontext, in einer konkreten Situation. Je stärker meine Emotionen sind, um so genauer kann ich mich später an Einzelheiten und Begleitumstände erinnern. Nie lerne ich nur kognitiv, stets sind phylogenetisch ältere Dimensionen beteiligt, wie Gefühle (Zwischenhirn) und Motorik (Kleinhirn)."* (Bauersfeld 1984, S. 11)

Die Veränderung des Mathematikunterrichts in Richtung Lernumgebungsorientierung unter Berücksichtigung der Impulse aus der dem „Anchored Instruction"-Ansatz und der Theorie der Subjektiven Erfahrungsbereiche verfolgt das Ziel, Inhalte sicher und abrufbar zu verankern und damit das Entstehen von „trägem Wissen" hintanzuhalten.

5.2.4. Viabilitätsorientierung

Viabilitätsorientierung bedeutet über Lernumgebungen individuelle Lösungswege für Lernende zu eröffnen; das wäre die Offenheit von Lösungswegen. Im Mathematikunterricht der Zukunft sollten aber auch

Lernumgebungen realisiert werden, die die Offenheit von Lösungen ermöglichen; das wäre die Lösungsoffenheit.

Die folgenden Beispiele wurden im Unterricht erprobt und stellen Lernumgebungen mit unterschiedlichem Grad an Lebenswirklichkeitsbezug dar. Das Preisvergleichsthema mit Packungen aus dem Supermarkt kann als authentische Lernumgebung eingestuft werden. Die Spinne-Fliege-Lernumgebung kann als semi-authentisch angesehen werden.

Beispiel 2: Preisvergleich für Müsli-Packungen

Für den mathematisch-fachdidaktischen Film des Medienpaktes – Buch und DVD für Lehreraus- und -fortbildung – *„Konstruktives Lernen mit neuen Medien“* (Schwetz 2001a) wurde in einer 6. Schulstufe eine Lernumgebung dokumentiert, in der Müsli-Packungen zum Preisvergleich zur Verfügung gestellt wurden. Die Aufgabe wurde ohne Festlegung auf einen bestimmten Lösungsweg gestellt. Üblicherweise werden solche Aufgaben unter Verwendung bestimmter – durch das jeweilige Schulbuch vorgegebene – Wege gelöst. Eine weit verbreitete Lösungsform war die „Pfeilmethode“, die einen Automatismus zum Lösen von proportionalen Schlussaufgaben auslöste. Der erste Pfeil war immer vom „x“ aus in Richtung des darüber stehenden Betrages zu richten. Bei direkten Schlussaufgaben musste dann der Pfeil auf der gegenüberliegenden Seite in die andere Richtung gesetzt werden.

Abbildung 22: Schlussrechnung mit der „Pfeilmethode“ für die Lernumgebung Preisvergleich von Müsli-Packungen

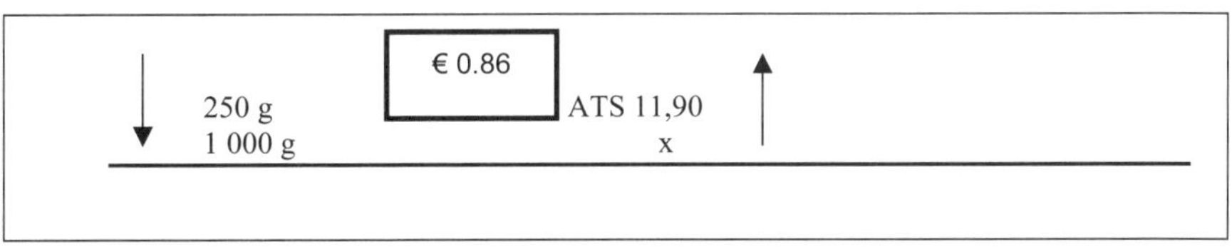

Das Ziel war, die Aufgabe in Form eines Bruches zum Ausrechnen anzuschreiben. Schüler lernten, „all das“, wo der Pfeil hinzeigt, oberhalb des Bruchstriches und den Rest unterhalb des Bruchstriches zu schreiben.

Gleichung 1: Berechnung der unbekannten Größe für die Lernumgebung Preisvergleich von Müsli-Packungen

$$x = \frac{\boxed{0.86 \times 1000}}{\boxed{250}}$$

In diesem Fall wurden die Schüler aber zu individuellen Lösungen in Partnerarbeit ermuntert.

Abbildung 23: Arbeitsauftrag zur Lernumgebung Preisvergleich von Müsli-Packungen

Versetzt euch in die Situation eines Käufers in einem Supermarkt. Auf dem Regal findet ihr Sorte A zu 250 g und einem Preis von € 0.86 (ATS 11.90) und Sorte B zu 375 g und einem Preis von € 2.17 (ATS 29.90). Wir gehen davon aus, dass die beiden Müsli-Sorten die gleiche Qualität haben. Welche Sorte ist günstigster?

Dieses Beispiel wurde in einem mathematisch-didaktischen Film auf der DVD des Medienpaketes „Konstruktives Lernen mit neuen Medien" (Schwetz 2001) dokumentiert. Von den Schülern wurden völlig unterschiedliche Lösungswege vorgeschlagen:

Weg A: Der Preis wurde durch die Maßzahl der Masse dividiert. Der Preisvergleich ist auf der Basis von 1 g vorgenommen worden. Die Präsentation dieses Lösungswegs ist auf der DVD zum Buch „Konstruktives Lernen mit neuen Medien" (Schwetz et al. 2001a) enthalten.

Weg B: Eine Mädchengruppe entschloss sich zu einem sehr ungewöhnlichen Weg. Sie verdoppelten den Preis der 250 g - Packung und erhielten dadurch den Preis von € 1.72 (ATS 23.80) für eine 500 g - Packung. Sodann verglichen sie die fiktive 500 g - Packung zum Preis von € 1.72) ATS 23.80 mit der 375 g - Packung zum Preis von € 2.17 (ATS 29.90) und zogen daraus den Schluss, dass die 250 g - Packung günstiger sein muss, da ja die 500 g - Packung wesentlich billiger sei. Auch diese Präsentation kann auf der DVD zum Buch „Konstruktives Lernen mit neuen Medien" (Schwetz et al. 2001a) eingesehen werden.

Weg C: Eine Schülergruppe erarbeitete einen sehr ungewöhnlichen Lösungsweg (auf der oben genannten DVD nicht enthalten). Anstatt der Einheitsbasis 1 g zum Vergleichen der Preise wählte diese Gruppe die Basis

25 g. Sodann ermittelten sie die Faktoren: 25 g ist in Packung A 15-mal und in Packung B 10-mal enthalten. Danach wurden die Preise durch diese Zahlen dividiert (€ 2.17 dividiert durch 15 = € 0.14; € 0.86 dividiert durch 10 = € 0.086). Somit war klar, dass 25 g von Sorte A € 0.14 und von Sorte B € 0.086 kosten.

Mit dieser Orientierung wird für den Mathematikunterricht ein hoher Anspruch gesetzt. Dies ist das Gegenteil von Geschlossenheit und Lösungswegsinhärenz üblicher mathematischer Beispiele.

Beispiel 3: Die kürzeste Verbindung zwischen zwei Punkten – das „Spinne und Fliege"-Problem

Der folgende Arbeitsauftrag kann in die Gruppe der Aufgabenstellungen mit Quasi-Lebensbezug eingereiht werden, obgleich er bezüglich der Anzahl möglicher Lösungswege im stärkerem Ausmaß viabel ist als die obigen Problemstellungen. Dieser Auftrag kommt den Intentionen der Didaktik Wagenscheins (siehe Kapitel 4.2) sehr nahe. Problemstellungen nach Wagenschein wollen ein bestimmtes mathematische Ziel befördern. Mit dem „Spinne-Fliege"-Problem soll das mathematische Beweisführen eingeführt werden.

Abbildung 24: Arbeitsauftrag zur Lernumgebung „Spinne und Fliege"

In Abbildung 24 ist ein Raum dargestellt. Im Eckpunkt A befindet sich eine Spinne, die zur Fliege im Eckpunkt B gelangen möchte. Sie kann nur die Wände des Raumes benutzen, um ans Ziel zu kommen. Sie darf also nicht mit Hilfe von gesponnenen Fäden die Raumdiagonale oder andere Wege durch den Raum nehmen. Welcher Weg ist der kürzeste?

Abbildung 25: Dreidimensionale Darstellung des „Spinne-Fliege"-Problems

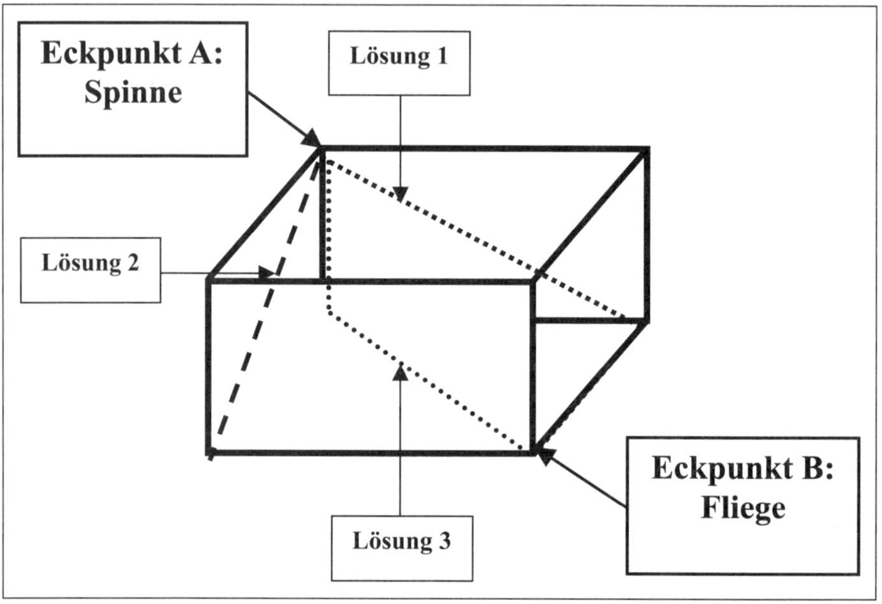

In der obigen Abbildung wurden die gängigsten drei Lösungsvorschläge (Lösung 1, Lösung 2 und Lösung 3) eingetragen. Jedoch stellt keiner dieser Vorschläge den kürzesten Weg dar. Durch das „Aufklappen des Raumes" zu einer Netzdarstellung und durch den Hinweis auf den bekannten Satz, dass die kürzeste Verbindung zwischen zwei Punkten eine Gerade ist, können die Lernenden selbst entdecken, dass die vorgeschlagenen Lösungswege zu verwerfen sind.

Durch die zweidimensionale Darstellung und die Möglichkeit des Aufklappens der Wände wird den Lernenden klar, dass das Beschreiten der Diagonale der breitseitigen Seitenflächen und der Länge der Bodenfläche oder das Beschreiten der Diagonale der Längsseite und der Breitseite der Bodenfläche nicht die kürzesten Wege darstellen. Auch ist der Weg mit dem Beschreiten der Höhe und der Diagonale der Bodenfläche nicht die gesuchte Lösung.

Abbildung 26: Zweidimensionale Darstellung des „Spinne-Fliege“-Problems

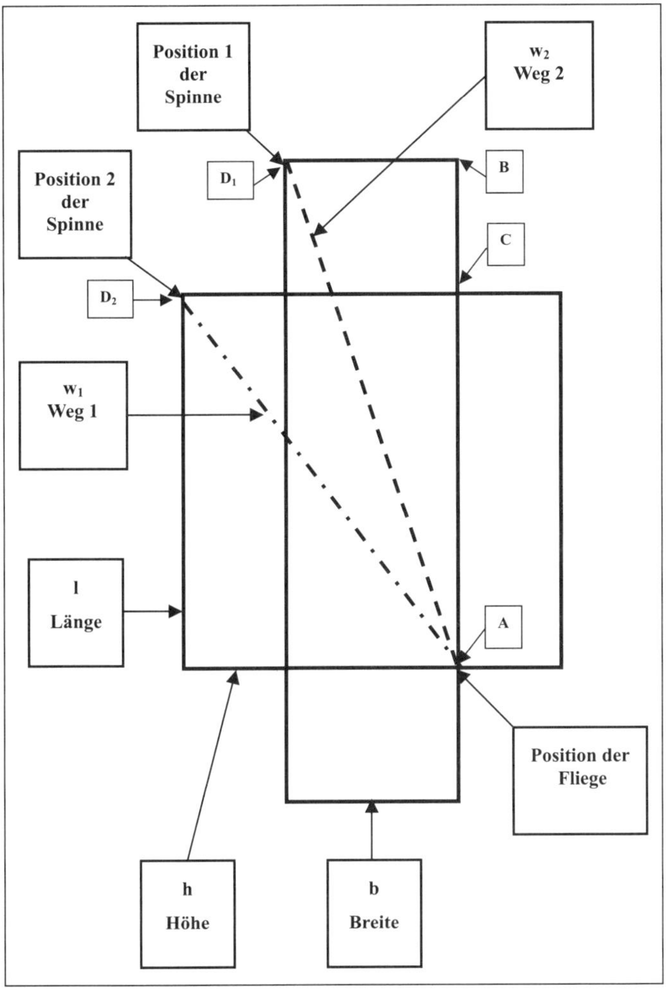

Diese Lernumgebung ist mehrschrittig aufgebaut. Der erste Schritt besteht im Formulieren und Festhalten von ersten Vermutungen durch die Lernenden, welcher Weg der kürzeste sein könnte. Der nächste Schritt besteht in der Verfikation oder Falsifikation der eigenen Lösungsvorschläge durch aktives Handeln. Den Abschluss stellt die Herausforderung an die Lernenden dar, eine „Methode“ zu finden, um die Vermutung zu überprüfen, ob w_1 gleich w_2 ist. Die Erfahrung hat gezeigt, dass die Palette der „Methoden“ vom einfachen Abmessen mit Lineal oder anderen Hilfsgegenständen bis zum Einsatz eines Zirkels reicht. Mit der Zirkelmethode wurde eine Distanz (z. B. w_1) als Radius in den Zirkel genommen und auf w_2 abgeschlagen. Eine Gruppe von Lernenden hat zwischen w_1 und w_2 die Winkelsymmetrale eingezeichnet und vom Ende der Strecken w_1 und w_2 Normale auf die Symmetrale gezogen und so die Überprüfung durchgeführt.

Den Abschluss des Lernprozesses bildet die Herausforderung auf der Basis des Pythagoräischen Lehrsatzes,ein Beweisverfahren für den Nachweis $w_1 = w_2$ anzuwenden. Dafür muss für die beiden Dreiecke ABE und ACD der Pythagoräische Lehrsatz zur Anwendung gebracht werden. Angenommen wird, dass die Länge größer als die Breite ist.

Gleichung 2: Gleichung für w_1

$$w_1^2 = (b + h)^2 + l^2$$

Gleichung 3: Gleichung für w_2

$$w_2^2 = (l+ h)^2 + b^2$$

Es wird behauptet, dass beide Wege gleich lang sind.

Gleichung 4: Gleichsetzung

$$(b + h)^2 + l^2 = (l+ h)^2 + b^2$$

Die Auflösung der Terme ergibt folgendes Ergebnis:

Gleichung 5: Auflösung der beiden Klammern

$$b^2 + 2bh + h^2 + l^2 = l^2 + 2lh + h^2 + b^2$$

In einem weiteren Schritt wird auf beiden Seiten der Term $(- l^2 - h^2 - b^2)$ subtrahiert.

Gleichung 6: Subtraktion des Terms $(- l^2 - h^2 - b^2)$

$$b^2 + 2bh + h^2 + l^2 = l^2 + 2lh + h^2 + b^2$$

Folgende Gleichung ist das Ergebnis. Diese Gleichung wird durch 2h dividiert.

Gleichung 7: Division der Gleichung durch den Term (2h)

$$2bh = 2lh$$

Im Endergebnis stehen sich Länge und Breite als gleich lang gegenüber. Dies ist nach der oben gesetzten Annahme nicht der Fall. In der Ausgangsannahme wurde festgesetzt, dass die Länge größer als die Breite ist. Eine etwaige Berechnung des Weges mit der Gleichung für w_1 erbringt ein kleineres Ergebnis als mit der Gleichung für w_2.

Gleichung 8: Das Endergebnis der Gleichungsvereinfachung

$$b = l$$

5.2.5. Mit „Constraints" zu vielfachen Viabilitäts-Checks

Der Aktiv-Lernzyklus stellt die Sichtstruktur dieses fachdidaktischen Ansatzes dar. Die mentalen Operationen hiezu hat Patry in einem „*Algorithmus des Lernens*" (2001, S. 74) beschrieben, dessen Kernstücke Erfindungsprozesse und der Viabilitäts-Check darstellen. „Constraints" sind von Lehrenden aufgerichtete Hürden, die zu neuerlichen Prüfungsprozessen durch die Lernenden führen sollen.

Das nachfolgende Schema stellt die Elemente des Viabilitäts-Checks nach Patry dar.

Abbildung 27: Algorithmus des Lernens nach Patry (2001, S. 74)

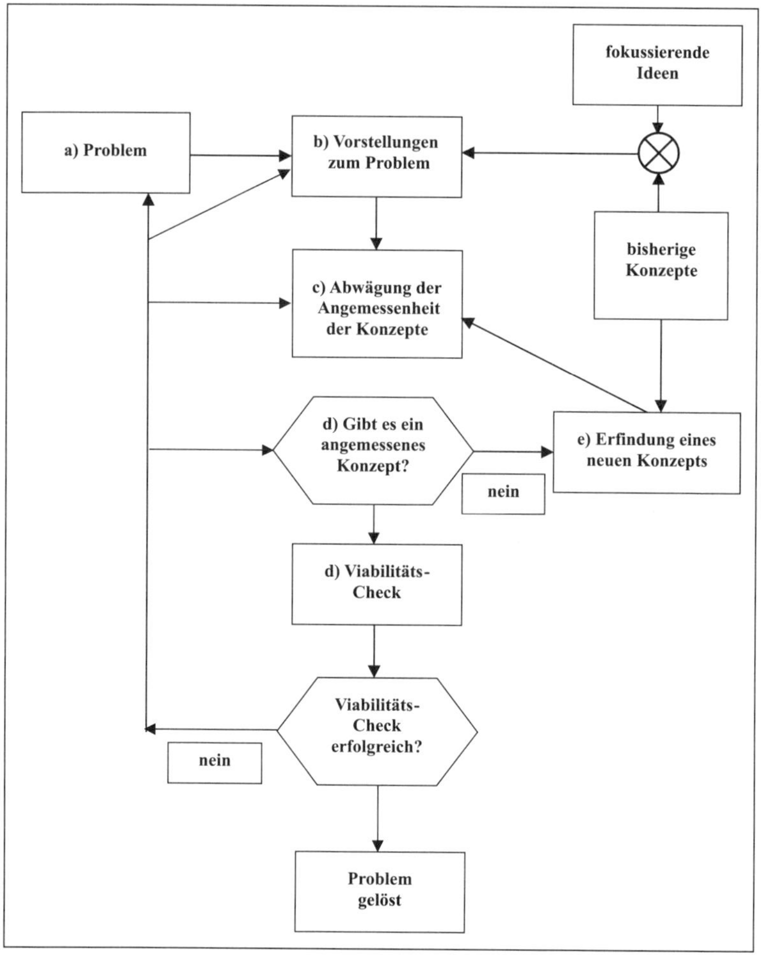

Beispiel 4: Wie schwer ist der Stein?

Der Aktiv-Lernzyklus wurde auch in der Abschätzung der Masse eines großen und unregelmäßigen Felsbrockens in der ungefähren Würfelgröße von ca. 90 cm Seitenlänge, der in einem Park als Klettermöglichkeit aufgestellt wurde, erprobt (siehe DVD zum Medienpaket; Schwetz et al. 2001a). Mit dieser Lernumgebung wurden Studierende der Pädagogischen Akademie des Bundes in der Steiermark im Zuge der Einführung in das konstruktivistisch orientierte Lernen konfrontiert. Als Erkundungsmaterialien wurde den

Studierenden ein Metermaß zur Verfügung gestellt. Der Arbeitsauftrag war kurz und bündig.

Abbildung 28: Arbeitsauftrag zur Lernumgebung „Masse des Felsblocks“

Versucht, die Masse des Felsbrockens festzustellen.

Die ersten Lösungsschritte, die produziert und festgehalten wurden, gingen in Richtung der Feststellung des Volumens des unregelmäßigen Felsbrockens. Die Abschätzung der Masse scheiterte an der Unkenntnis des Materials und an der fehlenden Information über das spezifische Gewicht. An dieser Stelle waren sehr viele Arbeitsgruppen ratlos. Sie waren nicht in der Lage, das Wissen über die Bestimmung des spezifischen Gewichts mit Messglas und Waage abzurufen. Diese Kenntnisse aus der Sekundarstufe I waren als „träges Wissen“ nicht aktivierbar. Erst eine eingeschobene Übung zum Gebrauch von Messglas und Waage zum Bestimmen des spezifischen Gewichts schaffte die Voraus-setzung zur Lösung. Das nächste Problem stellte sich, als kein passendes Stück des Felsens für das Messglas zur Verfügung stand. Mit zwei verschieden großen Hämmern aus dem nahen Werkraum der Pädagogischen Akademie konnte das Abspalten eines Felssplitters bewerkstelligt werden.

Die Lösungsbemühungen von Studierenden zu dieser Lernumgebung wurden in einem mathematisch-didaktischen Film auf der DVD des Medienpaketes „Konstruktives Lernen mit neuen Medien“ (Schwetz et al. 2001a) festgehalten.

Beispiel 5: Die Heizkostenabrechnung

Als letzten Prototyp für einen lernumgebungsbasierten und viabilitätsorientierten Mathematikunterricht soll ein Beispiel angeführt werden, dessen Lösungen gänzlich offen sind. Die Lösung des Beispiels liegt eigentlich außerhalb der Mathematik, da konsensuelle Kommunikationsprozesse dafür wichtiger sind als Lösungsalgorithmen. Auch die Lösungswege sind nicht bei üblichen mathematischen Beispielen im Angabentext enthalten.

Abbildung 29: Arbeitsauftrag zur Lernumgebung „Heizkostenabrechnung“

In einem älteren dreistöckigen Wohnhaus mit 15 Wohnungen (5 Wohnungseinheiten je Etage) soll eine neue Methode der Heizkostenabrechnung implementiert werden. Die Anzahl der Bewohner variiert ebenso stark wie die Grundfläche und die Fensterflächen nach außen. Das Haus liegt kleinklimatisch in einer Frischluftschneise, so dass eine Hauswand von besonderer Abkühlung betroffen ist.
Findet eine gerechte und von allen akzeptierte Lösung für die Abrechnung der Heizkosten.

Die folgende Information wird der Aufgabenstellung beigefügt (Aufstellung über Grundfläche und Bewohner).

Tabelle 16: Aufstellung über Grundfläche, Lage der Wohnungen und Anzahl der Bewohner

	Anzahl der Personen	Grundfläche in m^2	Anzahl der Fenster	Liegt an der kalten Außenwand	Liegt im mittleren Stockwerk
Wohnung 1	5	95	5	ja	
Wohnung 2	1	34	2	ja	
Wohnung 3	2	48	3	teilw. ja	
Wohnung 4	3	56	4	südseitig	
Wohnung 5	4	70	4	teilw. südseitig	
Wohnung 6	3	95	5	ja	ja
Wohnung 7	1	34	2	ja	ja
Wohnung 8	2	48	3	teilw. ja	ja
Wohnung 9	4	56	4	südseitig	ja
Wohnung 10	3	70	4	teilw. südseitig	ja
Wohnung 11	2	95	5	ja	
Wohnung 12	1	34	2	ja	
Wohnung 13	2	48	3	teilw. ja	
Wohnung 14	1	56	4	südseitig	
Wohnung 15	1	70	4	teilw. südseitig	

Die Lösungsweg- und Lösungsoffenheit des Beispiels entspricht von der Intention her der Subjektivitätsorientierung des Mathematikunterrichts und bietet ein Höchstmaß an Viabilität. Lösungsgeschlossene und kommunikationsferne Verfahren (z. B. Division der Heizkosten durch die Anzahl der Wohnungen oder Aufschlüsselung nach der Grundfläche) würden im gegenständlichen Fall sicherlich zu großen Konflikten zwischen den Hausparteien führen.

5.2.6. Die Bedeutung der sozialen Komponente für mathematische Lernprozesse

Nach den wenig zufriedenstellenden TIMSS-Ergebnissen in der Bundesrepublik Deutschland hat die Bund-Länder-Kommission für Bildungsplanung und Forschungsförderung (1997) das Gutachten zur Vorbereitung des Programms zur „Steigerung der Effizienz des mathematisch-naturwissenschaftlichen Unterrichts“ erstellen lassen. In diesem Dokument werden

Prinzipien für einen reformierten Mathematikunterricht dargestellt und die soziale Komponente für das mathematische Lernen herausgestrichen.

Es wird die Selbstbezüglichkeit des Mathematikunterrichts kritisiert und der fächerverbindende und fächerübergreifende Unterricht *„nicht nur als notwendige Ergänzung des Fachunterrichts“* (BLK 1997, S. 19), sondern als Teil dessen Vollendung gefordert.

Bezugnehmend auf die Ergebnisse der Kognitionsforschung wird der kontextorientierte Wissenserwerb unterstrichen und der Stellenwert des Erwerbszusammenhangs betont (S. 20).

Weiters wird die soziale Komponente von situierten mathematischen Lernprozessen hervorgehoben:

> *„Unter der Perspektive der situierten Kognition oder des situierten Lernens wird die Abhängigkeit allen Lernens insbesondere von der sozialen Interaktion des Erwerbszusammenhangs betont.“* (S. 21)

Unter der Perspektive der Situation-Person-Gebundenheit des Wissenserwerbs wird die Grenze von abstraktem konzeptuellen Wissen und die Erscheinungen von misslungenem Transfer aufgezeigt und die Wahrscheinlichkeit von „trägem Wissen“ in einem wissenstransferierenden und situationsfreien Unterricht eingestanden.

Die Situierung und Einbettung des Wissenserwerbs in soziale Bezüge wird für die spätere flexible Anwendung des Wissens als wesentlich erachtet.

5.3. Zusammenfassung

In diesem Kapitel wurde mit dem „Real Mathematics Education“ Ansatz nach Freudenthal eine Alternative zum wissenstransferierenden und enggeführten Mathematikunterricht dargestellt. Mit konkreten Beispielen wurde zu erläutern versucht, was unter einem lernumgebungsbasierten und viabilitätsorientierten Mathematikunterricht verstanden werden könnte. Mit sieben Perspektiven wurden die fachdidaktischen Umrisse für einen neuen Mathematikunterricht aufgezeigt. In besonderer Weise wurde versucht, das Prinzip der Viabilität in den Vordergrund zu rücken. In der folgenden Übersicht werden die wesentlichen Elemente der referierten Beispiele zusammengefasst. Es wird ein Unterschied zwischen Lebenswelt- und Kontextbezug vorgenommen, da viele Lernumgebungen zwar in einen Kontext gesetzt sind, der aber aus der Sicht der Lernenden keinen Lebensweltbezug darstellt. Die Viabilitätsorientierung wird in Lösungsweg- und Lösungsoffenheit aufgespalten.

Tabelle 17: Übersicht über die Offenheit resp. Geschlossenheit der oben referierten Lernumgebungen

	Lösungsweg-offenheit	Lösungs-offenheit	Lebenswelt-bezug	Kontextbezug
Beispiel 1: Umbenennung des Würfelzuckers			ja	ja
Beispiel 2: Vergleich der Müsli-Packungen	ja	nein	ja	ja
Beispiel 3: „Spinne-Fliege"-Problem	ja	nein	nein	ja
Beispiel 4: Wie schwer ist der Stein?	ja	ja	nein	ja
Beispiel 5: Heizkostenabrechnung	ja	ja	ja	ja

Für Projekte im Bereich der Fortbildung von Mathematiklehrern ist die Kenntnis der Ausgangslage, also der Ist-Zustand, und auch die Differenz zur Ziellage von großer Bedeutung. Wenn also ein lernumgebungsbasierter und viabilitätsorientierter Mathematikunterricht das Ziel der Fortbildung ist, dann ist die Differenz zur Zeit beträchtlich. Der große Unterschied zwischen Ist- und Soll-Zustand wurde zuletzt in eindrucksvoller Weise durch die TIMS-Studie belegt. Lehrerfortbildner können von der These ausgehen, dass die „Community" der Mathematiklehrer ein Subsystem des Bildungswesens mit festgefügten Wirklichkeiten darstellt. Die Orientierung des Mathematikunterrichts an der Fachdisziplin und die Konzeptualisierung des Lernens als Wissenstransfer haben einen wesentlichen Beitrag zur Herausbildung eines mathematikunterrichtsspezifischen (autopoietischen) Systems geleistet. Das mathematikunterrichtsspezifische Subsystems im Bildungswesen kann durch folgende Elemente charakterisiert werden:

- Stabile „Bilder" über Mathematikunterricht und mathematische Lernprozesse (z. B. Präferierung wissenstransferierender Methoden, Lernen ist Speichern etc.).
- Nachhaltige Wirkungseffekte durch die individuelle Sozialisation der Mathematiklehrer durch den eigenen Mathematikunterricht.
- Hohe Stabilität gegenüber Veränderungen.
- Tradierung typischer Inhalte, Aufgabenstellungen und deren Lösungsalgorithmen durch Schulbücher.
- Hoher Bezug zur Fachdisziplin.
- Geringerer Bezug zur fachdidaktischen Disziplin und zu Forschungsergebnissen zu mathematischen Lernprozessen.

Über selbstbezügliche Prozesse perpetuiert sich dieses fachdidaktische Subsystem und legt über den Weg der Konstruktion von Wirklichkeit fest, was „richtige“ und „gute“ Praxis darstellt. Dies macht Veränderungsarbeit in diesem Bereich sehr schwierig und langwierig.

Durch die TIMSS-Ergebnisse sind neue Konzepte für die Modellierung von mathematischen Lernprozessen und neue Ziellagen in die Diskussion getreten. Dies macht aber die Veränderungsarbeit wegen der aufkommenden widersprüchlichen Ziellagen nicht einfacher. Ein Konsens über die Ausrichtung des Mathematikunterrichts auf den verschiedenen Stufen des Bildungssystems ist erst in Ansätzen beobachtbar, obwohl die nationalen Curricula mehr oder weniger eindeutige Vorgaben in Richtung eines offeneren, handlungsorientierten und problematisierenden Mathematikunterrichts machen. Auf dem Weg in die Mathematikstunden werden die Vorgaben von Curricula durch subjektive Rekonstruktionen der Vorgaben modifiziert. Sehr oft sind die von der individuellen Biografie bestimmten Auslegungen relevanter als die offiziellen Vorgaben. Auch hat die „Community“ der Mathematiklehrer und Schulbuchverfasser ein Verständnis dafür entwickelt, wie zeitgemäßer Mathematikunterricht auszusehen habe. Das Pendel beginnt sich nach den internationalen Vergleichsstudien langsam vom systematischen, kognitiv abstrahierenden und wissenstransferierenden Mathematikunterricht zumindest für die Grundschule und Sekundarstufe I in Richtung Lernumgebungs- und Viabilitätsorientierung und Situierung wegzubewegen.

Wenn Mathematiklehrer Unterricht planen und durchführen, sind sie mit dem Dilemma konfrontiert, den Forderungen der Gesellschaft nach sicherer Beherrschung von Kulturtechniken, Vermittlung von Fakten, Algorithmen und Gesetzen einerseits und den neueren Forderungen nach Situierung des mathematischen Lernens mittels Lernumgebungen andererseits nachzukommen. Beide Ansätze haben ihre Stärken und Schwächen. Wird ein fakten- und algorithmenorientierter Unterricht präferiert, dann ist hiefür als Basis ein systematisches und kognitiv abstrahierendes Lernen zu Grunde zu legen.

> *„Die gut organisierte Wissensbasis ist die beste Voraussetzung für nachfolgendes Lernen.“* (BLK 1997, S. 22)

Soll dem Auftreten von „trägem Wissen“ jedoch entgegengewirkt werden, so wäre mathematisches Lernen verstärkt zu situieren. Das in der Literatur immer wieder geforderte Theorie geleitete pädagogische Handeln wird durch die beiden Optionen für den Praktiker anspruchsvoller und schwieriger. Eine Schlussfolgerung könnte für das pädagogische Handeln darin bestehen, beides in entsprechender Weise im Unterricht zu realisieren. Dies wird auch im Gutachten der Bund-Länder-Kommission gefordert:

„Schule ist auf das Ineinandergreifen von systematischem und situiertem Lernen angewiesen. Regulative Idee des Schulunterrichts ist der langfristige kumulative Wissenserwerb unter Nutzung variierender, wenn möglich auch authentischer Anwendungssituationen, bei einer immer wieder neu zu findenden Balance zwischen Kasuistik und Systematik." (BLK 1997, S. 22)

Diese Dichotomie aus zwei verschiedenen Zielbereichen wird durch Helmke und Weinert auf Multikriterialität erweitert. Aus ihrer Perspektive hat Unterricht mehrere Aufgaben zu erfüllen, die auch nur mit unterschiedlichen Methoden erreicht werden können (Helmke & Weinert 1997, S. 149ff). Bezüglich der Ziele für einen Gegenstand entsteht eine konkurrenzhafte Situation. Maßnahmen, die das gegenstandsspezifische Leistungsniveau fördern, können durchaus mindernd auf andere Zielbereiche (z. B. soziale und emotionale Ziele) Auswirkungen zeigen.

Die Multikriterialität anerkennend versucht Patry in einem Beitrag zur „Qualitätsdiskussion im konstruktivistischen Unterricht" (2001, S. 73ff) das Dilemma der Zielvielfalt (fachliches Lernen, soziales Lernen, Erziehung zur Selbstständigkeit, Lernen für den Transfer, problemorientiertes Lernen etc.) und einer möglichen sequentiellen Umsetzung der Zielbereiche zu überwinden. Es wird vorgeschlagen, pädagogisches Handeln situationsspezifisch auszurichten und das Optimum anstatt des Maximums eines Zielbereichs im Unterricht anzustreben. Das bedeutet Lernprozesse nach dem Prinzip des „Nicht zu viel und nicht zu wenig" zu gestalten.

Daraus folgt, dass, wie in anderen Lebenslagen, der goldene Mittelweg als Maxime für erfolgreiches praktisch-pädagogisches Handeln anzusehen ist. Diese Schlussfolgerung erscheint beinahe trivial. Diejenigen aber, die sich der Herausforderung der Veränderungsarbeit in der Fortbildung gestellt haben, wissen, dass die Alltagspraxis im Unterricht vom „goldenen Mittelweg" gerade im Mathematikunterricht noch beträchtlich entfernt ist. Auch stellt das Wissen um den „goldenen Mittelweg" noch keine Garantie für Veränderung in die gewünschte Richtung dar.

Die Schritte in einer Lernumgebung können im Aktiv-Lernzyklus zusammengefasst werden.

Abbildung 30: Der Aktiv-Lernzyklus

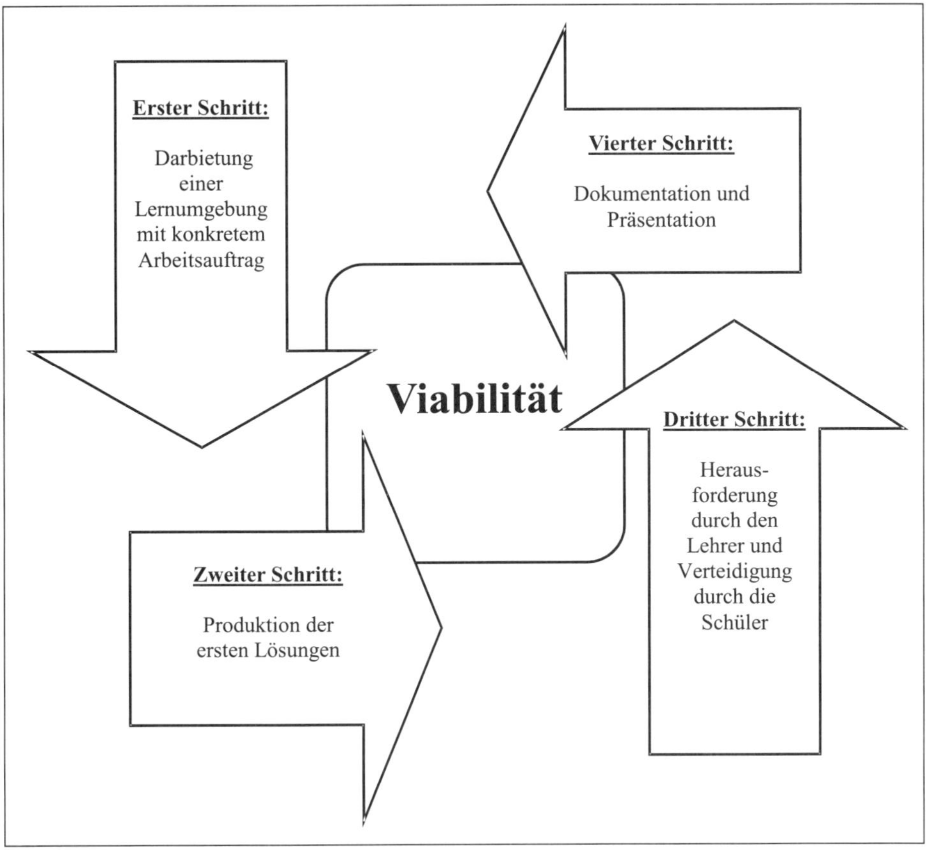

In der Lernumgebung „Spinne-Fliege“ sieht der Aktiv-Lernzyklus folgendermaßen aus. Die ersten Lösungen (meist kommen Vorschläge, dass die Spinne entlang der Ecke zum Fußboden und über die Diagonale des Fußbodens zum Ziel gelangen sollte) werden durch den Lehrenden einer Herausforderung unterzogen. Den Lernenden wird mitgeteilt, dass ihre Lösungsvorschläge nicht zum kürzesten Weg führen würden. Mit dem aufklappbaren Schachtelmodell wird die Herausforderung unterstützt. Der Lernende kann damit rasch von der Dreidimensionalität in die Zweidimensionalität wechseln und erkennen, dass das Beschreiten entlang der Höhe, der Breite oder von Diagonalen nicht zum kürzesten Weg führt. Mit dem Netzmodell wird der geometrische Satz in Erinnerung gerufen, dass die kürzeste Verbindung zwischen zwei Punkten eine Strecke darstellt. Der zweite Arbeitsauftrag beinhaltet die Aufforderung, mit dem Netzmodell weitere Untersuchungen anzustellen, um den kürzesten Weg zu ermitteln.

6 SCHUL- UND UNTERRICHTSFORSCHUNG IM WANDEL

Im vierten Kapitel wurde versucht, die Frage zu beantworten, ob in den letzten Jahrzehnten unterschiedliche Orientierungen des Mathematikunterrichts identifizierbar sind. Der These von der Abhängigkeit eines Ansatzes von der Epoche wird auch für die Schul- und Unterrichtsforschung nachgegangen.

Im folgenden Kapitel soll ein Überblick über Paradigmen der Schul- und Unterrichstforschung gegeben werden. In besonderer Weise soll auf den neueren Ansatz der kontextorientierten Unterrichtsforschung eingegangen werden, der sich unter anderem mit systemischen Argumenten begründen lässt (vgl. Kapitel 3).

6.1. Die Zeitgeistabhängigkeit der Schul- und Unterrichtsforschung

Die nachfolgenden Ausführungen knüpfen an die These der Ausdifferenzierung der postmodernen Gesellschaft an (vgl. Kapitel 1.2).

Schul- und Unterrichtsforschung sind ein Subsystem von Wissenschaft und dieses wiederum ein Subsystem der Gesellschaft. Unterrichts-, Schul- und Bildungsforschung und Schulentwicklung waren immer und sind noch immer vom Zeitgeist und vorherrschenden Ideologien, von der Entwicklung in der Methodologie, den zur Verfügung stehenden empirischen Werkzeugen und von den vorherrschenden Strömungen in den Theorien und der Didaktik abhängig.

Das begriffliche Pendant zu Schul- und Unterrichtsforschung im englischen Sprachgebrauch ist „school effectiveness research" (= SER) und wird von einer Reihe von Wissenschaftern aus ideologischen Gründen als konservativ und einseitig abgelehnt:

> *„... concerning its reputedly conservative values stance, its supposed managerialism, its appropriation by government and its creation of a societal view that educational failure is solely the result of poor schooling ...“* (Teddlie & Reynolds 2000, S. 17):

Diese Debatte begann Mitte der 90er Jahre und ist noch nicht beendet. Der besondere Vorwurf gegen SER geht in die Richtung, dass durch die Forschungsergebnisse von SER der Eindruck entstehen könnte, dass das Scheitern von Kindern in Schulen nur von der Schule abhängt und soziale und ökonomische Aspekte keine Rolle spielen würden. Diese Kritik nimmt Elemente der Perspektive der 60er und 70er Jahre auf, in der die Wirkung der gesellschaftlichen Verhältnisse (inklusive der Familienverhältnisse) auf die Bildungsabschlüsse im Vordergrund stand.

Besonders zeitgeistig ist im Moment die bildungspolitische Initiative der Qualitätsentwicklung und Qualitätssicherung (Eder, Posch, Schratz, Specht & Thonhauser 2002). Für Schratz (2001, S. 10) hat jede Epoche eigene Schwerpunkte. Der dominierende Schwerpunkt zur Zeit ist die Qualitätssicherung, in der in manchen Ausformungen in unangemessener und unreflektierter Art und Weise Konzepte aus der Produktion von Gütern, der Effektivität von Produktionsabläufen und Qualitätssicherung aus der Wirtschaft (Falkinger & Hajek 1999) auf das Bildungswesen übertragen werden. In den aus den Qualitätsmodellen der Wirtschaft entnommenen Termini, wie z. B. Lieferant, Kundschaft und Produkt, wird die wirtschaftsorientierte Logik oder Ideologie sichtbar. Für Schratz (Falkinger & Hajek 1999, S. 10) wurde Qualität bereits zu einem neuen Machtwort. Bestimmte Aufgaben werden in einer Art einladender, gestaltungsempfehlender und freiheitsgewährender Sprache von der Zentralgewalt zwar an die Schulen abgetreten, aber ungekehrt wird mehr Macht an der Spitze ohne Zentralisierung akkumuliert (S. 10).

Als weiteren Beleg für die Zeitgeistabhängigkeit von Schul- und Unterrichstforschung können die Studien von Coleman und Jencks angeführt werden. In den USA der 70er Jahre beschäftigte sich die Forschung vornehmlich mit dem Familienhintergrund und dem sozioökonomischen Status (Aurin 1991, S. 14; Mortimore et al. 1988, S. 1). Andere Variablen wurden als nicht so bedeutend erachtet und deshalb auch nicht berücksichtigt. Der Zeit- und Wissenschaftsgeist war geprägt vom Motto *„schools make no difference“* (Teddlie & Reynolds 2000, S. 3).

Schul- und Unterrichtsforschung können als Subsysteme der erziehungswissenschaftlichen Forschung aufgefasst werden. Erziehungswissenschaft als Subsystem von Wissenschaft und Wissenschaft als Subsystem von Gesellschaft sind den Strömungen, Veränderungen und Einflüssen der Gesamtgesellschaft ausgesetzt. Die Schul- und Unterrichtsforschung hat in den letzten Jahrzehnten sehr unterschiedliche Wege beschritten und sehr widersprüchliche Ergebnisse hervorgebracht und für die Veränderung der Schulpraxis nicht die Impulse gesetzt, die wünschenswert gewesen wären. Die Gründe für diese Vielfalt und auch die Widersprüchlichkeiten im Forschungsgeschehen liegen sowohl in verschiedenen theoretischen Zugängen (z. B. divergierende Konzeptualisierungen des Subjekts als abbildendes versus konstruierendes Individuum) als auch an unterschiedlichsten gesellschaftlichen Einflüssen auf das Bildungswesen (z. B. Unzufriedenheit der Wirtschaft mit den von Schule erbrachten Qualifikationen, zu träge Reaktionen des Bildungswesens auf sich verändernde gesellschaftliche Bedingungen, Rechtfertigungsaufforderung an das Bildungswesen durch die Gesellschaft und Forderungen nach Überprüfung der Qualität etc.).

Verschiebung des Forschungsinteresses von der Systemebene zur Einzelschule

Es können mehrere Paradigmenwechsel für die Unterrichts- und Schulforschung festgestellt werden. Nach Ansicht von Altrichter und Posch (1999, S. 15) vollzog sich bereits in den 70er Jahren ein Paradigmenwechsel in der Schul- und Bildungsforschung. Das Forschungsinteresse und die Aktivitäten zur Schulentwicklung – dieser Begriff wurde vor ca. 30 Jahren höchst selten verwendet – wurden von der Systemfrage auf die Wirkung der Einzelschule verlagert. In den 80er Jahren entdeckte man im angloamerikanischen Raum die Schule als Gestaltungseinheit (Mortimore et al. 1988; Rutter 1980). Fortan galt die Devise, dass die Schule, die ein Kind besucht, einen großen Einfluss auf die Lernleistungen haben kann. Diese Tatsache hat zuvor in den 70er Jahren bereits Fend (1976) in seinen umfangreichen Vergleichsstudien zwischen selektiven und komprehensiven Schulsystemen herausgefunden. Die Studien von Fend, Rutter et al. und Mortimore et al. haben die späten 80er und die 90er Jahre geprägt. *„The Search for Effectiveness“* (Mortimore et al. 1988, S. 1) wurde in den angloamerikanischen Ländern begonnen. Im deutschsprachigen Raum wurde die Diskussion um die Rolle der Einzelschule ebenfalls aufgenommen, aber breiter angelegt. In österreichischen und deutschen Publikationen wurde der Fokus auf den umfassenderen Begriff der Qualität von Schulen gelegt (Aurin 1991; Fend 1998a; Posch & Altrichter 1977; Steffens & Bargel 1993; Tillmann 1989).

Ein weiterer wesentlicher Paradigmenwechsel wurde in der Konzeptualisierung des Subjekts in der Unterrichts- und Schulforschung vollzogen (Krüssel 1993, S. 19). Die unterschiedlichen Annahmen zum Menschenbild haben auch zu unterschiedlichen Forschungslogiken geführt. Im reflexiven Subjektmodell, auch epistemologisches Subjektmodell (S. 19) genannt, wird dem Individuum die Fähigkeit zugeschrieben, die Impulse aus der Umwelt produktiv verarbeiten zu können. Diesem Subjektmodell entspricht das interpretative Paradigma, wobei beiden Subjekten, also dem Forscher und dem Beforschten, Reflexivität und aktive Umweltverarbeitung zugestanden wird. Unterrichtsforschung wird sowohl aus der Sicht der Betroffenen, also der Lehrer und der Schüler, als auch aus der Perspektive des

Forschers betrieben. Die Erfahrungen aller Beteiligten in der Situation fließen in Forschungs-, Theoriebildungs- und Innovationsprozesse ein. Im Zuge der „kognitiven Wende“ in der Psychologie wurde die Reduktion des Schülers als Merkmalsträger zugunsten eines reflexiven Subjekts überwunden. Diese Wende wurde von Groeben und Scheele (1977; zit. n. Krüssel 1993, S. 19) auch als Wechsel vom behavioralen zum epistomologischen Subjekt bezeichnet. In der behavioralen Subjektlogik wird das Individuum von der Umwelt beeinflusst und determiniert. Es reagiert auf Reize von außen und verarbeitet diese in einem Sender-Empfänger-Modus. Der behavioralen Subjektlogik entspricht auf Unterrichtsebene die Aneignungsdidaktik, die als Ziel von Unterricht für die Vermittlung und den Transfer von Wissen von den Lehrenden zu den Lernenden plädiert. Die korrespondierende Forschungslogik ist das empirisch-analytische Programm mit experimentellen Designs und Variablenreduktion. Aus der Vermittlungs- und Transferdidaktik von Wissen und der Perspektive eines „abbildenden“ Subjekts gesehen wird Unterrichtsforschung eine andere Ausformung erhalten als unter einer Konstruktions- oder Ermöglichungsperspektive in der Didaktik und eines reflektierenden Subjekts. Aneignungsdidaktisch orientierte Unterrichtsforschung wird eher nach experimentell-naturwissenschaftlichen Designs ausgerichtet sein, etwaige Störvariablen reduzieren und auf wenige als relevant erachtete Faktoren fokussieren. Unterrichtsforschung unter einer konstruktivistisch orientierten Perspektive wird stärker das Subjekt, dessen Konstruktions- und Fehlkonstruktionsleistungen und seinen Lebenskontext in den Mittelpunkt rücken. Für den Wissenstransfer- oder Wissensaneignungsansatz, kritisch auch Input-Output-Didaktik bezeichnet, wird synonym auch die Metapher vom Maschinenmodell von Unterricht (Förster 1998, S. 60; Siebert 1999, S. 38; Terhart 1989, S. 34) gebraucht. Ein bestimmter Input führt zu einem bestimmten Output; im Falle von Maschinen (z. B. Fließband zur Herstellung von Gütern etc.) kann diese „Gleichung“ auch hergestellt werden. Der Fokus von Unterrichtsforschung ist in diesem Paradigma eher auf die Vermittlungs- und Produktionsqualität und die Güte der endgültigen Lernprodukte gerichtet.

Mit einem Beispiel aus der didaktischen Vergleichsforschung soll die Produktorientierung in der Unterrichtsforschung nachvollzogen werden. Als das Fernsehen als Medium in größerem Umfang für den Unterricht zur Verfügung stand, wurde aus dem TV-gestützten Lernen eine „große Erzählung“ (Siebert 2000) bezüglich der Wirksamkeit dieses Mediums gemacht. Ähnliches kann man in Zusammenhang mit der Integration neuer Technologien (z. B. Internet etc.) im Unterricht hören. In den Untersuchungen zur Wirksamkeit des TV-Lernens wurde videogestützter mit herkömmlichem Unterricht verglichen. Für die Neuausrichtung von Lernprozessen waren die Ergebnisse nicht sehr zielweisend. Tulodzieki kommt zum Schluss, dass *„man prinzipiell auch mit Fernsehen lernen kann. Darüber hinaus waren die Ergebnisse jedoch enttäuschend. Teils waren sie widersprüchlich, teils statistisch nicht signifikant"* (Tulodzieki 1991, S. 747). Die Schlussfolgerungen aus den widersprüchlichen Ergebnissen führten zur Einsicht, dass man Vergleichsforschung mit globalen Fragestellungen und ohne Theorie im Hintergrund nicht durchführen kann. Die Fragen wurden verfeinert; es wurde z. B. gefragt, an welcher Stelle des Unterrichts welches Medium geeignet sein könnte. Der nächste Schritt war die Entwicklung von Taxonomien für Medien (z. B. ikonisch / schematisch / symbolisch oder visuell / auditiv / audiovisuell). Auch diese Weiterentwicklung führte nicht zu den erhofften aussagekräftigen Ergebnissen, da die Rolle des Lerners ausgeklammert war. Man betrachtete Lernen als Vermittlungsmaschinerie von Wissen mit der Beigabe von interessanten Medien. Unter dem Einfluss des Aptitude Treatment Interaction-Ansatzes begann man differenziertere Forschungsfragen unter Einbeziehung des Wahrnehmenden zu stellen (z. B. Welches Medium ist für welche Lernaufgabe bei welchen Lernvoraussetzungen das geeignetste?). Aber auch diese Forschungsvariante war nicht besonders ergiebig, da man den Lernenden als „Abbildner" des Wissens verstand. Theoretisch ist es nach Tulodzieki angemessener, *„von einem Verarbeitungsprozess auszugehen"* (S. 748).

Zusammenfassend kann gesagt werden, dass die wenig überzeugenden und inkonsistenten Ergebnisse der Medienvergleichsforschung auf folgende Probleme zurückzuführen sind:

1. Zu global gestellte Forschungsfragen (z. B. keine Berücksichtigung der Komplexität des Inhaltes, des Lerners, der Situation etc.)
2. Mangelnde theoretische Fundierung der Rolle und Wirkung von Medien auf den Lerner
3. Verkürztes Verständnis von Lernen in der Schule (z. B. Lernen ist Wissensaneignung; Lernen ist ein Input-Output-Vorgang)

Das Problem der zirkulären Wirkungsmechanismen

Die Forschungsansätze zur Methodenkomparation entspringen den klassischen experimentellen Designs, in denen die Wirkung einer unabhängigen auf eine abhängige Variable überprüft werden soll. Diese Forschungslogik ist aber auf die Unterrichstforschung deshalb in vielen Fällen nicht übertragbar, da viele Zusammenhänge zwischen unabhängiger und abhängiger Variablen zirkulär verknüpft sind. Von Helmke und Weinert (1997, S. 76) wird Kritik an der *„simplen Vorstellung"* geübt, dass die Schulleistungen immer die abhängige und die Schulleistungsdeterminanten immer die unabhängigen Variablen sind:

> *„Die Tatsache und die Wahrnehmung von Leistungen und Leistungsfortschritten wirken vielmehr auf kognitive, motivationale und soziale Einflussfaktoren zurück, so dass reziproke Effekte im Verhältnis zwischen Determinanten und Kriterien der Schulleistung nicht die Ausnahme, sondern die Regel sind.“* (Helmke & Weinert 1997, S. 76)

Dies bedeutet, dass nur in den seltensten Fällen einfache Linearität unterstellt werden kann. Es ist *„vielmehr die Regel“*, dass es *„multiple Interaktionen“*, *„Substitutionen und Kompensationen zwischen den Determinationsvariablen“* (S. 75) gibt.

Ein weiterer Grund für die Inkonsistenz empirischer Ergebnisse liegt auch in der mangelnden Präzisierung des Begriffs schulische Leistung. Schulische Leistung kann Folgendes bedeuten: (1) fachspezifisches deklaratives Wissen, (2) prozedurale Fertigkeiten und Fähigkeiten (Strategie- und Verfahrenswissen zur Lösung neuer oder bekannter Probleme) oder (3) metakognitives Wissen (Kompetenzen bezüglich des Erwerbs, der Verfügbarkeit und der Nutzung eigenen Wissens zur Lösung von Problemen) (S. 75). Ungeklärt ist weiters im Determinationsgefüge die Rolle der Motivation und der Volition. Diese beiden Aspekte können zum einen Determinanten als das Ergebnis eines komplexen Wirkungsmechanismus sein.

Die ungeklärten Interaktionsmechanismen von Determinationsvariablen, zu wenig präzisierte Vorstellungen über die schulischen Leistungen, die Reduktion aber auch Anhäufung von Variablen und unzulängliche Schulleistungsmodelle – Helmke und Weinert (1997, S. 84) sprechen gar von einer dürftigen Bewährung – haben zu den wenig befriedigenden empirischen Ergebnissen geführt.

6.2. Paradigmen der Unterrichtsforschung

Im Bereich der empirisch-analytischen Unterrichtsforschung können mehrere Entwicklungsstadien bezüglich der Forschungsansätze identifiziert werden. Im Folgenden wird ein kurzer Überblick über die Entwicklung von Modellen der Unterrichtsforschung gegeben. Generell kann gesagt werden, dass Unterrichtsforschung im aneignungsdidaktischen Bereich ganz wesentlich von der Psychologie und insbesondere vom behavioristisch-experimentellen Paradigma beeinflusst wurde (Shulman 1986, S. 5; Terhart 1989, S. 63). Für die unterschiedlichsten Zugänge, Ansätze und Modelle über Unterricht empirisch zu forschen, wählte Shulman (1986, S. 4) die Überschrift *„paradigms and research programs“*. Nach Shulman lässt sich die

Unterrichtsforschung verschiedenen unsichtbaren Colleges („*invisible colleges*“) (S. 3) zuordnen, die ein bestimmtes Paradigma pflegen. Für die Sozialwissenschaften sieht Shulman eine Vielzahl existierender Paradigmen:

> „*However, in no sense are social science fields necessarily dominated by a single school of thought ...*“ (S. 5)

Die Wahl des Modells bestimmt ganz wesentlich, welche Faktoren als wichtig erachtet werden und welche Aspekte unberücksichtigt bleiben.

6.2.1. Die Kategorisierung der Schul- und Unterrichtsforschung nach Koehler

In einer Grobübersicht nennen Koehler und Grouws (1992, S. 115) drei Phasen von Unterrichtsforschung. Es gab eine Periode in der Lehr- und Lernforschung, in der die Lehrerpersönlichkeit und -charakteristika und deren Auswirkungen auf das Lernen im Vordergrund standen. In einer zweiten Phase kam die Lehrer-Schüler-Interaktion in den Blickpunkt. Dann wechselte der Fokus auf „*student attention and the content students mastered*“ (Koehler & Grouws 1992, S. 115).

Koehlers wählt für ihre Typologisierung von IO-Forschungsaktivitäten (IO steht für Input Output) vier Kategorien (Koehler & Grouws 1992, S. 116ff).

Tabelle 18: Übersicht über die Phasen von Unterrichtsforschung nach Koehler & Grouws (1992)

Level	Beschreibung
Level 1	Basic Level: „*A specific teacher characteristic is studied in isolation; little or no attention is given to other factors or the quality of teaching.*“ (S. 115)
Level 2	Elaborated Level: „*Studies are more complex ... involve multiple classroom observations that provide extensive detail concerning instruction.*“ „*One form of Level 2 research is often referred to as process product Research. Classroom processes (usually defined as what is going on in the classroom) are observed, and the frequency of particular and teacher behaviors are noted.*“ (S. 16)
Level 3	„*The complexity of the view of teaching increase again ...*“ „*... inclusion of the category of pupil characteristics and the broadening of the category of pupil outcomes to include attitudes as well as achievement. Pupil characteristics such as gender, race, and confidence level can effect teacher practice and pupil actions.*“ (S. 116)
Level 4	„*The most substantial change in the view of research on teaching is the awareness of the need to pair research on teaching with research on learning.*“ (S. 117)

Die Lehrermerkmalsforschung (Koehler & Grouws 1992, S. 116; Shulman 1986, S. 11) hat versucht, den Lernerfolg des Schülers auf eine „Ursache“ zurückzuführen.

Abbildung 31: Schematische Darstellung des Basic-Level-1-Forschungsdesigns nach Koehler

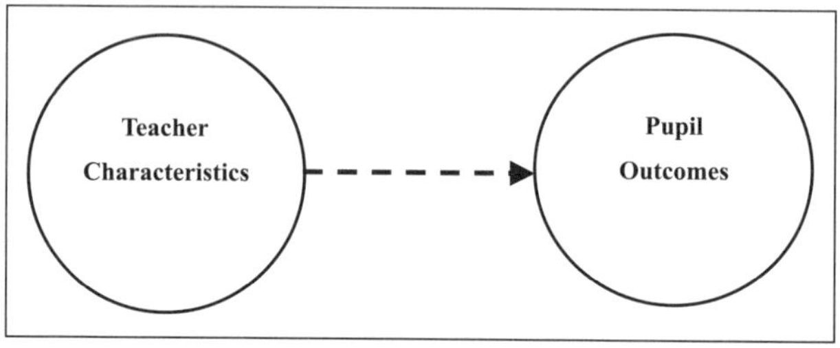

Die gestrichelte Linie in der Abbildung stellt die angenommene Wirkung dar. Im Mittelpunkt stand der Lehrer und nicht der Unterricht. Es ist offensichtlich, das dieses Forschungsmodell der Komplexität von Unterricht nicht gerecht wurde.

Der PO-Ansatz ist mit Koehlers und Grouws' (1992, S. 116) vierelementigen Forschungsmodell vergleichbar.

Abbildung 32: Schematische Darstellung des Basic-Level-2-Forschungsdesigns nach Koehler

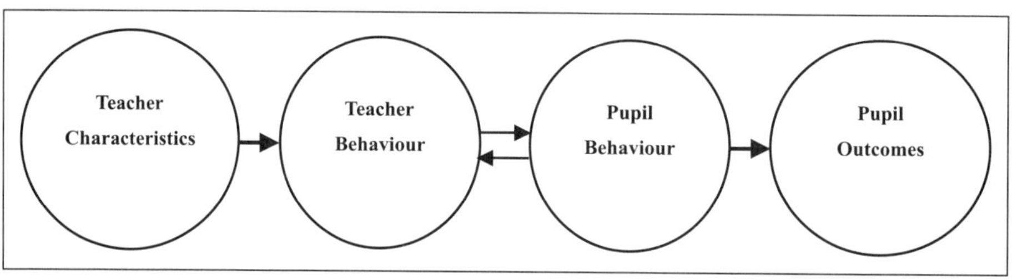

Für die Unterrichtsbeobachtungen verwendete man Kodierungsschemata (z. B. Art der gestellten Fragen, Länge der Antworten auf Fragen, Anzahl und Art der Beispiele, Instruktionszeit, Länge der Zeit für die Beschäftigung mit Lernmaterialien etc.), um die Einflüsse des Lehrerverhaltens auf das Schülerverhalten erfassen zu können. Das Ziel dieser großen Korrelationsstudien war, die Höhe des Zusammenhanges zwischen Unterrichtsvariablen und (meist standardisierten) Testscores zu ermitteln. Die Qualität des Unterrichts stand auch in diesem Ansatz nicht im Interesse der Forscher. Als Beispiele für Studien dieser Art kann die „Texas Teacher Effectiveness Study" und das „Missouri Mathematics Programm" aus den 80er Jahren genannt werden (Koehler & Grouws 1992, S. 116). Kritisiert wurde dieser

Ansatz, weil *„im Schrotschussverfahren nach Kausalitäten zwischen Lehrbedingungen und Lernprodukten"* (Terhart 1989, S. 65) geforscht wurde.

Durch die Berücksichtigung von Schülermerkmalen wurde versucht, der Forderung nach einem höheren Ausmaß an Komplexität des Lehr- und Lerngeschehens nachzukommen.

Abbildung 33: Schematische Darstellung des Basic-Level-3-Forschungsdesigns nach Koehler & Grouws (1992)

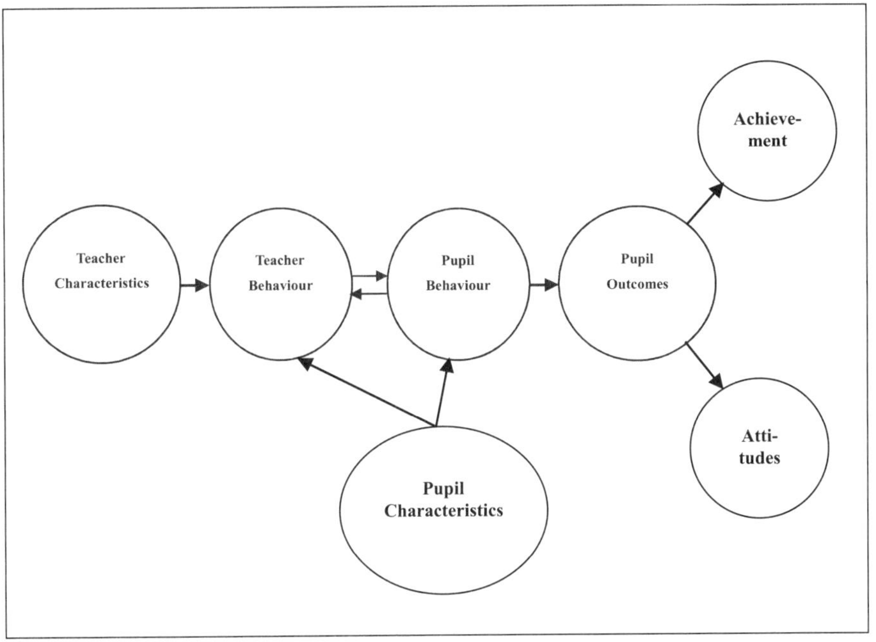

Diese Studien stellen eine Erweiterung dar, weil Schülermerkmale (z. B. Geschlecht, Rasse, Ausmaß an Selbstvertrauen etc.) und auf der Ergebnisseite neben den Fachleistungen auch nichtfachliche Outcomes mitberücksichtigt wurden. Weiters waren diese Studien auch an den Rückwirkungsprozessen zwischen den Interaktionspartnern interessiert. Mit diesen Studien wurden methodologische Schritte in Richtung differenzierte Betrachtung von unterschiedlichen Adressatengruppen eingeleitet:

> *„They found that there were gender differences in teacher-student interaction patterns and that these seemed to be linked to particular teacher patterns or styles. (...) They noted that differential outcomes can result from differential teacher treatment of students, but also from equal treatment of students, since not all students respond in the same way to a particular teaching style."* (Koehler & Grouws 1992, S. 117)

Ein bemerkenswertes Ergebnis war, dass Mädchen bessere Ergebnisse in Algebra erzielten, wenn sie selbstständig arbeiten konnten.

Im nachfolgenden komplexen Modell wird versucht, *„to pair research on teaching with research on learning“* (Koehler & Grouws 1992, S. 117) Forschungen nach diesem Modell sind theoretisch gut fundiert und berücksichtigen viele Variable. Auffallend an diesem Model ist, dass auf der Outcome-Seite weitere nichtfachliche Variable hinzugefügt wurden.

Abbildung 34: Schematische Darstellung des Basic-Level-4-Forschungsdesigns nach Koehler & Grouws (1992)

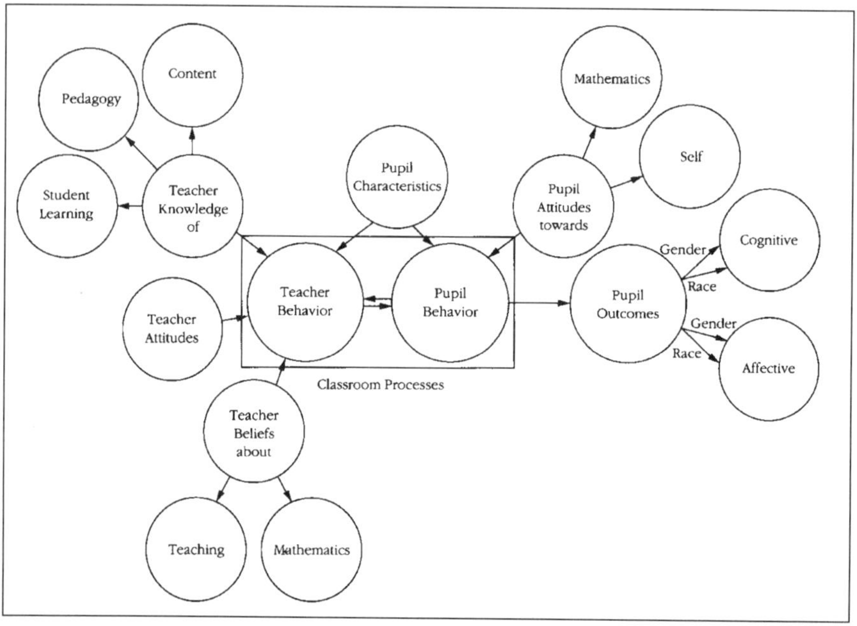

Dieses beträchtlich erweiterte Modell ist aber auch nur ein Ausschnitt aus der Vielzahl möglicher Faktoren, die die schulische Leistung beeinflussen können. In diesem Modell fehlen zum Beispiel Backgroundfaktoren. Zur Zeit ist über die Wirkung proximaler und distaler Determinanten auf die schulischen Leistung wenig bekannt (Helmke & Weinert 1997, S. 75). Ein weiteres Problem stellt die Annahme linearer Wirkungsmechanismen dar; obwohl diese *„eher die Ausnahme“* (S. 75) sind.

6.2.2. Die Kategorisierung der Schul- und Unterrichtsforschung nach Reynolds und Teddlie

Im nächsten Unterkapitel wird das Kategoriensystem zu Forschungstypen von Teddlie und Reynolds (2000, S. 3) dargestellt. Es fasst die historische Entwicklung zusammen und bietet gleichzeitig eine Perspektive für die komplex und kontextorientiert angelegte Unterrichtsforschung.

Die Input-Output-Designs

Forschungen nach dem IO-Design waren *„economically driven input-output studies"* (S. 4), die sehr lange die Forschungsszene beherrschten (z. B. Im Rahmen dieses Designs versuchte man, die Outcomes durch Pro-Schüler-Ausgaben, den sozioökonomischen Status etc. vorauszusagen.

Tabelle 19: Zeitliche Einordnung und Charakterisierung der IO-Forschungsphase (S. 4)

Stufe	Zeitphase	Charakteristik der Stufe
Stufe 1 nach Reynolds und Teddlie (2000, S. 4ff)	Beginnend mit den frühen 60er Jahren hineinreichend in die frühen 70er Jahre	Input-Output-orientierte Forschung, die auf den möglichen Einfluss von schulischen, personalen und physischen Variablen auf die Outcomes fokussierte.

In der folgenden Abbildung wird grafisch das oben beschriebene Forschungsdesign dargestellt.

Abbildung 35: Schematische Darstellung des IO-Forschungsdesigns (S. 5)

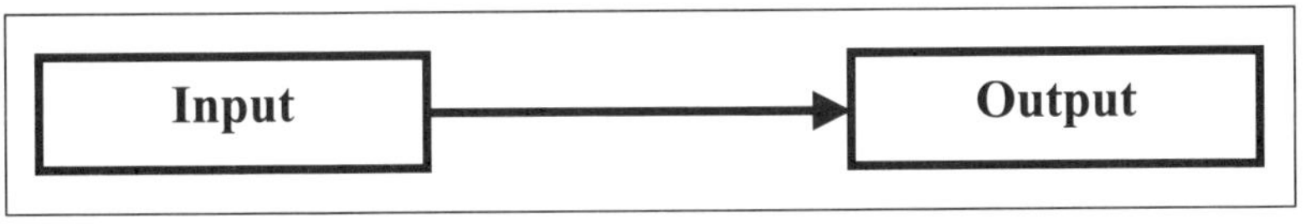

Diese Designs werden auch als IO-Studien (Reynolds & Teddlie 2000, S. 5) bezeichnet. In vielen Forschungsarbeiten der 50er Jahre wurde nach diesem Modell geforscht, das auch „One Component Research"-Modell genannt wurde. Es wurden Lehrercharakteristika (z. B. Lehrerfahrung, Anzahl von besuchten Kurse etc.) und Persönlichkeitsmerkmale (*„personality traits wie personal magnetism, enthusiasm, personal appearance"* etc.) isoliert und ihre Wirkung erforscht; andere wichtige Faktoren wurden hingegen vernachlässigt (z. B. Qualität des Unterrichts etc.).

Das einfache Modell der Lehrermerkmalforschung wurde in den 60er Jahren geringfügig weiterentwickelt. In den experimentellen Forschungsdesigns wurde Lehrerverhalten (z. B. Klarheit der Lehrerdarbietung verglichen mit weniger klaren Darbietung etc.) mit Schülerleistungen in Beziehung gesetzt. Als prototypische Studien für dieses Design können die Studien von Coleman aus dem Jahr 1966 und Jencks aus dem Jahr 1972 angeführt werden:

> *„The results of these studies ... indicated that differences in children's achievement were more strongly associated with societally determined family SES than with potentenially malleable school-based resource variables."* (Teddlie & Reynolds 2000, S. 4)

Die Ergebnisse begründeten und bestärkten die Strömung *„Schools do not make a difference!"*, obwohl 5 bis 9% der Varianz durch Schulfaktoren aufgeklärt werden konnte (Teddlie & Reynolds 2000, S. 6). Die Ergebnisse dieser Studien basieren auf Regressionsanalysen, in denen allerdings die hierarchische Struktur der Daten nicht berücksichtigt wurde. Dies wird aus theoretischer und methodologischer Sicht als unzureichende Datenanalyse qualifiziert. Diese frühen soziologisch und ökonomisch inspirierten Studien haben die Schule, den Unterricht, das Klima an einer Schule oder in einer Klasse und andere relevante Prozessvariablen nicht berücksichtigt und deshalb die Wirkung der Schule und des Unterrichts unterschätzt.

Das IO-Design unter Einbeziehung von Prozessen (IPO-Modelle)

Die Ergebnisse von Coleman und Jencks haben eine Reihe von Studien ausgelöst, die die Schlussfolgerung, dass Schulen nichts bewirken könnten, zu widerlegen versuchten. Das Ziel dieser Studien war, *„... to define relationships between what teachers do in classroom (the process of teaching) and what happens to their students (the products of learning)"* (Anderson, Evertson & Brophy 1979; zit. n. Shulman 1986, S. 9).

Tabelle 20: Zeitliche Einordnung und Charakterisierung der IPO-Forschungsphase (Teddlie & Reynolds 2000, S. 4)

Stufe	Zeitphase	Charakteristik der Stufe
Stufe 2 nach Reynolds und Teddlie (2000, 7ff)	Beginnend mit den frühen 70er Jahren hineinreichend in die späten 70er Jahre.	Nach Teddlie und Reynolds (2000, S. 4) sind *„effective school"*-Studien die typischen Vertreter dieses Zeitabschnitts. Man versuchte umfassend Prozesse zu berücksichtigen und auf ein breitere Palette von Outcomes zu erheben.

Durch Einfügung des Elements „Prozesse" entsteht das IPO-Forschungsdesign.

Abbildung 36: Schematische Darstellung des IPO-Forschungsdesigns (Teddlie & Reynolds 2000, S. 5)

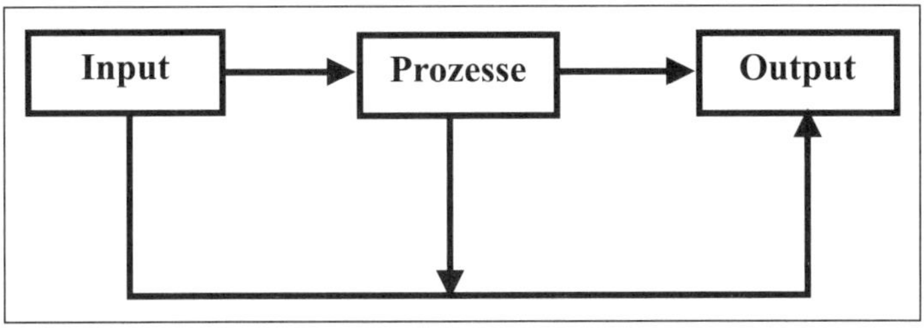

Unter IPO-Studien verstehen Teddlie und Reynolds folgende Designs:

> *„In this ... studies, traditional input variables are subsumed under process variables (e. g. available library resources become part of the processes associated with the library).“* (Teddlie & Reynolds 2000, S. 7)

Forschungsarbeiten, die nach diesen Modellen angelegt waren, widmeten sich der ausführlichen Unterrichtsbeobachtung, um das Lehrerverhalten in Unterrichtsstunden und die Interaktionen zwischen Lehrern und Schülern zu studieren. Es waren meist große experimentelle und korrelative Studien, die einen Zusammenhang zwischen Unterrichtsvariablen und Testscores zu belegen versuchten.

In Weiterführung dieses Ansatzes wurde versucht, mit Fallstudien in so genannten Outlier-Schulen (Weber 1971; zit. n. Teddlie & Reynolds 2000, S. 7) zu zeigen, dass z. B. eine engagierte Schulleitung, hohe Leistungserwartungen der Lehrer an die Schüler, eine gute Atmosphäre und ein sorgfältiges Monitoring der Schülerleistungen mit guten Schülerleistungen zusammenhängen.

Mit regressionsanalytischen Studien von Murname aus dem Jahr 1975 (S. 8) konnte sehr eindrucksvoll demonstriert werden, dass Informationen über *„classroom and school assignments“* den Betrag von vorausgesagter Varianz bezüglich der Schülerleistungen um 15% erhöhen konnten. Für lehrerbezogene Prädiktoren (z. B. Lehrergehalt, Bildung der Lehrer, Praxiserfahrung und niedrige Schülerzahlen in den Klassen) konnte hingegen kein konsistenter Einfluss auf die Schülerleistungen festgestellt werden. Deutlich gezeigt werden konnte in dieser Forschungsphase, dass Humanfaktoren (z. B. Schülerwahrnehmung bezüglich der Gestalt- und Kontrollierbarkeit ihrer eigenen Umwelt, Lehrererwartungen, Qualität der Lehrerausbildung, Lehrerevaluation durch den Leiter) einen signifikanten und positiven Zusammenhang mit Schülerleistungen haben.

Die School-Improvement-Studien

In dieser Forschungsphase begnügten sich Forscher nicht nur mit der Identifikation hervorragend wirkender Schulen, sondern man wollte solche auch schaffen. In dieser Periode trat der Reform- und Innovationsgedanke hinzu. Die Equity-Orientierung war in dieser Phase sehr dominant.

Tabelle 21: Zeitliche Einordnung und Charakterisierung der School-Improvement-Forschungsphase (Teddlie & Reynolds 2000, S. 4)

Stufe	Zeitphase	Charakteristik der Stufe
Stufe 3 nach Reynolds und Teddlie (2000, S. 10ff)	Beginnend mit den späten 70er Jahren hineinreichend in die Mitte der 80er Jahre	Fokussierung auf SER („*school effectiveness research*") und die Kombination von SER und Schulentwicklungsinitiativen (S. 49)

Besonders für die urbane verarmte Bevölkerung wollte man Schulen schaffen, die ebenfalls herzeigbar gute Schülerleistungen hervorzubringen in der Lage sind (Equity-Orientierung).

Aus der Effective-Schools-Forschung wurden für Reformen fünf relevante Faktoren abgeleitet:

> *„... strong instructional leadership from the principal, a pervasive and broadly understood instructional focus, a safe and orderly school learning environment or ‚climate', high expectations for achievement from all students, and the use of student achievement test data for evaluating programme and school success."* (Teddlie & Reynolds 2000, S. 10)

Abbildung 37: Schematische Darstellung des IPO-Forschungsdesigns unter Einbeziehung des Improvement-Aspekts (Teddlie & Reynolds 2000, S. 5)

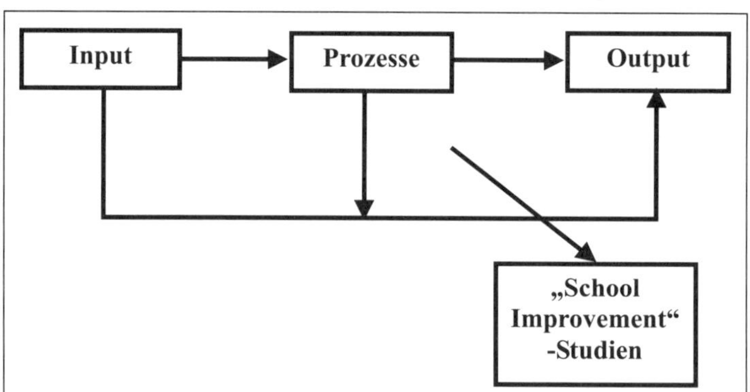

Diese Periode war gekennzeichnet von Aktivitäten zur Schul- und Unterrichtsentwicklung. Es war eine Phase, in der Interventionen und die Überprüfung der Wirkungen von Interventionen im Vordergrund standen. Kontexte wurden jedoch in die Analysen nicht einbezogen.

Kontextorientierte Studien

Die methodologische Kritik an den gängigen Forschungsdesigns und an den Auswertungsverfahren führte zur Entwicklung angemessener Analyseverfahren. Im Wesentlichen kann diese Entwicklung dadurch gekennzeichnet werden, dass man die regressionsanalytischen Verfahren verfeinerte, und es gelang, die Residuen zur Aufklärung weiterer Varianz zu nutzen (Patterson 1991a). Damit konnten Kontexte als Prädiktoren gewonnnen werden. Ein Ausgangspunkt der neuen Entwicklung war auch die Kritik an der Rutter-Studie (Tizard et al., 1980) wegen methodologischer Mängel. Am Institute of Education in London etablierte sich in der Folge unter der Leitung von Goldstein eine Gruppe von Statistikern und Programmierern, die dann auch die entsprechenden Werkzeuge für anspruchsvolle Analysen bereit stellten. Das Programm ML3 war zu Beginn nur in der Lage Mehrebenanalysen für drei Kontexte durchzuführen (Prosser, Rabash & Goldstein 1991; Woodhouse, Rabash, Goldstein & Yang 1992).

Tabelle 22: Zeitliche Einordnung und Charakterisierung der kontextorientierten Forschungsphase (Teddlie & Reynolds 2000, S. 4)

Stufe	Zeitphase	Charakteristik der Stufe
Stufe 4 nach Reynolds und Teddlie (S. 11ff)	Beginnend mit den späten 80er Jahren bis heute	Die Integration von Kontextfaktoren und die Entwicklung von anspruchsvollen Methodologien und Auswertungsverfahren führten zu einer wesentlichen Weiterentwicklung in drei Bereichen (*„school effects research, effective schools research und school improvement research"*) (S. 4)

Der wesentliche Fortschritt ist in der Erkenntnis zu sehen, dass Kontexte als Einflussfaktoren eine große Rolle spielen können. Mit diesem neuen methodologischen Wissen wurden Studien durchgeführt, in denen man *„differences in school effects that occur across different school contexts"* (S. 11) identifizieren konnte.

Abbildung 38: Schematische Darstellung des IPO-Forschungsdesigns unter Einbeziehung des Improvement-Aspekts und von Kontexten (Teddlie & Reynolds 2000, S. 5)

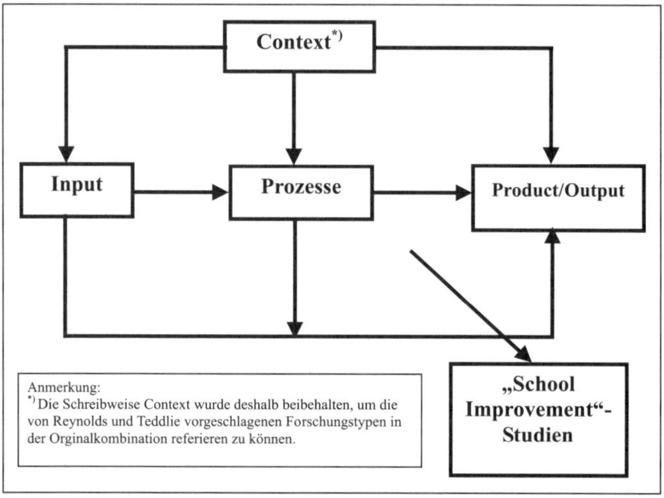

Die kontextorientierten Studien sind eng mit der Entwicklung entsprechender statistischer Modelle, nämlich der Mehrebenenanalyse verknüpft. Mehrebenenanalysen gehen über die Regressionsanalysen hinaus und führten zur Entdeckung der Schulklassen und Schulen als Determinanten der Schulleistung. Im Kapitel 8 wird auf diese Weiterentwicklung ausführlicher eingegangen.

6.2.3. Hauptströmungen von Unterrichtsforschung nach Shulman

Folgende Strömungen werden von Shulman (1986, S. 8) namhaft gemacht: Lehrermerkmalsforschung, Prozess-Produkt-Forschung, ALT-(„*academic learning time*“)-Forschungsprogramme, Pupil-Cognition- and the Mediation-of-Teaching-Ansätze, Teacher-Cognition-Forschungsansätze und Classroom Ecology.

Die Forschungsansätze, die über die IO- und IPO-Designs hinausgehen, werden kurz dar-gestellt, nämlich der Cognition- und der Ecology-Ansatz. Dieser kann als ein Vorläufer der Mehrebenenanalyse bezeichnet werden. Diese Forschungsrichtung fokussiert auf den Stellenwert von Kontexten für die Erklärung von Schülerleistungen.

IO- und IPO-Ansätze standen in der Tradition des Behaviorismus (Shulman 1986, S. 11) und waren quasi-experimentell angelegt. Sie wurden in der natürlichen Umgebung von Schulklassen durchgeführt. Aus diesem Grund wurden die Ergebnisse für die Praxis als relevanter erachtet. Terhart schränkt die Aussagekraft der ermittelten Zusammenhänge aber stark ein, da die identifizierten Zusammenhänge nur korrelativer und deshalb nicht kausaler Art sind (Terhart 1989, S. 81). Mit diesem Paradigma wollte man den effektiven Lehrer identifizieren (Shulman 1986, S. 10; Terhart 1989, S. 81); als Kriterium galt der Lernerfolg. Zwischen Lehrmethodenforschung und der Suche nach dem effektivem Lehrer gibt es gewisse Ähnlichkeiten. Die Lehrmethodenforschung versucht mittels des Experiments den kausalen Zusammenhang zwischen Lehrmethode und Lernerfolg zu belegen. Dieses Verfahren arbeitet jedoch umgekehrt. In so genannten Outlier-Klassen (Klassen mit effektivem Unterricht) wird mittels systematischer Beobachtung das Handlungsmuster mit niedrig inferenten Instrumenten (vorgegebene Kategorien zur Feststellung von Häufigkeiten) der unterrichtenden Lehrer erfasst. Im Rückschlussverfahren werden dann die relevanten Faktoren des Lehrerhandelns identifiziert. Klassische Beispiele für Prozess-Produkt-Forschung sind die Pygmalion-Studie von Rosenthal und Jacobson und die Coleman-Studie (1966, zit. n. Shulman 1986, S. 10), die zu belegen versuchte, dass *„variations among teachers, do not make a difference in school achievement“*. Dieses Ergebnis wurde dann von Good, Biddle und Brophy (1975, zit. n. Shulman 1986, 10) widerlegt:

> *„One of the most significant sets of findings from process-product research on teaching entailed the demonstration that teachers did make a difference.“* (S. 10)

Viele Ergebnisse aus Prozess-Produkt-Studien zusammenfassend versuchte man später mit Metaanalysen stabile Beziehungen zwischen Lehrerhandeln (teaching behavior) und Schülerleistung (pupil performance) zu identifizieren. Das Konzept dahinter besagt, dass man durch das Zusammenfassen vieler Einzelergebnisse dem „wahren Score“ für Zusammenhänge zwischen Lehrerhandeln und Schülerperformanz aufdecken kann. Das Ziel ist natürlich Generalisation, um für Aus- und Fortbildung gültige Empfehlungen zur Verfügung stellen zu können. Diese Vorgangsweise steht somit in der Tradition des „Law Seeking“-Ansatzes. Nach Shulman (1986, S. 11) hat dieses Paradigma eine große Bedeutung erlangt.

ALT-(„academic learning time”)-Forschungsprogramme

Im Forschungsprogramm *„academic learning time“* wurden Ergebnisse vorgelegt, die sowohl aus professioneller Sicht der Lehrer und Schulbürokraten und nicht professioneller Sicht der Eltern überzeugend waren (z. B.

bessere Testscores durch mehr Lernzeit für die Aufgaben und mehr Kontrolle). Diese Forschungsrichtung bestätigte Alltagswissen und wurde deshalb auch in großem Maß akzeptiert. Dieser Ansatz wurde aber auch kritisiert; die Kritik bezog sich vor allem auf die Theorielosigkeit des Ansatzes (Shulman 1986, S. 13). Man warf diesem Paradigma „engineering" und fehlende Wissenschaftlichkeit vor. Besonders wurde die Tatsache kritisiert, dass Verbalverhalten (z. B. in Prozenten ausgedrückt) des Lehrers zu Beginn des Schuljahres mit dem Testergebnis am Ende des Jahres zusammenhängt. In diesem Forschungsprogramm wollte man die Defizite des Prozess-Produkt-Paradigmas überwinden. Ein wesentlicher Aspekt war, die zeitliche Distanz zwischen Lehrerhandeln und Schülerreaktion (in einem Test) zu minimieren. Eine Gruppe um Berliner – Kritiker des Prozess-Produkt-Paradigmas – wollte am Far West Regional Educational Laboratory einen Indikator identifizieren, der direkt am beobachtbaren Verhalten des Lerners festgemacht werden konnte, ohne auf Testergebnisse am Ende des Schuljahres warten zu müssen. Die Lösung sah man in der situationsspezifischen Dokumentation der Schülerreaktion auf Lehrerhandeln:

> *„The link between teacher behavior and student achievement is, therefore, the ongoing student behavior in the classroom learning situation."* (Shulman 1986, S. 14).

Man wählte die Lernzeit als zentrale Variable dieses Programmes *(„... time as the central construct for the teaching-learning transaction")* (S. 15). Weiters griff diese Gruppe auf Caroll-Modell des schulischen Lernens zurück. In diesem Modell spielen fünf Variable eine zentrale Rolle, nämlich *„ability, aptitude, and perseverance"* und *„opportunity to learn and quality of instruction"*.

Drei der fünf Variablen können in Zeiteinheiten ausgedrückt werden: *„apitude"* als die Zeitspanne, die ein Lerner für das Beherrschen des Stoffes braucht; *„opportunity to learn"* wird als Zeitangebot des Lehrers für den Schüler zur Bewältigung des Stoffes verstanden, und *„perseverance"* ist jener Zeitaufwand, den ein Lerner für das Bewältigen eines Stoffgebietes aufbringt. In diesem Konzept wurde der inhaltliche Bereich, an der Schüler zu arbeiten hatten, genau spezifiziert. Dann wird das Engagement des Lerners an der inhaltlichen Auseinandersetzung und der Schwierigkeitsgrad des Stoffes bewertet. Schlussendlich werden die Zeiten bestimmt. Der auf diese Weise entstandene ALT-Score wird dann mit Faktoren des Lehrens und der Schülerleistung in Beziehung gesetzt.

Kritisiert wurde dieser Ansatz aus folgenden Gründen (S. 15):

- Keine genaue Präzisierung, was unter „quality of instruction“ verstanden wird.
- In gewisser Weise stellt das ALT-Programm eine Fortsetzung des Prozess-Produkt-Paradigmas.
- Die Variablen werden auf Korrelationsebene verarbeitet.
- Dem Lerner wird ein passive Rolle zugeordnet.
- Die Komplexität des Unterrichtsgeschehens wird auch mit diesem Modell nicht erfasst.

Pupil-Cognition- and the Mediation-of-Teaching-Ansätze

In diesem Programm rückten die Forscher erstmals vom Prinzip des beobachtbaren Verhaltens ab und stellten das Denken des Schülers in den Mittelpunkt. Mit dem Auftauchen dieses neuen Forschungsprogrammes ist ein Paradigmenwechsel eingeleitet worden:

> *„We shall see that this research program comprises the potential bridge between the traditional quantitative psychological perspectives of the process-product and ALT approaches and the predominantly qualitative strategies of classroom ecology research, with its strong links to sociolinguistics and ethnography.“* (Shulman 1986, S. 16)

Im Prozess-Produkt-Paradigma wird eine direkte Verbindung zwischen Reiz (Lehrerhandeln) und Reaktion (eventual student performance) behauptet. Die Psychologen Tolman und Osgood gehen von der Existenz einer direkten S-R-Verbindung ab und fragen, welche Prozesse zwischen dem Stimulus und dem Response vermitteln könnten. Wenn man eine direkte Verbindung zwischen dem Reiz (Lehrerhandeln) und der Reaktion (student performance) verneint, dann muss ein intervenierender Prozess angenommen werden, der den Ausgangsreiz in einen beobachtbaren Effekt transformiert.

In einem Modell sollten die typischen Forschungsfragen dieses Ansatzes verdeutlicht werden.

Abbildung 39: Schematische Darstellung des Pupil Cognition-Ansatzes (Shulman 1986, S. 16)

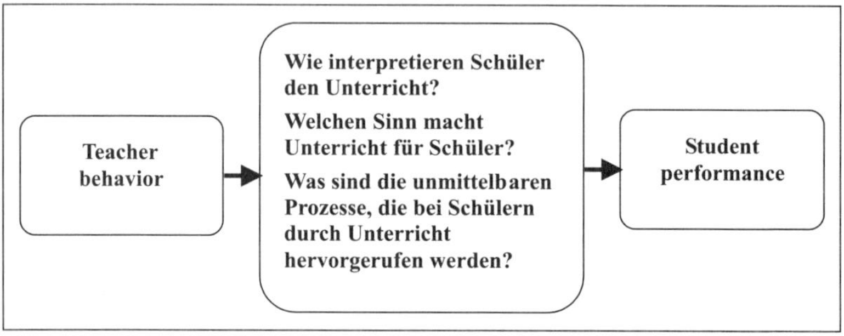

Um in der Schule bestehen und im Unterricht mitarbeiten zu können, braucht der Schüler sowohl kognitive als auch soziale (oder interaktionale) Fertigkeiten und Fähigkeiten. Diese beiden Tatbestände sind Gegenstand der Forschung über soziale und kognitive Mediation.

Abbildung 40: Schematische Darstellung nach Shulman (1986, S. 17)

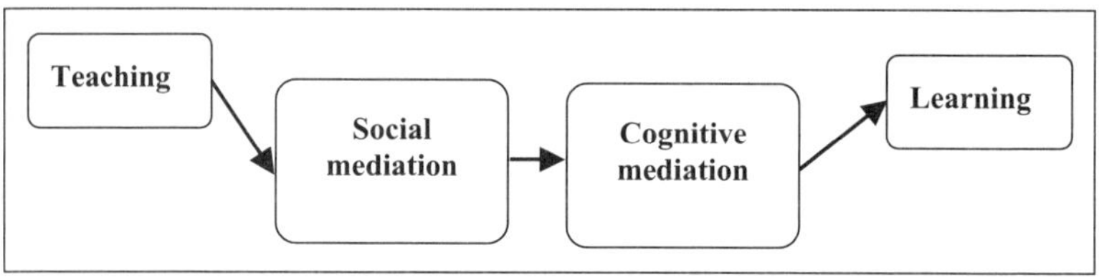

Mit diesem Denkansatz versucht man, an die verborgenen Prozesse des Interaktionsgeschehens im Unterricht heranzukommen. Es soll das Geschehen gleichsam unter der Oberfläche erforscht werden, Prozesse also, die der direkten Beobachtung nicht zugänglich sind. Es geht in diesem Ansatz um manifeste und latente Funktionen des Unterrichts. Als Beispiel kann das Lernen in der Schule als Austauschvorgang gesehen werden: für Leistungen erhält der Schüler Noten. Dieser Tauschprozess kann humane oder auch inhumane Züge haben. Einer unmittelbaren Beobachtung ist dieses Phänomen nicht zugänglich.

Ein zweiter Impuls für dieses Paradigma kam von der kognitiven Psychologie, die behauptet, dass für das erfolgreiche Lernen selbst einfachster Inhalte ein aktives Lernerverhalten erforderlich ist. Entscheidend ist nicht der Stimulus, sondern in welcher Weise der Reiz in die individuelle Struktur des Lerners aufgenommen und eingebaut wurde.

Mit diesem Konzept wird der Klasse und der Unterrichtssituation ein besonderer Stellenwert eingeräumt. Es ist der soziale Kontext, in dem Bedeutung konstruiert wird. In diesem Kontext wird z. B. entschieden, welchen Stellenwert Lob oder Tadel haben oder welche impliziten Standards der Leistungserbringung gelten. Neben der Interpretation der sozialen Geschehnisse muss der Lerner auch noch die mentale Arbeit der Konstruktion von Wissen, des Eingliederns neuen Wissens in bestehende Strukturen, die Auswahl geeigneter Strategien, das Verstehen des Inhaltes etc. leisten. Diese doppelte Interpretationsaktivität – *„two streams of mediational processes"* (Shulman 1986, S. 17) – des Lerners, sozial und kognitiv, ist im obigen Modell dargestellt und macht die Unterrichtssituation zu einem Ort, an dem Wirklichkeit konstruiert wird.

Für künftige Forschungsvorhaben wird zu überlegen sein, wie dieser „Ort" der Wirklichkeitskonstruktion empirisch nachgewiesen werden kann. Eine vielversprechende Alternative bietet die Mehrebenenanalyse, durch die Kontexte des Interpretierens, des Erlebens, des Erfahrens etc. identifiziert werden können. Der People-make-places-and-places- make-people-Ansatz (Jones & Duncan 1997, S. 107) wird weiter unten ausführlicher dargestellt.

Teacher-Cognition-Forschungsansätze

Dieser Forschungsansatz entstand als Alternative zu behavioristisch dominierten Paradigmen, die das beobachtbare Lehrerverhalten in den Mittelpunkt stellten und hernach Zusammenhänge mit Schülervariablen herstellten. Die Kritik an der behavioristisch ausgerichteten Unterrichtsforschung wurde in besonderer Weise von der kognitiven Psychologie – *„cognitive critique of behaviorism"* (Shulman 1986, S. 23) – und von Wissenschaftern, die sich mit der Informationsverarbeitung um Simon und Newell beschäftigten, vorgebracht. Sie kritisieren, dass der Behaviorismus komplexes menschliches kognitives Verhalten nicht erklären kann.

Das Teacher-Cognition-Programm lässt sich folgendermaßen beschreiben:

> *„Therefore, to understand adequately the choices teachers make in classrooms, the grounds for their decisions and judgements about pupils, and the cognitive processes through which they select and sequence the actions they have learned to take while teaching, we must study their thought processes before, during and after teaching."* (Shulman 1986, S. 23)

Die Forschung dieses Paradigmas konzentrierte sich auf Prozesse der Urteilsfindung, des Problemlösens und der Entscheidungsfindung. Meist wurden mit der Methode des lauten Denkens große Studien zu den kognitiven

Prozessen bei der Unterrichtsplanung durchgeführt. Im deutschsprachigen Raum ist in diesem Zusammenhang die Studie von Bromme (1981) zum Denken von Mathematiklehrern bei der Unterrichtsvorbereitung zu nennen. Das Hauptinteresse der Forschung lag in der Rekonstruktion und Beschreibung, was Lehrer dachten, wenn sie ihren Unterricht vorbereiteten. Die Ergebnisse waren insofern bemerkenswert, da man feststellen musste, dass Lehrer an den Stoff und die Aktivitäten für die Schüler dachten und nicht an die Ziele des Faches und an den individuellen Leistungsstand der Schüler.

Ein zweiter Forschungsbereich dieses Paradigmas lag in der Rekonstruktion von Gedanken, die während einer Unterrichtsstunde abgelaufen sind. Mit stimulierten Recalls (z. B. Videoaufnahmen) wurde der Lehrer zum Nachdenken angeregt.

Dieses Paradigma konnte sich aus mehreren Gründen nicht etablieren:

- Forscher begannen sich stärker für die kognitiven Prozesse der Lerner zu interessieren.
- Das Prozess-Produkt-Schema der Verarbeitung von Daten wurde beibehalten. Man zählte sprachliche Lehrerreaktionen aus und bildete daraus Indikatoren, die man dann korrelieren konnte.
- Die Komplexität des sprachlichen Materials wurde nicht angemessen ausgewertet.

Classroom Ecology

Dieser Forschungsansatz hat seine Wurzeln in der Anthropologie, Soziologie und Linguistik und geht eher qualitativ als quantitativ vor. Im Vordergrund stehen nicht wie im Prozess-Produkt-Paradigma die Suche nach Faktoren, die die Schülerleistungen beeinflussen oder die Suche nach Gesetzlichkeiten. Die Forscher dieses Paradigmas wenden sich den Interaktionen zwischen Individuen und deren Umwelt zu; sie sind am reziproken Charakter und nicht an der eindimensionalen Kausalität (z. B Lehrerhandeln beeinflusst Schülerleistung) interessiert. Sie sehen Unterrichten und Lernen als interaktiven Prozess und wollen nicht Faktoren isolieren und ein Ursache-Wirkung-Muster unterstellen. Die Klasse wird als Kontext, der in andere Kontexte (z. B. Schule, Familie, Wohnort, Kultur) eingebettet ist, betrachtet. Für diesen Ansatz sind auch unbeobachtbare Prozesse (z. B. Gedanken, Gefühle, Wahrnehmungen von Mitgliedern einer Institution) wichtige Datenquellen. Die Palette von Studien reicht von Mikroanalysen über verbale und nonverbale Interaktionen bis zu Makrostudien an Schulen über Wochen hinweg.

Der klassenökologische Ansatz findet sich auch unter den fünf Typen von Unterrichtsforschungsansätzen, die von Helmke und Weinert (1997, S. 127) im Bereich der Unterrichtsforschung identifiziert werden. Unter diesen Ansätzen finden sich nomothetisch orientierte (z. B. Prozess-Produkt-Forschung, variablen- und personenorientierte Forschungsansätze) und ökologische und auf das Idiosynkratische fokussierte Richtungen. Die auf Gesetzmäßigkeiten abzielenden Forschungsrichtungen wie die IO- und IPO-Modelle gehen vom Postulat aus, dass ihre Erkenntnisse universelle Gültigkeit haben und vom Kontext und der „Kultur" der Schulklasse unabhängig sind. In den sozial-ökologisch orientierten Zugängen wird hingegen das Klassenzimmer als *„sozial und kulturell organisierte Miniwelt, in der Lehrer und Schüler bei der gemeinsamen ‚Sinnstiftung' zusammenwirken"* (S. 129) konzeptualisiert. Diese Miniwelt gilt es in Analysen von Bedingungsgefügen zur Erklärung von schulischer Leistung zu berücksichtigen.

6.3. Von der psychologischen zur kontextspezifischen Perspektive

Ein sehr komplexes Modell zur Erklärung von schulischen Leistungen wird von Weinert und Helmke (1997, S. 71ff; vgl auch Helmke & Weinert 1997, S. 78ff) vorgelegt. Die Autoren greifen in der Darstellung relevanter Vorgängermodelle auf die Konzepte von Caroll, Bloom, Atkinson und Glaser zurück. Es enthält sowohl sehr distale Faktoren (z. B. das Umfeld der Schule) als auch proximale Faktoren (z. B. Lernprozesse).

Abbildung 41: Determinantenmodell nach Helmke und Weinert (1997, S. 86)

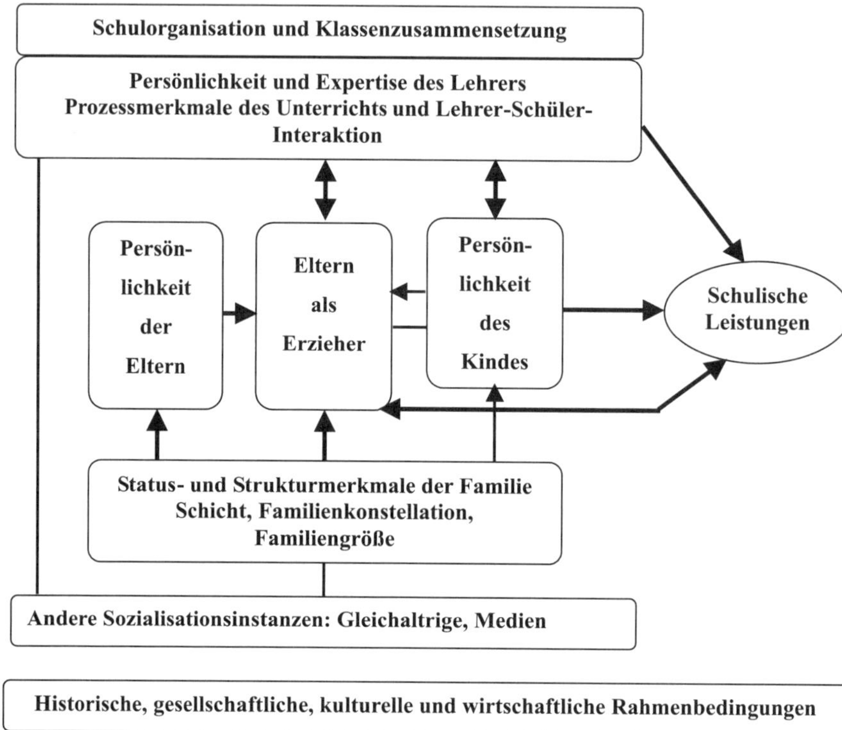

Das Modell von Helmke und Weinert wurde leicht modifiziert dargestellt; es fehlen die Aspekte „Genotyp der Eltern und des Kindes“. Dieses komplexe Modell kann zu einem überschaubaren Sechs-Determinanten-Modell zusammengefasst werden:

1. Schulexterne Determinanten (z. B. historische, gesellschaftliche und wirtschaftliche Rahmenbedingungen; Bildung als ökonomischer Faktor, Bildung als Mittel zum Aufstieg)
2. Schulinterne Determinanten (z. B. selektives oder komprehensives Bildungswesen; Homogenität vs. Heterogenität von Schulklassen als Kontext für das Lernen)
3. Klasseninterne Faktoren (z. B. Klassengröße, multiethnische Klassen)
4. Individuelle Determinanten mit vier Untergruppen: (a) demographische Faktoren wie Alter und Geschlecht; (b) kognitive Faktoren; (c) konative

(volitionale) Faktoren und (d) motivationale Faktoren (z. B. Fähigkeitsselbstbild, Prüfungsangst, Interesse, Einstellung zum Lernen etc.)

5. Familiäre Faktoren (z. B. genetische Determiniertheit, Statusvariable, Stimulation, Instruktion, Motivation und Imitation durch und in der Familie)

6. Unterricht und Lehrerpersönlichkeit (z. B. Unterrichtsstil, intuitive Verhaltenstheorie der Lehrer, Lehrerexpertise, Unterrichtsmanagement, aktiver und lehrerkontrollierter Unterricht, direkte Instruktion; offener und schülerorientierter Unterricht; adaptiver Unterricht)

Das Modell von Weinert und Helmke hat eine starke auf Individuen (Schüler, Eltern und Lehrer) und die Familie bezogene Perspektive bezüglich der Erklärung der Schulleistung. Obwohl auch Prozessmerkmale des Unterrichts und die Lehrer-Schüler-Interaktion berücksichtigt sind, trägt es in Wirklichkeit der sozialen Dimension des Unterrichtsgeschehens nicht Rechnung. Aus systemischer Sicht greift ein solcher Forschungszugang auch zu kurz. Die Fixierung auf das Personale und das Familiale liegt in der Tradition psychologischer Forschung und hat nach Ansicht von Reynolds und Teddlie besonders in Großbritannien zu einer einseitigen Ausrichtung der Forschungsperspektiven geführt:

> *„The hegemony of traditional British educational research, which was oriented to psychological perspectives and an emphasis upon individuals and families as determinants of educational outcomes, created a professional educational research climate somewhat unfriendly to school effectiveness research, as shown by the initially very hostile British reactions to the classic Rutter et al. (1979) study ...“* (Reynolds & Teddlie 2000, S. 14).

Das Modell von Mortimore et al. (1995, S. 17) versucht die Verkürzung auf personale und familiale Variablen durch Hinzunahme des Kontextes zu überwinden.

Abbildung 42: Context-Input-Process-Output (CIPO)-Modell von Scheerens (1990; zit. n. Mortimore et al., 1995, S. 17)

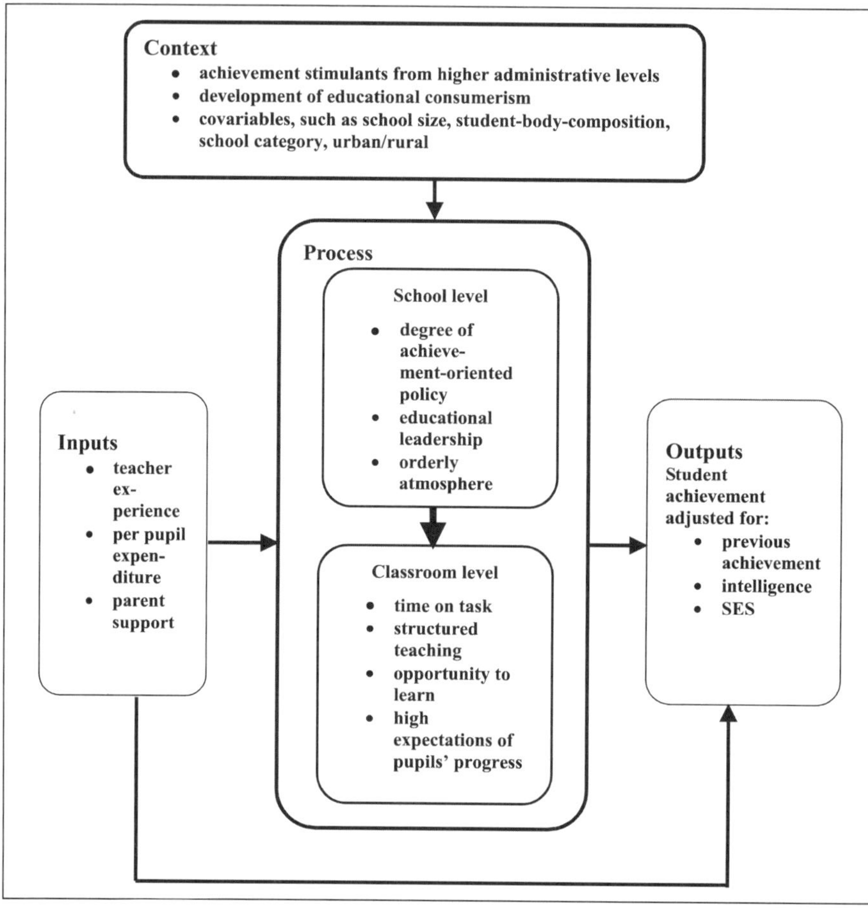

Das Modell von Scheerens kann als integratives Modell bezeichnet werden. Es gleicht strukturell einem CIPO-Modell und integriert klassische Elemente (z. B. Berufserfahrung der Lehrer, Verstärkung, finanzielle Aufwendungen pro Schüler, hohe Leistungserwartungen an Schüler etc.) aus der IO- und IPO-Forschungstradition. Determinantenmodelle zur Erklärung von Schulleistungen sind das Ergebnis theoretischer Überlegungen und verfolgen das Ziel, Ordnung in die Menge der ausgewählten Faktoren zu bringen und das Modell für eine empirische Überprüfung zugänglich zu machen. Es sollte also nicht der umgekehrte Weg beschritten werden, nämlich alle zugänglichen Faktoren zu erheben und dann mittels Empirie Struktur zu schaffen, denn die

> *„Empirie erklärt sich in solchen Fällen nicht aus sich selbst heraus, sondern bedarf der theoretischen Orientierung, um aussagefähig zu werden."* (Helmke & Weinert 1997, S. 75)

Die Determinantenmodelle für Schulleistungen sind im Grunde noch nicht ausgereift. Es gibt aufgrund verschiedener theoretischer Orientierungen zahllose Determinanten für Schulleistung, die – bildlich gesprochen – wie auf einer Bühne kulissenhaft und verschachtelt (S. 75) in unterschiedlicher Distanz zum Zentrum, der Schulleistung, angeordnet sind. Man unterscheidet proximale und distale Determinanten, die miteinander vernetzt sind, aber deren Wirkungsmechanismen vielfach unbekannt sind. Das Ziel von Determinantenmodellen für Schulleistungen ist unter anderem auch, Klarheit darüber zu schaffen, an welchen Variablen Interventionen angesetzt werden können. Die Analyse von Determinanten wird traditionell mit Regressionsanalysen und Strukturgleichungsbildung vorgenommen. In jüngster Zeit werden Kontexte miteinbezogen und Mehrebenenanalysen verwendet.

Die vorliegende Studie möchte größere Datensätze auf die Modellierbarkeit von Determinanten unter der Perspektive eines CIPO-Modells überprüfen.

School Effectiveness Research (SER)

Der Coleman und Plowden Report der späten 60er Jahre stellt die Initialzündung für das Entstehen der SER im angloamerikanisch-niederländischen Bereich dar (Teddlie & Reynolds 2000, S. 26ff) dar. Innerhalb der SER-Community gibt es keine einheitliche Sicht der „Disziplin". Bezugnehmend auf die These der Multioptionalität im Kapitel 1.6 kann man sagen, dass in dieser jungen Disziplin Paradigmenvielfalt herrscht. Dieses Forschungsgebiet hat sich erst im letzten Jahrzehnt wahrnehmbar in den Ländern USA, Australien, Großbritannien und den Niederlanden gut etabliert. Mit dem „International Congress for School Improvement" („ICSEI") hat sich die Forschergemeinde eine professionelle Organisation und mit dem Publikationsorgan „SESI" („School Effectiveness and School Improvement") eine wichtige Kommunikationsform gegeben. Dieses Forschungsgebiet umfasst folgende drei Richtungen (S. 26):

1. *„Studies of school effects"*: Forschungsarbeiten, die versuchen, Inputs und Outputs von Schulen in Beziehung zu setzen, und dabei anspruchsvolle mathematische Modelle verwenden;

2. *„Effective schools' studies"*: Studien, die die Prozesse von effektiven Schulen zum Ziel haben und den Outlier- und Case-Study-Ansatz verfolgen und

3. *„School improvement studies"*: Arbeiten, die die Implementierung und auch den Erfolg von Veränderungsinitiativen in Schulen dokumentieren.

Prototypisch für SER gelten für Reynolds und Teddlie (2000, S. 15) die Studien von Mortimore et al. („School Matters") für den Grundschulbereich und Smith und Tomlinson für die Sekundarstufe. Folgende Forschungsfragen stehen innerhalb der „School Effectiveness"-Forschungsinitiative im Vordergrund (S. 15):

- Stabilität von Schuleffekten über die Zeit
- Vergleichbare Wirkung von Schulen auf kognitive und nicht-kognitive Outcomes in verschiedenen Gegenständen
- Differentielle Effekte von Schulen für unterschiedliche Gruppen (z. B. Minoritäten, Kinder aus benachteiligten gesellschaftlichen Schichten und Kinder mit unterschiedlichen Eintrittsvoraussetzungen)
- Existenz und Größe von Schuleffekten (z. B. Sind die Schuleffekte in der Grundschule größer als in der Sekundarstufe?)
- Fokus auf die „context specificity" (S. 16) von Merkmalen effektiver Schulen im nationalen und internationalen Vergleich. Dies beinhaltet auch die Frage nach dem Nachweis von länderbasierten Kontexteffekten
- Studium ineffektiver Schulen
- Sekundärauswertung von bereits existierenden Datensätzen
- Erforschung der Merkmale von Schulen, die sich verändern und verbessern, und Beschreibung der Initiativen und der Maßnahmen, die dahinter stehen

Nimmt man die obigen drei unterschiedlichen Zugänge zu SER und die Themenliste zusammen, entsteht ein buntes Bild, das noch einer Ordnung und Strukturierung bedarf. Eine Taxonomie aller Gebiete oder eine orientierende Übersicht stehen noch aus (Teddlie & Reynolds 2000, S. 26). Aus diesem Grunde haben Teddlie und Reynolds (S. 32) in einer eigenen Studie die mögliche Forschungsbereiche von SER durch Experten in der wissenschaftlichen Gemeinde einschätzen lassen. Es werden die Ergebnisse von einer zweiten Befragungsrunde (n = 144; Rücklaufquote von 72%) wiedergegeben (S. 33):

- School Change
- Teacher-School Interactions (The Interaction of Teacher and School Effects)
- Context Issues
- Role of Leadership
- Stability / Consistency
- Curriculum Issues
- Methodological Issues
- Variance Issues
- Theory
- Existence / Magnitude Issues
- District / State Effects
- International Studies

Auffallend an dieser Hitliste ist, dass methodologische Themen eher am Ende der Rangreihe liegen und das Interventions- und Veränderungsthema an der Spitze liegt. Nach Durchführung einer Faktorenanalyse wurden zwei große Themenblöcke identifiziert (S. 34).

Tabelle 23: Darstellung der Themenclusterung nach Teddlie und Reynolds (2000, 34ff)

	Block 1
1	School Change
2	Teacher-School Interaction
3	The Role of Leadership
4	Curriculum Issues (School Effects an Curriculum Issues)
5	Context Issues
6	District-State Effects

	Block 2
1	Methodological Issues (e. g. validity, reliability, generalizability etc.)
2	Variance Issues
3	Stability / Consistency Issues
4	Existence / Magnitude Issues
5	Theory
6	International Studies

Mit diesem Ergebnis haben Teddlie und Reynolds (2000, S. 35) eine dichotome Typologie geschaffen. Nach ihrer Ansicht könne man in der SER-Community zwischen „Humanists“ und „Scientists“ unterscheiden. Die einen sind mehr an pädagogischen Themen und Kontextfragen, an der Veränderung von Schulen, an Leitungsfragen und an Curriculumfragen interessiert, während die anderen eher die Methodologie und Forschungsfragen in Zusammenhang mit Effekten für wichtig erachten. Nach weiteren Analysen und Reflexionen fügten die beiden Forscher einen dritten Typus, nämlich den „Pragmatist“ hinzu, der sowohl als Forscher als auch als Praktiker agiert. Dieses Label ist einer Kategorie von Howe nachempfunden (S. 37), der damit Wissenschafter beschreibt, die einerseits von ihrer wissenschaftlichen Orientierung her auf dem Boden des Positivismus stehen und andererseits versuchen, konstruktivistische Positionen zu berücksichtigen.

Die Studie von Teddlie und Reynolds ergab, dass das Interesse der „Pragmatists“ an SER hauptsächlich auf „School Change“ gerichtet ist.

Eine von Teddlie und Reynolds (2000, S 42) entworfene Idealtypologie fasst das Forschungsinteresse folgendermaßen zusammen: Die „Scientists“ bevorzugen Studien zu den Effekten von Schulen, um die relevanten Faktoren und deren Eigenschaften zu identifizieren. Die „Pragmatists“ sind an Studien zu den Effekten von Schulen und an den Implikationen dieses Wissen für die Veränderung von Schulen interessiert. Die „Humanists“ sind an anwendungsorientierten Studien von School-Improvement-Studien interessiert, die die Praxis verändern wollen. Ihr Interesse gilt weniger der Schaffung neuen Wissens in diesem Feld. Der Zugang der „Pragmatists“ wird als *„increasing blend“* eingestuft, weil in dieser Position sowohl die traditionelle Effectiveness-Richtung als auch der Improvement-Ansatz integriert ist (S. 43). Die Zukunft wird in einer stärkeren Synthese, in einem „merger“ oder einer „synergy“ (S. 44) der beiden Richtungen gesehen. Die Louisiana-School-Effectiveness-Studie gilt nach Teddlie und Reynolds (2000, S. 48) als zukunftsweisender Prototyp für eine Synthese und Synergie der beiden Strömungen in der SER, nämlich „Effectiveness“ und „Improvement“.

6.4. Forschungsansätze mit kognitiven und nicht-kognitiven Outcomes

Die bisher referierten Modell fokussieren nur auf die kognitive Komponente der Schülerleistungen. Das Modell von R. C. Gardner und P. D. MacIntyre (1992; 1993) für den Fremdsprachenerwerb berücksichtigt auch nichtsprachliche Komponenten.

Abbildung 43: Gardner-MacIntyre-Modell

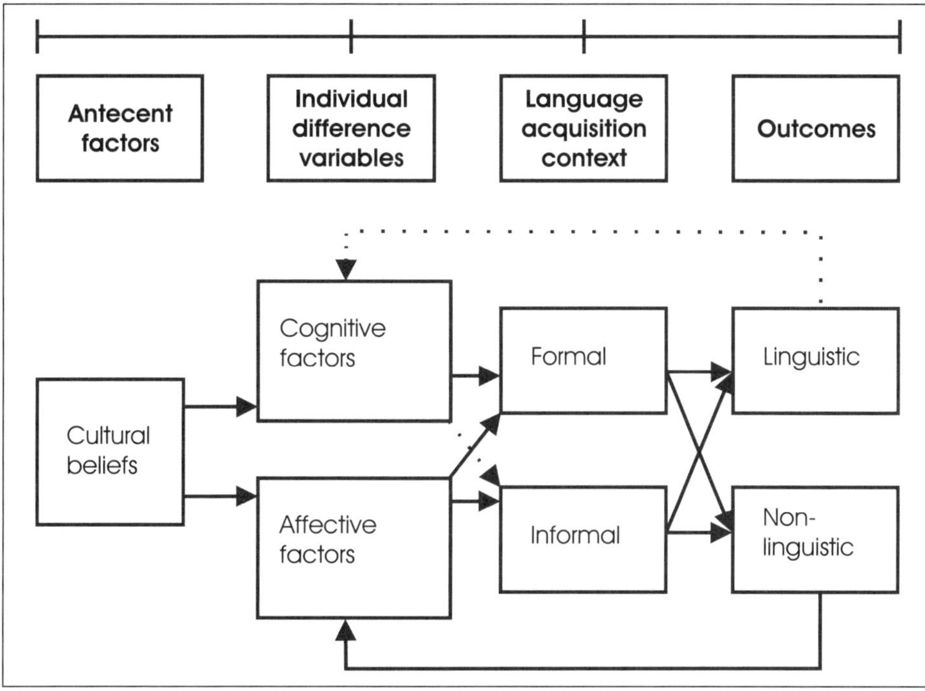

Das Modell enthält vier große Blöcke von Variablen, nämlich das soziokulturelle Milieu, die individuellen Unterschiede, den Kontext des Aneignens von Sprache und die Ergebnisse der Sprachaneignungsprozesse. Für die vorliegende Arbeit wird für dieses Modell sprachlich durch mathematisch ersetzt.

Zu den kognitiven Faktoren zählen die Autoren die Intelligenz, Language Aptitude und Strategies und zu den affektiven Language Attitudes, Motivation und Language Anxiety.

Der formale Lehr- und Lernkontext und die informalen Prozesse einer Schulklasse werden als wichtige Einfußgrößen für kognitive und nicht-kognitive Outcomes erachtet. Deshalb wurde das Modell aufgenommen. Weiters ermutigt es zur Untersuchung von affektiven Wirkungen von Unterricht und zur Identifikation des „Formalen“ und „Informalen“. Es geht sozusagen um den Kontext, in dem Mathematik gelehrt und gelernt wird. Darin ist das systemische Element verborgen.

Das Modell legt eine Überprüfung durch regressions- oder mehrebenenanalytische Verfahren nahe.

Für einige ausgewählte Variable soll das Modell mehrebenenanalytisch überprüft werden, wobei besonders auch den Wirkungen der kognitiven auf die nicht-kognitiven Outcomes nachgespürt wird.

6.5. Unterrichtsforschung aus konstruktivistischer Perspektive

Die konstruktivistische Unterrichtsforschung knüpft an die Tradition der qualitativen Forschung an und markiert einen Perspektivenwechsel von einem behavioralen zu einem epistemologischen Subjektmodell (Krüssel 1993, S. 21). Nach Krüssel ist aber der konstruktivistische Forschungsansatz sowohl von der empirisch-analytischen als auch von der interpretativ-epistemologischen Forschung abzugrenzen, da beide Traditionen von *„der prinzipiellen Möglichkeit einer Übereinstimmung von Wissen und Wirklichkeit ausgehen und den Prozess der wissenschaftlichen Erkenntnis mit Begriffen wie deskriptive Adäquatheit und Approximativität zu beschreiben versuchen“* (Krüssel 1993, S. 6).

Adäquatheit und Approximativität sind Thesen der realistischen Erkenntnisschule, in der die *„Welt als objektive Größe unabhängig von ihrem Erkanntwerden, als seiend anzusehen ist“* (S. 41). In dieser Tradition geht man davon aus, dass mit den Sinnen die Welt „erkannt“ werden kann und deshalb die Sinnesdaten dieser Welt und den Gegenständen entsprechen:

> *„Empirische Forschung wird mit Sinneserfahrung gleichgesetzt und somit zum Maßstab einer richtigen Erkenntnis der Wirklichkeit erhoben. Erkenntnis wird in Sprache ausgedrückt und diese bildet die Welt deskriptiv ab. Das Gehirn arbeitet demnach mit Repräsentationen der Welt.“* (Krüssel 1993, S. 41)

Im erkenntnistheoretischen Idealismus steht das erkennende Subjekt im Mittelpunkt (S. 41). In diesem Denkansatz wird nicht von der Abbildung der Gegenstände durch die Sinne ausgegangen. Die Konstruktionsleistungen des Subjekts sind von Interesse und die Rekonstruktion dieser Konstruktionen ist Gegenstand der Forschung. Das Prinzip der Adäquatheit und Approximativität wird durch das der Viabilität ersetzt (S. 69). Die Rolle der Sprache ist eine völlig andere:

> *„Sprache dient der Orientierung, nicht der Informationsübertragung; sie ist für die Sprechenden konnotativ, nicht denotativ.“* (Krüssel 1993, S. 41)

Der Sprache kommt in diesem Paradigma eine entscheidende Rolle zu, denn damit wird Wirklichkeit erfunden und nicht gefunden (S. 75).

Die konstruktivistische Forschungsperspektive verlagert auch den Status der Blackbox vom Individuum auf die Umwelt (S. 71). Da die Umwelt unbekannt ist, kann unser konstruiertes Wissen und unsere Erkenntnis nur eine viable Erschließung darstellen. Wenn also aufgebaute Strukturen nicht mehr passen, können sie vom Subjekt neu geordnet und angepasst werden, um größere Viabilität zu erreichen. Viabilität wird zur zentralen Kategorie für das konstruktivistisch ausgerichtete wissenschaftliche Arbeiten. Es steht nicht wie bei Popper die Falsifikation im Vordergrund, sondern die *„Verbesserung der Viabilität von Theorien"* (S. 73). Mit der Schlüssel-Schloss-Metapher wird das Prinzip der Viabilität verdeutlicht. Nur das Aufschließen des Schlosses ist relevant und von Interesse. Übertragen auf andere Bereiche bedeutet dies, dass individuelle Konstruktionssysteme *„in eine soziale Umwelt passen können, wenn sie eine brauchbare Orientierung und ein Miteinander ermöglichen"* und *„Theorien passen zur ontischen Wirklichkeit, solange sie nicht auf offenkundige Widersprüche stoßen"* (S. 74).

Es wurden spezielle Methoden entwickelt, um der Forderung nach Rekonstruktion der persönlichen Konstrukte Rechnung tragen zu können. Das Netzwerk-Interview von Fromm wird von Krüssel als geeignete Methode dargestellt, mit dem ein Forschungsdialog auf der Basis des Primats der Verständigung zwischen interagierenden Kommunikationspartnern realisiert werden kann:

> *„Von dieser Methode ausgehend soll beispielhaft ein Design konstruktivistisch-empirischer Lehr-Lern-Forschung entwickelt werden. Unter einer konstruktivistischen Perspektive wird der Forschungsprozess analog zum Modell individueller Erfahrungsbildung und intersubjektiver Verständigung als ein sozialer Prozess konzeptualisiert und das Interesse bezieht sich vorrangig auf eine idiographische Modellbildung mit vorläufigem Charakter."* (Krüssel 1993, S. 9)

Im Zentrum der konstruktivistischen Unterrichtsforschung stehen produktiv realitätsverarbeitende und konstruierende Subjekte (S. 189), nämlich Schüler und Lehrer. Wenn Individuen Wirklichkeiten konstruieren, kann dies auf zweifache Art und Weise geschehen. Es entstehen Wirklichkeiten erster Ordnung (diese sind die „offiziellen" Wirklichkeiten) und Wirklichkeiten zweiter Ordnung (das sind die persönlichen, gruppenspezifischen und gesellschaftlichen Zuschreibungen) (S. 183). Konstruktivistische Forschung postuliert nicht die Existenz einer Ordnung; von Interesse ist die Entstehung von Wirklichkeit. Eine *„konstruktivistisch-erziehungswissenschaftliche*

Forschung" setzt sich die *„Re-Konstruktion individueller Wirklichkeiten"* (S. 184) zum Ziel. Als zweiter Forschungszweig wird die *„Analyse der Erschaffung und Verfestigung ‚pädagogischer' Wirklichkeiten durch Theorie und Forschung"* (S. 184) angeführt. In Rahmen dieser Forschungsfragen wird gefragt, welche Theorie welche Wirklichkeit schafft oder welche Konsequenzen z. B. die konstruierenden Aktivitäten wie Nominalisierungen und Etikettierungen haben. Der konstruktivistische Forschungsansatz ist an der Sicht und an den Erfahrungen der Betroffenen am Unterrichtsgeschehen interessiert und versucht, die Subjekt-Objekt-Beziehung anderer Forschungsansätze zu vermeiden. Dieser ist konsequent beobachterabhängig konzeptualisiert. Der Schüler wird zum Beobachter des Lehr- und Lerngeschehens; seine Perspektive ist relevant. Konstruktivistische Unterrichtsforschung ist nicht empirisch-analytisch ausgerichtet, nicht nomothetisch orientiert und beobachter- und subjektorientiert.

> *„Der Begriff ‚Subjektivität' erfährt damit in der konstruktivistischen Theorie eine durchaus positive Konnotation und wird mit der epistomologischen Figur des ‚Beobachters' bei der Erklärung des wissenschaftlichen Erkenntnisweges berücksichtigt."* (Krüssel 1993, S. 191)

Ein weiteres wichtiges Forschungsfeld in einem konsequent subjektivitätsorientierten und konstruktivistischen Verständnis stellen die Rekonstruktionen menschlicher Denkfehler beim Lösen von Problemen dar.

Forschungsergebnisse zu Verzerrungen des menschlichen Denkens

Konstruktivisten sehen falsche Denkergebnisse als Missinterpretationen oder Misskonstrukte von Individuen an. Tversky und Kahneman (zit. n. H. Gardner 1989, S. 388) haben sich in ihren Forschungsarbeiten mit solchen Verzerrungen des menschlichen Denkens befasst. Auf die Frage, welche Sequenz von Kopf (K) oder Zahl (Z) beim Aufwerfen von Münzen unüblicher ist, KKKZZZ oder KZKKZZ, antworteten die meisten, dass die erste unüblicher ist. Weil Unregelmäßigkeit ein wesentliches Merkmal von Zufall ist, scheint eine unregelmäßige Folge wahrscheinlicher als eine regelmäßige zu sein. Tatsächlich sind aber beide Kombinationen gleich wahrscheinlich. Für die Kognitionsforscher liefern solche Aufgabenstellungen und deren Ergebnisse wichtige Hinweise, wie Wissen entsteht und wie Menschen im täglichen Leben Schlüsse ziehen.

Papert (1980), der Erfinder der „Igelgeometrie" und des Programms LOGO, ließ Kinder mit dem „Igel" (ein zu einem Dreieck umgestalteter Cursor am Bildschirm) am Computer Häuser zeichnen. Einem Quadrat oder Rechteck sollte ein Dreieck so aufgesetzt werden, dass die Form ein Haus darstellt.

Manche junge Programmierer haben den Igel so auf die Reise geschickt, dass das Dach entweder an eine Seitenwand angefügt wurde oder in das Quadrat hineingeklappt wurde (siehe Abbildung 44). Sie haben also „fehlerhaft" programmiert, d. h. einen „bug" (= Fehler) kreiert.

Abbildung 44: Beispiele von „Bugs" nach Papert (1980, S. 20)

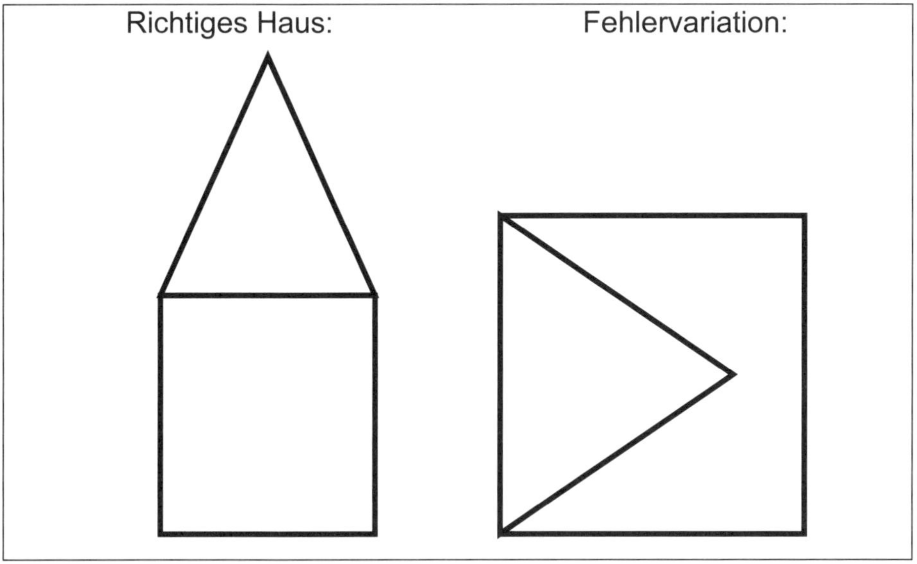

Im S-R-basierten Unterricht wäre der Fehler auf mangelhafte Assoziation, zu wenig Drill oder zu wenig Verstärkung zurückgeführt worden. Papert plädiert hingegen für einen neuen Ansatz der Fehlerbetrachtung: „bugs" sind nach seiner Meinung für das Verstehen von Denkprozessen von Kindern wichtig. „Debugging" ist ebenso wichtig wie das Lernen oder Programmieren selbst. Nicht der Lehrende sollte den Debugging-Prozess ausführen, sondern der Lernende selbst (Papert 1980, S. 120) sollte seine Fehler erforschen, mit Peers diskutieren und berichtigen. Schülerfehler werden somit nicht Gegenstand von ausgefeilten Shapingstrategien, in denen nach der Diagnose weitere Arbeitsmaterialien (meist Arbeits- und Übungsblätter) dargeboten werden.

6.6. Zusammenfassung

In diesem Kapitel wurde versucht, einen Überblick über verschiedene Strömungen in der Unterrichtsforschung zu geben.

Es wurden sowohl quantitative (IO, PO- und IPO-Ansätze) als auch qualitative Modelle (Cognition- und Ecology-Ansätze) referiert und die Weiterentwicklung der Schul- und Unterrichtsforschung zur Kontextorientierung aufgezeigt.

Zur Charakterisierung der unterschiedlichen Ansätze wurde die Typologie von Reynolds und Teddlie (2000) aus dem „International Handbook of School Effectiveness Research" verwendet und der Typologie von Koehler (1992, S. 155ff) aus dem „Handbook of Research on Mathematics Teaching" gegenübergestellt. Von Koehler werden in diesem Handbuchartikel drei Zyklen in der Schul- und Unterrichtsforschung unterschieden:

> *„The first cycle focused on teacher personality and characteristics, the second cycle focused on teacher-student interaction, and the third cycle focused on student attention and the content students mastered."* (Koehler 1992, S. 115)

Die Kontextorientierung ist in diesem Zyklenmodell noch nicht enthalten. Sie kann als neue Phase (oder Zyklus) in der Schul- und Unterrichtsforschung bezeichnet werden.

Nach IO-, PO- oder IPO-Modellen wurden in der Vergangenheit zahllose Untersuchungen durchgeführt. Die Ergebnisse aus all diesen Untersuchungen haben nicht die erwünschte Klarheit bezüglich der relevanten Determinanten für schulische Leistungen erbracht:

> *„Wie bei Wirkungsanalysen isolierter, also dekontextualisierter Lern- und Leistungsbedingungen nicht anders zu erwarten, sind die Ergebnisse von Untersuchung zu Untersuchung oft instabil, zum Teil widersprüchlich und in den meisten Fällen theoretisch enttäuschend. Das belegen auch die vorliegenden Metaanalysen. Sie ergeben im Durchschnitt schwache bis sehr schwache Zusammenhänge zwischen einzelnen Schüler-, Unterrichts und Kontextvariablen auf der einen und Indikatoren der Schulleistung auf der anderen Seite."* (Helmke & Weinert 1997, S. 73)

Helmke und Weinert untermauern ihre Schlussfolgerung mit den geringen Effektstärken, die Fraser et al. (1987; zit. n. Helmke & Weinert, 1997, S. 77) aus 137 Metaanalysen über 7 827 Einzelstudien ermittelte. Es gibt eine Reihe von Gründen für diese unbefriedigende Situation. Neben der oben erwähnten Dekontextualisierung sind es ungelöste Probleme mit der Konfundierung wichtiger Variablen. Helmke und Weinert (1997, S. 100) nennen als Beispiel die Konfundierung zwischen Lebensalter und kognitiver Entwicklung von Kindern und Jugendlichen, so dass es schwer fällt, diese Variablen zu separieren. Konfundierungen treten auch aufgrund zirkulärer Prozesse auf. Als Beispiel könnte der Mechanismus der sich-selbst-erfüllenden Prophezeiung genannt werden, wenn die Zukunft auf die Gegenwart und umgekehrt wirkt. So dürfte die hohen Erwartungen für einen Schüler und das Drannehmen im Unterricht im höchsten Maß konfundiert sein. Konfundierungen treten auch bei indirekten Wirkmechanismen auf.

Dies bedeutet, dass in der Schul- und Unterrichtsforschung neue Wege beschritten werden sollten. Von Helmke und Weinert wird eingemahnt, dass künftige Forschungsaktivitäten über das Prozess-Produkt-Paradigma hinausgehen sollten (Helmke & Weinert 1997, S. 152). Ein Mehrwert wird in der Schul- und Unterrichstforschung dann entstehen, wenn die *„Kontext-, Bereichs- und Altersspezifität“* (S. 146) entsprechend berücksichtigt wird. Sie wenden sich gegen eine einseitige Sichtweise, dergemäß Forschung auf *„der Ebene individueller Schüler und ihren schulischen Leistungen“* angelegt ist (S. 144) und *„den systemischen Charakter des Unterrichts“* vernachlässigt.

Die Fokussierung auf Kontexte entspricht einerseits neuen theoretischen Perspektiven über den Stellenwert von Schulen und Schulklassen zur Erklärung von Schulleistung und neueren Tendenzen in der Schul- und Unterrichtsforschung auf mehrebenenanalytischer Basis.

Die Kontextorientierung stellt deshalb auch eine Grundorientierung der vorliegenden Studie dar.

7 DIE BERÜCKSICHTIGUNG VON KONTEXTEN IN DER UNTERRICHTSFORSCHUNG – DAS FISK-MODELL

Seit dem Zeitpunkt, als die Gesellschaft die Unterweisung der Heranwachsenden in ein eigenes System ausgelagert hat, stellt man sich die Frage, wie denn diese Institution strukturiert sein und funktionieren soll, damit sie ihren Zweck erfüllt.

Ausgehend vom anthropologischen Grundsatz, dass der Mensch auf Erziehung und Unterrichtung angewiesen ist, stellen Petersen und Reinert (2001, S. 33) fest, dass es zu einem der wichtigen Bereiche menschlicher Tätigkeit – und somit auch von Didaktik und Wissenschaft – gehört, zu ergründen, was Erziehung und Unterrichtung erschwert, behindert oder gar unmöglich macht. Auch in der neueren Unterrichtsforschung gelten die klassischen Fragen, etwa mit welchen Mitteln welche Ergebnisse erzielt werden können (z. B. mehr Qualität, höhere Schulleistungen, günstigere affektive Wirkungen von Schule etc.). Die allgemein gestellte Frage nach dem Stellenwert förderlicher und / oder hemmender Bedingungen von Unterrichts- und Erziehungsarbeit hat viele Modelle von bestimmenden Faktoren für die Auswirkungen von Erziehungs- und Unterrichtsbemühungen und vielfältigste Forschungsbemühungen hervorgebracht. Blickt man die letzten 40 Jahre zurück, bekam man auf Fragen nach den hinderlichen und / oder förderlichen Bedingungen schulischer Leistungen sehr unterschiedliche Antworten. Cronbach hat diesen Umstand in folgende markante Aussage verpackt:

> *„The majority of studies of educational effects – whether classroom experiments or evaluations of programs, or surveys – have collected and analysed data in ways that conceal more than they reveal.“* (zit. n. Kennedy & Mandeville 2000, S. 189)

Durch die Forschungsaktivitäten (und den damit zusammenhängenden Datenanalysen) wurde also mehr verborgen als enthüllt. Zu den methodologischen und theoretischen Mängeln trat in den 60er Jahren eine ideologische Orientierung. Bestimmte Forscher waren sich darüber einig, dass die Schule wenig auszurichten vermag. Zwei Jahrzehnte später schlug das Pendel zugunsten der Schule aus. Dass Schulen etwas bewirken können, haben Eltern „immer gewusst“ und auch darauf reagiert, indem sie, wenn es möglich war, ihre Kinder in die Schulen schickten, von denen sie überzeugt waren, dass sie gute Bildung anbieten. Nur die Wissenschaft hat mit der schulpessimistischen Position der 60er Jahre, Schule könne nichts bewirken, ein anderes Paradigma verfolgt. Man könnte auch sagen, dass diese wissenschaftliche Position die Schule als nicht wirksame *„black box“*

(Raudenbusch 1991, S. 4) betrachtet hat. Wichtige Studien haben in den späten 70er Jahren die Wende in der Schulwirksamkeitsforschung gebracht. Von Reynolds und Teddlie (2000, S. 15) werden diesbezüglich die Mortimore-Studie für die Grundschule und die Studien von Smith und Tomlinson für die Sekundarstufe genannt. Mit diesen Studien kam ein nachhaltiger Paradigmenwechsel für die Schulwirksamkeitsforschung in den 80er Jahren.

Fasst man die in Kapitel 6 dargestellten Modelle zur Unterrichtsforschung zusammen, kann man im Grunde drei große Faktorenbereiche (oder Variablenbündel) unterscheiden, die Einfluss auf die schulische Leistung ausüben.

Abbildung 45: Modell zur Voraussage von schulischen Leistungen (Schwetz 2001b, S. 8)

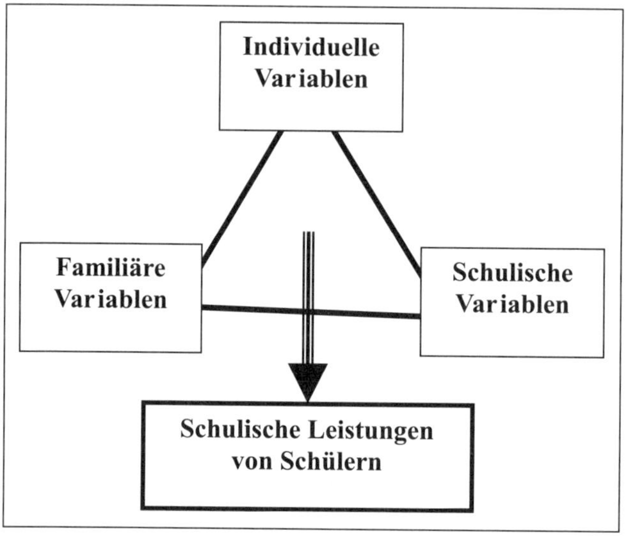

Je nach Zeitgeist und / oder vorherrschendem Paradigma wurde eine Determinantengruppe vernachlässigt und dafür eine andere als essentiell betrachtet. Die im Kapitel 6 beschriebenen Modelle blenden je nach Orientierung bestimmte Variablengruppen aus. In der Periode des „Schulpessimismus amerikanischer Prägung“ der 60er Jahre wurde in überzeugter Weise die Schule als Determinante geringgeschätzt und dem familiären und sozialen Background die weitaus höhere Bedeutung beigemessen.

„*... Jencks et al. (1972) concluded that school variables accounted for a mere 2 to 3 per cent of the variance, a figure far below the estimated 50 percent attributable to family background.*“ (Mortimore et al. 1989, S. 185)

Eine verkürzte theoretische Perspektive hat das Forschungsgeschehen bestimmt. Das wird auch von Reynolds und Teddlie (2000, S. 14) bestätigt; sie sehen in der intellektuellen Hegemonie familien- und gesellschaftsbezogener Erklärungsmuster der Erziehbarkeit von Kindern der damaligen Zeit den Grund, warum Schule erst sehr langsam und spät als Variable zur Erklärung von Schülerleistungen akzeptiert wurde.

Es stellt sich nun die Frage, ob es der Wissenschaft gelungen ist, Licht in das Dunkel der hinderlichen und förderlichen Bedingungen für Erziehung und Unterricht zu bringen. Wenn man dazu die Abhandlung von Helmke und Weinert (1997, S. 71ff) zum Thema „Bedingungsfaktoren schulischer Leistungen“ zusammenfasst, kommt aus folgenden Gründen ein Stück resignativer Stimmung auf:

- Die Lehr- und Lernforschung befindet sich in einer Krise (S. 137).
- Der Einfluss wissenschaftlicher Unterrichtstheorien ist marginal, und die Bedeutung des Unterrichts für die psychische Entwicklung wie für die kognitiven Leistungen der Schüler konnte bislang nicht überzeugend nachgewiesen werden (S. 137ff).
- Es gibt zu viele theoriearme Kollektionen von Bedingungsfaktoren (S. 99).
- Die Wirkmechanismen der Bedingungsfaktoren sind ungeklärt (S. 75).
- Die Ergebnisse aus isolierten und dekontextualisierten Wirkungsanalysen von Bedingungsfaktoren sind instabil, widersprüchlich und *„in den meisten Fällen theoretisch enttäuschend“* (S. 73).
- Es gibt keinen Konsens darüber, welches „Ergebnis“ (welche pädagogische Erfolgskriterien) man meint, wenn man über das Gelingen von Erziehungs- und Unterrichtsbemühungen diskutiert (S. 75 und S. 91).
- Die Konfundierungsprobleme der vielen distalen und proximalen Bedingungsfaktoren sind weitgehend ungeklärt (S. 100).
- Die Auswertung von Daten durch Regressionsanalysen auf der Individualebene greift zu kurz, da die Regressionskoeffizienten (die Regressionskonstante und der Steigungskoeffizient) zwischen den Aggregateinheiten nicht variieren können.
- Die Hauptkritik am Individualebenenmodell ist aber, dass es den Mehrebenencharakter der Daten unterschlägt.

- *„Die Koeffizienten der Regression auf Individualebene sind ... eine ‚uninterpretierbare Mischung' der tatsächlich wirksamen Bedingungen innerhalb und zwischen den Aggregateinheiten."* (Ditton 1998, S. 33)
- Mit Standard-Regressionen werden fehlerhafte Schätzungen vorgenommen.

Man weiß bereits sehr viel, aber das Viel ist nicht überzeugend genug. Auf die Metaanalysen von Fraser zurückgreifend kommen Helmke und Weinert zum Schluss, dass die Effektstärken gering sind und *„dass alle Bedingungsfaktoren gewisse, aber durchwegs schwache Einflüsse auf die Schulleistung haben"* (Weinert & Helmke 1997, S. 77). Es stellt sich die Frage, wie denn künftig Forschung angelegt und gestaltet sein müsste, um zu Ansätzen mit einem Mehrwert und zu Lösungen zweiter Ordnung, die über IO- oder IPO-Replikationen hinausgehen, zu gelangen. Wiederum auf die Darstellung *„Bedingungsfaktoren schulischer Leistungen"* von Helmke und Weinert (S. 71ff) zurückgreifend ergibt sich folgender Anforderungskatalog für künftige anspruchsvolle Forschungsvorhaben:

- Kontextorientierung (S. 94) und Auswertung der Daten mit der Mehrebenenanalyse
- Längsschnittstudien (S. 99) unter Berücksichtigung von Kontexten
- Theoretische Rekonzeptualisierung des Lernenden vom passiven Rezipienten zum aktiven und konstruktiven Informationsverarbeiter (S. 109)
- Berücksichtigung des systemischen Charakters von Unterricht (S. 144)
- Berücksichtigung der Schüler als kompetente Beurteilende und Wahrnehmende von Unterricht (Gruehn 2000, S. 93)
- Mehr Augenmerk auf geeignete Veränderungsmaße und Berücksichtigung der hierarchischen Struktur *„von im schulischen Kontext gewonnenen Längsschnittsdaten"* (Köller 1996, S. 181) berücksichtigen.

Die Bedeutung von Kontexten als Prädiktoren wird in der neueren Literatur zur Unterrichtsforschung immer öfter unterstrichen, obwohl deren Nachweis vielfach nicht geführt wurde.

Das in Abbildung 46 dargestellte Grundmuster ist besonders im Modell von Helmke und Schrader (1998, S. 60) sichtbar. In ihrem Beitrag für das „Handbuch Pädagogische Psychologie" (Rost 1998, S. 60) fassen sie die Determinanten für Schulleistung in drei Klassen zusammen:

1. Individuelle Determinanten mit den beiden Untergruppen kognitive (z. B. Intelligenz, Lernstile, Lernstrategien, Arbeitsverhalten, Handlungskontrolle etc.) und motivatonale Faktoren (Kontrollüberzeugungen, Interesse, Anstrengungsvermeidung, intrinsische und extrinsische Motivation etc.)
2. Familiäre Determinanten (z. B. Schichtzugehörigkeit, Familienkonstellation, Berufstätigkeit der Mutter, Stimulation durch das Elternhaus, Motivation durch das Elternhaus, Modellfunktion etc.)
3. Rolle des Unterrichts (z. B. Unterrichtsqualität, Lehrermerkmale, Unterrichtsstile, Unterrichtsprogramme etc.)

Die Determinante Unterricht wird in zwei Unterklassen aufgespalten:

1. „Lehrermerkmale, Unterrichtsstile, Unterrichtsprogramme" (S. 63) und
2. „komplexe Unterrichtseffekte" (S. 64)

Unter der Überschrift „Komplexe Unterrichtseffekte" werden zwei Untergruppen – „Systemischer Charakter des Unterrichts und seiner Effekte" und „Kontexteffekte" – von neuen Determinanten genannt:

> *„Die Perspektive, Merkmale des Unterrichts und der Schulklasse als Kontextvariable zu betrachten, die den Einfluss individueller Determinanten der Schulleistung moderiert, ist relativ neu, und die Ergebnisse solcher kontext- und klassenspezifischer Analysen stellen liebgewonnene (etwa die von der universellen, kontextunspezifischen Geltung von Prädiktor-Schulleistung-Zusammenhängen) ernsthaft in Frage."* (Helmke & Schrader 1998, S. 64ff)

Durch Erweiterung des FIS-Modells um die Komponenten „systemischer Charakter" und „Kontexte" entsteht ein neues Modell, nämlich das FISK-Modell (mit Familienvariablen, Individualvariablen, Schulvariablen und Kontexten).

Abbildung 46: Erweitertes Modell zur Voraussage von schulischen Leistungen; FISK-Modell (Schwetz 2001b, S. 9)

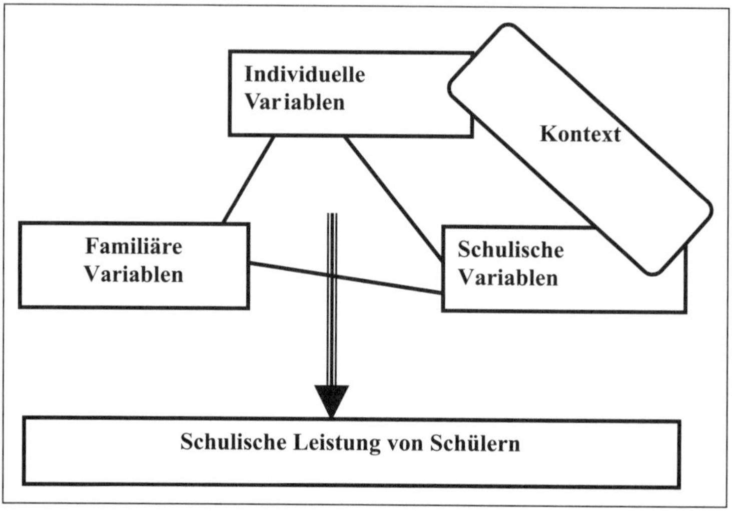

Das FISK-Modell hat Ähnlichkeit mit dem Modell von Biggs und Moore (1993; zit. n. Watkins, Carnell, Lodge & Whalley 1996, S. 1). Allerdings fehlen dem Biggs-Moore-Modell die Backgroundvariablen. Es enthält neben individuellen Variablen und deren Wechselwirkungen auch Kontexte und kann als zirkuläres Modell bezeichnet werden.

Die Autoren stellen dazu fest:

> *„Note that this is not a linear mechanical model."* (S. 2)

Es vereint Elemente aus der IPO-Tradition und neueren Denkansätzen, nämlich der Kontextfokussierung. Die Schlankheit des Modells macht eine Überprüfung leichter möglich. Für die Bereiche a, b und c (Abbildung 47) werden entsprechende Operatonalisierungen vorgenommen werden.

Abbildung 47: CIPO-Modell nach Biggs und Moore

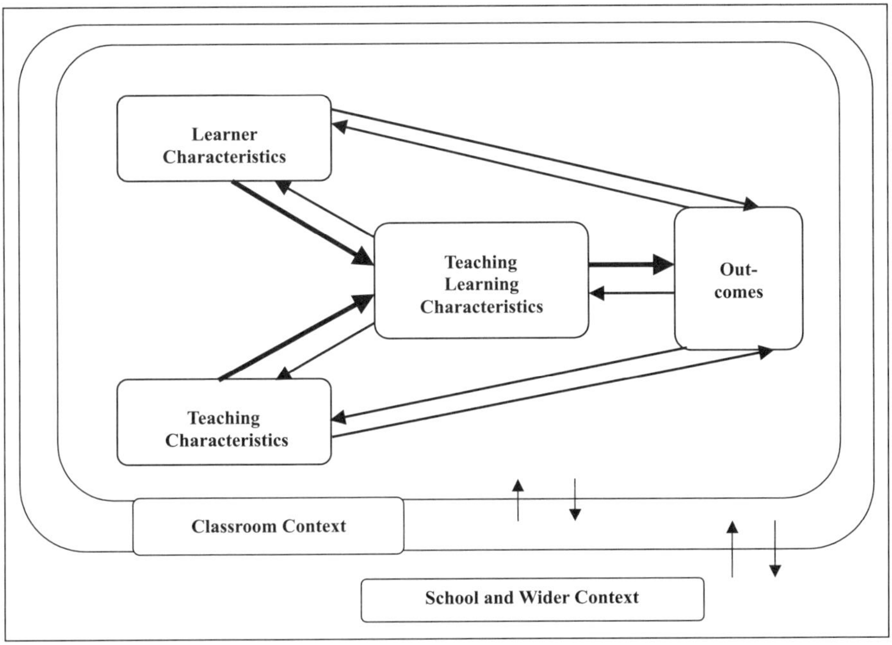

Von der Struktur lässt sich das Modell regressionsanalytisch überprüfen. Durch die Hinzunahme der Kontexte geht das Modell über die Regressionsanalyse hinaus; dieses Modell kann nur mehrebenenanalytisch überprüft werden.

Das Dreiecks-Modell wurde auch im Rahmen der PISA-Studie zur Erklärung von Schülerleistungen verwendet (Haider & Reiter 2001, S. 80). Es wird deshalb näher erläutert, weil es für die Strukturierung der Auswertungen in der vorliegenden Studie zum Einsatz kommt. Für die individuellen Kontextvariablen wurden die Konstrukte *„Freude am Lesen"* (Beispielitem: *„Lesen ist mein liebstes Hobby."*) (S. 83), *„Interesse an vielfältigem Lesestoff"* (Beispielitem: *„Wie oft liest du Comic-Hefte oder Sachbücher?"*) (S. 83), *„kulturelle Aktivitäten"* (Beispielitem: *„Wie oft hast du im letzten Jahr ein Museum oder eine Kunstausstellung besucht?"*) (S. 87) und „außerschulisches Lernen" (Beispielitem: *„Wie viel Zeit brauchst du im Durchschnitt jede Woche für Hausübungen und Lernen in Deutsch, Mathematik usw.?"*) (S. 89) festgelegt. Die Konstrukte „familiäre Förderung" (Beispielitem: *„Wie oft unterstützen dich die folgenden Personen (Vater, Mutter, Geschwister) bei Hausübungen, Projekten oder anderen Arbeiten für die*

Schule?") (S. 91), „familiäre Kommunikation" (Beispielitem: *„Wie oft kommt es im Allgemeinen vor, dass deine Eltern mit dir über politische oder soziale Fragen diskutieren?"*) (S. 87), Schulbildung der Eltern und familiäre Strukturen wurden als Prädiktoren der Determinantengruppe „familiäre Kontextvariablen" zugeordnet. Als schulische Prädiktoren wurden die „Leistungsanforderungen im Deutschunterricht" (Beispielitem: *„Unser Lehrer / unsere Lehrerin will, dass wir uns richtig anstrengen."*) (S. 98) und die Variable „Schulautonomie" als relevant erachtet.

Abbildung 48: PISA-„Dreieck" zur Erklärung von Schülerleistungen (Haider & Reiter 2001, S. 80)

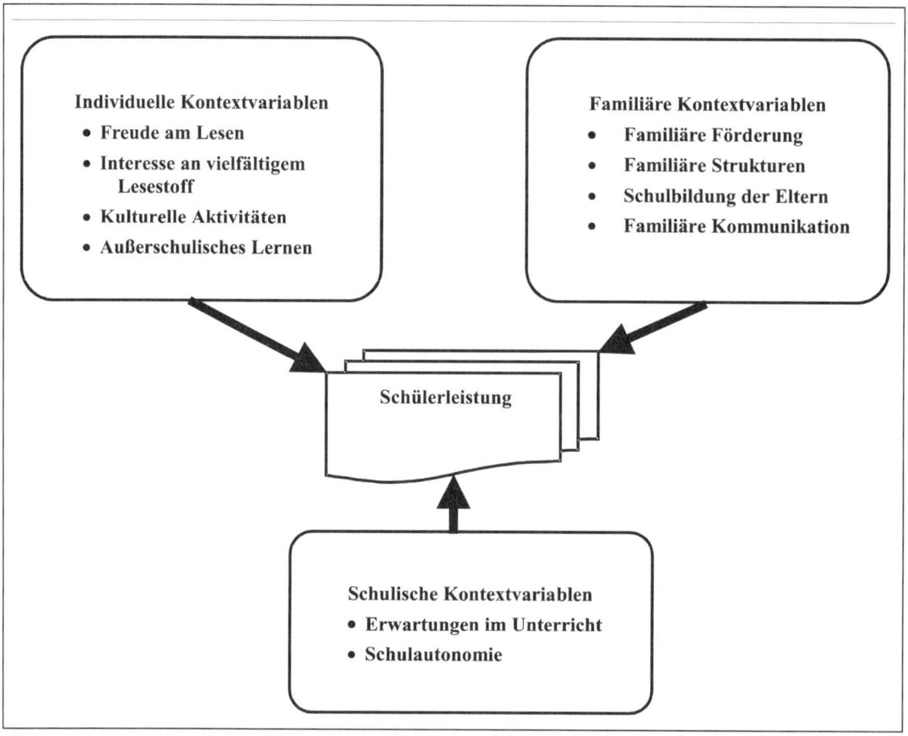

Zusammenfassung

Es wurde bereits ausführlich dargelegt, wie sich in der Forschung und der bildungspolitischer Diskussion der Fokus von der schulpessimistischen Position – (Schulen haben keine Wirkung) – und über die Systemfrage – (gegliedertes versus komprehensives System) – auf die Schule als wirksamer Einheit verlagert hat.

Es ist eigentlich nur konsequent, wenn diese Fokussierung auf die Schule auch auf die Schulklasse im Besonderen gerichtet wird.

In nächsten Kapitel wird die These diskutiert, ob Schulen und Schulklassen als Kontexte relevante Determinanten für Schülerleistungen darstellen können.

Der Aufbruch zu neuen Ufern in dieser Studie besteht in der Berücksichtigung von Situationen in der Unterrichtsforschung, der Überprüfung von Kontexten als Prädiktoren und von Wechselwirkungen zwischen kontextuellen Variablen und Individualvariablen für eine ausgewählte Responsevariable aus dem Bereich des deklarativen Wissens.

7.1. Schulklassen und Schulen sind eigene Entitäten

Schulklassen und Schulen sind nicht nur aus formalrechtlichen und organisatorischen Gründen eigene Entitäten. In diesen schulorganisatorischen Einheiten werden mit dem Beginn der „Gründung" über Kommunikation und Interaktion Eigenleben geschaffen und Grenzen gegenüber der Umwelt aufgerichtet. Schulklassen können als soziale Systeme verstanden werden, die mit einem formalrechtlichen Akt entstehen und sich mittels Kommunikation und Interaktion dann immer wieder selbst erschaffen und erhalten. Mit der Einrichtung von Klassen setzt ein Schulsystem vor Ort Ausdifferenzierungsmaßnahmen (siehe Kapitel 1.2). Ähnlich wie in Familiensystemen entsteht über die Ausbildung von spezifischen Beziehungsregeln (Watzlawick 1982, S. 128) und Kommunikationsmustern ein Eigenleben. Über weitere formalorganisatorische Maßnahmen (z. B. Zuweisung eines Klassenzimmers und eines Klassenlehrers in der Grundschule oder eines Klassenvorstandes in der Sekundarstufe I und II etc.) werden „Grenzen" zur Umwelt gezogen. An der alltagssprachlichen Formel „Wir da – und die da!" kann abgelesen werden, dass sich Systeme voneinander abgrenzen wollen. Dies trifft sowohl für Klassen als auch für Schulen zu. Formaloperative Entscheidungen sind Grenzziehungsmaßnahmen (Willke 2000, S. 57), durch die definiert wird, *„was ausgeschlossen wird"* (siehe Kapitel 3.2).

Die Darstellung in Abbildung 49 veranschaulicht das Ergebnis des Prozesses der Ausdifferenzierung in unterscheidbare Subsysteme. Dieser Prozess ist auch begleitet von einer Hierarchisierung der Subsysteme:

> *„School education provides a clear example of a system in which individuals are subject to influences of grouping. Pupils learn in classes; classes are taught within schools; and schools may be administered within local authorities or school boards. The units in such a system lie at four different levels of hierarchy."* (Woodhouse 1992, S. 9)

Bei Stichproben in „Zusammenhang von schülerperzipierter Lernumweltwahrnehmungen und schulischem Lernen“ handelt es sich immer um „geschachtelte Datensätze“ (Gruehn 2000, S. 152), für die „entsprechende statistische Auswertungsverfahren“ (S. 152) erforderlich sind. Es sind bei der Analyse (S. 152) unterschiedliche Analyse- und Interpretationsebenen zu berücksichtigen.

Abbildung 49: Schulklassen als ausdifferenzierte Einheiten im Bildungswesen (Schwetz 2001b, S. 10)

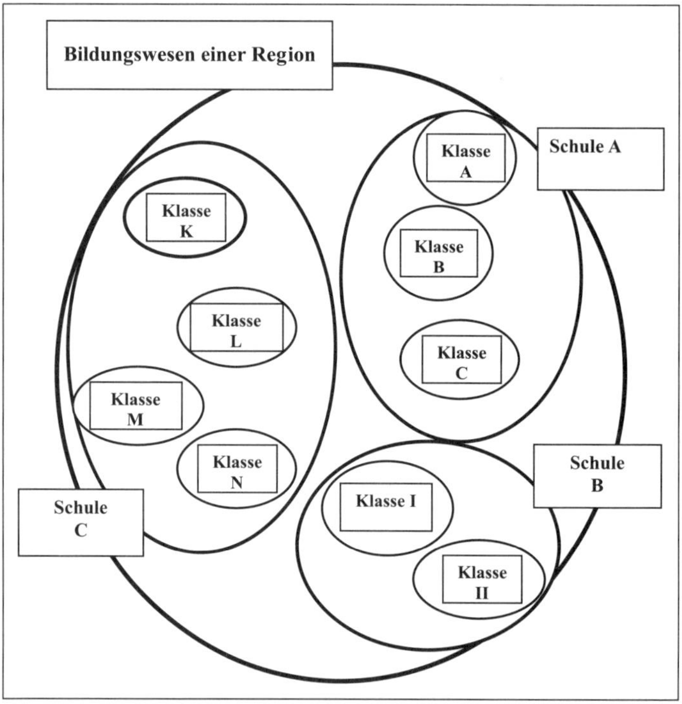

Weitere Impulse zur Ausdifferenzierung von Schulen erfolgen durch die Aufforderung zur Erstellung von Leitbildern und Schulprogrammen durch die Schulbürokratie. Über Maßnahmen zur Identitätsbildung und über Markenbildungsprozesse wird die Unterschiedlichkeit von Subsystemen im System verstärkt. Formaloperative Entscheidungen für Schulklassen, identitätsstiftende Maßnahmen für Schulen etc. sind Auslöser und Verstärker entitätserzeugender Subsysteme. Damit beginnen sich erste Strukturen herauszubilden, und über autopoietische sowie selbstreferenzielle Prozesse entstehen – vergleichbar der Kristallbildung – eigene Systeme. Durch Kommunikation und Interaktion entsteht – oftmals für Gruppenmitglieder nicht wahrnehmbar – ein unverwechselbares Innenleben, das nach einem Gleichgewicht (Homöostasis) strebt (Watzlawick 1982, S. 128). Über Rückkoppelungsmechanismen wird die Kommunikations- und Interaktionsstruktur gefestigt; Schulklassen oder Schulen werden durch Kommunikation (Willke, 2000, S. 61) zu sozialen Systemen. Formaloperative Ausdifferenzierungsmaßnahmen für Schulklassen erfahren in österreichischen Hauptschulen durch die Leistungsgruppenbildung einen weiteren Ausdifferenzierungsschub.

Ausdifferenzierungsprozesse aus der Perspektive der Theorie nach Homans

Es laufen formelle und informelle Ausdifferenzierungsprozesse nebeneinander (Homans 1978; 1981), die zu Gruppenbildungen im System Schulklasse führen. Auf die zahlreiche Literatur zur Schulklasse als Gruppe soll nicht weiter eingegangen werden. Lediglich der Ansatz von Homans soll stellvertretend angeführt werden, da davon schlüssige Argumente für die Begründung von Schulklassen und Schulen als Systeme zu erwarten sind. Die folgende Darstellung nimmt Bezug auf die beiden Publikationen *„Theorie der sozialen Gruppe“* (Homans 1978) und *„Elementarformen sozialen Verhaltens“* (Homans 1981). Es sollen nur jene Aspekte der Theorie von Homans dargestellt werden, mit denen formale Einheiten (z. B. Schulklasse, Schule etc.) als Systeme begründet werden können, die dann auch empirisch nachweisbar sein müssten. Homans wollte allgemeine Aussagen über menschliches Verhalten formulieren, das in möglichst vielen Bereichen Gültigkeit besitzen sollte. Ausgehend von der Beobachtung und Dokumentation sozialer Ereignisse in nicht-experimentellen Gruppen versuchte Homans Gleichförmigkeiten zu identifizieren und Generalisierungen zu formulieren. Mit zwei Gruppendefinitionen nach Homans soll gezeigt werden, dass zwischen der Perspektive von Homans bezüglich der Gruppenformierung und der systemischen Konzeptualisierung von Einheiten (z. B. im Bildungswesen) große Affinität gegeben ist:

> *„Unter einer Gruppe verstehen wir eine Reihe von Personen, die in einer bestimmten Zeitspanne häufig miteinander Umgang haben und deren Zahl so gering ist, dass jede Person mit allen anderen in Verbindung treten kann, und zwar nicht nur mittelbar über andere Menschen, sondern von Angesicht zu Angesicht.“* (Homans 1978, S. 29)

Diese Definition wurde in der Studie *„Theorie der sozialen Gruppe“* (S. 102) durch die Hinzunahme der sozialen Verhaltenselemente Interaktion, Aktivität und Gefühl modifiziert:

> *„Eine Gruppe ist also definiert durch die Interaktion der Teilnehmer. Wenn wir sagen, die Individuen A, B, C, D, E … bilden eine Gruppe, so bedeutet das, dass zumindest die folgenden Umstände herrschen: Innerhalb eines gegebenen Zeitraumes steht A häufiger mit B, C, D, E … in Interaktion als mit M, N, L, O, P …, welche nach unserer Wahl Außenstehende oder Mitglieder anderer Gruppen darstellen sollen. Auch steht B häufiger mit A, C, D, E … als mit Außenstehenden in Interaktion, und dasselbe gilt entsprechend auch für die anderen Gruppenmitglieder."* (Homans 1978, S. 102)

Bei Homans werden die Elemente *„Umgang miteinander haben"*, *„in Verbindung treten"* und *„Interaktion der Teilnehmer"* als konstitutiv für die Gruppenbildung angesehen. Aus systemischer Perspektive ist es die Prozessierungsform, die in sozialen Systemen *„in Form sprachlich-symbolisch vermittelter Kommunikation"* (Willke 2000, S. 61) verläuft und die Gruppenbildung gefördert.

Zusammenfassend kann gesagt werden, dass sowohl über formaloperative Maßnahmen als auch über das Prozessieren von Kommunikation Systeme entstehen, deren Existenz bislang theoretisch anerkannt wurden, aber deren empirischer Nachweis und deren Prädiktionskraft mangels brauchbarer Auswertungs-Software für Schulleistungen nicht erbracht werden konnte.

Schulen und Schulklassen als Beobachtungseinheiten

Ein weiteres wesentliches Argument für die Berücksichtigung von Schulklassen und Schulen als Kontexte kommt aus methodologischer Sicht, nämlich wer oder was die Beobachtungseinheit sein soll (Teddlie & Reynolds 2000, S. 61). Während in der klassischen Unterrichtsforschung der Schüler die Beobachtungseinheit darstellt, kommen durch die Mehrebenenanalyse neue Beobachtungseinheiten hinzu:

> *„This research poses the question as follows: should the researcher use the student as the unit, ignoring the differing organisational contexts in which education occurs and is reformed? Or should the organisational context (e. g. the classroom or school) be the unit of analysis …"* (Raudenbusch 1991, S. 2)

Die Wahl der Beobachtungseinheit hat zur Ausformung unterschiedlicher Forschungsschwerpunkte geführt. Während in Survey- und Umfrageforschungen das Individuum die Beobachtungseinheit darstellt, hat die Aggregatanalyse nicht Individuen, sondern Aggregate von Individuen (z. B. Stadt, Schulklasse etc.) zur Beobachtungseinheit erwählt (Engel 1998, S. 27). Nach Ansicht von Engel (S. 26) findet man schon in Durkheims Studie über den Selbstmord aus dem Jahr 1897 *„zahlreiche statistische Auszählungen von Merkmalen, die nicht Individuen, sondern ‚Aggregateinheiten' wie Län-*

der und Provinzen charakterisieren" (S. 26). Eine weitere theoretische Fundierung erhielt die Mehrebenenanalyse in den 60er Jahren durch Lazarsfeld und Menzel, die in einer Publikation zur Organisationsforschung zwischen individuellen und kollektiven Eigenschaften unterschieden (S. 28). Für Engel stellt diese Veröffentlichung einen Meilenstein für die theoretische Fundierung der Mehrebenen- oder Kontextanalyse dar, da der Objektbereich erweitert wurde, insofern der *„Objektbereich soziologischer Studien nicht nur aus atomisierten Individuen"* (S. 28) besteht. Die Begründung für die neue Beobachtungseinheit wird darin gesehen, dass Personen in Gruppen zusammenleben, zur Gruppenbildung neigen und deren Aktivitäten und Lebensvollzüge in unterschiedlichen sozialen und regionalen Lebenskontexten eingebettet sind. Von Lazarsfeld und Menzel wurde vorgeschlagen, in soziologischen Aussagen zwischen Eigenschaften solcher Aggregate (auch globale Eigenschaften von Kollektiven genannt) und Eigenschaften von Mitgliedern solcher Aggregate zu unterscheiden (S. 28). Globale Eigenschaften eines Aggregates beruhen *„nicht auf Informationen über Eigenschaften der individuellen Mitglieder des Aggregates"* (S. 29); sie stellen *„genuine Aggregateigenschaften"* dar. Als Beispiele für globale Eigenschaften einer Aggregateinheit werden der Lebensstandard einer Region, ausgedrückt durch die Anzahl der Banken pro Einwohner, die Siedlungsdichte oder die mittlere Entfernung eines Lebensbereiches (z. B. Dorf) von der Distriktsbehörde (S. 31) genannt. Aggregate können mit drei Arten von Eigenschaften beschrieben werden, nämlich analytischen, strukturellen und globalen Eigenschaften. Von analytischen Eigenschaften spricht man dann, wenn die Daten über die Mitglieder des Aggregates ermittelt werden. Ein strukturelles Charakteristikum wird aus den Daten von Beziehungen zwischen den Mitgliedern eines Aggregates gewonnen (z. B. soziometrische Daten). Als Beispiel für eine analytische Eigenschaft einer Aggregateinheit wird der Verbreitungsgrad einer Nachricht in einem System bezeichnet. Mit dem Prozentsatz jener Mitglieder, die die Nachricht kennen, wird die analytische Eigenschaft beschrieben (S. 30). Eine analytische Eigenschaft der Aggregateinheit Schule oder Schulklasse wäre z. B. der Prozentsatz an berufstätigen Müttern.

7.2. Schüler als kompetente Beobachter von Unterricht

Es gibt mehrere Möglichkeiten, das Unterrichtsgeschehen zu erfassen. Man kann die beteiligten Lehrer und / oder Schüler um Beschreibungen und Wahrnehmungen ersuchen oder externe Beobachter einsetzen. In der Prozess-Produkt-Forschung wurden externe Beobachter eingesetzt, um das Unterrichtsgeschehen einzuschätzen. Mit Kategoriensystemen wie FIAC (= Flanders Interaction Analysis System) (Grell 1983, S. 48) oder VICS (Verbal Interaction Category System) (S. 52) versuchte man, das Unterrichtsgeschehen zu rekonstruieren.

In der Rekonstruierbarkeit von Unterricht ist in jüngster Zeit ein Perspektivenwandel beobachtbar. Schüler werden in immer stärkerem Maße als kompetente Beobachter und Beurteiler des Unterrichtsgeschehens akzeptiert (Gruehn 2000, S. 14). Dies ist insofern eine neue Entwicklung, da man den subjektiven Konstruktionen von Beteiligten mehr Raum gibt:

> *„Dieser Trend der stärkeren Berücksichtigung der Schülerperspektive in der Schul- und Unterrichtsforschung ist mit der generellen Einsicht verbunden, dass nicht objektive Umweltmerkmale menschliches Verhalten stimulieren, sondern in der Regel erst die subjektive Wahrnehmung dieser Merkmale verhaltenswirksam wird.“* (Gruehn 2000, S. 14)

Dieser neue Zugang stellt eine Art Lösung zweiter Ordnung (Watzlawick 1979, S. 99ff) in der Unterrichtsforschung insofern dar, als die praktizierte Logik von klassischen IO oder IPO-Designs überwunden wird. Im konkreten Fall werden die so genannten objektiven Umweltmerkmale um die subjektiven Rekonstruktionen der Schüler erweitert. Die Berücksichtigung von Schülerwahrnehmungen in der Unterrichtsforschung kann dadurch begründet werden, dass Wirklichkeit in Systemen konstruiert wird, diese Wirklichkeiten sich durch Kommunikation und Interaktion ausformen und auf das Individuum zurückwirken. Zur Frage der Subjektivität der Wahrnehmungen bezüglich des Unterrichtsgeschehens vs. Objektivität der Lernmerkmale kommt noch die Frage, ob die subjektiven Wahrnehmungen von Schülern zeitunspezifisch oder zeitspezifisch erfragt werden sollen. Erhebt man Wahrnehmungen zum Unterricht zeitunspezifisch, so geht man vom Prinzip der Transsituationalität aus. Schränkt man die Befragung zeitlich auf die letzte oder die letzten Unterrichtstunden ein, und nimmt man ferner an, dass Befragungen zu verschiedenen Zeitpunkten und verschiedenen Zeitbezügen unterschiedliche Ergebnisse hervorbringen, geht man vom Prinzip der Situationsspezifität aus.

Die Erfassung von Unterrichtswahrnehmungen aus der Sicht der Theorie der Situationsspezifität

Die Theorie der Situationsspezifität von Patry (1991; 2000) soll nur in einigen wesentlichen Aspekten wiedergegeben werden. Diese Theorie untersucht die Frage, ob unser Verhalten über Situationen hinweg konsistent ist oder nicht. Ein wichtiges Element in dieser Theorie stellt die Konzeptualisierung von Situationen dar. Eine Situation umfasst

> *„...eine Anordnung von Objekten und gegebenenfalls Menschen und anderen Organismen sowie deren Verhaltensweisen; sie erstreckt sich über eine gewisse Zeitspanne. Eine Situation ist dadurch definiert, wer einbezogen ist, inklusive der Möglichkeit, dass das Individuum allein ist, wo die Aktion sich abspielt und durch die Natur der Aktion oder sich ereignenden Aktivitäten. Die Situation ist definiert durch die Organisation dieser unterschiedlichen Komponenten, sodass sie Gestaltqualität erhält, und wenn einer ihrer Komponenten sich ändert, nehmen wir an, dass sich die Situation geändert hat. Verhaltenswirksam wird eine Situation nur, insofern sie vom Akteur wahrgenommen wird."* (Patry 2000, S. 14)

Unter Akteur wird ein selbstständig denkendes und aktiv handelndes Individuum verstanden. Obwohl man in der Wahrnehmung nicht alle beliebigen Situationen diskriminieren kann, kann man davon ausgehen, dass jede Situation einzigartig ist. Patry (2000, S. 15) unterscheidet *„molekulare"* und *„molare"* Situationen, die bezüglich bestimmter Aspekte gleich sein können. Situationen können mit folgenden Basiselementen (Dimensionen) verglichen werden: Zeitdimension (Fokussierung des Akteurs auf einen Sachverhalt), Raumdimension (Fokussierung des Akteurs in einer bestimmten Zeitspanne auf räumliche Gegebenheiten), Fokussierung des Akteurs auf die Gegenstandskonstellation (subjektive Ausrichtung der Wahrnehmung auf bestimmte im Raum befindliche Gegenstände), Wahrnehmung und Verarbeitung von Gegenständen gemäß der individuellen kognitiven Strukturen, aktualisierte Rollen in der Situation und Bewertungsaspekt (Welche Einstellungen, Werthaltungen, Geltungs- und Realisierungsansprüche werden aktiviert?). Die Schlussfolgerung aus der Determiniertheit des Situationsbegriffs durch die Basiselemente ist, dass *„es keine ‚objektiven Situationen'"* (S. 15) gibt. Es gibt nur „subjektive" Situationen, die sich als subjektive Erlebniseinheiten über die gesamten Dimensionen konstituieren. Wenn sich eine Dimension verändert, liegt schon ein Situationswechsel vor.

Generell kann gesagt werden, dass die Objektivitätsfrage zum Prüfstein theoretischer Überlegungen, methodologischer und didaktischer Schlussfolgerungen wird. So betont Huschke-Rhein, dass es *„objektive Tatsachen"* (1992, S. 49) nicht geben kann,

> *„Jedenfalls nicht im Sinne des klassischen Methodenpostulats der empirischen Wissenschaften. Was wir für ‚wirklich' halten, ist zunächst nichts als die Sichtweise eines Beobachters, der seine Wahrnehmung der Wirklichkeit selbst ‚konstruiert' hat – weil es, nach konstruktivistischer Auffassung – überhaupt keinen anderen Zugang zur Wirklichkeit gibt als über ihre ‚Konstruktion', und zwar sowohl in der Wahrnehmung fremder als*

auch eigener Wirklichkeit.“ (Huschke-Rhein 1992, S. 49)

Die Subjekthaftigkeit von Situationen nach Patry wurde über die Möglichkeit der Verschiedenheit einer oder mehrer Dimensionen (Zeitdimension, Raumdimension usw.) definiert. Fügt man noch die These hinzu, dass die Wahrnehmung dieser Dimensionen der Konstruktion durch das Subjekt unterliegen können, ergibt sich daraus, dass wir im sozialen Bereich im Regelfall so viele Situationskonstruktionen vorfinden, die zahlenmäßig der Anzahl der Interagierenden entspricht. Konsequent zu Ende gedacht, wäre es dann erforderlich, unter den Beteiligten einen Konstruktions-Check durchzuführen, um über die jeweiligen Wirklichkeiten Bescheid zu wissen. Folgen aus Wirklichkeitskonstruktionen Handlungsimpulse, wäre über die geplanten Handlungen dann ein Viabilitäts-Check durchzuführen. Dieses Szenario mit Konstruktions-Check und Viabilitäts-Check wäre künftighin die Basis gemeinsamen Handelns.

Konsequenzen für die Unterrichtsforschung

Die Konzeptualisierung von sozialen Situationen jenseits von Objektivität wirft neue methodologische Fragen auf. Ist es dann angemessen, die je unterschiedlichen Situationskonstruktionen z. B. mittels Fragebogen zu ermitteln und dann in Mittelwerten verschwinden zu lassen? Mit der Lektions-Unterbrechungs-Methode (LUM) hat Patry (2000, S. 20) ein Instrumentarium entwickelt, das den neuen Ansprüchen gerecht wird. Damit kann die Berücksichtigung multipler Situationskonstruktionen eingelöst werden. Die Unterrichtstunde wird kurz unterbrochen und den Schülern ein kurzer Fragebogen zur Einschätzung des Erlebten und Erfahrenen vorgelegt. Der Zeitbezug kann entweder auf die unterbrochene Stunde, auf die letzten zwei bis drei Stunden des betreffenden Gegen-standes oder gar auf die letzte Woche gesetzt werden.

Das in der vorliegenden Studie verwendete Instrumentarium für die LUM-Untersuchungen ist im Anhang wiedergegeben.

7.3. Ergebnisse zu Kontexteffekten in der Unterrichtsforschung

Die Annahme, dass Schulklassen zu Schulen und Schulen zu Regionen und diese wieder einer größeren übergeordneten Einheit angehören, bedingt die Berücksichtigung einer entsprechenden Analyseform, nämlich der Mehrebenenanalyse:

> „*School education provides a clear example of a system in which individuals are subject to the influences of grouping. Pupils learn in classes; classes are taught within schools; and schools may be administered within local authorities ...*“ (Woodhouse 1993, S. 9)

Das Ziel von Innovationen und Veränderungsmaßnahmen in Schulen ist, die Schulleistungen zu verbessern. Aus der Forschung ist bekannt, dass dies nicht allen Schulen gleich gelingt:

> „*The problem is that in most schooling systems the effects of interventions on measurable schooling outcomes are relatively small compared with the amount of variation found between schools.*“ (Raudenbusch & Willms 1991, S. 9)

Aus methodologischer Sicht gibt es einen weiteren wichtigen Grund, Kontexte und deren Hierarchien durch mehrebenenanalytische Verfahren zu berücksichtigen:

> „*... the key independent variables will vary at a higher level of aggregation than do the dependent variables.*“ (S. 2)

Die mittlerweile zahlreichen Studien mit Mehrebeneanalysen zusammenfassend, kommen Teddlie, Stringfield und Reynolds (2000, S. 184) zum Schluss, dass Kontextvariable einen Einfluss auf die Schulleistung haben. Neben Schulklassen und Schulen werden folgende vier Arten Kontextvariablen in den Schuleffektivitätsstudien unterschieden: (1) der sozioökonomische Status der Schüler, (2) der Typus der Gemeinde, aus denen die Schüler kommen (z. B. Arbeitergemeinde); (3) Grund- oder Sekundarstufe und (4) „Governance Structure“ einer Schule (z. B. privat oder staatlich; Einflüsse von Schulen, die unterschiedlichen Religionsgemeinschaften angehören; Schulen, die verschiedenen Distrikten angehören). Die am meisten untersuchte Kontextvariable ist der sozioökonomische Status von Klassen und Schulen (auch „compositional“ genannt). Diese Kontextvariable hat einen starken Einfluss auf Outcomes auf Schülerseite. Im Kapitel 7.1 wurden eine Reihe von Gründen vorgetragen, weswegen Schulklassen und Schulen als Entitäten zu betrachten sind und als Prädiktoren in Mehrebenenanalysen in Frage kommen. Im Folgenden sollen empirische Ergebnisse zur Untermauerung der These, dass Klassen und Schulen relevante Kontexte darstellen, referiert werden.

Schulen können etwas bewirken

In der nachfolgenden Tabelle werden einige Ergebnisse der Mortimore-Studie (1988, S. 186ff) dargestellt, um zu zeigen, welche Varianzanteile durch Schule und durch Individualvariable aufgeklärt werden können. Die

Tabelle 24 informiert über die Varianzaufklärung bezüglich der Responsevariablen Fortschritt in Lesen, in Mathematik und Schreiben.

Tabelle 24: Übersicht über aufgeklärte Varianzanteile bei Mortimore et al. (1988, S. 186ff)aus der Studie „School Matters"

Untersuchte Variable	Familienhintergrund, Alter und Geschlecht	Schule	Interpretation
Fortschritt im Lesen	6%	ca. 24%	Die Schule erklärt viermal mehr Varianz als das Bündel aus Familienhintergrund, Alter und Geschlecht (S. 186).
Fortschritt in Mathematik	3%	23%	Die Schule erklärt beinahe achtmal mehr Varianz als das Bündel aus Familienhintergrund, Alter und Geschlecht (S. 188).
Fortschritt im Schreiben	3%	20%	Die Schule erklärt mehr als sechsmal mehr Varianz als das Bündel aus Familienhintergrund, Alter und Geschlecht (S. 186).

Die Ergebnisse von Mortimore et al. sind eine Bestätigung einer schuloptimistischen Position. Es konnte nachgewiesen werden, dass für relevante Leistungsbereiche die Schule mehr Varianz aufklärt als die Variablen Familienhintergrund, Alter und Geschlecht.

Auch für nicht leistungsbezogene Outcomes konnten beachtliche Kontexteffekte nachgewiesen werden.

Tabelle 25: Ausgewählte Ergebnisse der Mortimore-Studie; Varianzaufklärung (Mortimore et al. 1988, S. 186ff)

Untersuchte Variable	Familienhintergrund, Alter und Geschlecht	Schule	Interpretation
Sprachliche Ausdrucksfähigkeit (oracy attainmant; speaking skills). Diese Variable wurde nur einmal gemessen.	10%	27%	Die Schule erklärt beinahe dreimal mehr Varianz als das Bündel aus Familienhintergrund, Alter und Geschlecht (S. 186).
Non cognitive outcomes; behaviour	13%	10%	*„Our results indicate that school membership made a significant though not dominant contribution to the explanation of differences in behaviour ..."* (S. 194)

Die Gruppe um Mortimore ist mit der Forschungsfrage angetreten, ob Schulen einen Unterschied „machen können". Auf die gestellte Forschungsfrage gaben die Autoren der Studie ein klare Antwort:

> *„It is clear that schools do make a difference and that the difference is substantial."* (S. 205)

Als Antwort auf die schulpessimistische Position geben sie folgende Antwort:

> *„The importance of school in explaining variations in pupils' progress over the junior years is a mayor finding of this study. It is clear that school makes a far larger contribution to the explanation of progress than is made by pupils' background characteristics, sex and age."* (S. 204)

Die Studie von Mortimore et al. war auch der Beginn der kontextorientierten Forschung und der Beginn der Entwicklung anspruchsvoller Software zur Berechnung der Varianzanteile. Mit dem Programm MLwiN[URL] hat die Gruppe um Goldstein am Institute of Education in London ein professionelles Programm zum Nachweis von Kontexteffekten vorgelegt

Ergebnisse und Hinweise zu Kontexteffekten aus der SCHOLASTIK-Studie

Die SCHOLASTIK-Studie wurde als Längsschnittstudie in 54 Klassen mit 1 200 Schülern in bayrischen Grundschulen durchgeführt (Weinert & Helmke 1997). Im Folgenden werden Ergebnisse und Hinweise zu Kontexteffekten aus dieser Studie referiert. Für die folgenden vier motivationalen Variablen berichtet Helmke Prozentsätze aufgeklärter Varianz, die sich auf die Schulklassenzugehörigkeit zurückführen lassen. Sie liegen zwischen 5.8 und 12.1% (S. 73).

Tabelle 26: Ergebnisse aus der SCHOLASTIK-Studie: Prozentsätze aufgeklärter Varianz, der durch die individuelle Schulklassenzugehörigkeit aufgeklärt wird (Weinert & Helmke 1997, S. 73)

Klassen	2. Klasse		3. Klasse		4. Klasse
Messzeitpunkte	I*)	II*)	I	II	II
Fähigkeitsselbstkonzept in Mathematik	5.80	8.40	7.80	10.30	6.90
Fähigkeitsselbstkonzept in Deutsch	8.90	7.10	5.70	8.40	7.00
Lernfreude in Mathematik	11.90	12.10	8.00	9.10	9.00
Lernfreude in Deutsch	9.20	9.00	8.20	8.90	8.20

*) Zwei Messzeitpunkte innerhalb eines Schuljahres.

Die angeführten Prozentsätze sind ein Beleg dafür, dass in Weiterführung der These „School Matters" zur These „Also the Classroom Matters" Kontexte wie Schulklassen als Determinanten in Frage kommen. Der Anteil aufgeklärter Gesamtvarianz ist durch den Klassenkontext für die Variable

[URL] http://multilevel.ioe.ac.uk

„Lernfreude in Mathematik" im Vergleich zu den anderen motivationalen Variablen am höchsten (zwischen 8 und 11.9%).

Schneider, Stefanek und Dotzler (1997, S. 124) haben die SCHOLASTIK-Rechtschreibdaten mehrebenenanalytisch ausgewertet:

> *„Über diese Form von Mehrebenenanalysen lässt sich demnach der Prozentsatz an Varianz in den Eingangsniveaus und Rechtschreibverläufen, der durch Unterschiede zwischen einzelnen Schülern bedingt ist, von demjenigen Varianzanteil separieren, der im Wesentlichen auf Kontextmerkmalen von Schulklassen beruht."* (Schneider, Stefanek & Dotzler 1997, S. 124)

Das Ergebnis aus diesen Analysen ist beachtenswert, denn der Kontext Schulklasse klärt 15.6% der Eingangswerte und *„immerhin 22% der Varianz in den Lernzuwächsen"* (S. 125) auf. Diese Ergebnisse bewogen die Forscher zur Schlussfolgerung, dass *„Unterschiede zwischen den Schulklassen nicht vernachlässigt werden dürfen, wenn es um die Erklärung und Vorhersage von Rechtschreibleistungen geht"* (S. 127).

Im Rahmen der SCHOLASTIK-Studie wurde von Stern eine längsschnittliche Untersuchung zum Verstehen und Lösen von Textaufgaben durchgeführt (Stern 1997, S. 157ff). Textaufgaben gehören zu den *„Stiefkindern des Mathematikunterrichts"* (S. 158). Trotzdem können am Ende der Grundschulzeit Kinder diesen Aufgabentyp bewältigen. Stern war an der Erklärung interindividueller Leistungsunterschiede interessiert. Es konnten große interindividuelle Leistungsunterschiede festgestellt werden (S. 159). Weiters konnte ein bereits bekannter Befund bestätigt werden, nämlich dass Vorwissen ein guter Prädiktor für das zu messende Kriterium darstellt. Im konkreten Fall leisten das numerische Verständnis in der Vorschulzeit und Maße der sprachlichen und nichtsprachlichen Intelligenz einen Beitrag zur Aufklärung von Leistungsunterschieden (S. 159). Die unterschiedlichen Fähigkeiten aus der Vorschulzeit sind die Grundlage für spätere interindividuelle Leistungsunterschiede. Stern fand auch beachtliche Kontexteffekte, wenn auch in unterschiedlicher Höhe für verschiedene Typen von Aufgaben. Für Textaufgaben konnte sie im Schnitt einen Prozentsatz um 10% aufgeklärter Gesamtvarianz durch die Klassenzugehörigkeit nachweisen (zweite bis vierte Klasse). Für einen Arithmetiktest lag der Prozentsatz zwischen ca. 23% und ca. 34% (deshalb ungefähre Angaben, da sie aus einer Grafik abgelesen wurden) für die untersuchten zweiten bis vierten Klassen (S. 161). Besonders in den dritten Klassen konnte ein hoher Prozentsatz (ca. 34%) an aufgeklärter Gesamtvarianz durch die Klassenzugehörigkeit gefunden werden. Der Grund liegt für Stern in den vorgegebenen Multiplikations- und Divisionsaufgaben im Arithmetiktest; nach ihrer Ansicht unterscheiden *„sich die Lehrer sehr stark darin, wie viel Zeit sie mit dem multiplikativen ‚Faktenretrieval' verbringen“* (S. 161). Der Klasseneffekt bleibt erhalten und liegt um die 10%, wenn Intelligenz und Vorwissen auspartialisiert werden. Die Schulklassenzugehörigkeit klärt 11.8% der Varianz beim Lösen von komplexen und 8.14% der Varianz beim Lösen von einfachen Textaufgaben auf (S. 162).

Aktuelle Ergebnisse aus der PISA-Studie

Im Zuge der Auswertung der PISA-Daten wurden auch mehrebenanalytische Verfahren eingesetzt, um *„die Varianz der Lese-Kompetenz innerhalb und zwischen den Schulen“* (Haider et al. 2001, S. 110) aufzuklären. Es wurden beachtliche Unterschiede in der Lesekompetenz der Schülern vor allem zwischen den Schulen gefunden. Dieser Anteil ist im Vergleich zu anderen Ländern unverhältnismäßig hoch und wird auf die Selektivität des Schulsystems zurückgeführt. Der familiäre Hintergrund klärt hingegen weit weniger Varianz auf.

Tabelle 27: Varianzaufklärung der Lesekompetenz in der österreichischen PISA-Studie (Haider et al. 2001, S. 110)

Varianz der Lese-Kompetenz aufgeklärt ...	Prozentanteil
... zwischen den Schulen	8%
... durch Hinzunahme der Schulsparten AHS, BMHS, Berufsschulen und Polytechnische Schule / allgemeinbildende Pflichtschule	39%
... durch familiären Hintergrund	11%
... innerhalb der Schulen	39%
... andere Variable	3%

Die Beziehung „Teacher Classroom Practice“ und Schülerleistung

Die Studie von Wenglinsky (2002) liegt im Spannungsfeld zwischen den Polen „School matters!“ und „School does not matter!“ und belegt, *„that the effects of classroom practices, when added to those of teacher characteristics, are comparable to those of student background, suggesting that teachers can contribute as much to student learning as the students themselves”* (S. 1). Wenglinsky berichtet in der Einleitung, dass in den USA noch immer darüber diskutiert wird, welchen Anteil Eltern am Schulerfolg haben und was sie dafür tun könnten. Auch viele Forschungsarbeiten sind noch immer auf der Seite, die behaupten, *„that the problems of U.S. education lie outside of the schools“* (S. 2). Wenglinsky hat für die Analyse der NAEP-Daten (n = 7 146) ein sehr anspruchsvolles Verfahren verwendet, nämlich *„multilevel structural equation modeling (MSEM)“* (S. 3). Mit dem MSEM-Verfahren können Individual- von Schuleffekten separiert werden und Modelle für jede Analyseebene errechnet werden. Mit dem integrierten

Pfadmodell können Beziehungen der Variablen untereinander bestimmt werden.

Folgende Variable standen Wenglinsky für die Auswertung zur Verfügung (2002, S. 8):

- Teacher Inputs: Teachers Education Level, Teachers Mayor in Mathematics, Teacher's Years of Experience
- Professional Development (PD): Classroom Management, Cooperative Learning, Cultural Diversity, Higher Order Thinking Skills, Interdisciplinary Instruction, Limited English Proficiency, Performance-Based Assessment, Portfolio Assessment, Special-Needs Students, Professional Development Last Year
- Family Background: SES (Socio Economic Status)

Die neuen Auswertungsverfahren, wie Mehrebenenanalyse oder MSEM, ermöglichen die gleichzeitige Analyse einer Vielzahl von Variablen. Es gilt das Prinzip der Parsimonität (= nur signifikante Variable in einem Modell; siehe Modell I, Abbildung 50; Modell II, Abbildung 51; Modell III, Abbildung 52). Diese Strategie wird deshalb genauer dargestellt, weil sie als Modell für die Auswertung von komplexen Datensätzen gelten kann.

Vergleicht man das Modell in Abbildung 50 mit dem FISK-Modell (Abbildung 46), kann man feststellen, dass die Individualvariablen fehlen. Sie werden als nicht relevant genug für die Erklärung von Schülerleistung erachtet.

Abbildung 50: Modell I nach Wenglinsky (2002, S. 10)

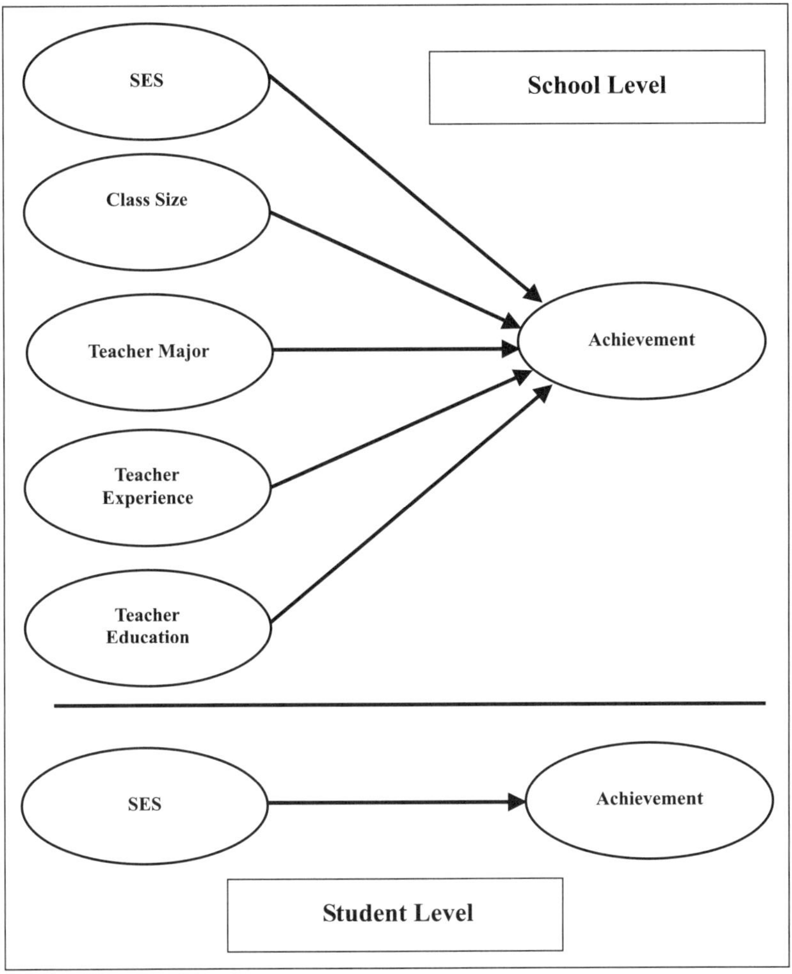

Legende zur Abbildung: SES = sozioökonomischer Status.

Im nächsten Auswertungsmodell (Abbildung 51) fehlen ebenfalls die Individualvariablen. Dieses Modell wurde um einige Charakteristika von Unterricht angereichert. In das Modell wurden nur jene Determinanten aufgenommen, die einen signifikanten Einfluss auf die Schülerleistung haben. Der Faktor „PD Diversity“ steht für die didaktische Fähigkeit, eine heterogene Klasse mit Schülern mit verschiedenem kulturellen Hintergrund und mit Special-Needs-Schülern unterrichten zu können.

Abbildung 51: Modell II nach Wenglinsky (2002, S. 11)

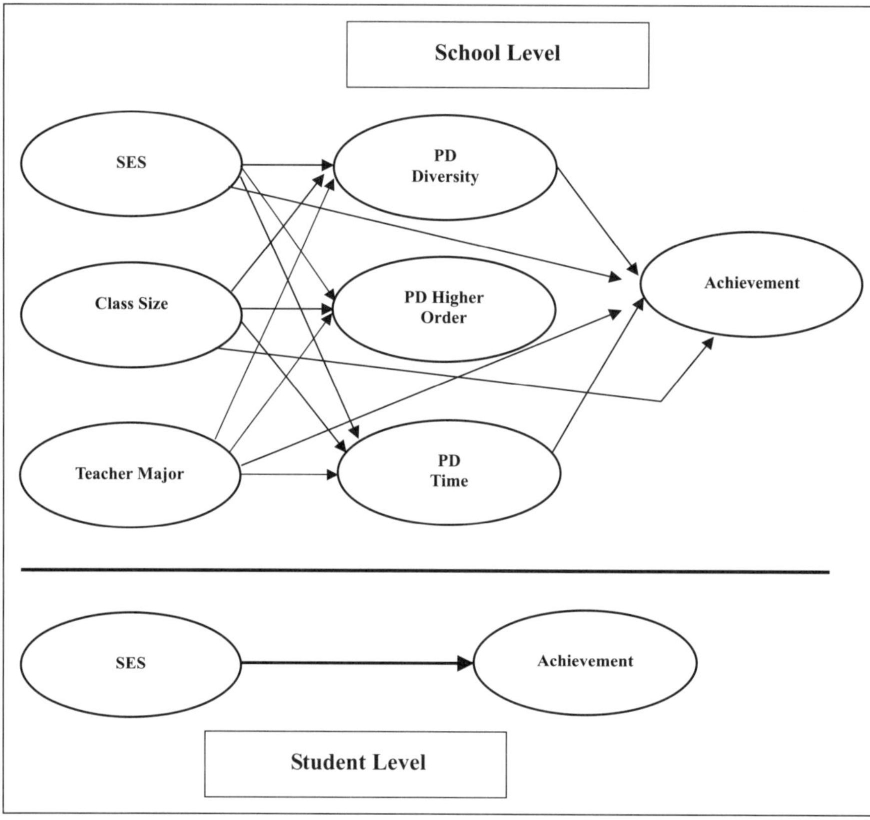

Das dritte Modell berücksichtigt fünf weitere Unterrichtscharakteristika (S. 11).

Tabelle 28: Übersicht über weitere Variablen in Modell III

Variablen im Wenglinsky-Model		
hands-on	3 measures	working with blocks, working with objects and solving real world problems
Higher Order Thinking Skills	1 measure	solving unique problems
Lower Order Thinking Skills	1 measure	solving routine problems
Traditional Assessment	2 measures	multiple choice testing and overall frequency of testing
Authentic Assessment	3 measures	portfolio, individual projects and constructed response test

Abbildung 52: Modell III nach Weglinsky (2002, S. 12)

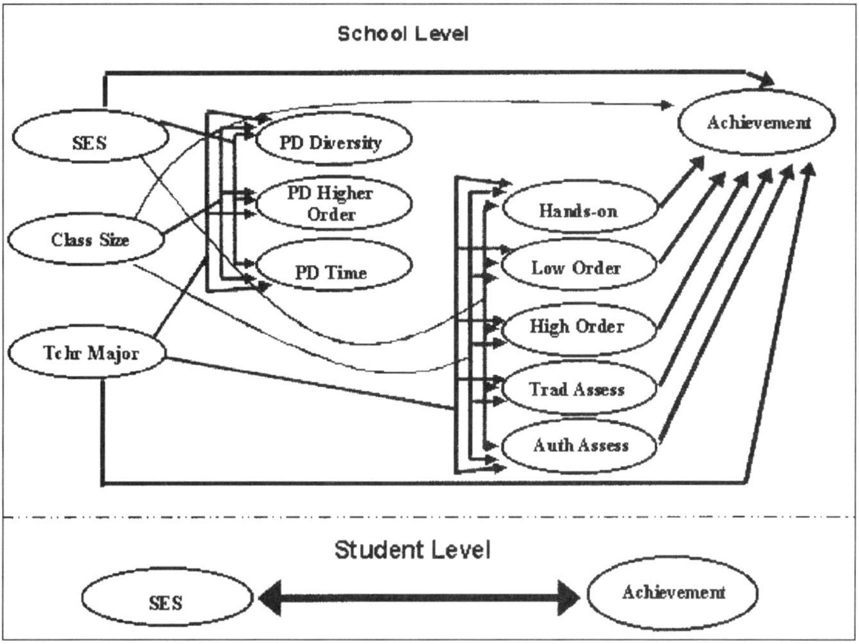

Tabelle 29: Die Ergebnisse der MSEM-Analyse

Effektgrößen zwischen Variablen und der Schülerleistung auf Schulebene (school level path model)	**Achievement**
SES	.74
Class Size	.08
Teacher Major	.09
Hands-On Learning	.25
Lower Order	.08
Higher Order	.13
Traditional assessment	.03
Authentic assessment	-.18

Wenglinsky kommt zu dem Schluss (2002, S. 22), dass die Lehrerqualifikation und verschiedene Aspekte des Unterrichts mit der Schülerleistung zusammenhängen. Dies sind die Variablen „Teacher major" (ob der Lehrer während des Studiums Mathematik als Hauptfach absolviert hatte), Zusatzqualifikationen bezüglich der Fähigkeit, Unterricht auf einem höheren Niveau planen und organisieren zu können (professional developement in higher-order thinking skills) und heterogene Klassen unterrichten zu können (professional developement in diversity), Hands-on Learning und beobachtetes Lernen auf einem höherem Niveau (higher-order thinking skills).

Einschränkend ist anzumerken, dass es sich bei dieser Studie um eine Querschnittuntersuchung handelt, die eine wichtige Variable nicht berücksichtigt, nämlich das Vorwissen der Schüler. Es ist daher zu vermuten, dass durch das Fehlen dieser Variable andere Variablen stärker in den Vordergrund getreten sind.

7.4. Zusammenfassung

In diesem Kapitel wurde versucht, die theoretischen Positionen aus den vorangegangen Kapiteln zusammenzuführen. Weiters wurde zu belegen versucht, dass sich die verschiedenen Bereiche Gesellschaft wie Wirtschaft, Rechtssystem, Bildungswesen etc. auf Grund des Ausdifferenzierungsprozesses bereits weitgehend verselbstständigt haben.

Diese These wurde dann für den Innenbereich des Subsystems „Bildungswesen“ weitergedacht. Unter Beiziehung der systemischen Theorie wurde zu begründen versucht, dass der Ausdifferenzierungsprozess auch im Bildungswesen in Form von Entitäten wie Schulen und Schulklassen identifiziert werden kann.

Unterricht und Lernen findet in Schulklassen statt, die wiederum in Schulen eingebettet sind. Schulen wiederum gehören einem regionalen Kulturkreis oder einem Schultyp mit ausgeprägtem Profil (z. B. HTL, HAK etc.) an.

Der autonome Charakter einer Schulklasse beginnt mit der formalorganisatorischen Gründung und dem Ausdifferenzierungsprozess (siehe Kapitel 7.1) und wird durch autopoietische Aktivitäten vertieft. Der Abhängigkeitsaspekt ist darin zu sehen, dass die Schulklasse formal die unterste interne Verwaltungseinheit in der Schule darstellt (z. B. Schüler gehören zu einer Schulklasse. Ein Übertritt von einer Klasse in eine Parallelklasse erfordert einen Entscheidungsakt einer höheren Ebene.). Weiters kann angenommen werden, dass die autopoietischen Prozesse auf Schulebene zur Ausformung des Eigenlebens auch das Innenleben von Schulklassen tangieren. Man kann also davon ausgehen, dass diese übergeordneten Einheiten oder Ebenen Einfluss auf die Schulklasse nehmen. Das Schulsystem stellt ein rational konstruiertes Zweckgebilde dar und unterscheidet sich z. B. von wirtschaftlichen Märkten, die sich als „Zufallsergebnis“ individuell handelnder Personen entwickeln können (Prisching 1992, S. 101). Schulen können nach rational-strukturalistischen Theorien als Organisationen oder gegliederte soziale Gebilde *„mit innerer Strukturierung und angebbarem Mitgliederkreis, die auf eine spezifische Zielerfüllung orientiert und zu diesem Zweck rational ausgestaltet sind“* (S. 101), verstanden werden. Zur Erreichung der Zielerfüllung wird eine *„rationale Herrschafts- und Verwaltungsstruktur“* (S. 101) etabliert. Es wird ein Satz von Regeln erstellt, der Anspruch auf Befolgung durch die Mitglieder erhebt. Auch werden Maßnahmen gesetzt, die einen kontinuierlichen *„regelgebundenen Betrieb von Amtsgeschäften“* (S. 102) erlauben. Dies zieht Befolgungspflichten für die Mitglieder der Institution nach sich. Die Befolgung von Regeln und Anordnungen wird durch Anordnungsgewalten und die Existenz von Mitteln zur Durchsetzung gewährleistet. Neben der großen bürokratischen Hierarchie, Schule-Bezirksschulräte-Landesschulräte-Ministerium, entsteht die kleine Hierarchie an Schulen selbst mit der Schulklasse als der untersten Ebene und der Schule, vertreten durch die Direktion, als oberster Ebene.

Die Durchdringung des Schulsystems von bürokratischen und rechtlichen Prinzipien kann auch als Determinierung des Subsystems Schule durch das Rechtssystem verstanden werden. Eine Folge davon ist das Entstehen von Hierarchie. Der offizielle Hierarchisierungsprozess wird von einem inneren Ausgestaltungsprozess komplementiert. In seiner Theorie der sozialen Gruppe unterscheidet Homans (1978, S. 107) ein äußeres und ein inneres System in Institutionen und Organisationen. Nach dieser Auffassung kann das äußere System dadurch bestimmt werden, dass es von der Umwelt bedingt und gesetzt wurde. Im Falle des Schulsystems haben relevante Umwelten (z. B. Schulpolitik und Rechtssystem) den auf Hierarchien aufbauenden regel- und rechtsgebundenen Betrieb der Schule verordnet.

Unterrichtsforschung in hierarchisierten und ausdifferenzierten Subsystemen mit dem FISK-Modell

Mit den drei Variablengruppen Familie, Individuelles und Schule wurde eine Grundstruktur aus den vielen Determinantenmodellen herausgearbeitet.

Mit der Erweiterung des FIS-Grundmodells um den Kontextaspekt wurde daraus das FISK-Modell geschaffen, das eine Basis für die Analyse der Datensätze in dieser Studie darstellt.

Im Kapitel 7.1 wurde dargelegt, warum aus systemischer Perspektive Schulen und Schulklassen als eigene Entitäten verstanden werden sollten. Es wurden Grundlagen für eine schulklassen- oder schulbasierte Unterrichtsforschung geschaffen und der Fokus auf diese Cluster (Kontexte) gerichtet, in denen Individuen gemeinsame Erfahrungen machen, Schule erfahren und Leistungen erbringen müssen. Es ist zu erwarten, dass diese Cluster (Aggregateinheiten) sich von anderen durch die Etablierung von Regeln unterscheiden.

Schüler als kompetente Beobachter von Unterricht

In einem weiteren Kapitel wurde ausgeführt, dass es aus einer konstruktivistischen Perspektive begründbar ist, Schüler über ihre Wahrnehmungen zum und Rekonstruktionen über Unterricht zu befragen. Es wurde in Ansätzen eine Synthese aus Aspekten der Theorie der Situationsspezifität und konstruktivistischen Gedanken versucht.

Resümierend kann gesagt werden, dass Kontextorientierung, der Längsschnittsaspekt und die Forderung, Schüler als kompetente Beurteilende von Unterricht zu Wort kommen zu lassen, in der vorliegenden Studie berücksichtigt werden.

8 DIE ANALYSE HIERARCHISCH STRUKTURIERTER DATEN MIT DER MEHREBENENANALYSE

Die Mehrebenenanalyse stellt forschungshistorisch *„eine Verknüpfung von eher soziologisch geprägten Kontextanalysen mit psychologisch beeinflussten Individualanalysen“* (Saldern 1998, S. 340) auf der Basis der Regressionsanalyse dar.

8.1. Das Konzept der Regressionsanalyse

Ein einfaches und anschauliches Beispiel, um das Wesen der Regression zu verstehen, ist die Berechnung des Flächeninhaltes eines Quadrates. Das ist ein Beispiel für die einfache Regression.

Das Wesen der multiplen Regression kann am besten mit der Berechnung des Flächeninhaltes des Rechtecks verglichen werden. Mit den beiden Bestimmungsstücken Länge und Breite kann der Flächeninhalt genau bestimmt (vorausgesagt) werden.

Die Regressionsgleichung für die erste Ebene lautet (Ditton 1998, S. 23):

Gleichung 9: Einfache Regressionsgleichung

$$y_i = ß_0 + ß_1 x_i + e_i$$

Sie beschreibt einen Zusammenhang zwischen einem Prädiktor und einer Responsevariablen. Die Variablen in der Gleichung bedeuten Folgendes:

y_i: Responsevariable (z. B. Leistungstestwert) für den Schüler i

x_i: Prädiktor (z. B. Vorkenntnisse) für Schüler i

e_i: Residuum von Schüler i

$ß_0$: Regressions-Intercept

$ß_1$: Steigung

Die Idee der Regressionsanalyse ist, dass man mit einem Bündel von Faktoren (den unabhängigen Variablen) eine andere Variable (die abhängige Variable) vorhersagt (Bortz 1979, S. 208). In der Literatur werden auch die Begriffe abhängige und unabhängige Variable benutzt; es soll damit eine *„engere, gerichtete Kausalbeziehung zum Ausdruck gebracht werden“*

(S. 208). Eine enge und gerichtete Kausalbeziehung kann jedoch nur durch Voraussagbarkeit und die fehlerfreie und unveränderliche Zuordnung von gewissen Ursachen zu gewissen Wirkungen erzielt werden.

Abbildung 53: Regressionsgerade mit Residuum nach Backhaus et al. (1993, S. 15)

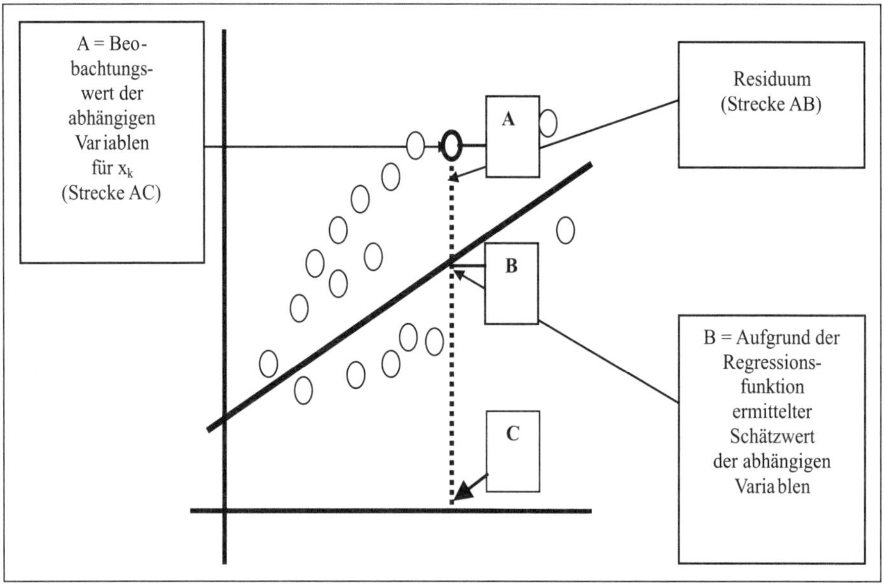

Die Regressionsanalyse hat eine weite Verbreitung gefunden. In der Medizin versucht man aus bestimmten Lebensstilvariablen bestimmte Krankheitsrisiken vorherzusagen. In der Versicherungswirtschaft wird versucht, die Lebenserwartung und das Krankheitsrisiko von Menschen aufgrund relevanter Lebensstilfaktoren zu bestimmen.

Abbildung 54: Beispiele für die Regressionsanalyse

Beispiel 1 Mit den Variablen Geschlecht, berufliche Tätigkeit, Bildungsstand, sozioökonomischer Status, Einkommen und Freizeitverhalten soll das Wahlverhalten bei der nächsten Wahl vorhergesagt werden. Beispiel 2 Mit den Variablen Essverhalten, Bewegungsverhalten, Übergewicht, Alkohol- und Nikotinkonsum versucht man das Herzinfarktrisiko zu ermitteln. Der Wenn-Dann-Satz würde zum Beispiel in diesem Fall folgendermaßen lauten: Wenn Personen Sport betreiben und wenig rauchen, ist das Infarktrisiko niedrig. Beispiel 3 Mit den Variablen verbale Intelligenz, Lesefreudigkeit, Anzahl der tatsächlich gelesenen Bücher und dem Sinnverständnis für Texte versucht man den Testwert für das Lösen von Textbeispielen zu ermitteln.

Die Regressionsgleichung stellt eine Generalisierung über alle Fälle dar, über die Daten vorliegen (z. B. 5 000 Schüler aus 100 Schulen). Die Grenze des Regressionsmodells liegt darin, dass Unterschiede zwischen Schulen und zwischen Klassen, die Kontexteffekte, nicht berücksichtigt werden (Paterson & Goldstein 1991, S. 388). Das ist ein wesentlicher Einwand gegen den Einsatz von Regressionsanalyse in der Erforschung von Schuleffekten.

Ein weiterer Kritikpunkt betrifft die Tatsache, dass die Stichproben (z. B. Schüler, meist aber Klassen und Schulen) für die Schulwirksamkeitsforschung nicht zufällig gezogen werden. Es liegen Klumpenstichproben vor, die zu fehlerhaften Ermittlungen von Standardfehlern führt. Die Individuen in den Stichproben „gehören zusammen", da sie doch gemeinsame Erfahrungen machen und in Klassen zusammen lernen. Wenn Schulklassen und Schulen im Bereich der Unterrichts- und Schulforschung als Stichproben untersucht werden, muss von Clusterung ausgegangen werden. Die Standard-Regression geht aber von der *„Unabhängigkeit der Beobachtungen aus; es werden unkorrelierte Fehlervarianzen angenommen"* (Ditton 1998, S. 37). Die Mehrebenenanalyse trägt dem Umstand geclusterter Stichproben explizit Rechnung. Die Dekontextuierung und das Phänomen der Klumpenstichprobe stellen eine Grenze für die Regressionsanalyse dar. Wenn Mehrebenendaten aus der Unterrichtsforschung (z. B. Schüler in Schulklassen, Schulklassen in Schulen, Schulen in Regionen) vorliegen, sind die üblichen statistischen Verfahren wie Varianz- und Regressionsanalyse ungeeignet (S. 14), weil die Voraussetzungen für die Anwendung dieser Verfahren nicht erfüllt sind. Wenn Schulkassen untersucht werden, liegen keine unabhängigen individuellen Einheiten vor. Es liegen Cluster vor. Mit einiger Wahrscheinlichkeit sind als Konsequenz fehlerhafte Schätzwerte für die Standardfehler zu erwarten (S. 1).

Eine Simulation zur Demonstration der Abhängigkeit des Steigungskoeffizienten vom Kontext

Mit einem fiktiven Datensatz soll das Muster des Zusammenwirkens von zwei Variablen beschrieben werden. Das Kriterium (der y-Wert) ist in beiden Fällen ein Leistungstest im Gegenstand Mathematik; der Prädiktor (x-Wert) ist ein kombinierter Wert aus Beobachtungen der Mitarbeit von Schülern durch den Lehrer und der Anzahl der erledigten Hausübungen. Die erklärende Variable ist also ein Wert für das Engagement und die Mitarbeit im Unterricht (= EMU). Das Muster des Prädiktor-Kriterium-Zusammenwirkens für die Abbildung 55 (Klasse A) kann folgendermaßen beschrieben werden: Je höher der Score für EMU, desto höher der Testwert im Leistungstest. Oder mit anderen Worten: Wenn ein Schüler einen hohen EMU hat, hat er auch sehr wahrscheinlich einen hohen Testscore (die Steigung B1 als Indikator für Je-mehr-desto-mehr- oder Je-mehr-desto-weniger-Beziehungen in der Regressionsanalyse).

Die Regressionsanalyse *„unterstellt eine eindeutige Richtung des Zusammenhanges unter den Variablen, die nicht umkehrbar ist. Man kann auch sagen, sie untersuchte Je-desto-Beziehungen“* (Backhaus et al. 1993, S. 3; Clauss 1972, S. 94). Die Variablen in den folgenden Beispielen sind als Je-desto-Beziehung dargestellt:

- Je niedriger der Preis, desto größer ist die umgesetzte Warenmenge.
- Je proximaler Prädiktoren sind, desto besser ist die Varianzaufklärung für Schulleistungstestwerte (Heller 1997, S. 186).
- Je höher der Testwert des Vorjahres, desto höher ist der Testwert im Jahr danach.

Mit dem Regressionskoeffizienten b_1 können zwei verschiedene Sachverhalte verdeutlicht werden: (1) Mit der Steigung können „Wenn-Dann-Beziehungen“ als typisches Muster des Zusammenwirkens von Prädiktor und Kriterium beschreiben werden; (2) unterschiedliche Lehr- und Lernsituationen (Kontexte) können mit der Steigung aufgespürt und diagnostiziert werden.

Klasse A – Zusammenhang zwischen Engagement und Mitarbeit und Leistung im Fach Mathematik

Abbildung 55: Regressionsbeispiel 1 (Basis: fingierte Daten)

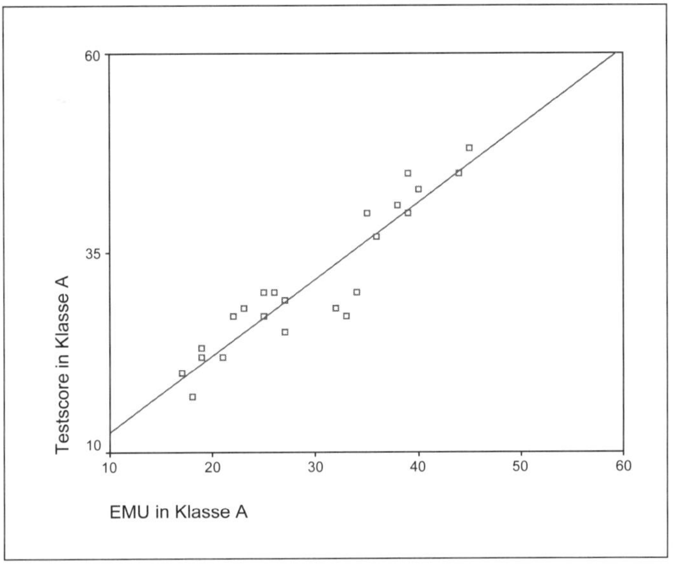

Die Steigung ($ß_1$) beträgt für die Klasse A beinahe 1 ($ß_1$ = 0.96). Dies bedeutet Folgendes: Wenn der X-Wert um eine Einheit zunimmt, dann nimmt auch der Y-Wert um beinahe eine Einheit zu.

Klasse B – kein Zusammenhang zwischen Engagement / Mitarbeit und Leistung

Dieser Wenn-Dann-Satz gilt für die Situation der Klasse B in Abbildung 56 nicht. Trotz hohem EMU gelingt es den Schülern nicht, höhere Scores zu erzielen.

Der Grund könnte darin liegen, dass der Lehrer zwar erledigte Hausübungen registriert und dokumentiert, diese aber von den Schülern nicht selbst erledigt wurden und auch das Engagement der Schüler weniger mit dem fachlichen Bereich in Mathematik in Relation steht.

Abbildung 56: Regressionsbeispiel 2 (Basis: fingierte Daten)

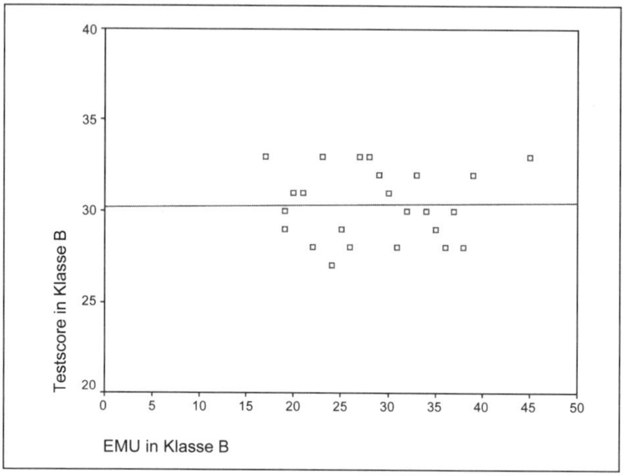

Für diesen Fall wurde eine Steigung von 0.004 (das ist eigentlich eine sehr geringe Steigung) ermittelt. Wenn der X-Wert um eine Einheit zunimmt, dann nimmt der y-Wert um 0.004 Einheiten (also praktisch unmerklich) zu.

Hätte man beide Klassen zusammen analysiert, hätte das eine Steigung von 0.55 und ein Intercept von 14.76 ergeben (siehe Abbildung 57). Bei Zunahme des x-Wertes um eine Einheit, wäre der Y-Wert noch immer um eine halbe Einheit gestiegen. Zweifellos ein interessantes Ergebnis, das aber viel Information verdeckt hätte.

Abbildung 57: Regressionsbeispiel 3 (Basis: fingierte Daten)

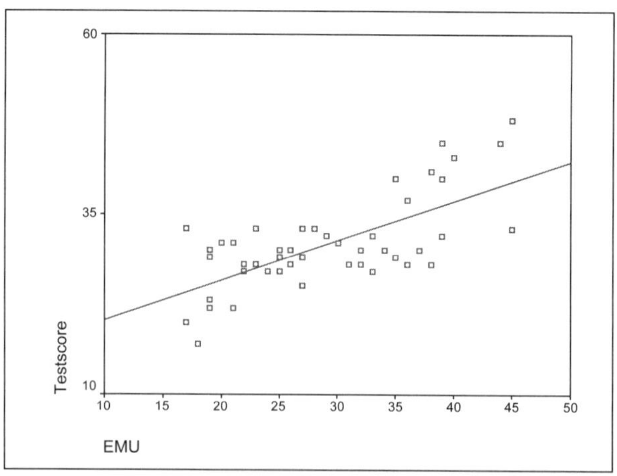

Die Beschreibung von Lern- und Lebenswelten mit Regressionskoeffizienten

Klasse A und Klasse B stellen aus pädagogischer Sicht zwei völlig unterschiedliche Lernumwelten und Klassensituationen dar. Die Regressionsanalyse führt für hierarchisch geordnete Daten zu unrichtigen Erkenntnissen über die Situation in den Aggregateinheiten. Durch die „globale" Analyse der Daten werden die möglichen Effekte von Schulklassen verwischt.

Herkömmliche statistische Verfahren sind aber nicht in der Lage, diesen Anspruch zu erfüllen. Mit der Mehrebenenanalyse können erstmals die beiden Regressionskoeffizienten für Aggregateinheiten dargestellt werden.

Für die Forschung zu den Determinanten von Schulleistung war und ist die Regressionsanalyse nach wie vor ein wichtiges Verfahren. Es sind mittlerweile die Grenzen dieses Auswertungsverfahrens deutlich geworden. Wenglinsky (2002, S. 6) betont, dass die Regressionsanalyse sehr problematisch für die Erforschung von Schuleffekten ist.

8.2. Die Erweiterung der Regressions- zur Mehrebenenanalyse

Die Mehrebenenanalyse stellt eine wesentliche Erweiterung der Regressionsanalyse dar und gehört zu den regressionsanalytischen Verfahren (Gruehn 2000, S. 153). Der „Leistungsumfang" der Prädiktion der Regressionsanalyse steht zur Verfügung. Die bei der Regressionsanalyse entstehenden Residuen werden zerlegt und auf dahinter stehende Kontexte rückbezogen.

Nach Snijders und Bosker (2000) können für die Mehrebenenanalyse folgende generelle Ziele genannt werden:

> *„It is realized that in contextual modeling, the individual and the context are distinct sources of variability, which should both be modeled as random influences."* (Snijders & Bosker 2000, S. 2)

In den traditionellen Determinantenmodellen, insbesondere das Modell von Weinert und Helmke, stellen Variable auf der Individualebene die Prädiktoren dar. Variable wurden in der Vergangenheit nur auf Korrelationsbasis ausgewertet. Damit wurde der Grad des Zusammenhanges zwischen zwei Zufallsvariablen beschrieben. Mit der Regressionsanalyse konnte bereits ein auswertungsanalytischer Mehrwert erzielt werden, da damit der *„Wert* *einer Zufallsvariablen auf Grund der Kenntnis des Wertes einer anderen Variablen desselben Elements"* (Clauss & Ebner 1972, S. 93) geschätzt werden konnte.

Abbildung 58: Zerlegung des Residuums (Strecke BD)

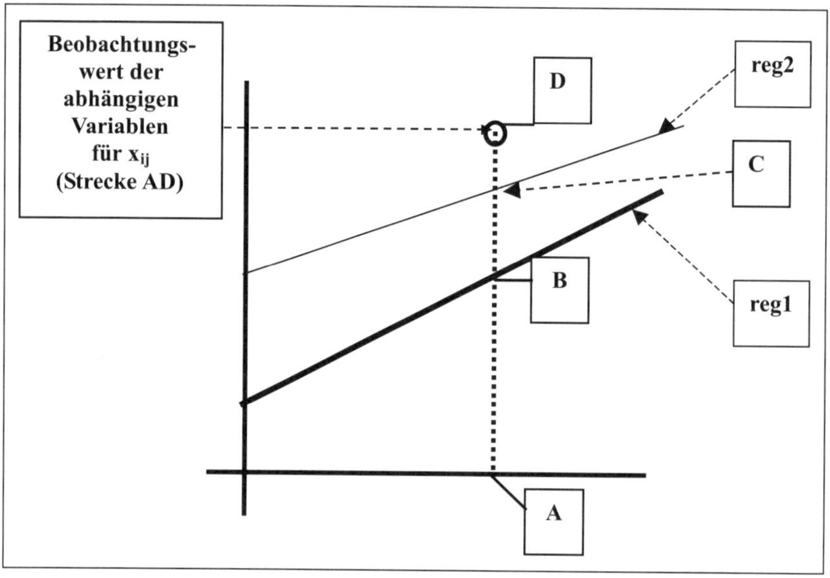

Aus der Regressionsgleichung der Form

Gleichung 10: Einfache Regressionsgleichung mit einem Prädiktor

$$y_i = ß_0 + ß_1x_1 + e_i$$

wird durch Hinzufügung des Term u_j die folgende mehrebenenanalytische Gleichung für zwei Ebenen (Paterson & Goldstein 1991, S. 87):

Gleichung 11: Einfache Regressionsgleichung mit einem Prädiktor mit zwei Residuen

$$y_{ij} = ß_{0j} + ß_1\, x_{1ij} + u_j + e_{ij}$$

Die Distanz (Strecke BD) des Beobachtungswertes y_{ij} von der Regressionsgeraden „reg1" (z. B. Schulregressionslinie) wird durch das Einziehen der Regressionslinie „reg2" (z. B. Klassenregressionslinie) zerlegt. Die

Strecke BC wird durch u_j und die Strecke CD durch den Term e_i in der Gleichung dargestellt. Der Wert x_{ij} ist der Score des Schülers i in der Klasse j. Der Term u_j stellt das Residuum der Klasse j von der Gesamtregressionslinie dar. Die Größen e_{ij} und u_j – die Residualgrößen – sind die Kernstücke der Mehrebenenanalyse. Die Residualgrößen einer Beobachtung sind der *„Teil der Abweichung des beobachteten y-Wertes vom Mittelwert aller Beobachtungswerte“* (Backhaus et al. 1993, S. 13). Durch die beiden Residuen uj und e_i wird eine zweistufige Hierarchie zum Ausdruck gebracht (z. B. Klassen in Schulen), wobei x_1 eine individuelle Variable darstellt. Somit sind Individuelles und Kontextuelles in der Gleichung vertreten.

Neben den beiden beschriebenen Residuen spielen die Regressionskoeffizienten $ß_1$ (der Abschnitt auf der y-Achse oder das „intercept“) und $ß_0$ (die Steigung oder der „slope“) eine wichtige Rolle in der Mehrebenenanalyse.

Der Mehrwert der Mehrebenenanalyse liegt in der Berücksichtigung von Kontexten, in denen Individuen leben und die das Verhalten dieser Individuen beeinflussen. Sie soll immer dann verwendet werden, wenn „geklumpte“ Daten aus Kontexten, die in Hierarchien gestaffelt sind, vorliegen:

> *„A hierarchy consists of lower-level observations nested within higher level(s). Examples include students nested within schools, employees nested within firms, or repeated measurements nested within persons.”* (Kreft & Leeuw 1998, S. 1)

Wenn die Hierarchie aus Schulklassen in Schulen und Schulen in Regionen darstellt, so bezeichnet man die unterste Ebene der Daten als Micro Level und alle anderen Ebenen als Macro Level (S. 1) oder Kontexte. Mit einem Beispiel demonstrieren Kreft und Leeuw (S. 3), dass Ergebnisse auf der Individualebene nicht notwendigerweise auch auf höheren Ebenen gelten müssen. In einer Studie aus dem Jahr 1995 wurde der Zusammenhang zwischen Bildungsniveau von Industriearbeitern und Einkommen zu belegen versucht. In der durchgeführten Analyse stellte das Bildungsniveau die erklärende Variable oder den Prädiktor (explanatory variable) und das Einkommen die Response-Variable dar. Auf der Individualebene konnte ein positiver Zusammenhang zwischen Bildungsstand und Einkommen nachgewiesen werden (je höher der Bildungsstand, desto höher das Einkommen). Der Typ von Industrie stellte die zweite Analyseebene dar. Die Analyse auf dieser Ebene (12 verschiedene Kategorien von Industriekontexten) enthüllte das gegenteilige Resultat:

> *„The higher the average educational level of an industry, the lower the average income of workers in that industry.“* (S. 3)

Durch die Hinzunahme einer Kontextvariablen wurde das gegenteilige Ergebnis erzielt.

Mit dem mehrebenenanalytischen Verfahren können *„Objekte verschiedener Ordnung gleichzeitig zum Gegenstand der Untersuchung“* (Humell 1972, S. 13) gemacht werden. Die Mehrebenenanalyse ermöglicht es, *„Gegenstände verschiedener Ordnung in einer Analyse simultan zu verrechnen“* (Ditton 1998, S. 12); so können mit diesem neuen Auswertungsverfahren die Wirkungen von individuellen und kollektiven Einheiten auf eine abhängige Variable überprüft werden.

Saldern stellt in diesem Zusammenhang folgende These auf:

> *„Soziale Handlungen können per definitionem nur über den Einbezug von zwei Ebenen erklärt werden: das Individuum und dessen Kontext.“* (Saldern 1998, S. 340)

Mehrebenenanalyse als Antwort auf externes Testen und das Schulranking

Ein wichtiger Impuls zur Entwicklung der Mehrebenenanalyse ging von der Kritik der im angloamerikanischen Raum üblichen externen Tests zur Erstellung von Rangreihen von Schulen für die Öffentlichkeit aus. In den meisten Fällen berücksichtigen diese querschnittlich angelegten Messungen nicht die Eingangsvoraussetzungen der Schüler. Diese führt jedoch zu Verzerrungen in den Schlussfolgerungen über „gute“ Schulen.

Mit einem fiktiven Beispiel soll das Problem verdeutlicht werden. Es wird angenommen, dass die maximale Punktzahl in einem externen Test zu Ende des Schuljahres 50 beträgt. Weiters wird vorausgesetzt, dass zu Beginn des Schuljahres ein Test zur Feststellung der Eingangsvoraussetzungen durchgeführt wurde (ebenfalls mit der maximalen Punktzahl 50). Schule A liegt in einem Mittelschichtstadtviertel; die Eltern sind schulfreundlich und schulinteressiert. Schule B liegt in einem Stadtviertel, in dem die Eltern aus verschiedenen Gründen der Schule eher fern stehen.

Tabelle 30: Fiktives Beispiel für die Ermittlung einer Schulrangreihe ohne Berücksichtigung der Eingangsvoraussetzungen

	Testwert zum Zeitpunkt des Rankings am Ende des Schuljahres	Testwert zu Beginn des Schuljahres	Rangreihe der Schule
Schule A	39	36	1
Schule B	35	19	9

Für die regressionsanalytische Untersuchung wird die Eingangsvoraussetzung (Testwert zu Beginn des Jahres) als Prädiktor und der Testwert am Ende des Jahres als Responsevariable festegelegt. Wenn man für beide

Schulen eine Regressionsgerade ermittelt, erhält man unterschiedliche Steigungen. Schule A erhielte eine Gerade mit einer niedrigen Steigung und Schule B eine Gerade mit steiler Steigung.

Abbildung 59: Darstellung der Regressionsgeraden für Schule A und B

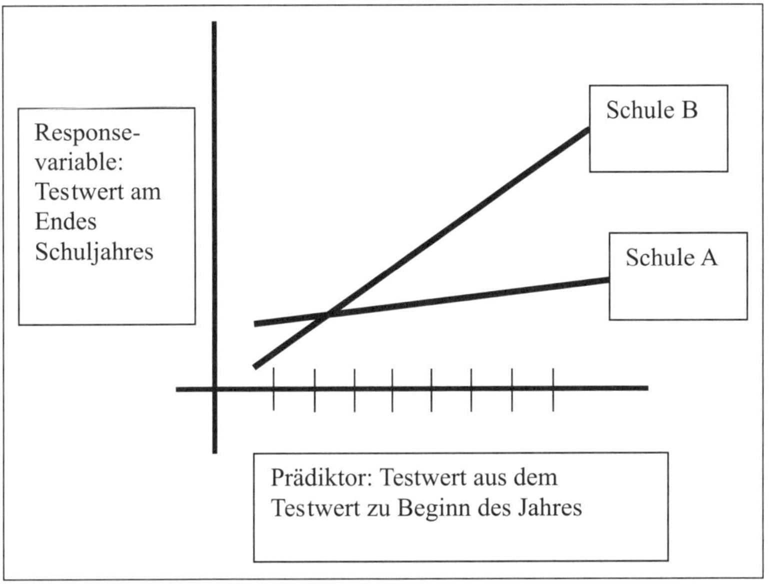

Die flache Steigung für Schule A bedeutet, dass pro Einheit Zunahme im Prädiktor ein kleiner Betrag an Zunahme auf der Seite der Responsevariablen gegenübersteht. Die steile Steigung für Schule B bedeutet, dass eine Einheit Zunahme im Prädiktor mit einem wesentlich größeren Betrag an Zunahme auf der Seite der Responsevariablen korrespondiert. Schlussfolgernd kann gesagt werden, dass Schule B in viel stärkerem Ausmaß ausgleichend gewirkt hat als Schule A. Diese ausgleichende Funktion von Schule B kommt durch eine singuläre Messung am Jahresende nicht zum Ausdruck.

Deshalb lauteten die Forderungen der Gruppe um Goldstein (1980, S. 22) vom Institute of Education in London, bei Rankings die Eingangsvoraussetzungen zu kontrollieren und auf Querschnittsanalysen im Bereich der Schuleffektivitätsforschung für Rankingzwecke zu verzichten.

Die Forderung nach längsschnittlichen Designs unter Verwendung der Mehrebenenanalyse für die Auswertung der Daten hat der Schul- und Untererichtsforschung neue Impulse gegeben. Diese Forderung wird auch von Ditton (1998, S. 18) erhoben, Querschnittuntersuchungen zugunsten von Längsschnittuntersuchungen durchzuführen.

8.3. Die Vernachlässigung der hierarchischen Strukturiertheit von Bildungsprozessen

Auf die hierarchische Strukturiertheit von Bildungsprozessen in Lehr- und Lernmodellen ist in der Vergangenheit nur unzulänglich eingegangen worden. In Zusammenhang mit der empirischen Erforschung des Sozialklimas hat Saldern (1998, S. 108) auf das Versagen traditioneller Ansätze für die Modellierung hierarchisch strukturierter Wirklichkeiten hingewiesen. Das, was von Saldern für die Sozialklimaforschung diskutiert, kann auch auf die Unterrichtsforschung übertragen werden.

Der hierarchische Aufbau des Schulsystems ist uns allen ein vertrautes Bild. Ein Schüler lebt und lernt nicht völlig von seiner Umwelt abgeschnitten, sondern er ist unterstes Element der Hierarchie ‚Schulsystem-Schule-Klasse-Schüler'.

Man kann zwei unterschiedliche theoretische Positionen unterscheiden. Ist das Sozialklima (oder die Lernumwelt) ein individuelles oder ein kollektives Phänomen? Im ersten Fall wären die Forschungsfragen mit einem Mikroansatz zu verfolgen, *„bei dem das Individuum Einheit der Analyse ist"* (Saldern 1998, S. 109). Im Falle, dass das kollektive Paradigma gilt, wäre nach einem holistischen Ansatz zu verfahren und *„das System als autonome Einheit der Analyse"* (S. 109) in den Mittelpunkt der Forschung zu stellen. Es stellt sich nun die Frage, auf welcher Ebene die Daten letztendlich auszuwerten sind. Saldern unterscheidet zwischen (1) Beobachtungsebene, der Ebene auf der die Daten erhoben werden, und der (2) Analyseebene, jener Ebene also, auf der die Daten ausgewertet werden (S. 113). Wenn man die Lernumwelt erfassen will, geschieht dies durch Befragung der Schüler (Beobachtungsebene). Die Daten können auf Individual- oder Klassenebene ausgewertet werden (Analyseebenen). Die Wahl der Analyseebene sollte nach logisch-inhaltlichen Gesichtspunkten erfolgen; nach wie vor stellt sie jedoch ein *„Stiefkind der empirischen Forschung"* (S. 113) dar.

Als neuen Ansatz schlägt Saldern die Verknüpfung von Kontext- und Individualebene vor:

> *„Es geht also im Folgenden nicht mehr um die Auswahl einer Analyseebene, sondern um den simultanen Einbezug mehrerer Ebenen."* (Saldern 1998, S. 115)

Abbildung 60: Die Verknüpfung von Kontext- und Individualebene nach Saldern (1998, S. 115)

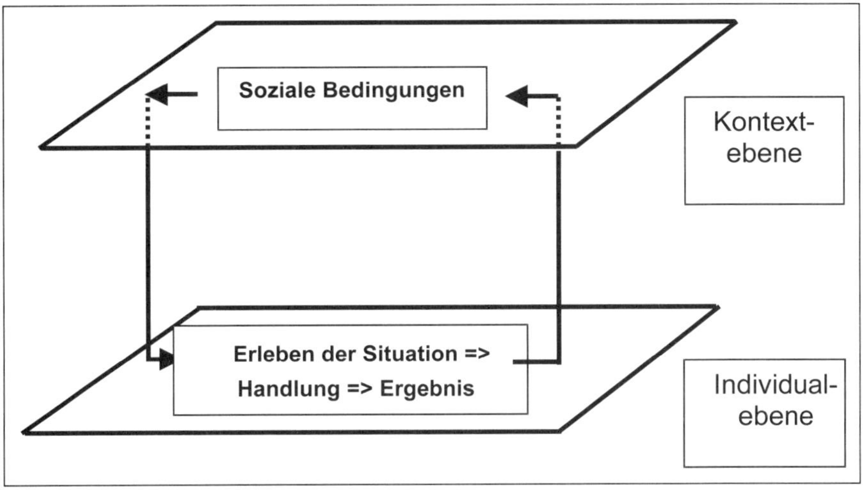

In Analysefällen, in denen eine hierarchische Struktur der Daten vorliegt, und eine *„Verbindung zwischen dem individuellen und dem kollektiven Aspekt der sozialen Realität“* (S. 146) herzustellen ist, wäre die Mehrebenenanalyse als *„Denkmodell und Auswertungsstrategie“* (S. 146) zu wählen.

Ditton unterscheidet drei Arten von Effekten in sozialwissenschaftlichen Untersuchungszusammenhängen:

- *„Effekte von Individualvariablen (z. B. Geschlecht, Alter, sozialer Status)“* (Ditton 1998, S. 16)
- *„Effekte von Aggregatvariablen (z. B. Merkmale von Schulklassen, Schulen oder Betriebseinheiten, Betrieben)“* (Ditton 1998, S. 16)
- *„Das Zusammenwirken von Aggregat- und Individualvariablen“* (Ditton 1998, S. 16)

Mit der Mehrebenanalyse kann die Wirkung der aufgeführten Effekte auf ausgewählte Responsevariable überprüft werden.

8.4. Autokorrelation in Schulklassen und Schulen

Unter Autokorrelation versteht man das Phänomen, dass die Residuen in der Grundgesamtheit korreliert sind (Backhaus et al. 1993, S. 34). Die lineare Regressionsanalyse allerdings basiert auf der Annahme, *„dass die*

Residuen in der Grundgesamtheit unkorreliert sind" (S. 34). Bei Untersuchungen an allen Schülern in Schulklassen oder an allen Schülern in Schulen kann davon ausgegangen werden, dass Zusammenhänge zwischen den Akteuren und daher auch zwischen den Residuen bestehen.

Ein wichtiges Prinzip der Stichprobenzusammenstellung ist die Zufallsauswahl der Elemente (Bortz 1979, S. 111). Dies stellt die Basis für die schlussfolgernde Statistik dar:

> *„Probabilistic inference assumes independent data not patterned."* (Jones 1997, S. 11b)

Erhebungen in der Schul- und Unterrichtsforschung berücksichtigen in vielen Fällen nicht das Prinzip der Unabhängigkeit der Elemente bei der Stichprobenziehung. Dafür gibt es verschieden Gründe: (1) Zugangsbeschränkungen; (2) Interesse an Schulklassen als sozialer Einheit oder (3) enormer ökonomischer Aufwand für eine auf dem Zufallsprinzip aufgebaute Untersuchung, wenn z. B. für eine Untersuchung von 600 Schülern 120 Klassen mit je 5 Schülern ausgewählt und besucht werden müssten.

Stichproben aus Schulklassen stellen Klumpen dar, in denen ein bestimmtes Ausmaß an Autokorrelation zwischen Akteuren vorliegt. Für inferenzstatistische Aussagen hat dies beträchtliche Auswirkungen, da der Standardfehler zu niedrig geschätzt wird (Ditton 1998, S. 14; Jones 1997, S. 11b). Dies führt dann eher zu statistisch signifikanten Ergebnissen, obwohl diese nicht vorliegen. Aus diesem Grund gilt die Autokorrelation als „Störenfried" in der Forschung.

Die Neuorientierung der Schul- und Unterrichtsforschung durch die Mehrebenenanalyse auf der Basis von Erhebungen in Schulklassen, die wiederum größeren Einheiten angehören, hat die Tatsache existierender Autokorrelation in ihrem Modell berücksichtigt. Die Autokorrelation wird als Phänomen in Erhebungen akzeptiert und durch die Mehrebenenanalyse modelliert (S. 11b).

Zwischen dem Phänomen der Autokorrelation und der systemischen Auffassung von Schulklassen und Schulen kann eine Parallele gefunden werden. Aus systemischer Sicht schaffen Akteure mittels Kommunikation und Interaktion eine systemische Einheit, die sich nach außen abgrenzt. Durch Kommunikation und Interaktion werden Akteure einander ähnlicher. Das bedeutet, dass die Autokorrelation steigt. Das zufällige Auswählen von Probanden aus autokorrelativen Einheiten kann bewirken, dass wichtige Einflussgrößen, nämlich die Kontexte, zur Erklärung von Effekten verloren gehen.

Mit der Regressionsanalyse kann dem Umstand nicht Rechnung getragen werden, dass Schüler zu einer Schulklasse gehören und einander ähnlich sein können. In der Regressionsanalyse wird Folgendes gefragt:

> *„Welcher Anteil aller Abweichungen der Beobachtungswerte von ihrem gemeinsamen Mittelwert lässt sich durch den unterstellten linearen Einfluß der unabhängigen Variablen erklären und welcher Anteil verbleibt als unerklärte Residuen?"* (Backhaus et al. 1993, S. 13)

In der Mehrebenenanalyse wird die Fragestellung wegen der Zugehörigkeit der Probanden zu Einheiten (z. B. Schulklassen) erweitert:

> *„Is there significant variation between classes in their level of academic achievement after controlling for pupils' background characteristics."* (Raudenbusch et al. 1991, S. 6)

Der Mehrwert der Mehrebenenanalyse liegt also in der Berücksichtigung der Autokorrelation in hierarchisch strukturierten Daten und in der Möglichkeit, Varianz zwischen Einheiten identifizieren zu können, nachdem die Wirkung als relevant erachtete Prädiktoren kontrolliert wurde.

Das bedeutet für ein längsschnittliches Design, dass das Vorwissen (z. B. durch Vortestwerte) kontrolliert werden kann und dann nach den Effekten gesucht wird, die durch die Zugehörigkeit zu einer Schulklasse bewirkt werden.

In der nachfolgenden Abbildung 61 wird der Sachverhalt der Kontrolle eines Prädiktors und der Wirkung von Kontexten veranschaulicht.

Abbildung 61: Grafische Darstellung einer differentiellen Wirkung

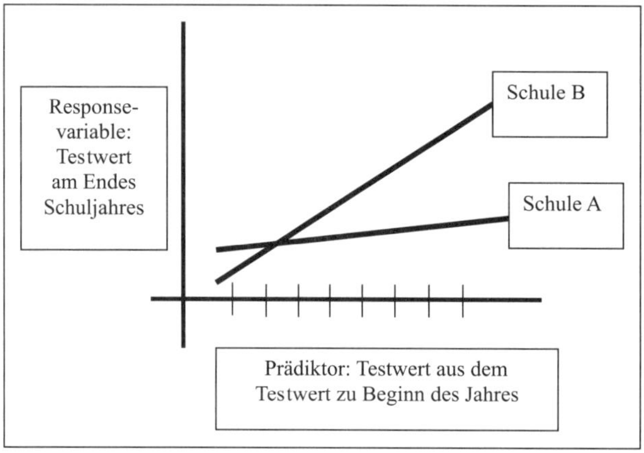

Die Regressionslinie der Klasse B stellt ausgleichende Verhältnisse dar. Nachdem die Wirkung des Vortests kontrolliert wurde, erreichen alle Schüler in diesem Kontext annähernd gleiche Leistungswerte. Unabhängig vom Vortestwert erreichen alle Schüler vergleichbare Werte. Die Regressionslinie der Klasse A stellt selektive Verhältnisse dar. Nur derjenige, der im Vorjahr gute Leistungen hatte, erreicht auch im darauf folgendem Jahr gute Werte. Derjenige, der im Vorjahr schlechte Testwerte hatte, hat sie auch im darauf folgenden Jahr. Man könnte auch sagen, dass die Ähnlichkeit bezüglich der Leistungen in Klasse B im darauf folgenden Jahr wesentlich höher ist als in Klasse A, obwohl die Leistungen der Klasse B im Vorjahr bezüglich der Gleichartigkeit niedrig waren.

Zusammenfassend kann gesagt werden, dass durch Ausdifferenzierungs- und Systembildungsprozesse in Schulklassen und Schulen soziale Einheiten entstehen, in denen die Akteure in verschiedenen Handlungsfeldern durch Kommunikation und Interaktion einander ähnlicher werden:

> *„Subjects within a cluster are similar.“* (Jones 1997, S. 11c)

In der vorliegenden Untersuchung soll der Frage nachgegangen werden, ob diese Ähnlichkeit der Akteure auch zur Autokorrelation der Residuen führt.

Die Autokorrelation kann zwischen 0 und 1 liegen und wird mit den beiden Größen σ^2_u und σ^2_ε berechnet (Jones 1997, S. 11c):

Gleichung 12: Gleichung zur Berechnung der Autokorrelation I

$$\rho = \sigma^2_u / (\sigma^2_\varepsilon + \sigma^2_u)$$

Wenn die Varianz zwischen den Klassen (σ^2_u) null ist, dann gibt es keine Kontexteffekte. In diesem Fall ist auch ρ null:

Gleichung 13: Gleichung zur Berechnung der Autokorrelation II

$$\rho = 0 / (\sigma^2_\varepsilon + 0)$$

In diesem Fall kann davon ausgegangen werden, dass es bezüglich des untersuchten Merkmals zwischen den Individuen der sozialen Einheit ein geringes Maß an Ähnlichkeit gibt und ein System nicht existiert. Kommunikation und Interaktion werden nicht als generelle Vorgänge betrachtet, sondern bezogen auf ein bestimmtes und fokussiertes Handeln.

8.5. Unterschiedliche Wirkungen von Kontexten auf unterschiedliche Schülergruppen

Mit der Mehrebenenanalyse können auch Forschungsfragen geprüft werden, die an die ATI-Tradition anschließen (Hasebrock 1998, S. 10). In der „Aptitude-Treatment-Interaction"-Forschung wurde versucht, Wechselwirkungen zwischen Schülermerkmal und Lehrmethode zu identifizieren. Der ATI-Ansatz hat große pädagogische Relevanz, da die Ergebnisse für die Planung und Durchführung von individualisierendem und differenzierendem Unterricht wichtige Grundlagen darstellen:

> *„Eine Interaktion von Schüler und schulischem Treatment liegt dann vor, wenn ein Schüler mit einer bestimmten Fähigkeit oder Eigenschaft (‚Aptitude') besser lernt, wenn er nach einer bestimmten Methode unterrichtet wird ... während ein anderer Schüler, der die betreffende Fähigkeit oder Eigenschaft in geringerem Ausmaß besitzt, besser lernt, wenn er nach einer anderen Methode unterrichtet wird."* (Gage 1979, S. 182)

In Abbildung 62 wird die Wechselwirkung zwischen zwei unterschiedlichen Methoden und der Prüfungsleistung in einem College-Examen hergestellt. Lernende mit niedrigem Angstpotential erzielen in Lehrveranstaltungen mit der Diskussionsmethode (lernerzentriert) und Studierende mit einem hohen Angstpotential in frontalunterrichtlichen Lehrveranstaltungen bessere Prüfungsleistungen.

Abbildung 62: ATI-Ergebnis nach Stallings und Keepes (zit. n. Gage 1979, S. 183)

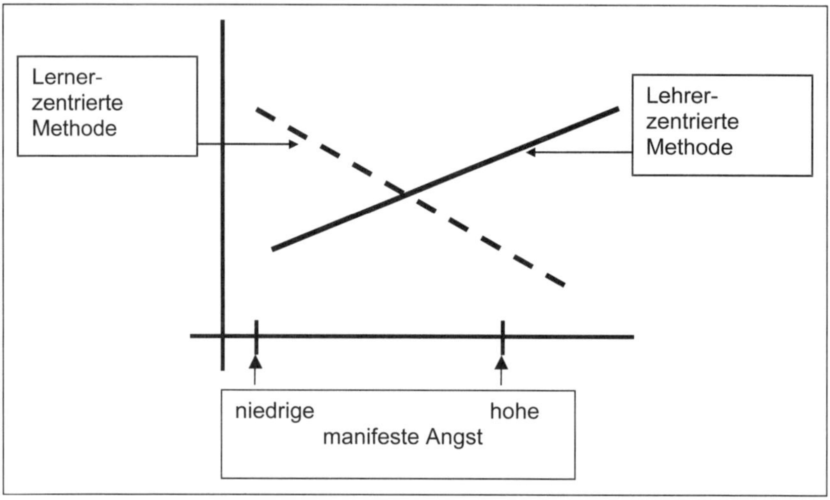

Ein Ergebnis der ATI-Forschungsrichtung ist die Erkenntnis, dass es *„keine optimale, für alle Schüler geeignete Unterrichtsmethode"* (S. 185) gibt. Dies wurde bereits ausführlich erörtert, als im Zuge der Kritik an der Methodenkomparationsforschung – auf Terhart zurückgreifend – festgehalten wurde, dass es „die Methode" (gemeint die Universalmethode) nicht gibt.

Mit der ATI-Methode wird versucht, differentielle Effekte aufzuspüren. Dabei spielt die Diagnose der Intercepte und Steigungen eine Rolle. Wären z. B. alle Intercepte und Steigungen gleich, so könnte man schlussfolgern, dass niedriges Vorwissen mit niedrigem aktuellen Testwert und hohes Vorwissen mit einem hohem aktuellen Testwert zusammenhängt. In einem solchen Fall erhielte man eine Regressionslinie für alle Schüler; die Klassen- und die Schulzugehörigkeit wären irrelevant. Wenn aber verschiedene Regressionslinien mit unterschiedlichem Intercept und unterschiedlicher Steigung z. B. für Schulklassen nachgewiesen werden können, kann die Behauptung nicht aufrecht erhalten werden, dass es „ein Gesetz" für alle Schüler gibt, demzufolge ein niedriger Prädiktorwert immer mit einem niedrigen aktuellen Testwert zusammenhängt.

Abbildung 63: Gegenüberstellung einer selektiven und einer kompensativen Klasse

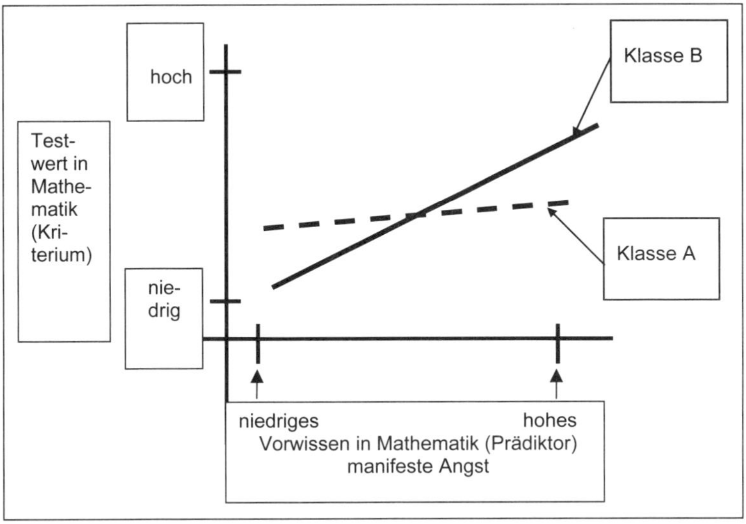

In Klasse A hängt der aktuelle Testwert nicht in dem Ausmaß vom Vorwissen ab als in Klasse B. Schüler mit niedrigen Vortestwerten haben ähnlich gute Werte wie Schüler mit hohen Vortestwerten. Dieses Phänomen könnte auf egalisierende Maßnahmen des Lehrers zurückgeführt werden. In Klasse B haben jene Schüler, die im letzten Jahr gute Leistungswerte hatten, auch in diesem Jahr gute Werte.

Die Entkoppelungshypothese

Die Entkoppelungsthese besagt, dass die Schule nur dann Chancengleichheit herstellt, wenn die Leistungen der Schüler *„von ausserhalb der Schülerperson angesiedelten Faktoren“* (Rüesch 1998, S. 85) abgekoppelt wird. Die Schule „entkoppelt“, wenn sie den Schulerfolg von der sozialen Herkunft oder bestimmten familiären Sozialisationsbedingungen unabhängig macht:

> *„Je geringer die Schulleistung von der sozialen Herkunft determiniert ist, desto mehr ‚Chancengleichheit‘ wäre diesem Modell zufolge realisiert. Das Ausmaß der Bedingtheit von Schulleistungen durch Merkmale der sozialen Herkunft wird dabei durch den Regressionskoeffizienten erfasst.“* (Rüesch 1998, S. 85)

Wenn also die Prädiktoren „soziale Herkunft“ und „Bildungsstand der Eltern“ einen signifikanten Einfluss auf die Responsevariable haben, dann ist der Schulerfolg mit der Herkunft korreliert.

Die Entkoppelungshypothese kann allgemeiner formuliert werden. Wenn Regressionslinien von einem Punkt wie ein Fächer auseinanderströmen (Abbildung 64), liegt eine differentielle Wirkung des Kontextes vor. Schulklassen oder Schulen haben auf eine Schülergruppe mit einem bestimmten Merkmal, aber unterschiedlicher Ausprägung, eine unterschiedliche Wirkung. Für Schule A ist das Vorwissen für den aktuellen Testwert nicht relevant (Steigung der Regressionslinie für Schule A ist beinahe null). In Schule B ist das Vorwissen sehr relevant.

Abbildung 64: Darstellung der Abhängigkeit der Regressionskoeffizienten vom Kontext; Fanning-out-Muster

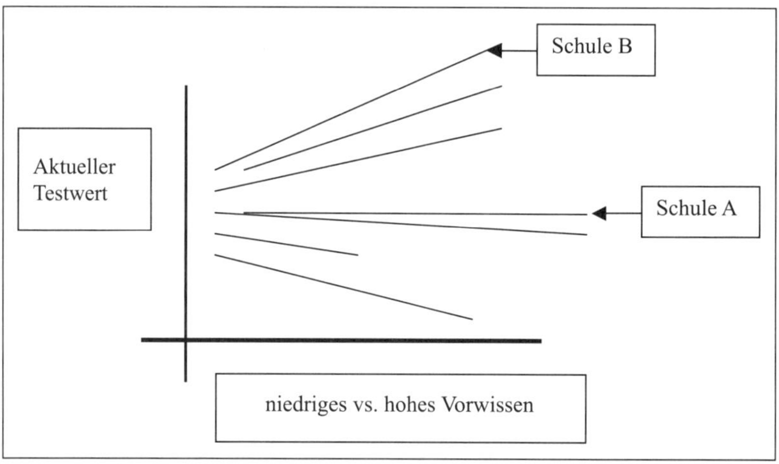

Die Fächerung der Regressionslinien könnte auch andere Ausgestaltungen annehmen. In allen drei Fällen kann man davon ausgehen, dass die Kontexte auf Schülergruppen mit einem bestimmten Merkmal, das unterschiedlich ausgeprägt ist, unterschiedlich einwirken. Um diese Ergebnisse zu erhalten, lässt man neben dem Intercept auch den Slope variieren.

Mit dem Programm MLwiN können die dargestellten „Bilder“ erzeugt werden. Zusätzlich bietet das Programm auch eine Option, diese unterschiedlichen Streubilder in so genannten Varianzfunktionen zusammenzufassen.

Abbildung 65: Darstellung der Abhängigkeit der Regressionskoeffizienten vom Kontext, Fanning-in- und Kreuz-Muster

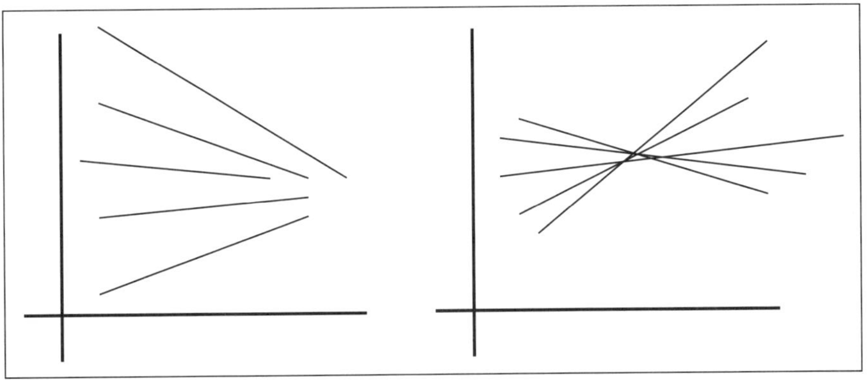

Im Kapitel 12 werden für die Auswertung der TIMSS-Daten solche Zusammenfassungen mit Varianzfunktionen vorgenommen.

8.6. Zusammenfassung

Aus den Ausführungen der vorangegangenen Kapitel kann Folgendes resümierend gesagt werden:

Schulklassen stellen den Ort und den Raum für den Aufbau, die Pflege und Einhaltung von Regeln dar und fördern die Bildung autopoietischer Systeme (Huschke-Rhein 1992, S. 50; Watzlawick 1982, S. 127; Willke 1999, S. 73).

Diese Cluster stellen nach systemtheoretischen Überlegungen Einheiten dar, die zu operativer Geschlossenheit neigen (Willke 1999, S. 73). Sie sind zwar energetisch offen, aber mehr an der Erhaltung und Fortschreibung ihrer Struktur gebunden. Operative Geschlossenheit bedeutet nach Huschke-Rhein (1992, S. 50), dass alle Umweltreize auf Brauchbarkeit für die Fortsetzung der eigenen Struktur überprüft werden. Reize haben dann eine Chance, aufgenommen zu werden, wenn sie anschlussfähig sind. Man kann davon ausgehen, dass diese Cluster „wirklich" existieren und auch nachweisbar sind.

Die unterschiedlichen Steigungen zwischen Schulklassen sollen nicht als störender Einfluss verstanden werden, sondern als „Ausdruck von Unterschieden in den ablaufenden Lernprozessen und / oder Lernbedingungen. Die Varianz in den Regressionskoeffizienten wird damit als systematisch betrachtet und die Koeffizienten der Regressionen innerhalb von Schulklassen werden als abhängige Variable (outcomes) behandelt." (Ditton 1998, S. 35).

Schulklassen sollen als systemische Einheiten identifiziert werde, deren Mitglieder und Akteure in einem autokorrelativen Zusammenhang stehen.

Die Forderung nach kontextorientierten Längsschnittstudien

Man kann davon ausgehen, dass die Erforschung der Wirkung von Kontexten in Zukunft größere Bedeutung erlangen wird. Die Aufforderung dazu liegt von Helmke und Weinert vor, indem sie fordern, dass anspruchsvolle Forschungsziele *„nur mit Hilfe mehrebenenanalytisch angelegter Längsschnittsstudien erreicht werden, in denen die Entwicklung der gleichen Schülerstichprobe unter Berücksichtigung ihrer familiären Umwelt in unterschiedlichen Schulklassen untersucht wird"* (Helmke & Weinert 1997, S. 99).

Das CIPO-Modell als Basis für die vorliegende Studie

CIPO-Modelle (Context-Input-Produkt / Output) berücksichtigen sowohl individuelle Variable als auch den Kontext, in dem Lernen stattfindet. Ein wichtiger Impuls für die Forschungsfrage nach der Bedeutung von Kontexten geht auf das bekannte Fend-Ergebnis aus den 70er Jahren zurück. Damals schon stellte Fend fest, dass die Variation der Leistungen zwischen Schulen jene zwischen den Systemen übersteigt (Fend 1998a, S. 159). Konsequent weitergedacht wäre die Hypothese zu prüfen, ob ein ähnliches Ergebnis auch für Klasseneffekte identifiziert werden kann.

Als Ziel der Unterrichtsforschung wird von Gruehn (2000, S. 18) die Erklärung von Leistungsunterschieden durch Lernumweltmerkmale genannt:

> *„Die klassische Unterrichtsforschung war vor allem daran interessiert, objektive Merkmale lernförderlichen Lehrerverhaltens und lernförderlicher Unterrichtsbedingungen zu identifizieren, die klassischerweise durch Beobachtungsdaten erhoben werden."* (S. 18)

Durch die Hinzunahme der kontextspezifischen Perspektive wird die Forschungsfrage „Welche Lernumweltmerkmale erklären am besten Leistungsunterschiede?" folgendermaßen erweitert (Raudenbusch & Willms 1991, S. 6):

> *„Is there significant variation between classes in their level of academic achievement after controlling for pupils' background characteristics?"* (S. 6)

Es wird im empirischen Teil zu zeigen sein, in welchem Ausmaß Klassen und Schulen zur Varianzaufklärung von Schülerleistungen beitragen.

9 HYPOTHESEN

Die Auswertungen von sechs verschiedenen Datensätzen ist ganz wesentlich von den folgenden Forderungen für künftige Forschungsvorhaben inspiriert:

- Beachtung des systemischen Charakters von Unterricht (Helmke & Weinert 1997, S. 143ff)
- Berücksichtigung der Kontextspezifität (S. 84)
- Berücksichtigung der Längsschnittlichkeit, gekoppelt mit mehrebenanalytischer Auswertung (S. 99; Helmke & Schrader 1998, S. 64)

Ebenfalls wurden die Forderungen aus der Theorie der Situationsspezifität (Patry 1991; 2000) berücksichtigt:

- Dem Umstand Rechnung tragend, dass Klassen Systeme darstellen, in denen Wirklichkeit konstruiert wird, wird im Projekt „MATHECON“ ein so genanntes LUM-Instrumentarium (LUM steht für Lektions-Unterbrechungs-Methode) eingesetzt. Das ist ein kurzer Fragebogen, in dem zeitspezifisch (z. B.: Wie oft wurdest du in den letzten 2 bis 3 Tagen im Fach Mathematik gelobt?) gefragt wird, um die Effekte der Intervention feststellen zu können.
- Weiters wird die Theorie der Situationsspezifität für das Interventionsprojekt [EM:MA] weitergedacht. Die Intervention wendet sich nicht an alle inhaltlichen Bereiche des Mathematikunterrichts der Grundschule, sondern fokussiert auf einen Bereich, nämlich die Maßumwandlungen.

In der Umsetzung der drei Projekte und der Auswertung der Daten fließen drei theoretische Positionen – Konstruktivismus, systemisches Denken, Theorie der Situationsspezifität – ineinander. Das hat zu folgenden Fragen geführt:

1. Kann Mathematikunterricht durch Lehrerfortbildung verändert werden, und welche Effekte können auf Klassenebene durch ein konstruktivistisch orientiertes Angebot nachgewiesen werden?
2. Gibt es neben den aus der Literatur bekannten Determinanten für Schulleistungen weitere Determinanten (z. B. Schulklassen)? Kann die systemische Position belegt werden, dass Schulklassen Subsysteme des Systems Schule darstellen?
3. Gibt es Kontexteffekte (z. B. Schulklasseneffekte) für mathematische Schulleistung in der Grundschule? Gibt es Kontexteffekte (z. B. Schulklasseneffekte) für mathematische Schulleistung in der Sekundar-

stufe I? Sind diese Schulklasseneffekte in der Grundschule und in der Sekundarstufe gleich hoch?

4. In welcher Weise können mit der Mehrebenenanalyse ATI-Effekte nachgewiesen werden?

Die Datensätzen stammen aus dem Projekt [EM:MA], dem Projekt „MATHECON“ und der TIMSS-Untersuchung. Das Projekt [EM:MA] wurde in Zusammenarbeit von Pädagogischer Akademie und Pädagogischem Institut für Grundschullehrer in der Steiermark im Sommersemester 2002 begonnen. Das Projekt verfolgt mehrere Ziele, nämlich die Erhöhung der Maßumwandlungskompetenz von Grundschülern der dritten und vierten Klassen, eine mittelfristige Begleitung der Lehrer zur Aufrechterhaltung der Reformenergie für den Mathematikunterricht und die Identifikation von klassenspezifischen Kontexteffekten. Das Akronym [EM:MA] steht für Erhöhung der Maßumwandlungskompetenz und mehrebenenanalytische Auswertung. Der Nachweis von klassenspezifischen Kontexteffekten ist für die Fortbildung von Grundschullehrern von großer Bedeutung, da sich daraus neben der fachdidaktischen Komponente der Fortbildung eine weiterer Ansatzpunkt für die Verbesserung bereichsspezifischer mathematischer Schulleistungen ergibt. Die Daten aus den Untersuchungen in den dritten und vierten Klassen werden wegen des unterschiedlichen curriculumorientierten Tests gesondert ausgewertet.

Das Projekt „MATHECON“ war ein zweijährig angelegtes COMENIUS-Projekt für die Sekundarstufe I, das in Kooperation von Pädagogischer Akademie am Hasnerplatz in Graz, dem Pädagogischen Institut in Graz, dem Pädagogischen Institut in Salzburg und dem Institut für Erziehungswissenschaft der Universität Salzburg in den Jahren 1997 bis 1999 durchgeführt wurde. Das Akronym „MATHECON“ steht für die Fortbildungsidee, „Mathematikunterricht nach einer konstruktivistisch orientierten Fachdidaktik“ zu verändern. In diesem Projekt sollte durch eine langfristige Unterstützung der Mathematikunterricht in Richtung mehr Lernumgebungsbasierung und Viabilitätsorientierung verändert werden. Im Sinne der Multikriterialität war nicht beabsichtigt, den traditionellen Unterricht durch einen „neuen“ Unterricht zu ersetzen. Im Sinne der in Kapitel 1.5 beschriebenen Multioptionalität war es das Ziel des Projekts, eine Koexistenz von „alten“ und „neuen“ Methoden des Unterrichtens anzustreben und zuzulassen. Instruktion und Konstruktion bezüglich mathematischer Lernprozesse sollten in einer neuen und ausgewogenen Balance implementiert werden.

Die Daten aus den Untersuchungen in den zweiten, dritten und vierten Klassen werden wegen des unterschiedlichen curriculumorientierten Tests gesondert ausgewertet.

Der dritte Datensatz zum Nachweis von klassenspezifischen Kontexteffekten ist dem österreichischen TIMSS-Datensatz entnommen. Dieser Datensatz darf mit freundlicher Genehmigung des österreichischen TIMSS-Zentrum an der Universität Salzburg einer Sekundäranalyse unterzogen werden.

Mehrebenenanalytische Auswertungen der Daten

Ingesamt werden sechs Stichproben mehrebenenanalytisch untersucht. Da die Forschungsliteratur sehr starke Hinweise für Kontexteffekte liefert, werden alle Hypothesen als Alternativhypothesen formuliert.

Die Generalhypothese lautet, dass Schulklassen und Schulen autopoietische Systeme darstellen und sich durch die unterschiedliche Regressionskoeffizienten beschreiben lassen (Ditton 1998, S. 52).

Hypothese 1

Es soll die generelle Hypothese überprüft werden, ob Schulklassen identifizierbare Entitäten darstellen und als *„zentrale pädagogische Einheiten im schulischen Lebensraum“* (Fend; zit n. Rüesch 1998, S. 76) betrachtet werden können.

Weiters soll geprüft werden, ob das Ausmaß an Autokorrelation in allen untersuchten Stufen und in allen Stichproben gleich hoch ist.

Hypothese 2

Für sechs Stichproben wird der Einfluss ausgewählter Prädiktoren kontrolliert. Es wird geprüft, ob die Prädiktoren einen signifikanten Einfluss auf die Responsevariable, den Testwert aus den curriculumorientierten Tests, haben. Darüber hinaus („over and above") werden für die sechs Stichproben klassenspezifischen Kontexteffekte zur Erklärung von bereichsspezifischen mathematischen Leistungswerte erwartet.

Weiters wird geprüft, ob für ein Subsample aus dem TIMSS-Datensatz für die Sekundarstufe II Prädiktoren einen signifikanten Einfluss auf die Responsevariable, dem TIMSS-Testwert, haben.

Auch werden für diese Stichprobe klassen- und schulspezifische Kontexteffekte zur Erklärung der Varianz in der Responsevariablen erwartet. Weiters soll überprüft werden, in welcher Weise nicht-kognitive Variablen einen Beitrag zur Varianzaufklärung leisten.

Hypothese 3

Weiters wird geprüft, ob Prädiktoren einen signifikanten Einfluss auf nicht-kognitive Responsevariablen haben. Darüber hinaus („over and above") werden für die Stichproben aus dem Grundschulbereich Stichproben klassenspezifischen Kontexteffekte zur Erklärung von nicht-kognitiven Responsevariablen erwartet.

Hypothese 4

Es wird erwartet, dass das Vorwissen (Curriculum-Testwert zum Messzeitpunkt t_1) in den „MATHECON"-Stichproben für die Schülerleistung zum zweiten Messzeitpunkt mehr und der Mittelwert aus den letzten beiden Schularbeitennoten und der Jahrezeugnisnote aus Mathematik einen signifikanten Einfluss auf die Responsevariablen hat. Dies wird wegen der beiden „starken" Prädiktoren Vorwissen und Notenmittelwert für Prädiktoren aus dem Bereich Familie, Individuum und Schule nicht erwartet.

Hypothese 5

Es wird erwartet, dass Kontexte als unabhängige Variablen einen Einfluss auf die beiden Regressionskoeffizienten haben. Mit der Mehrebenenanalyse sollen differentielle Effekte der Schulklassen nachgewiesen werden. Es soll gezeigt werden, dass Schulen auf Schülergruppen mit demselben Merkmal, aber unterschiedlicher Ausprägung einen unterschiedlichen Einfluss haben können.

Dieser Sachverhalt soll für den Prädiktor „Einstellung zur Brauchbarkeit und Sinnhaftigkeit von Mathematik" aus den TIMSS-Daten nachgewiesen werden.

Hypothese 6

Die Entkoppelungshypothese (siehe Kapitel 8.5) soll für den Bildungsstand des Vaters oder der Mutter nachgewiesen werden.

Festsetzung des Signifikanzniveaus und eines kritischen Wertes für den Quotienten Parameterschätzung und Standardfehler

Als Signifikanzgrenze wird das 5%-Niveau festgelegt; p-Werte von 0.05 und kleiner werden als signifikant erachtet. Bei p-Werten zwischen 0.051 und 0.065 wird von einer Tendenz gesprochen. Weiters wird für die Quotienten aus den Parameterschätzungen für $ß_0$ und $ß_1$ (fixed parts) und die Residualschätzungen (random parts) durch die Standardfehler aus der Mehrebenenanalyse ein kritischer Wert von größer als 2 festgesetzt (Subramanian & Jones 2002, persönliche Mitteilung). Für die genaue Abschätzung der Signifikanz der „fixen" Teile der Gleichung und den Residualschätzungen wird für die Responsevariable „Gesamttestwert für Maßumwandlungen" für die dritten und vierten Klassen der von MLwiN angebotene Chi^2-Test-Prozedur durchgeführt.

10 DIE SCHULKLASSE ALS DETERMINANTE MATHEMATISCHER SCHULLEISTUNGEN – DAS PROJEKT [EM:MA]

Das Projekt [EM:MA] stellt ein Fortbildungs-, Interventions- und Forschungsprojekt dar, das nach den im Kapitel 5 beschriebenen fachdidaktischen Kriterien angelegt wurde. Das Akronym [EM:MA] steht für „Erhöhung der Maßumwandlungskompetenz“ für Grundschülern und „mehrebenenanalytische Auswertung der Daten“. Das Projekt wurde in zwei steirischen Bezirken mit Grundschullehrern der dritten und vierten Klassen durchgeführt. Es hat im Sommersemester 2001 begonnen; ein Zwischenbericht wurde im Juni 2002 den Auftrag gebenden Stellen (Pädagogische Akademie des Bundes in Graz und Pädagogisches Institut in Graz) vorgelegt. Die Daten für diese Studie stammen aus diesem Untersuchungszeitraum. Die Schüler der dritten Klassen werden in eine Längsschnittstudie aufgenommen. In Schulorten mit weiterverfolgbaren Schülerkarrieren wird eine längerfristige Begleitung angestrebt. Der Grund für das [EM:MA]-Projekt waren die Erfahrungen eines Projekts derselben Institutionen auf der Sekundarstufe I. Aus den Untersuchungen zum „MATHECON“-Projekt (Schwetz 1998) ging hervor, dass auf der sechsten und siebten Schulstufe das Umwandeln von Maßeinheiten den Schülern große Probleme bereitete. In der nachfolgenden Tabelle sind die Lösungshäufigkeiten einiger ausgewählter Beispiele aus dem in diesem Projekt verwendeten curriculumorientierten Test wiedergegeben.

Tabelle 31: Lösungshäufigkeiten von Schülern der Sekundarstufe I (Schwetz 1998; n = 753)

Stufe	Aufgabe	Lösungshäufigkeit
Sechste Schulstufe	17 m = ? cm	58.2%
Sechste Schulstufe	4 dm^2 = ? cm^2	32.8%
Siebente Schulstufe	¾ kg = ? dag	54.1%
Siebente Schulstufe	4 m 23 mm = ? mm	43.7%
Siebente Schulstufe	Mache die folgende Angabe mehrnamig: 7 895 g = ?	26.5%
Siebente Schulstufe	89 t 90 kg = ? t	22.1%
Siebente Schulstufe	3 m^3 = ? Liter	19.6%
Siebente Schulstufe	348 dm^2 = ? 03480 m^2 Setze das Komma!	24.1%
Siebente Schulstufe	Mache die folgende Angabe mehrnamig: 0.657 m^2 = ?	7.4%

Die unbefriedigenden Ergebnisse auf der Sekundarstufe I waren der Anstoß für die Projektinitiative [EM:MA]. Neben einer Einführung in die Problematik und Fehleranfälligkeit des Maßumwandelns wurden den Lehrern weitere Fortbildungstage angeboten, um neue fachdidaktische Maßnahmen zu Einführung, Situierung und Festigung der Maßumwandlungen vorstellen und diskutieren zu können.

10.1. Die Ziele des Fortbildungs- und Forschungsprojekts [EM:MA]

Die Ziele des Fortbildungs- und Forschungsprojekts waren und sind, Impulse zur Veränderung des Mathematikunterrichts zu setzen.

Für das Fortbildungsprojekt und die Intervention wurden folgende Ziele verfolgt:

- Merkgrößenorientierung (Verankerung von Grundmaßeinheiten wie 1 m, 1 dm, 1 cm, 1 mm, 1 kg etc. an Gegenständen des täglichen Gebrauchs und am Körper des Schülers); Implementierung eines Programms zur Kompetenzsteigerung für Schüler im Bereich der Umwandlungsaufgaben auf der Basis einer Merkgrößenorientierung
- Handlungsorientierung (z. B. Ermutigung zu mehr Messvorgängen im Unterricht)
- Schaffung einer Wissensbasis von systematischen Umwandlungsfehlern bei Schülern
- Schaffung einer Wissensbasis zum Vergleichen der klassenspezifischen Stärken und Schwächen mit den Ergebnissen anderer Klassen (Evaluations- und Rückmeldeaspekt)
- Schaffung einer vertrauensvollen Basis für die Rezeption und Diskussion der rückgemeldeten Klassenergebnisse
- Einsatz, Diskussion und Reflexion neuer Lernmaterialien
- Unterstützung des Veränderungsprozesses durch regelmäßigen Erfahrungsaustausch
- Anbahnung von Differenzierungsmaßnahmen
- Sensibel angelegte und nachhaltige Veränderung subjektiver Theorien von Grundschullehren bezüglich des Mathematikunterrichts
- Erarbeitung einer Wissensbasis und einer Prioritätenliste für Interventionsmaßnahmen in der Lehreraus- und -fortbildung
- Planung und Reflexion von kompensatorischen Maßnahmen bei Leistungsunterschieden zwischen Schulklassen

Die Ziele des Forschungsprojekts

- Das Forschungsprojekt verfolgte die Intention, das FISK-Modell (siehe Kapitel 7) mit Daten aus der Grundschule einer Überprüfung zu unterziehen. Im FISK-Modell sind die relevanten Determinanten von Schulleistung zusammengefasst (F steht für familiäre, I für individuelle, S für schulische und K für kontextuelle Variablen). Für einige ausgewählte Variable wird dieses Modell einer Überprüfung zu unterzogen.

Abbildung 66: Bereichsspezifisches FISK-Modell für das [EM:MA]-Projekt

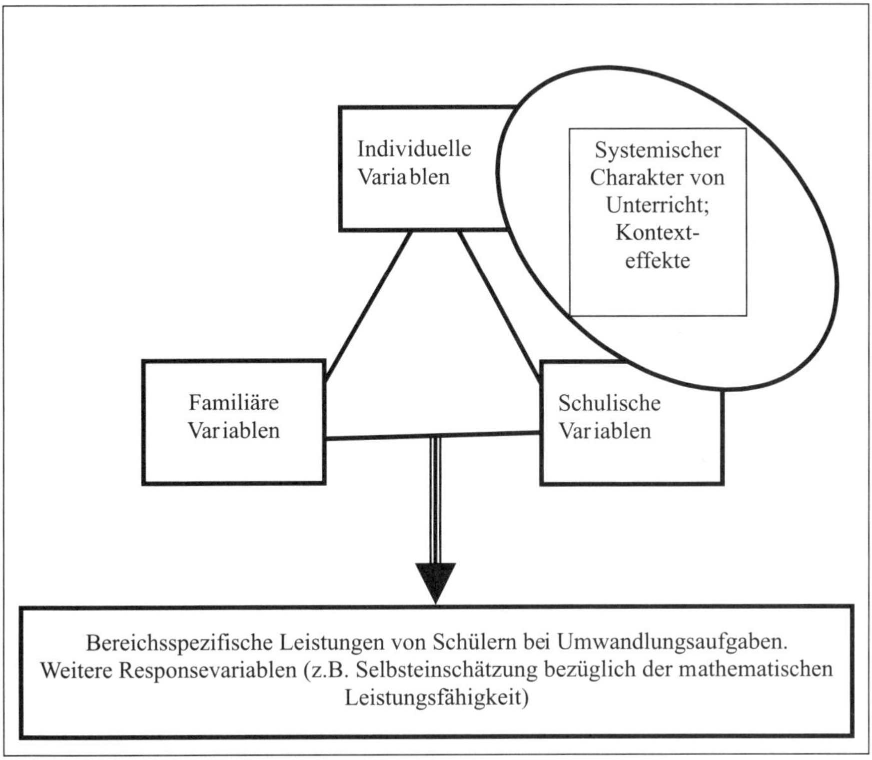

Die Anlage der Untersuchung:

- In der vorerst querschnittlich angelegten Interventionsstudie wird und wurde weiters versucht, die Forderungen von Helmke und Weinert (1997) für künftige Forschungsvorhaben Rahmen umzusetzen: (1) Berücksichtigung der Schulklasse als Komponente des „gesamtgesellschaftlichen und des schulsystemischen Bedingungsgefüges“ (S. 84); (2) Berücksichtigung eines bereichsspezifischen Fähigkeitsselbstbildes (S. 113); (3) Orientierung der Auswertung an der Mehrebenenanalyse (S. 99); (4) Untersuchung des bereichsspezifischen Selbstkonzepts als Folge und nicht als Bedingung schulischer Leistung (S. 146) und (5) Berücksichtigung der Forderung nach mehr Kontext-, Bereichs- und Altersspezifität (S. 146)

- Der Klassenkontext als neue Größe für die Forschung wird auch von Einsiedler eingemahnt:

„*Man kann sich vorstellen, dass es im Laufe des Schuljahres eine Aufschaukelung zwischen Kontextmerkmalen und Lehrverhalten gibt. Klassenkontext sollte deshalb nicht nur, wie bisher häufig praktiziert, auf äußere Merkmale wie Klassengröße, Unterrichtsfach und Schülerzusammensetzung bezogen, sondern stärker als pädagogisch-didaktischer Zusammenhang definiert werden. Es ginge darum, zunächst solche Kontexte zu identifizieren, z. B. Klassen mit akademischem oder epistemischem Klima, Klassen mit Vermeidung höherer kognitiver Niveaus, Klassen mit Kooperations- versus Konkurrenzklima.*" (Einsiedler 1997, S. 237)

Die [EM:MA]-Studie ist mehrebenanalytisch und gegenstands- und bereichsspezifisch angelegt. Der Forderung nach Gegenstandsspezifität wurde durch die Einschränkung der Interventionsstudie auf den Gegenstand Mathematik Rechnung getragen. Die Aufforderung zu mehr Bereichsspezifität wird in der [EM:MA]-Studie ebenfalls umgesetzt. Bereichsspezifität wurde dadurch realisiert, dass ein wesentlicher Kompetenzbereich mathematischer Grundausbildung, nämlich die Maßumwandlungen, ausgewählt wurde. Die Orientierung und Fokussierung auf Kontexte (in diesem Fall Schulklassen) verfolgte das Ziel, diese als Determinanten von bereichsspezifischen Schulleistungen zu identifizieren. Ein weiteres Ziel der Studie war es, auch nicht-kognitive Responsevariablen in Abhängigkeit des Klassenkontextes zu prüfen.

Mit der Untersuchungsmethode der auf der Regressionsanalyse basierenden Mehrebenenanalyse stößt man unweigerlich auf die Frage der Kausalität, wenn man Prädiktoren und Responsevariable festlegt. Die Frage, ob z. B. Fähigkeitsselbstbilder Determinanten oder aber das Ergebnis von Unterricht sind, kann allerdings nicht untersuchungsmethodisch, sondern nur theoretisch gelöst werden. Aber auch auf dieser Ebene ist das Problem nicht einfach lösbar, wenn man die Zirkularität von Wirkungen auf systemischer Basis anerkennt. Die Lösung dieses „gordischen Knotens" wird noch großer Forschungsanstrengungen bedürfen.

Auf den systemischen Charakter von Unterricht verweisend, wenden sich Helmke und Weinert gegen die verbreitete Sichtweise, *„wonach Unterricht als ‚unabhängige Variable' angesehen wird, für deren Wirkungen auf Seiten der Schüler man sich interessiert, sind in Wirklichkeit Schülermerkmale – auf individueller Ebene als Lernvoraussetzungen und auf Klassenebene in Gestalt der Klassenzusammensetzung – immer zugleich Bedingungen wie Effekte des Unterrichts"* (Helmke & Weinert 1997, S. 144).

Aus diesem Grund werden einige ausgewählte Variable (z. B. „Selbsteinschätzung der mathematischen Leistungsfähigkeit", „Interesse an Mathematik" und „Bereichsspezifisches Fähigkeitsselbstbild zum Umwandeln und zur Durchführung von Grundrechnungsarten") nicht nur von der Prädiktorseite, sondern auch als Responsevariable untersucht, um festzustellen, ob Kontexteffekte identifizierbar sind. Die beiden Skalen „Selbsteinschätzung bezüglich der mathematischen Leistungsfähigkeit" und das „Fähigkeitsselbstbild zur Durchführung von Grundrechnungsarten" wurden deshalb ausgewählt, weil in der Literatur diesen Variablen beträchtliches Prädiktionspotential bescheinigt wird (Gruehn 2000, S. 87; Helmke & Weinert 1997, S. 113). Das Geschlecht wurde deshalb ausgewählt, da seit den großen internationalen Vergleichsstudien (z. B. TIMSS und PISA) bekannt ist, dass es bezüglich mathematisch-naturwissenschaftlicher Testwerte einen geschlechtspezifischen Unterschied gibt (Haider & Reiter 2001, S. 59). Die Skala „Interesse an Mathematik" und am mathematischen Tun wurde aufgenommen, da gesicherte Zusammenhänge zwischen Schulleistung und Interesse ($r = .41$) aus der Literatur bekannt sind (Schiefele & Schreyer 1994; zit. n. Helmke & Weinert 1997, S. 115).

Die Halbjahresnote wurde als so genannter Kompromissprädiktor aufgenommen, da keine Testwerte über Vorkenntnisse zur Verfügung standen. Die Vorhersagekraft von Vorkenntnissen wurde durch Längsschnittstudien eindrucksvoll von Helmke und Weinert belegt; zwischen einem Vorkenntnis-Testwert und der Mathematik-Testleistung ein Jahr später konnte eine Korrelation von $r = .55$ nachgewiesen werden (Helmke & Weinert 1997, S. 145). Aus Gründen des hohen Textanteils im curriculumorientierten Test der [EM:MA]-Studie wurde auch die Halbjahresnote aus Deutsch in die Analyse aufgenommen.

10.2. Mehrebenenanalytische Auswertung der Daten für die dritten Klassen

In dieser Querschnittserhebung wurden im Mai 2002 dritte und vierte Klassen im Bundesland Steiermark untersucht.

10.2.1. Die verwendeten Instrumentarien

Das Untersuchungsinstrumentarium besteht aus zwei Teilen, nämlich einem Fragebogen zu Persönlichkeitsvariablen (Teil A) und einem curriculumorientierten Test (Teil B). Der Teil A besteht aus den folgenden drei Skalen und einigen Einzelfragen zum Unterricht.

- Skala zur Selbsteinschätzung bezüglich der mathematischen Leistungsfähigkeit („maselb“) mit einem Alpha Cronbach von .80 (z. B. Ich verstehe in Mathematik alles sehr gut; ich bin in Mathematik gut; ich melde mich oft im Mathematikunterricht; ich kann gut Textbeispiele lösen; ich „tüftle“ gerne an schwierigen Aufgaben)
- Skala zum Interesse an Mathematik („magint“) mit einem Alpha Cronbach von .90 (z. B. Mathematik interessiert mich, Mathematik ist lustig; Mathematik macht Spaß; ich mag Mathematik)
- Skala zum bereichsbezogenen Fähigkeitsselbstbild zum Umwandeln und zur Durchführung von Grundrechnungsarten und zum Umwandeln („bereichselb“) mit einem Alpha Cronbach von .67 (Ich bin gut beim Verwandeln; ich kann gut subtrahieren; ich kann gut dividieren; ich kann gut Einmaleins rechnen; ich kann gut multiplizieren)

Das Alpha Cronbach für die drei Skalen stammt aus einer Vorerhebung bei Schülern von dritten und vierten Klassen (n = 156).

Der Teil B enthält die Items zum Maßumwandeln. Der Gesamtscore des curriculumorientierten Tests setzt sich aus Items mit unterschiedlichen Schwierigkeitsgraden zum Gebiet Maßumwandlungen für Längenmaße und Massenmaße zusammen. Der Test wurde auf der Basis des gültigen Lehrplans und der Analyse von gängigen Schulbüchern erstellt. Vor dem Einsatz wurden die Testitems von Experten überprüft. Weiters haben 12 Grundschullehrer die Testitems auf Kompatibilität mit der Alltagspraxis geprüft. Für die dritten und vierten Klassen wurden gesonderte Tests zur Anwendung gebracht, die aber in ihrem Aufbau vergleichbar waren. Die curriculumorientierten Tests bestanden aus den folgenden Untertests. Zur Charakterisierung der Untertests werden einige Beispielitems wiedergegeben.

Abbildung 67: Beschreibung der Erhebungsinstrumentarien für die Untersuchung in den dritten Klassen

(1) Einfache Umwandlungsaufgaben zu den Längenmaßen

- Marias Lineal ist um 5 cm länger als 1 dm 2 cm. Wie lange ist das Lineal?
- Wandle um: 4 mm 5 dm = ? dm
- Wandle um: 5 dm = ? mm
- Wandle um: 7 cm = ? mm
- Wandle um: 2 m 2 dm = ? cm

(2) Anspruchsvolle Umwandlungsaufgaben zu den Längenmaßen

- Ergänze: 40 cm + ? = 1 m
- Die Länge einer abgebildeten Zickzack-Linie (5 m, 5 dm, ein halber Meter) war festzustellen.
- Folgende Bild-Text-Aufgabe war zu lösen.

Anna	Mario	Lukas	Lisa
1 m 10 cm	1 m 3 dm	105 cm	1 m 50 cm

a) Welches Kind ist am größten? b) Um wie viel cm ist Anna kleiner als Mario? c) Wie hoch muss ein Stockerl für Lukas sein, um gleich groß zu sein wie das größte Kind? d) Um wie viel ist Mario größer als Lukas?

(3) Umwandlungsaufgaben zu den Massenmaßen

- Wandle um: 3 kg = ? dag
- Wandle um: 9 dag = ? g
- Setze = oder > oder < ein! 50 dag … ein halbes kg

(4) Der Subtest zur Abfrage von Größenvorstellungen

- Wie lange ist ein Bleistift? 3 m oder 4 dm oder 20 cm
- Wie lange ist eine Fußlänge oder eine Handspanne? Wie groß ist ein Daumennagel?)

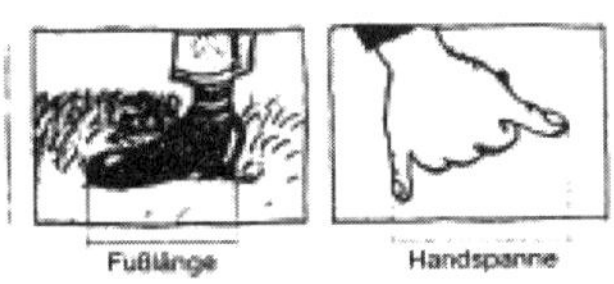

(5) Der Subtest zur Überprüfung der Fähigkeit, an dreidimensionalen Gebilden die Anzahl von Einzelwürfeln festzustellen. Damit wurde die Fähigkeit zum Handeln auf der Vorstellungsebene überprüft. Es mussten von der Vorder- und Seitenansicht auf die dahinter liegenden Würfel geschlossen werden.

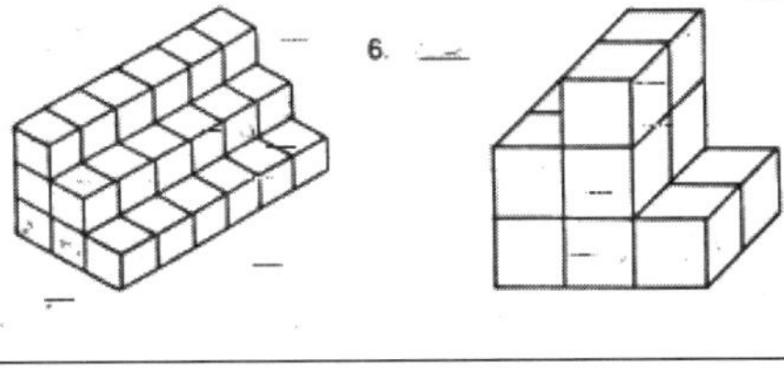

Die Daten aus den Untersuchungen zur Interventionsstudie „Erhöhung der Maßumwandlungskompetenz“ für Grundschüler wurden mit Mehrebenenanalyse mit zwei Ebenen (Ebene I: Schüler; Ebene II: Klasse) ausgewertet. Die Schule wurde als dritte Ebene deshalb nicht gewählt, weil die Schulen mit unterschiedlicher Anzahl von Klassen in der Stichprobe vertreten sind. Man hätte also nicht von einem einheitlichen Schulkontext sprechen können. Vielfach sind die Interventionsklassen mit dem Schulkontext identisch, da eine Reihe kleiner Schulen nur 2 bis 3 Klassen unterhält.

10.2.2. Stichprobencharakteristika der dritten Klassen

Die Interventionsklassen stammen allesamt aus ländlichen Volksschulen mit einem vergleichbaren familiären Milieu. Der größte Schulort hat ca. 3 000 Einwohner und im kleinsten Schulort wohnen im Ortskern ca. 150 Personen. Die Geschlechtsverteilung kann aus Tabelle 32 abgelesen werden:

Tabelle 32: Geschlechtsverteilung der Schüler in der [EM:MA]-Studie

	Anzahl	Prozente
Mädchen	235	47.28
Buben	262	52.72
Gesamt	497	100.00

Die Schüler der dritten Klassen stammen aus 22 Schulen mit 30 Klassen und einer durchschnittlichen Schülerzahl von 17.06 Schülern.

Tabelle 33: Verteilung der Schüler bezüglich Projekt- und Kontrollklasse

	Anzahl	Prozente
Schüler in Projektklassen	322	64.79
Schüler in Kontrollklassen	175	35.21
Gesamt	497	100.00

Von den 497 untersuchten Schülern der dritten Klassen sind 64.78% den Projekt- und 35.21% den Kontrollklassen zuzurechnen.

Die Mittelwerte bezüglich des Gesamttestwertes der Projekt- (MW = 12.44) und Kontrollklasse (MW = 9.53) unterscheiden sich signifikant ($t = 7.32$; $df = 508$; $p = 0.00$) voneinander.

Mit der Darstellung von Notenhäufigkeiten soll das Leistungsbild der dritten Klassen charakterisiert werden.

Tabelle 34: Verteilung der Noten aus Mathematik für das Halbjahr

Noten	Häufigkeit	Prozente
Sehr gut	225	44.1
Gut	209	41.0
Befriedigend	47	9.20
Genügend	9	1.80
Fehlende Angaben	20	3.90
Gesamtzahl	490	100.0

Der Gesamtmittelwert für die Mathematiknote liegt bei 1.67 (SD = 0.72). Das Leistungsbild für das Fach Mathematik ergibt eine linksschiefe Verteilung. Dies trifft auch für das Leistungsbild des Faches Deutsch zu.

Tabelle 35: Verteilung der Noten aus Deutsch für das Halbjahr

Noten	Häufigkeit	Prozente
Sehr gut	168	32.90
Gut	226	44.30
Befriedigend	77	15.10
Genügend	18	0.20
Fehlende Angaben	1	3.90
Gesamtzahl	490	100.00

Der Gesamtmittelwert für die Deutschnote liegt bei 1.89 (SD = 0.81).

10.2.3. Ein Random-Intercept-Modell für die Responsevariable „Gesamttestwert für Maßumwandlungen“

Im Random-Intercept-Modell (RI-Modell) wird für jede Klasse bei Konstanthaltung der Steigungen für die Prädiktoren eine Regressionsgerade ermittelt. Im mehrebenenanalytischen Modell gilt die Hypothese, dass die beiden Regressionskoeffizienten – nämlich y-Abschnitt (Intercept) und Steigung (Slope) – als abhängige Variable des Kontextes untersucht werden. Der Begriff Random-Intercept-Modell bedeutet, dass in diesem Modell für jede Klasse der y-Abschnitt (Intercept) berechnet. Für die y-Variable, das Kriterium, wird der Terminus Responsevariable verwendet.

Abbildung 68: Darstellung zum Random-Intercept-Modell; Variation der y-Abschnitte (Intercepte)

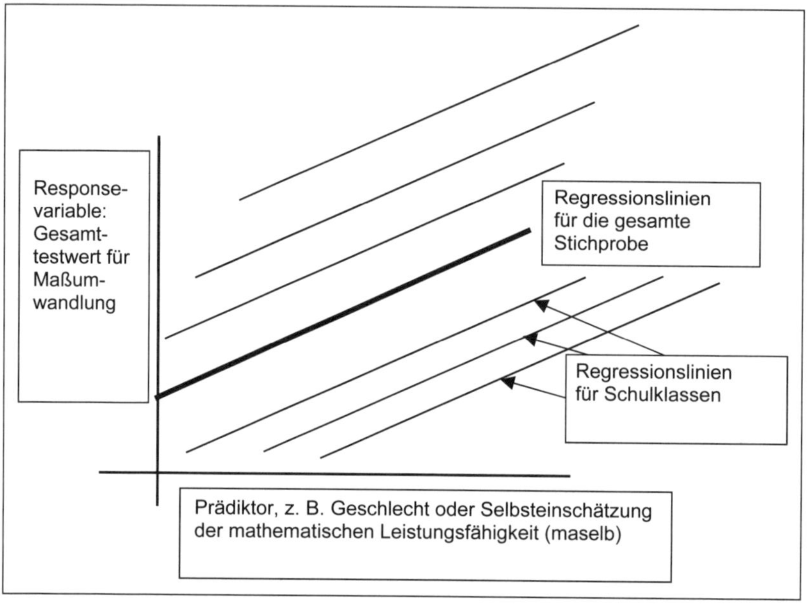

Es wird die Hypothese überprüft, ob ein bestimmter Satz von ausgewählten Prädiktoren einen Einfluss auf die Responsevariable „Gesamttestwert für Maßumwandlungen" (ein niedriger Punktwert in der Responsevariablen zeigt an, dass die Schüler eine geringe Anzahl von Items im curriculumorientierten Test gelöst haben) hat und dazu noch ein Kontexteffekt festgestellt werden kann. Es geht also um die Frage, ob die Klasse, die ein Schüler besucht, zusätzlich zu den üblichen Prädiktoren einen Einfluss auf den Gesamttestwert hat. Die Wirkung von Kontexteffekten wird aus dem inferenzstatistischen Statement abgeleitet, wenn die Varianz zwischen den Klassen signifikant von null verschieden ist. Die Information für dieses Statement liefert die Mehrebenenanalyse in Form der Varianz für u (σ^2_u), dem Anteil der zerlegten Gesamtresidualvarianz, der auf die Abstände der Einzelregressionslinien von der Gesamtregressionslinie zurückgeführt werden kann.

Der Ausgangspunkt für die Mehrebenenanalyse ist die Regressionsanalyse.

Gleichung 14: Gleichung für multiple Regressionsanalyse mit 5 Prädiktoren

$$y_{ij} = b_0 + b_1x_{1ij} + b_2x_{2ij} + b_3x_{3ij} + b_4x_{4ij} + b_5x_{5ij} + e_{ij}$$

Die Subskripte i und j stehen für das i-te Kind in der j-ten Klasse. Diese Gleichung stellt die klassische Regressionsgleichung für eine multiple Regression dar (Backhaus et al. 1993, S. 17):

$\mathbf{y_{ij}}$: ein Testwert des Schülers i in Klasse j

$\mathbf{b_0}$: Abschnitt auf der y-Achse

$\mathbf{x_{ij}}$: ein Prädiktor

$\mathbf{e_{ij}}$: Residuum für den Testwert des Schülers i in der Klasse j

Die Erweiterung der multiplen Regression um die Residuenzerlegung aufgrund der Hierarchie im Datensatz führt zur Mehrebenenanalyse.

Gleichung 15: Regressionsgleichung zur Mehrebenenanalyse mit Residuenzerlegung

$$y_{ij} = b_0 + b_1x_{1ij} + b_2x_{2ij} + b_3x_{3ij} + b_4x_{4ij} + b_5x_{5ij} + b_6x_{6ij} + b_7x_{7ij} + u_j + e_{ij}$$

Das in der klassischen Regressionsanalyse ermittelte Residuum e wird durch das Bestimmen von weiteren Regressionslinien aufgespalten. Man erhält dadurch das Residuum u für die Klassenregressionslinie und das Residuum e als Abstand eines Testwertes zur Klassenregressionslinie.

Schulklassen variieren rund um die Gesamtregressionslinie und Schüler streuen rund um die Klassenregressionslinie. Dies wird durch die Gleichungen 14 bis 17 zum Ausdruck gebracht. Die Gleichungen 16 und 17 wurden mit dem Formeleditor von MLwiN erstellt.

Gleichung 16: Gleichung zur Mehrebenenanalyse mit fünf Prädiktoren

$$y_{ij} = \beta_{0ij}x_0 + \beta_1 x_{1ij} + \beta_2 x_{2j} + \beta_3 x_{3j} + \beta_4 x_{4j} + \beta_5 x_{5ij} + \beta_6 x_{6ij} + \beta_7 x_{7ij}$$
$$\beta_{0ij} = \beta_0 + u_{0j} + e_{0ij}$$

Aus Gründen der besseren Lesbarkeit kann mit der Benutzeroberfläche die Gleichung mit den Variablennamen erstellt werden. Der erste Ausdruck im Term rechts vom Gleichungszeichen wird durch die Einblendung der Prädiktorennamen in „cons" (Konstante, mit der Zahl 1 belegt) umbenannt.

Gleichung 17: Gleichung zur Mehrebenenanalyse mit dem Kriterium „Scoretotal" mit Variablennamen und der Konstanten β_{0ij}

$$\begin{aligned}\text{scoretotal}_{ij} = {} & \beta_{0ij}\text{cons} + -0.844(0.329)\text{girls}_{ij} + -0.990(0.318)\text{cenmaselb}_{ij} + \\ & -1.017(0.244)\text{cengermgrade}_{ij} + 0.559(0.159)\text{cenbookwrk}_{ij} + \\ & -1.518(0.283)\text{cenmathgrade}_{ij} + 0.135(0.227)\text{cenmagint}_{ij} + \\ & 0.417(0.380)\text{cenbereichslb}_{ij}\end{aligned}$$
$$\beta_{0ij} = 12.006(0.471) + u_{0j} + e_{0ij}$$

Die Gleichung 16 stellt im Grunde eine Regressionsgleichung mit dem Prädiktor Geschlecht und sechs weiteren zentrierten Prädiktoren dar:

- Geschlecht („girls" ist die Dummyvariable für Mädchen)
- Zentrierte „Selbsteinschätzung bezüglich der mathematischen Leistungsfähigkeit" (cenmaselb)
- Zentrierte Halbjahresnote aus Mathematik (cenmatgrad)
- Zentrierte Halbjahresnote aus Deutsch (cengermgrad)
- Zentrierte Variable zur Schülerwahrnehmung, ob das Schulbuch im Zentrum des Mathematikunterrichts steht (cenbookwrk)
- Zentrierte Variable für das Interesse an Mathematik
- Zentrierte Variable für das bereichsspezifische Fähigkeitsselbstbild zum Umwandeln und für die Durchführung von Grundrechnungsarten

Die Zentrierung wird aus Gründen der Interpretierbarkeit der Größe β_0 (Abschnitt auf der y-Achse) empfohlen (Ditton 1998, S. 46; S. 47 und S. 89).

Der Teil der Gleichung, der das β_0 (oder b_0) und die β_1 (oder b_1) (die Prädiktoren) enthält, wird als „fixed part“ der Mehrebenengleichung bezeichnet.

Das Programm MLwiN stellt eine Prozedur zur Ermittlung der Signifikanz zur Verfügung. Aus Erfahrung weiß man aber, dass ein ermittelter Quotient aus Steigungsschätzwert und Standardfehler, der größer als 2 ist, auf Signifikanz schließen lässt.

Die Testung der Prädiktoren wird nach den Regeln der Regressionsanalyse vorgenommen. Es wird die Nullhypothese getestet, dass *„der Regressionskoeffizient β_1 in der Grundgesamtheit null ist“* (Backhaus et al. 1993, S. 29). Wenn also Signifikanz (Quotient aus Schätzung und Standardfehler der Schätzung größer als 2) festgestellt wird, dann wird die Alternativhypothese angenommen. Es wird ein Einfluss des Prädiktors auf die Responsevariable angenommen.

Mit der Oberfläche des Programms MLwiN können rasch und einfach die relevanten Gleichungen für die Analyse und Schätzungen der Prädiktoren erstellt werden. An der Spitze des Terms rechts vom Gleichungszeichen steht der Ausdruck ($\beta_{0ij}x_0$), mit dem der Abschnitt auf der y-Achse, der durch das Schneiden der Regressionslinie mit der y-Achse entsteht, ermittelt wird. Das in Gleichung 18 gerechnete Modell stellt ein Random-Intercept-Modell dar. Das bedeutet, dass nur die Abstände (u) der Klassenregressionslinien um die Gesamtregressionslinie variieren konnten. Für jede Klasse wurde also eine Regressionslinie berechnet. Die Steigungen der Klassenregressionslinien konnten nicht frei variieren. Die Steigungen können für jeden Prädiktor durch „Hinzufügen der zweiten Ebene im Subskript per Mausklick“ abgerufen werden.

Gleichung zur Mehrebenenanalyse (2 Ebenen) – Random-Intercept-Modell

Gleichung 18: Gleichung zur Mehrebenenanalyse mit dem Kriterium Gesamttestwert „scoretotal" und den Varianzen für u und e

$$\begin{aligned}\text{scoretotal}_{ij} = {} & \beta_{0ij}\text{cons} + -0.844(0.329)\text{girls}_{ij} + -0.990(0.318)\text{cenmaselb}_{ij} + \\ & -1.017(0.244)\text{cengermgrade}_{ij} + 0.559(0.159)\text{cenbookwrk}_{ij} + \\ & -1.518(0.283)\text{cenmathgrade}_{ij} + 0.135(0.227)\text{cenmagint}_{ij} + \\ & 0.417(0.380)\text{cenbereichslb}_{ij}\end{aligned}$$

$$\beta_{0ij} = 12.006(0.471) + u_{0j} + e_{0ij}$$

Varianz für u (σ^2_u) $= \left[5.192(1.534)\right]$

Varianz für e (σ^2_e) $= \left[11.463(0.750)\right]$

Die Gleichung repräsentiert ein Zweiebenenmodell mit Schülern auf der ersten und der Schulklasse auf der zweiten Ebene. Konkret bedeutet das Ergebnis dieser Analyse, dass die sieben verwendeten Prädiktoren die Varianz zwischen den Klassen und zwischen den Schülern in Schulklassen nicht vollständig erklärt. Von der verbleibenden Residualvarianz wird ein Teil durch die Varianz zwischen Schulklassen und die Varianz zwischen den Schülern in Schulklassen aufgeklärt. Die Varianz zwischen den Klassen ist also von null verschieden; ebenso ist die Varianz zwischen den Schülern in Schulklassen von null verschieden.

Von den 7 Prädiktoren ist das Geschlecht eine kategoriale Variable und als Dummyvariable kodiert. Dies bedeutet, dass $ß_{0ij}$ den „Gesamttestwert für das Maßumwandeln" für die Knaben darstellt. Der Mittelwert für die männlichen Schüler beträgt demnach 12.00 Punkte im curriculumorientierten Test. Der Wert der Mädchen ergibt sich aus der Differenz 12.00 minus 0.84; dies ergibt 11.16.

Mit einem Random-Intercept-Modell wird die Steigung eines Prädiktors für verschiedene Schulklassen konstant gehalten. Die Intercepte (Abschnitte auf der y-Achse) können aber frei variieren. Die Leistungswerte der Schüler (scoretotal) liegen allerdings nicht auf den Schulregressionslinien. Diese Streuung wird durch die Größe σ^2_{eij} ausgedrückt. Bezug nehmend auf die allgemeine Regressionslinie für die gesamte Stichprobe schreibt Woodhouse (1993, S. 24):

> *„We know that the population of schools will vary around this average line. Our model estimates this variation. It is the variance σ^2_u of the school-level random variable μ_j. Furthermore, pupils vary around their school's line. This variation is described by the variance μ_e.of the pupil-level random variable e_{ij}."*

Der Wert außerhalb der Klammer eines Prädiktors in der Gleichung stellt die Steigung dar. Für den Prädiktor „cenbook" (dieser Prädiktor stellt ein Einzelitem dar und ist deshalb mit großer Vorsicht zu interpretieren) wurde eine Steigung von 0.55 ermittelt. Dies bedeutet, dass mit jeder Einheit Zunahme im Prädiktor „cenbook" der Gesamttestwert um 0.55 Einheiten steigt. Ein niedriger Zahlenwert im Prädiktor „cenbookwrk" bedeutet aus der Sicht der Schüler, dass im Mathematikunterricht „immer mit dem Schulbuch" gearbeitet wird.

Abbildung 69: Grafische Darstellung zum Zusammenhang Bucheinsatz und Gesamttestwert

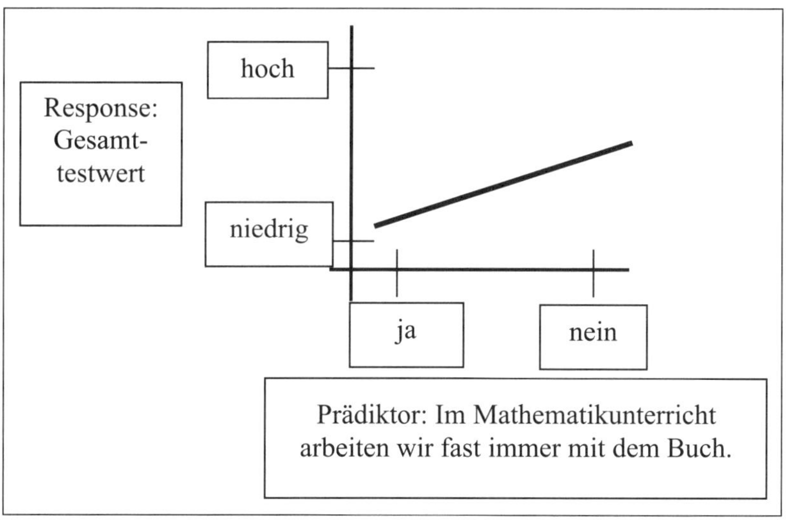

Dieses Ergebnis bedeutet, dass in den Klassen, in denen nach dem Buch vorgegangen wird, die Gesamttestwerte niedrig und in den Klassen, in denen weniger oder nicht mit dem Buch gearbeitet wird, die Gesamttestwerte hoch sind. Für die vorliegende Interventionsstudie ist dies ein interventionsrelevantes Ergebnis.

In Tabelle 36 wird zu Vergleichzwecken der Chi^2-Testwert für die Varianz zwischen den Klassen (Ebene 2) und für die Varianz zwischen den Schülern in Klassen (Ebene 1) mit der durch MLwiN ermittelten Irrtumswahrscheinlichkeit dargestellt. Weiters wird der Quotient aus der Parameterschätzung für die Varianzen und dem dazugehörigen Standardfehler wiedergegeben. Die Ermittlung der Signifikanz der Varianzen (also von null verschieden zu sein) kann auf einfachem Weg mit dem Quotienten und etwas aufwändiger über das Chi^2 und die Irrtumswahrscheinlichkeit erfolgen.

Aus Übersichtsgründen wird auf diese doppelte Ermittlung der Irrtumswahrscheinlichkeit im Laufe der weiteren Auswertungen verzichtet.

Die Ergebnisse der Mehrebenenanalyse (2 Ebenen)

Tabelle 36: Ebenenbezogene Varianzaufteilung für den Gesamttestwert

Ebene	Varianz	Wert der Varianz und Standardfehler S. E. (in Klammer)	Chi^2-Testwert	Irrtumswahrscheinlichkeit (p)	Prozentsätze	Quotient	Signifikanz
Ebene 2	... zwischen den Klassen	5.192 (1.534)	11.463	0.000	31.17 %	3.38	ja
Ebene 1	... zwischen den Schülern	11.463 (0.750)	233.53	0.000	68.82 %	15.28	ja
	Summe	16.655			100.00 %		

Die Varianz zwischen den Klassen ist signifikant von null verschieden. Der Quotient aus 5.192 (Varianz für u) und 1.534 ergibt 3.38 und übersteigt den kritischen Wert von 2 (Subramanian & Jones 2002; persönliche Mitteilung). Die Prüfung der Signifikanz erfolgt in MLwiN mit dem Chi^2-Test. Der Chi^2-Wert für die Varianz der zweiten Ebene beträgt 11.463 und für die Schülerebene 233.53. Ein Chi^2-Wert von 3.85 bei einem Freiheitsgrad bedeutet eine Irrtumswahrscheinlichkeit von 4.97% und liegt somit unter der festgesetzten Signifikanzgrenze von 5%. Auch die Varianz für die Schüler in Schulklassen ist signifikant von null verschieden (p = 0.000). Für beide Varianzen wird geschlossen, dass sie in der Population signifikant von null verschieden sind. Als lesbare Interpretation wird – dem Buchtitel Mortimore et al. (1988) „School Matters!" folgend – die Diktion gewählt, dass es Kontexteffekte gibt oder dass die Schulklassen, die ein Kind besucht, einen Unterschied machen.

Für die mehrebenenanalytische Auswertung des Gesamttestwertes für das Maßumwandeln für die dritten Klassen wird der Quotient aus Parameterschätzung / Standardfehler, der Chi²-Testwert und die Irrtumswahrscheinlichkeit angegeben. Da der Freiheitsgrad für die Bestimmung des Chi²-Testwertes 1 beträgt, lässt sich für die Ermittlung der Irrtumswahrscheinlichkeit eine Tabelle zusammenstellen, aus der sozusagen ein kritischer Wert abgelesen werden kann, ab dem der Wert eines Prädiktors signifikant von null verschieden ist.

Tabelle 37: Ermittlung der Irrtumswahrscheinlichkeit für Schätzparameter aus der Mehrebenenanalyse für einen Freiheitsgrad

Kritischer Wert für die festgesetzte 5% -Signifikanzgrenze → 3.85

Chi²-Testwert für geschätzte Parameter	Freiheitsgrad	Irrtums-wahrschein-lichkeit
1	1	0.31
2	1	0.15
3	1	0.08
3.6	1	0.057
3.7	1	0.054
3.8	1	0.051
3.85	1	0.497
3.86	1	0.0495
3.87	1	0.0491
3.88	1	0.0488
3.89	1	0.485
3.9	1	0.482
4	1	0.045
4.5	1	0.033
5	1	0.025
5.5	1	0.019
6	1	0.014
6.5	1	0.010
7	1	0.008
10.82	1	0.001
10.83	1	0.0009
15	1	0.0001

Die beiden Varianzen, nämlich Varianz zwischen den Klassen (σ^2_u = 5.19) und zwischen den Schülern in Klassen (σ^2_e = 11.46), werden durch die Mehrebenenanalyse ermittelt und sind in der Gleichung 18 wiedergegeben. Die Terme u_j und e_{ij} werden als *„random quantities"* (Woodhouse 1993, S. 19) bezeichnet; deren Mittelwerte sind null. Weiters wird angenommen, dass diese beiden Größen unkorreliert und normalverteilt sind (S. 19). Mit den Größen u_j und e_{ij} wird aus der klassischen Regressionsanalyse die Mehrebenenanalyse:

> *„It is the existence of the two random variables u_j und e_{ij} which marks it out as a multilevel model. The variances σ^2_u and σ^2_e are referred to as random parameters of the model. The quantities a and b are known as fixed parameters."* (S. 19)

Diese Level-2-Residuen μ_{0j} streuen um ihren Mittelwert mit der Varianz von 5.19 mit einem Standardfehler von 1.534. Diese Varianz ist signifikant von null verschieden (Rasbash et al. 2000, S. 28). Mehr als 30% der Residualvarianz kann auf die Schulklassen zurückgeführt werden. Dies in Anbetracht der Tatsache, dass der Einfluss von 7 Prädiktoren kontrolliert wurde. Es ist weiters anzumerken, dass mehr als zwei Drittel der Varianz auf die Schüler zurückgeführt werden kann.

Der Beitrag der Residualvarianzaufklärung, der auf die Schulklassen zurückgeführt werden kann, bedeutet, dass sich die Klassen in ihren Intercepten unterscheiden. Im Umkehrschluss bedeutet dies, dass die Schulklassen bezüglich der Responsevariablen einen Unterschied machen. Der signifikante Klasseneffekt besagt, dass es bezüglich des Gesamttestwerts einen Unterschied macht, in welche Klasse ein Schüler geht. Dieser Prozentsatz an Varianzaufklärung ist außerordentlich hoch und bedarf sicher einer replikativen Überprüfung.

Mit weiteren Datensätzen soll versucht werden, die Hypothese von der hohen Residualvarianzaufklärung durch Schulklassen zu erhärten (vgl. Kapitel 11 und 12).

Der größere Teil der Residualvarianz ist allerdings auf die Personen der Schüler rückführbar. Im nachfolgenden Prozentkreis wird die hohe Bedeutung des Kontextes Schulklasse für die mathematische Leistung im Maßumwandlungstest veranschaulicht.

Abbildung 70: Grafische Darstellung der Varianzanteile für die Varianz zwischen den Klassen und die Varianz zwischen den Schülern für die Responsevariable „Gesamttestwert für Maßumwandlungen“

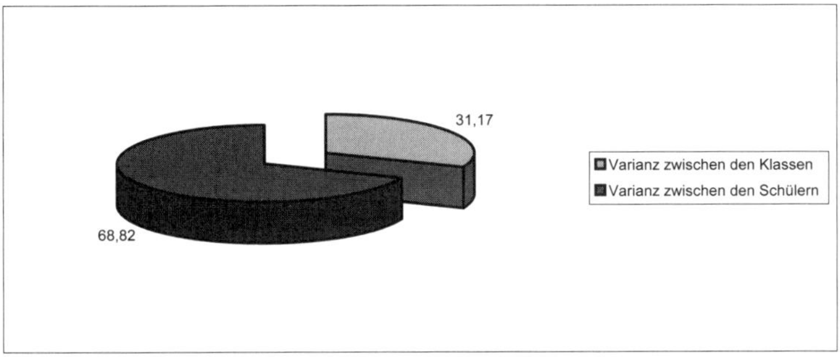

Die Tatsache, dass die Varianz auf Ebene 2 – der Klassenebene – signifikant von null verschieden ist, kann auch grafisch ausgedrückt werden. Für jede Klasse kann ein Intercept ermittelt werden und eine eigene Regressionslinie bestimmt werden.

In der nachfolgenden Darstellung sind die Regressionslinien der Klassen abgebildet.

Abbildung 71: Grafische Darstellung der Regressionslinien der untersuchten Klassen; Random-Intercept-Modell mit dem zentrierten Prädiktor „Selbsteinschätzung der mathematischen Leistungsfähigkeit“

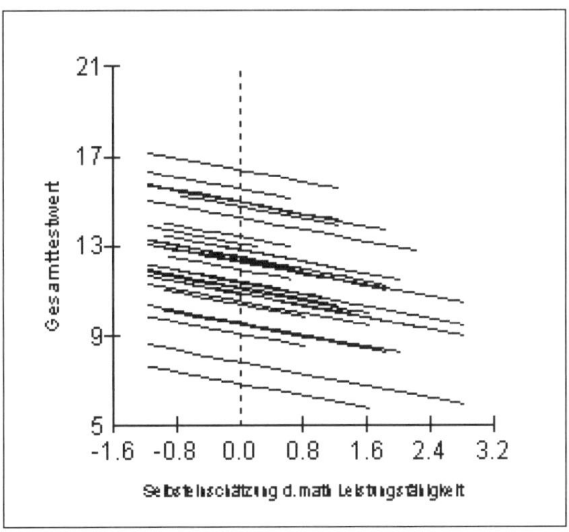

Es hat den Anschein, als seien nur wenige Regressionsgeraden zu sehen. Bei entsprechender Vergrößerung sind aber die Regressionsgeraden von 30 Klassen zu sehen. Auffallend ist, dass es „lange“ und „kurze“ Regressionslinien gibt. Dies bedeutet, dass die Differenzen zwischen dem niedrigsten und dem höchsten Wert des Prädiktors in den einzelnen Klassen sehr unterschiedlich sind.

Pädagogisch bedeutet das, dass trotz der Berücksichtigung des Prädiktors „Selbsteinschätzung der mathematischen Leistungsfähigkeit“ ein Klasseneffekt vorhanden ist. Durch die Zentrierung des Prädiktors „Selbsteinschätzung für die mathematische Leistungsfähigkeit“ können die unterschiedlichen Intercepte für die Schulklassen am Gesamtmittelwert des Prädiktors angelesen werden. Die Intercepte repräsentieren die unterschiedliche Situation bezüglich der Schulklassen. Trotz vergleichbarer Schülerstichproben (Grundschulen aus vergleichbaren ländlichen Gebieten) unterschieden sich die Schulklassen bezüglich der Fähigkeit und Fertigkeit bei Maßumwandlungen. Schulklassen machen also einen Unterschied aus. Über die Gründe für die großen Unterschiede liegen im Moment keine empirischen Belege vor. Aufgrund einiger Interviews erhärten sich jedoch die Anzeichen, dass für die großen Klassenunterschiede bezüglich des bereichsspezifischen Testwertes unterschiedliche fachdidaktische Prioritäten der Lehrer verantwortlich sein könnten. Aus Interviews mit den Lehrern von Klassen mit hohen Mittelwerten im bereichsspezifischen Testwert ergibt sich, dass die guten Ergebnisse dieser Klassen auf einem ausgeprägt handlungs- und anschauungsorientierten Mathematikunterricht zurückgeführt werden können. Mit der Variablen „Wir arbeiten fast immer mit dem Buch“ wurde ein erster Schritt zur Klärung der Unterschiedlichkeit gesetzt. Es ist zu vermuten, dass ein schulbuchorientierter Mathematikunterricht und damit eine bestimmte Orientierung von Mathematikunterricht unter anderem an den großen Unterschieden beteiligt sein könnte. Die Exploration des dahinter liegenden Mathematikunterrichts wird Gegenstand weiterführender Untersuchungen sein. So ist geplant, mit den beteiligten Lehrern Interviews durchzuführen, um mehr über den Unterricht zu erfahren.

Das FISK-Modell (siehe Kapitel 7) ist die Grundlage des dargestellten Forschungsansatzes. Individuelle, familiäre, schulische und kontextuellen Variablen werden gemeinsam analysiert, um interventionsrelevante Erkenntnisse zu gewinnen.

Die Ergebnisse der Mehrebenenanalyse für die Prädiktoren

Tabelle 38: Darstellung von Prädiktoren für das Kriterium „Gesamttestwert für Maßumwandlungen“

Spalte	1	2	3	4	5	6
Prädiktor	b_1	**Standardfehler von** b_1	**Wert des Quotienten aus** b_1 **und S. E.**	**Chi²-Testwerte**	**Irrtumswahrscheinlichkeit (p)**	**Signifikant**
Geschlechtausprägung für Mädchen („girls“)	0.844	0.329	2.56	14.92	0.01	ja
„Selbsteinschätzung der mathematischen Leistungsfähigkeit“ (cenmaselb)	-0.990	0.318	3.11	9.71	0.001	ja
„Halbjahresnote aus Mathematik“ (cenmathgrade)	1.518	0.283	5.36	28.86	0.000	ja
„Halbjahresnote aus Deutsch“ (cengermgrade)	1.017	0.244	4.16	17.40	0.000	ja
„Schülerwahrnehmung zum Gebrauch des Schulbuches“ (zeitunspezifisch) (cenbookwrk)	0.559	0.159	3.51	12.38	0.000	ja
„Interesse an Mathematik“ (cenmagint)	0.135	0.227	0.59	0.35	0.55	nein
„Bereichsspezifisches Fähigkeitsselbstbild zum Umwandeln und zur Durchführung von Grundrechnungsarten“ (cenbereichselb)	0.417	0.380	1.09	1.20	0.27	nein

Aus der Gegenüberstellung der Quotientenwerte (Spalte 3 in Tabelle 38), die aus Schätzermittlung für einen Parameter (Spalte 1 in Tabelle 38) und dem Standardfehler (Spalte 2 in Tabelle 38) sowie dem Chi^2-Testwert ergibt sich, dass die Signifikanzermittlung durch den Quotienten zuverlässig ist.

Für die weiteren Auswertungen wird auf die Darstellung der Chi^2-Testwerte verzichtet. Die Feststellung, ob der Wert eines Prädiktors von null signifikant verschieden ist, wird nach der Tabelle 37 vorgenommen und bei Chi^2-Werten unter 11 mit einer Option des Programms MlwiN.

Das negative Vorzeichen vor einem Prädiktor (z. B. „cenmaselb“) weist darauf hin, dass zwischen dem Prädiktor und der Responsevariablen eine negative Beziehung besteht. Der Prädiktor „Selbsteinschätzung der mathematischen Leistungsfähigkeit“ (cenmaselb) ist so gepolt, dass ein niedriger Zahlenwert eine hohe Selbsteinschätzung bedeutet. In Abbildung 72 wird dieser Sachverhalt veranschaulicht.

Abbildung 72: Darstellung zur negativen Beziehung zwischen dem Prädiktor „Selbsteinschätzung der mathematischen Leistungsfähigkeit“ und der Responsevariablen Gesamttestwert

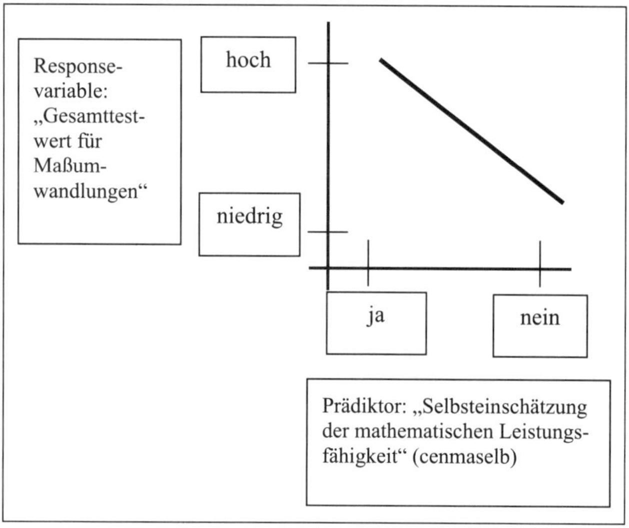

In diesem Ergebnis kommt zum Ausdruck, dass ein hoher Gesamttestwert mit einer hohen Selbsteinschätzung der mathematischen Leistungsfähigkeit einhergeht. Mit einer Einheit Zunahme nimmt der Wert der Responsevariablen um 0.99 Einheiten ab.

Der Zusammenhang zwischen den Prädiktoren Halbjahresnoten aus Mathematik und Deutsch ist ebenfalls negativ. Beide haben einen signifikanten Einfluss auf die Responsevariable. Es ist überraschend, dass die Deutschnote als relevanter Prädiktor nachgewiesen werden konnte.

Das Gesamtergebnis bedeutet, dass fünf der fünf Prädiktoren einen signifikanten Einfluss auf die Responsevariable haben.

Abbildung 73: Grafische Darstellung zum Zusammenhang Halbjahresnoten aus Mathematik sowie Deutsch und Gesamttestwert

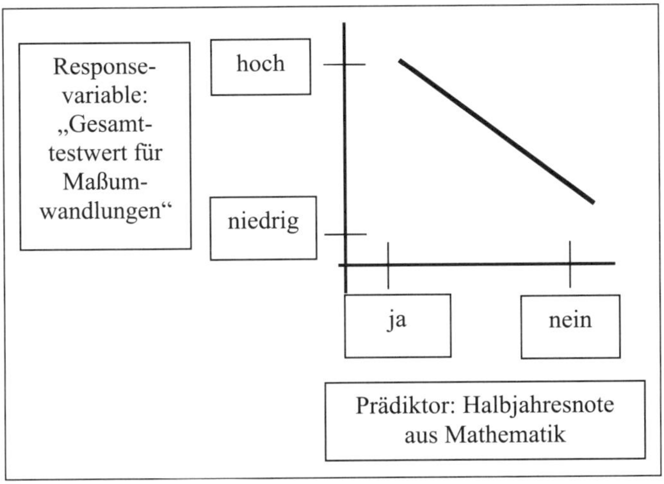

Wenn die Mathematiknote um eine Einheit abnimmt (also schlechter wird), dann nimmt der Gesamttestscore um 1.51 Einheiten ab. Wenn die Deutschnote um eine Einheit abnimmt, dann nimmt der Gesamttestscore um 1.07 Einheiten ab.

Die beiden Prädiktoren „Interesse an Mathematik“ und „Fähigkeitsselbstbild zum Umwandeln und zur Durchführung von Grundrechnungsarten“ haben keinen Einfluss auf dem Gesamttestscore.

10.2.4. Die Responsevariable „Interesse an Mathematik“

Es wird die Hypothese überprüft, ob für die Responsevariable „Interesse an Mathematik“ Kontexteffekte nachgewiesen werden können. Es kommt ein Random-Intercept-Modell zur Anwendung. Es geht also um die Frage, ob die Klasse, die ein Schüler besucht, zusätzlich zu den üblichen Prädiktoren einen Einfluss auf das „Interesse an Mathematik“ hat. In dieser Skala wurden folgende Aspekte zusammengefasst:

- Mathematik interessiert mich.
- Mathematik ist lustig.
- Mathematik macht Spaß.
- Ich mag Mathematik.

Gleichung zur Mehrebenenanalyse (2 Ebenen) – Random-Intercept-Modell

Gleichung 19: Mehrebenenanalysegleichung für die Responsevariable „Interesse an Mathematik“

$$\begin{aligned}
\text{magint}_{ij} = {} & \beta_{0ij}\text{cons} + 0.039(0.066)\text{girls}_{ij} + 0.300(0.062)\text{cenmaselb}_{ij} + \\
& -0.081(0.049)\text{cengermgrade}_{ij} + 0.023(0.030)\text{cenbookwrk}_{ij} + \\
& 0.180(0.056)\text{cenmathgrade}_{ij} + 0.356(0.074)\text{cenbereichslb}_{ij} + 0.005(0.008)\text{censcoretot}_{ij}
\end{aligned}$$

$$\beta_{0ij} = 1.538(0.052) + u_{0j} + e_{0ij}$$

$$\text{Varianz für u } (\sigma^2_u) = \left[0.023(0.013)\right]$$

$$\text{Varianz für e } (\sigma^2_e) = \left[0.472(0.031)\right]$$

Die Variable „girls“ ist eine Dummyvariable in der Mehrebenenanalysegleichung; deshalb repräsentiert der Wert $ß_{0ij}$ = 1.53 den mittleren Interessewert an Mathematik für die Knaben (1 = sehr hohes Interesse; 5 = kein Interesse).

Die Ergebnisse der Mehrebenenanalyse (2 Ebenen)

Tabelle 39: Ebenenbezogene Varianzaufteilung für das „Interesse an Mathematik“

Ebene	Varianz ...	Wert der Varianz und S. E.	Prozentsätze	p	Signifikanz
Ebene 2	... zwischen den Klassen	0.023 (0.013)	4.64%	0.08	nein
Ebene 1	... zwischen den Schülern	0.626 (0.041)	95.35%	0.00	ja
	Summe	0.686	100.00%		

Der Chi^2-Testwert für die Varianz zwischen den Klassen beträgt 2.73 (p = 0.09); der Chi^2-Testwert für die Varianz zwischen den Schüler ist 135.55 (p = 0.000). Die Varianz zwischen den Klassen ist null. Das bedeutet, dass für diese Responsevariable keine Kontexteinflüsse festgestellt werden konnten. Die Residualvarianz kann zu 95.35% auf die Individuen zurückgeführt werden.

Das Ergebnis ist sowohl didaktisch als auch aus der Sicht der Fortbildung sehr interessant, da die Schulklasse als Determinante und als möglicher Ort von Veränderungen für die Förderung des Interesses an Mathematik nicht relevant erscheint.

Die Ergebnisse der Mehrebenenanalyse für die Prädiktoren

Tabelle 40: Übersicht über die Prädiktoren für die Responsevariable „Interesse an Mathematik“

Prädiktor	b_1	Standardfehler	Wert des Quotienten aus b_1 und S. E.	Irrtumswahrscheinlichkeit (p)	Signifikant
Geschlechtsausprägung für Mädchen (girls)	0.039	0.066	0.59	0.59	nein
„Gesamttestwert für Maßumwandlungen“ (censcoretot)	0.005	0.008	0.625	0.47	nein
„Schülerwahrnehmung zum Gebrauch des Schulbuches“ (cenmaselb)	0.300	0.062	0.76	0.083	nein
„Halbjahresnote aus Mathematik“ (cenmathgrade)	0.180	0.056	0.32	0.001	nein
„Halbjahresnote aus Deutsch“ (cengermgrade)	-0.081	0.049	0.16	0.08	nein
„Selbsteinschätzung der mathematischen Leistungsfähigkeit“ (cenmaselb)	0.300	0.062	4.83	0.00	ja
„Bereichsspezifisches Fähigkeitsselbstbild zum Umwandeln und zum Durchführen von Grundrechnungsarten“ (cenbereichselb)	0.35	0.074	4.12	0.00	ja

Die Prädiktoren „Geschlecht“, „Gesamttestwert für Maßumwandlungen“, „Schülerwahrnehmung zum Gebrauch des Schulbuches“, „Halbjahresnote aus Deutsch“ und „Halbjahresnote aus Mathematik“ haben keinen signifikanten Einfluss auf die Responsevariable. Das Interesse an Mathematik wird nach diesem Modell von den beiden Individualfaktoren „Selbsteinschätzung der mathematischen Leistungsfähigkeit“ und „Bereichsspezifisches Fähigkeitsselbstbild zum Umwandeln und zum Durchführen von Grundrechnungsarten“ geprägt. Die Interventionsmöglichkeiten liegen also nach diesem Modell auf der Individualebene. Etwaige zirkuläre Prozesse werden durch dieses Modell nicht aufgeklärt. Auffallend ist, dass der Prädiktor „Gesamttestwert für Maßumwandlungen“ keinen signifikanten Einfluss auf das Kriterium „Interesse an Mathematik“ hat.

10.2.5. Die Responsevariable „Selbsteinschätzung der mathematischen Leistungsfähigkeit“

Mit einem Random-Intercept-Modell wird die Hypothese überprüft, ob für die Responsevariable „Selbsteinschätzung der mathematischen Leistungsfähigkeit“ (maselb) Kontexteffekte nachgewiesen werden können. Es soll die Frage geprüft werden, ob die Klasse, die ein Schüler besucht, zusätzlich zu den üblichen Prädiktoren einen Einfluss auf die Selbsteinschätzung hat. In dieser Skala wurden folgende Aspekte zusammengefasst (Ich bin in Mathematik gut. Ich kann gut Testbeispiele lösen. Ich verstehe in Mathematik alles sehr gut.).

Gleichung zur Mehrebenenanalyse (2 Ebenen) – Random-Intercept-Modell

Gleichung 20: Mehrebenenanalysegleichung für das Kriterium „Selbsteinschätzung der mathematischen Leistungsfähigkeit“

$$\begin{aligned}
\text{maselb}_{ij} = {} & \beta_{0ij}\text{cons} + -0.084(0.046)\text{girls}_{ij} + 0.019(0.035)\text{cengermgrade}_{ij} + \\
& 0.016(0.021)\text{cenbookwrk}_{ij} + -0.007(0.040)\text{cenmathgrade}_{ij} + \\
& 0.783(0.040)\text{cenbereichslb}_{ij} + -0.023(0.006)\text{censcoretot}_{ij} + 0.151(0.031)\text{cenmagint}_{ij}
\end{aligned}$$

$$\beta_{0ij} = 2.188(0.034) + u_{0j} + e_{0ij}$$

Varianz für u $(\sigma^2_u) = \left[0.006(0.005)\right]$

Varianz für e $(\sigma^2_e) = \left[0.237(0.015)\right]$

Die Selbsteinschätzung der Knaben (β_{0ij}) liegt bei 2.18. Das Geschlecht hat keinen Einfluss auf die Selbsteinschätzung. Das β_{0ij} (die Konstante) repräsentiert in dieser Analyse die Basiskategorie; dies ist der Wert der Knaben. Das Festlegen der Basiskategorie geschieht nach den in der Regressionsanalyse üblichen Usancen (Festlegung einer Dummyvariablen über den Kontrastmodus).

Die Ergebnisse der Mehrebenenanalyse (2 Ebenen)

Tabelle 41: Ebenenbezogene Varianzaufteilung für das „Interesse an Mathematik“

Ebene	Varianz ...	Wert der Varianz und S.E.	Prozentsätz	p	Signifikanz
Ebene 2	... zwischen den Klassen	0.006 (0.0053)	2.46%	0.26	nein
Ebene 1	... zwischen den Schülern	0.237 (0.015)	97.53%	0.000	ja
	Summe	0.564	100.00%		

Auch für diese Responsevariable ist die Varianz zwischen den Klassen null. Der Chi^2-Testwert für die Varianz zwischen den Klassen beträgt 2.93 ($p = 0.26$). Der Chi^2-Testwert für die Varianz zwischen Schülern in Klassen beträgt 233.76 ($p = 0.000$). Es gibt also keine Klassenunterschiede bezüglich dieser Responsevariablen. Die Varianz zwischen Schülern in Klassen ist jedoch signifikant von null verschieden. Ein großer Teil der Varianz wird durch die individuelle Ebene (97.53%) aufgeklärt.

Die Ergebnisse der Mehrebenenanalyse für die Prädiktoren

Tabelle 42: Übersicht über die Prädiktoren für die Responsevariable „Selbsteinschätzung der mathematischen Leistungsfähigkeit“

Prädiktor	b_1	Standardfehler	Wert des Quotienten aus b_1 und S. E.	Irrtumswahrscheinlichkeit (p)	Signifikant
Geschlechtausprägung für Mädchen (girls)	0.084	0.046	1.82	0.07	nein
„Halbjahresnote aus Deutsch“ (cengermgrade)	0.019	0.035	0.54	0.59	nein
„Schülerwahrnehmung zum Gebrauch des Schulbuches“ (cenbookwrk)	0.016	0.021	0.76	0.44	nein
„Halbjahresnote aus Mathematik“ (cenmathgrade)	0.007	0.040	0.175	0.86	nein
„Bereichsspezifisches Fähigkeitsselbstbild zum Umwandeln und zum Durchführen von Grundrechnungsarten“ (cenbereichselb)	0.783	0.040	19.57	0.00	ja
„Gesamttestwert für Maßumwandlungen“ (censcoretot)	-0.023	0.006	3.83	0.00	ja
„Interesse an Mathematik“ (cenmagint)	0.151	0.031	4.87	0.00	ja

Die Prädiktoren „Geschlecht“, „Schülerwahrnehmung zum Gebrauch des Schulbuches“, „Halbjahresnote aus Deutsch“ und „Halbjahresnote aus Mathematik“ haben keinen signifikanten Einfluss auf die Responsevariable.

Die Prädiktoren „Gesamttestwert für Maßumwandlungen“, „Bereichsspezifisches Fähigkeitsselbstbild zum Umwandeln und zum Durchführen von

Grundrechnungsarten" und „Interesse an Mathematik" haben einen signifikanten Einfluss auf die Responsevariable.

10.2.6. Die Responsevariable „Bereichsspezifisches Fähigkeitsselbstbild zum Umwandeln und zur Durchführung von Grundrechnungsarten"

Es wird die Hypothese überprüft, ob für die Responsevariable „Bereichsspezifisches Fähigkeitsselbstbild zum Umwandeln und zur Durchführung von Grundrechnungsarten" (Ich bin gut beim Umwandeln; ich kann gut dividieren, multiplizieren und subtrahieren; ich „tüftle" gerne an schwierigen Aufgaben) Kontexteffekte nachgewiesen werden können. Es kommt ein Random-Intercept-Modell zur Anwendung.

Gleichung zur Mehrebenenanalyse (2 Ebenen) – Random-Intercept-Modell

Gleichung 21: Mehrebenenanalysegleichung für das Kriterium „Bereichsspezifisches Fähigkeitsselbstbild zum Umwandeln und zur Durchführung von Grundrechnungsarten"

$$\begin{aligned}\text{bereichselb}_{ij} = \beta_{0ij}\text{cons} &+ 0.150(0.039)\text{girls}_{ij} + 0.058(0.029)\text{cengermgrade}_{ij} + \\ &0.015(0.018)\text{cenbookwrk}_{ij} + 0.080(0.034)\text{cenmathgrade}_{ij} + \\ &0.010(0.005)\text{censcoretot}_{ij} + 0.126(0.026)\text{cenmagint}_{ij} + 0.561(0.028)\text{cenmaselb}_{ij}\end{aligned}$$

$$\beta_{0ij} = 1.793(0.030) + u_{0j} + e_{0ij}$$

Varianz für u (σ^2_u) $= \left[0.007(0.005)\right]$

Varianz für e (σ^2_e) $= \left[0.167(0.011)\right]$

Die bereichsspezifische Selbsteinschätzung der Knaben bezüglich des Umwandelns und der Durchführung von Grundrechnungsarten liegt bei 1.79 ($ß_{0ij}$) (1 = stimme zu / ja; 5 = stimmt nicht / nein). Das Geschlecht hat keinen Einfluss auf die Responsevariable.

Die Ergebnisse der Mehrebenenanalyse (2 Ebenen)

Tabelle 43: Ebenenbezogene Varianzaufteilung für das „Bereichsspezifisches Fähigkeitsselbstbild zum Umwandeln und zur Durchführung von Grundrechnungsarten"

Ebene	Varianz ...	Wert der Varianz und S. E.	Prozentsätze	p	Signifikanz
Ebene 2	... zwischen den Klassen	0.007 (0.005)	4.03%	0.10	nein
Ebene 1	... zwischen den Schülern	0.167 (0.011)	95.97%	0.000	ja
	Summe	0.185	100.00%		

Der Chi^2-Testwert für die Varianz zwischen den Klassen beträgt 2.59 (p = 0.10); der für die Varianz zwischen den Schülern in den Klassen ist 239.91 (p = 0.000). Die Varianz zwischen den Klassen ist null; durch den Kontext Schulklasse wird keine Varianz aufgeklärt. Die Varianz zwischen Schülern in Klassen ist jedoch signifikant von null verschieden. Der größte Teil der Varianz kann auf die individuelle Ebene (95.97%) zurückgeführt werden.

Die Ergebnisse der Mehrebenenanalyse für die Prädiktoren

Tabelle 44: Übersicht über die Prädiktoren für die Responsevariable „Bereichsspezifisches Fähigkeitsselbstbild zum Umwandeln und zur Durchführung von Grundrechnungsarten"

Prädiktor	b_1	Standardfehler	Wert des Quotienten aus b_1 und S.E	Irrtumswahrscheinlichkeit (p)	Signifikant
Geschlechtausprägung für Mädchen (girls)	0.150	0.039	3.84	0.000	ja
„Halbjahresnote aus Deutsch" (cengermgrade)	0.058	0.029	2.00	0.000	ja
„Schülerwahrnehmung zum Gebrauch des Schulbuches" (cenbookwrk)	0.015	0.018	0.83	0.39	nein
„Halbjahresnote aus Mathematik" (cenmathgrade)	0.080	0.034	2.35	0.01	ja
„Gesamttestwert für Maßumwandlungen" (censcoretot)	0.010	0.005	2.00	0.51	knapp signifikant
„Interesse an Mathematik" (cenmagint)	0.126	0.026	4.84	0.000	ja
„Selbsteinschätzung der mathematischen Leistungsfähigkeit" (cenmaselb)	0.561	0.028	20.03	0.000	ja

Die Prädiktoren „Geschlecht", „Schülerwahrnehmung zum Gebrauch des Schulbuches", „Halbjahresnote aus Mathematik und Deutsch" haben einen signifikanten Einfluss auf die Responsevariable.

Der Prädiktor Gesamttestwert hat einen signifikanten Einfluss auf die Responsevariable „Bereichsspezifisches Fähigkeitsselbstbild zum Umwandeln und zur Durchführung von Grundrechnungsarten".

10.3. Mehrebenenanalytische Auswertung der Daten für die vierten Klassen

Die Daten der dritten und vierten Klassen wurden im Rahmen des Fortbildungsprojekts [EM:MA] erhoben. Für die vierten Klassen wurde allerdings ein anderer curriculumorientierter Test eingesetzt, welcher aber bezüglich der Subtests mit dem Test der dritten Klassen vergleichbar ist. Aus diesem Grund wurden die Daten getrennt ausgewertet.

10.3.1. Die verwendeten Instrumentarien

Das Untersuchungsinstrumentarium zur Erhebung der Daten besteht ebenso aus zwei Teilen. Der Teil A ist identisch mit dem entsprechenden Teil des Fragebogens zur Untersuchung der dritten Klassen.

Der Gesamtscore des curriculumorientierten Tests – Teil B – aus Items mit unterschiedlichen Schwierigkeitsgraden zum Gebiet Maßverwandlungen für Längenmaße und Massenmaße zusammen. Der Test wurde auf der Basis des gültigen Lehrplans und der Analyse von gängigen Schulbüchern erstellt. Vor dem Einsatz wurden die Testitems von Experten überprüft. Weiters haben 10 Grundschullehrer die Testitems auf Kompatibilität mit der Alltagspraxis geprüft.

Die curriculumorientierten Tests bestanden aus den folgenden Untertests. Zur Charakterisierung der Untertests werden einige Beispielitems wiedergegeben.

Abbildung 74: Beschreibung des curriculumorientierten Tests

(1) Einfache Umwandlungsaufgaben zu den Längenmaßen

- Marias Lineal ist um 5 cm länger als 4 dm 2 cm. Wie lange ist das Lineal?
- Wandle um: 4 dm 5 cm = ? mm
- Wandle um: 8 m 5 dm = ? cm
- Zerlege: 187 cm = ? m ? mm
- Wandle um: 7 km 20 m = ? m

(2) Anspruchsvolle Umwandlungsaufgaben zu den Längenmaßen

- Ergänze: 40 mm + ? = 1 m
- Die Länge einer abgebildeten Zickzack-Linie (5 m, 5 dm, ein halber Meter) war festzustellen.
- Susi ist 1 m und 4 dm groß. Fritz ist um einen halben Meter kleiner als sein Vater. Dieser ist 2 m groß. Wer von den beiden Geschwistern (Susi und Fritz) ist größer?

(3) Umwandlungsaufgaben zu den Massenmaßen

- Wandle um: 3 t 5 kg= ? kg
- Wandle um:15 kg 3 dag = ? dag
- Wandle um: 2 kg 3 dag = ? g
- Zerlege 1 250 kg in t und kg.
- Setze = oder > oder < ein! 550 g … ein halbes kg

(4) Der Subtest zur Abfrage von Größenvorstellungen

- Wie lange ist ein Bleistift? ein halber Meter oder eher 4 dm
- Wie groß ist ein Klassenzimmer? Ungefähr 35 dm^2 oder eher 35 m^2?
- Wie lange ist eine Fußlänge oder eine Handspanne? Wie groß ist ein Daumennagel?)

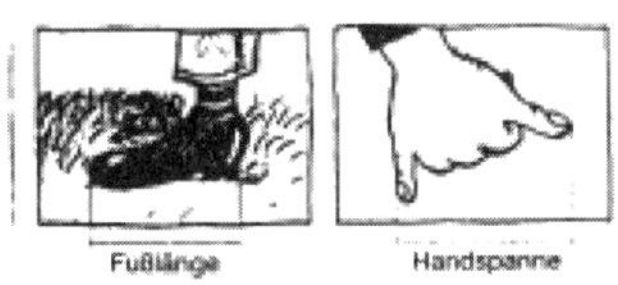

(5) Der Subtest zur Überprüfung der Fähigkeiten, an dreidimensionalen Gebilde die Anzahl von Einzelwürfeln festzustellen. Mit diesen wurde die Fähigkeit zum Handeln auf der Vorstellungsebene überprüft. Es mussten von der Vorder- und Seitenansicht auf die dahinter liegenden Würfel geschlossen werden.

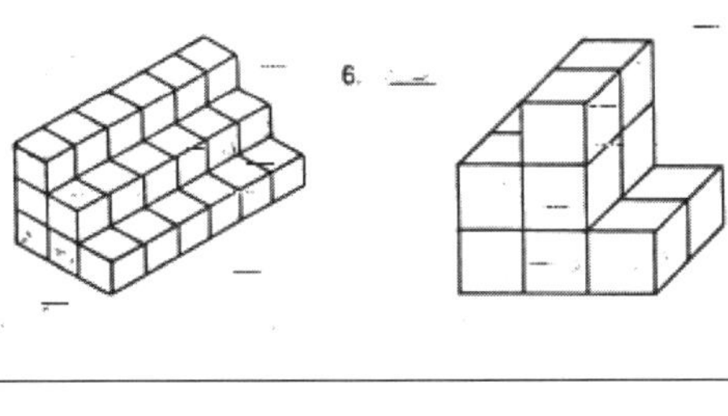

10.3.2. Stichprobencharakteristika der vierten Klassen

In dieser Stichprobe wurden 288 Schüler erfasst; die Daten liegen nur aus Projektklassen vor.

Tabelle 45: Geschlechtsverteilung der Schüler in der [EM:MA]-Studie – 4. Klassen

	Anzahl	Prozente
Mädchen	145	50.30
Buben	143	49.70
Gesamt	288	100.00

Die Schüler der vierten Klassen stammen aus 15 Schulen mit 17 untersuchten Klassen.

Für diese Stichprobe standen keine Kontrollklassen zur Verfügung.

Mit der Darstellung von Notenhäufigkeiten soll das Leistungsbild der vierten Klassen in den Fächern Deutsch und Mathematik charakterisiert werden.

Tabelle 46: Verteilung der Noten aus Mathematik für das Halbjahr

Noten	Häufigkeit	Prozente
Sehr gut	115	39.90
Gut	98	34.00
Befriedigend	52	18.10
Genügend	21	7.30
Fehlende Angaben	2	0.70
Gesamtzahl	288	100.00

Das Leistungsbild für das Fach Mathematik ergibt eine linksschiefe Verteilung. Auch das Leistungsbild der Deutschnoten aus dem Halbjahreszeugnis ergibt eine linksschiefe Verteilung.

Tabelle 47: Verteilung der Noten aus Deutsch für das Halbjahr Schüler

Noten	Häufigkeit	Prozente
Sehr gut	72	25.00
Gut	110	38.20
Befriedigend	80	27.80
Genügend	24	8.70
Fehlende Angaben	1	0.30
Gesamtzahl	288	100.00

Der Gesamtmittelwert für Mathematik liegt bei 1.95 mit einer Standardabweichung von 0.97. Der Gesamtmittelwert für das Fach Deutsch liegt bei 2.21 (SD = 0.93).

10.3.3. Die Responsevariable „Gesamttestwert für Maßumwandlungen“

Die Daten aus der Untersuchung der vierten Klassen wurden auf der Basis eines Random-Intercept-Modells ausgewertet. Die Steigungen der Prädiktoren konnten nicht variieren.

Gleichung 22: Gleichung zur Mehrebenenanalyse mit dem Kriterium Gesamttestwert „scoretotal“ und den Varianzen für u und e

$$\begin{aligned} \text{scoretotal}_{ij} = {} & \beta_{0ij}\text{cons} + -2.037(0.391)\text{girls}_{ij} + -1.616(0.298)\text{cenmathgrade}_{ij} + \\ & -1.068(0.274)\text{cengermgrade}_{ij} + 0.243(0.205)\text{cenbookwrk}_{ij} + \\ & 0.169(0.277)\text{cenmagint}_{ij} + -1.301(0.410)\text{cenmaselb}_{ij} + 0.406(0.474)\text{cenbereichselb}_{ij} \end{aligned}$$

$$\beta_{0ij} = 16.166(0.624) + u_{0j} + e_{0ij}$$

$$\text{Varianz für u } (\sigma^2_u) = \left[5.365(2.039)\right]$$

$$\text{Varianz für e } (\sigma^2_e) = \left[9.598(0.825)\right]$$

Der Mittelwert für die männlichen Schüler beträgt 16.16 Punkte im curriculumorientierten Test. Der Testwert der Mädchen ergibt sich aus der Differenz 16.16 minus 2.037; dies ergibt 14.12. Das Geschlecht hat einen signifikanten Einfluss auf den Gesamttestwert. Sowohl für die dritten als auch die vierten Klassen konnten geschlechtsspezifische Unterschiede bezüglich des Gesamttestwerts festgestellt werden.

Prozentsätze für die Varianzerklärung der zwei Ebenen

Tabelle 48: Ebenenbezogene Darstellung der Varianzanteile

Ebene	Varianz …	Wert der Varianz und S. E.	Prozentsätze	Quotient	Signifikanz
Ebene 2	… zwischen den Klassen	5.36 (2.03)	35.92%	2.63	ja
Ebene 1	… zwischen den Schülern	9.59 (0.82)	64.07%	11.63	ja
	Summe	14.93	100.00%		

Der Chi^2-Testwert für die Varianz zwischen den Klassen beträgt 6.87 ($p = 0.008$); dieser für die Varianz zwischen den Schülern in Klassen beträgt 135.05 ($p = 0.000$). Die Varianz zwischen den Klassen ist signifikant von null verschieden. Auch die Varianz zwischen den Schülern in Klassen ist signifikant von null verschieden. Das bedeutet, dass die Schulklassen für den Gesamttestwert einen Unterschied machen. In der nachfolgenden Abbildung wird die hohe Bedeutung des Kontextes Schulklasse für die mathematische Leistung im Maßumwandlungstest veranschaulicht.

Abbildung 75: Grafische Darstellung der Varianzanteile für die Varianz zwischen den Klassen und die Varianz zwischen den Schülern für die Responsevariable „Gesamttestwert für Maßumwandlungen" für die vierten Klassen

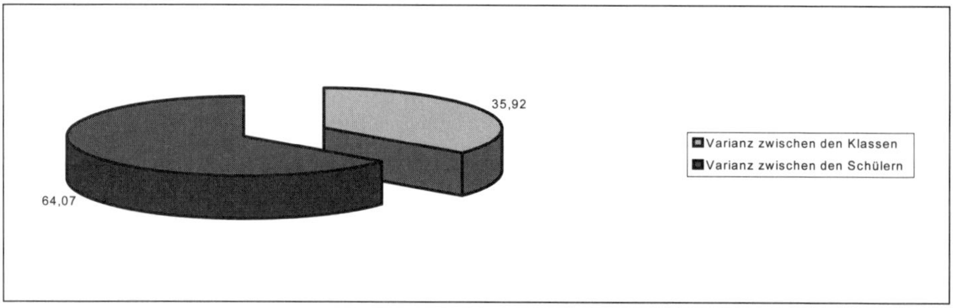

In der nachfolgenden Darstellung werden die Regressionslinien der 17 untersuchten Klassen dargestellt. Durch die Überlagerung können nicht alle Regressionslinien identifiziert werden. Es fällt auf, dass es sehr kurze und sehr lange Regressionslinien gibt.

Abbildung 76: Grafische Darstellung der Regressionslinien der untersuchten Klassen

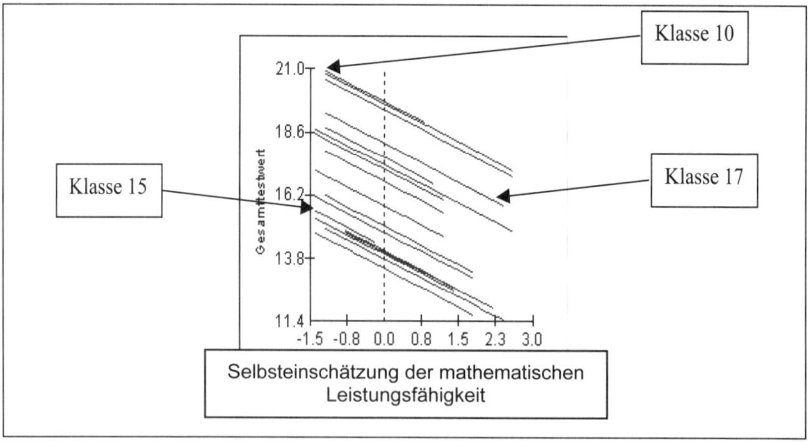

Die Regressionslinie der Klasse 15 ist sehr kurz. Das bedeutet, dass die Selbsteinschätzungen der Schüler bezüglich der mathematischen Leistungsfähigkeit (z. B. Ich verstehe in Mathematik alles sehr gut. Ich kann gut Textbeispiele lösen. Ich bin in Mathematik gut.) homogen hoch (niedriger Zahlenwert entspricht einer sehr guten Selbsteinschätzung) ist. Hingegen ist diese Selbsteinschätzung in Klasse 17 heterogener verbunden mit höheren Gesamttestwerten. Die Situation ist in Klasse 10 bemerkenswert. Relativ hohe und homogene Selbsteinschätzungen der Schüler sind mit hohen Gesamttestwerten assoziiert.

Durch eine Regressionsanalyse wären alle klassenspezifischen Unterschiede unberücksichtigt geblieben. Es ist die besondere Stärke der Mehrebenenanalyse, dass klassenspezifische Analysen vorgenommen werden können. Für das beschriebene Projekt haben diese Ergebnisse einen hohen interventionsrelevanten Stellenwert.

Die Ergebnisse der Mehrebenenanalyse für die Prädiktoren

Tabelle 49: Darstellung von Prädiktoren für das Kriterium „Gesamttestwert für Maßumwandlungen“

Prädiktor	b_1	Standardfehler	Wert des Quotienten aus b_1 und S.E.	Irrtumswahrscheinlichkeit (p)	Signifikant
Geschlechtsausprägung für Mädchen (girls)	2.03	0.39	5.20	0.000	ja
„Halbjahresnote aus Mathematik“ (cenmathgrade)	-1.16	0.29	4.00	0.000	ja
„Halbjahresnote aus Deutsch“ (cengermgrade)	-1.06	0.27	3.92	0.000	ja
„Schülerwahrnehmung zum Gebrauch des Schulbuches“ (cenbookwrk)	0.24	0.20	1.18	0.13	nein
„Interesse an Mathematik“ (cenmagint)	0.16	0.27	0.61	0.50	nein
„Selbsteinschätzung der mathematischen Leistungsfähigkeit“ (cenmaselb)	-1.30	0.41	3.17	0.001	ja
„Bereichsspezifisches Fähigkeitsselbstbild zum Umwandeln und zur Durchführung von Grundrechnungsarten“	0.40	0.47	0.85	0.39	nein

Das negative Vorzeichen vor einem Prädiktor (z. B. cenmaselb) weist darauf hin, dass zwischen dem Prädiktor und der Responsevariablen eine negative Beziehung besteht. Der Prädiktor „Selbsteinschätzung der mathematischen Leistungsfähigkeit“ (cenmatselb) ist so gepolt, dass ein niedriger Zahlenwert eine hohe Selbsteinschätzung bedeutet. Zwischen den beiden

Halbjahresnoten und dem Kriterium gibt es einen negativen Zusammenhang.

Das Gesamtergebnis bedeutet, dass vier der sieben Prädiktoren einen signifikanten Einfluss auf die Responsevariable haben. Darüber hinaus gibt es signifikante Klasseneffekte.

10.3.4. Die Kontextabhängigkeit der Responsevariablen „Interesse an Mathematik"

Die Hypothese, ob für die Responsevariable „Interesse an Mathematik" Kontexteffekte nachgewiesen werden können, wird mit einem Random-Intercept-Modell überprüft. Es geht also um die Frage, ob die Klasse, die ein Schüler besucht, zusätzlich zu den üblichen Prädiktoren einen Einfluss auf das Interesse an Mathematik hat. In dieser Skala wurden folgende Aspekte zusammengefasst (Mathematik interessiert mich. Mathematik macht Spaß. Ich mag Mathematik.).

Gleichung zur Mehrebenenanalyse (2 Ebenen) – Random-Intercept-Modell

Gleichung 23: Mehrebenenanalysegleichung für das Kriterium „Interesse an Mathematik"

$$\begin{aligned} \text{magint}_{ij} = {} & \beta_{0ij}\text{cons} + -0.036(0.087)\text{girls}_{ij} + 0.240(0.063)\text{cenmathgrade}_{ij} + \\ & -0.250(0.058)\text{cengermgrade}_{ij} + 0.019(0.044)\text{cenbookwrk}_{ij} + 0.655(0.079)\text{cenmaselb}_{ij} + \\ & -0.001(0.012)\text{censcoretot}_{ij} + 0.148(0.101)\text{cenbereichselb}_{ij} \end{aligned}$$

$$\beta_{0ij} = 1.830(0.076) + u_{0j} + e_{0ij}$$

Varianz für u (σ^2_u) $= \left[0.036(0.022)\right]$

Varianz für e (σ^2_e) $= \left[0.456(0.039)\right]$

Für diese nicht-kognitiven Variablen konnte kein signifikanter Kontexteffekt festgestellt werden.

Die Ergebnisse der Mehrebenenanalyse (2 Ebenen)

Tabelle 50: Ebenenbezogene Varianzaufteilung für das „Interesse an Mathematik“

Ebene	Varianz ...	Wert der Varianz und S. E.	Prozentsätze	Quotient	Signifikanz
Ebene 2	... zwischen den Klassen	0.036 (0.022)	7.31%	1.63	nein
Ebene 1	... zwischen den Schülern	0.714 (0.061)	92.68%	11.69	ja
	Summe	0.492	100.00%		

Der Chi^2-Testwert für die Varianz zwischen den Klassen beträgt 2.73 (p = 0.09); der für die Varianz zwischen den Schülern in Klassen beträgt 135.55 (p = 0.00). Die Varianz zwischen den Klassen ist also null und die zwischen den Schülern in Klassen ist signifikant von null verschieden.

Die Ergebnisse der Mehrebenenanalyse für die Prädiktoren

Tabelle 51: Übersicht über die Prädiktoren für die Responsevariable „Interesse an Mathematik“

Prädiktor	b_1	Standardfehler	Wert des Quotienten aus b_1 und S. E.	Irrtumswahrscheinlichkeit (p)	Signifikant
Geschlechtausprägung für Mädchen (girls)	-0.036	0.087	0.41	0.67	nein
„Halbjahresnote aus Mathematik“ (cenmathgrade)	0.240	0.063	3.80	0.000	ja
„Halbjahresnote aus Deutsch“ (cengermgrade)	-0.250	0.058	4.31	0.000	ja
„Schülerwahrnehmung zum Gebrauch des Schulbuches“ (cenbookwrk)	0.019	0.044	0.43	0.65	nein
„Selbsteinschätzung der mathematischen Leistungsfähigkeit“ (cenmaselb)	0.655	0.079	8.29	0.000	ja
„Gesamttestwert für Maßumwandlungen“ (censcoretot)	-0.001	0.012	0.08	0.96	nein
„Bereichsspezifisches Fähigkeitsselbstbild zum Umwandeln und zur Durchführung von Grundrechnungsarten“	0.148	0.101	1.46	0.14	nein

Vier von sieben Prädiktoren haben keinen signifikanten Einfluss auf die Responsevariable. Die Prädiktoren „Geschlecht“, „Schülerwahrnehmung zum Gebrauch des Schulbuches“, „Gesamttestwert für Maßumwandlungen“ und „Bereichsspezifisches Fähigkeitsselbstbild zum Umwandeln und zur Durchführung von Grundrechnungsarten“ haben keinen signifikanten Einfluss auf die Responsevariable „Interesse an Mathematik“.

Die Prädiktoren „Halbjahresnoten aus Mathematik und Deutsch“ und „Selbsteinschätzung der mathematischen Leistungsfähigkeit“ haben einen signifikanten Einfluss auf die Responsevariable.

Für das Interesse an Mathematik ist nach dieser Datenlage nur die Person des Schülers ausschlaggebend und nicht die Zugehörigkeit zu einer Schulklasse.

10.3.5. Die Kontextabhängigkeit der Responsevariablen „Selbsteinschätzung der mathematischen Leistungsfähigkeit“

Es wird die Hypothese überprüft, ob für die Responsevariable „Selbsteinschätzung der mathematischen Leistungsfähigkeit“ die Zugehörigkeit zu Schulklassen relevant sein kann. Es kommt ein Random-Intercept-Modell zur Anwendung. Es geht um die Frage, ob die Klasse, die ein Schüler besucht, zusätzlich zu den üblichen Prädiktoren einen Einfluss auf die Selbsteinschätzung der mathematischen Leistungsfähigkeit hat. In dieser Skala wurden folgende Aspekte zusammengefasst: Ich bin in Mathematik gut. Ich „tüftle“ gerne an schwierigen Aufgaben. Ich verstehe in Mathematik alles sehr gut.

Gleichung zur Mehrebenenanalyse (2 Ebenen) – Random-Intercept-Modell

Gleichung 24: Mehrebenenanalysegleichung für das Kriterium „Selbsteinschätzung der mathematischen Leistungsfähigkeit"

$$\text{maselb}_{ij} = \beta_{0ij}\text{cons} + 0.112(0.058)\text{girls}_{ij} + 0.099(0.043)\text{cenmathgrade}_{ij} + 0.040(0.040)\text{cengermgrade}_{ij} + -0.051(0.029)\text{cenbookwrk}_{ij} + -0.023(0.008)\text{scoretotal}_{ij} + 0.295(0.035)\text{cenmagint}_{ij} + 0.663(0.055)\text{cenbereichselb}_{ij}$$

$$\beta_{0ij} = 2.690(0.140) + u_{0j} + e_{0ij}$$

$$\textbf{Varianz für u } (\sigma^2_u) = \left[0.027(0.014)\right]$$

$$\textbf{Varianz für e } (\sigma^2_e) = \left[0.200(0.017)\right]$$

Der Chi^2-Testwert für die Varianz zwischen den Klassen beträgt 4.10 (p = 0.042); der für die Varianz zwischen den Schülern in Klassen 135.42 (p = 0.000). Das bedeutet, dass die Varianz zwischen den Klassen und zwischen den Kindern in Klassen signifikant von null verschieden ist. Somit können für diese Responsevariable Kontexteinflüsse festgestellt werden; fast 11.89% der gesamten Residualvarianz kann auf die Klassenzugehörigkeit zurückgeführt werden (siehe Tabelle 52).

Die Ergebnisse der Mehrebenenanalyse (2 Ebenen)

Tabelle 52: Ebenenbezogene Varianzaufteilung für die „Selbsteinschätzung der mathematischen Leistungsfähigkeit"

Ebene	Varianz ...	Wert der Varianz und S.E.	Prozentsätze	p	Signifikanz
Ebene 2	... zwischen den Klassen	0.027 (0.014)	11.89%	0.04	ja
Ebene 1	... zwischen den Schülern	0.200 (0.017)	88.10%	0.000	ja
	Summe	0.564	100.00%		

Der nachfolgende Prozentkreis veranschaulicht die hohe Bedeutung des Kontextes Schulklasse für die Responsevariable „Selbsteinschätzung der mathematischen Leistungsfähigkeit".

Abbildung 1: Grafische Darstellung der ebenenbezogenen Varianzanteile für die Responsevariable „Selbsteinschätzung der mathematischen Leistungsfähigkeit"

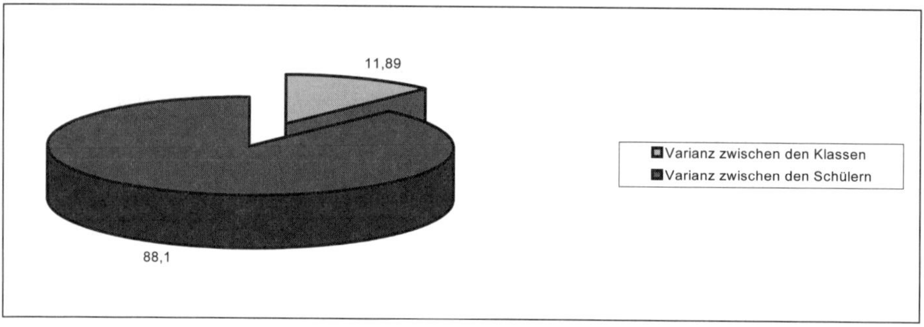

Ein großer Teil der Varianz liegt auf der individuellen Ebene (82.13%). Die Bedeutung des Klassenkontextes ist für die Responsevariable „Selbsteinschätzung der mathematischen Leistungsfähigkeit" im Vergleich zur dritten Klasse (der Klassenkontext war nicht signifikant) deutlich gestiegen.

Die Ergebnisse der Mehrebenenanalyse für die Prädiktoren

Tabelle 2: Übersicht über die Prädiktoren für die Responsevariable „Selbsteinschätzung bezüglich der mathematischen Leistungsfähigkeit"

Prädiktoren	b_1	Standardfehler	Wert des Quotienten aus b_1 und S.E.	Irrtumswahrscheinlichkeit (p)	Signifikant
Geschlechtausprägung für Mädchen (girls)	0.112	0.058	1.93	0.052	nein
„Halbjahresnote aus Mathematik" (cenmathgrade)	0.099	0.043	2.30	0.022	ja
„Halbjahresnote aus Deutsch" (cengermgrade)	0.040	0.040	1.00	0.31	nein
„Schülerwahrnehmung zum Gebrauch des Schulbuches" (cenbookwrk)	-0.051	0.029	1.75	0.077	nein
„Interesse an Mathematik" (cenmagint)	0.295	0.035	8.42	0.000	ja
„Bereichsspezifisches Fähigkeitsselbstbild zum Umwandeln und zur Durchführung von Grundrechnungsarten"	0.663	0.055	12.05	0.000	ja
„Gesamttestwert für Maßumwandlungen" (censcoretot)	-0.023	0.008	2.87	0.003	ja

Fünf von sieben Prädiktoren haben einen signifikanten Einfluss auf die Responsevariable. Die Prädiktoren „Geschlecht“ und die beiden Halbjahresnoten haben keinen signifikanten Einfluss auf die Responsevariable „Selbsteinschätzung bezüglich der mathematischen Leistungsfähigkeit“.

Im Vergleich zur dritten Klasse hat die „Halbjahresnote aus Mathematik“ einen signifikanten Einfluss auf die Responsevariable. Das Geschlecht hat in beiden Datensätzen keine Relevanz für die „Selbsteinschätzung der mathematischen Leistungsfähigkeit“.

10.3.6. Die Kontextabhängigkeit der Responsevariablen „Bereichsspezifisches Fähigkeitsselbstbild zum Umwandeln und zur Durchführung von Grundrechnungsarten“

Es wird die Hypothese überprüft, ob für die Responsevariable „Bereichsspezifisches Fähigkeitsselbstbild zum Umwandeln und zur Durchführung von Grundrechnungsarten“ Kontexteffekte nachgewiesen werden können. Es kommt ein Random-Intercept-Modell zur Anwendung.

Gleichung zur Mehrebenenanalyse (2 Ebenen) – Random-Intercept-Modell

Gleichung 25: Mehrebenenanalysegleichung für das Kriterium „Bereichsspezifisches Fähigkeitsselbstbild zum Umwandeln und zur Durchführung von Grundrechnungsarten“

$$\text{bereichselb}_{ij} = \beta_{0ij}\text{cons} + -0.034(0.051)\text{girls}_{ij} + -0.028(0.037)\text{cenmathgrade}_{ij} + 0.032(0.035)\text{cengermgrade}_{ij} + 0.113(0.024)\text{cenbookwrk}_{ij} + 0.505(0.042)\text{cenmaselb}_{ij} + 0.002(0.007)\text{censcoretot}_{ij} + 0.050(0.034)\text{cenmagint}_{ij}$$

$$\beta_{0ij} = 1.964(0.042) + u_{0j} + e_{0ij}$$

$$\text{Varianz für u } (\sigma^2_u) = \left[0.010(0.007)\right]$$

$$\text{Varianz für e } (\sigma^2_e) = \left[0.156(0.013)\right]$$

Der Chi^2-Testwert für die Varianz zwischen den Klassen beträgt 2.27 (p = 0.13); der für die Varianz zwischen den Schülern in Klassen 135.57 (p = 0.000). Somit ist die Varianz zwischen den Klassen null und zwischen den Kindern in den Klassen signifikant von null verschieden.

Die Ergebnisse der Mehrebenenanalyse (2 Ebenen)

Tabelle 54: Ebenenbezogene Varianzaufteilung für „Bereichsspezifisches Fähigkeitsselbstbild zum Umwandeln und zur Durchführung von Grundrechnungsarten“

Ebene	Varianz …	Wert der Varianz und S.E.	Prozentsätze	p	Signifikanz
Ebene 2	… zwischen den Klassen	0.010 (0.007)	6.02%	0.13	nein
Ebene 1	… zwischen den Schülern	0.156 (0.013)	93.97%	0.000	ja
	Summe	0.564	100.00%		

Der Kontext Schulklasse hat für die Responsevariable „Bereichsspezifisches Fähigkeitsselbstbild zum Umwandeln und zur Durchführung von Grundrechnungsarten“ keine Bedeutung.

Die Ergebnisse der Mehrebenenanalyse für die Prädiktoren

Tabelle 55: Übersicht über die Prädiktoren für die Responsevariable „Bereichsspezifisches Fähigkeitsselbstbild zum Umwandeln und zur Durchführung von Grundrechnungsarten“

Prädiktor	b_1	Standardfehler	Wert des Quotienten aus b_1 und S.E.	Irrtumswahrscheinlichkeit (p)	Signifikant
Geschlechtausprägung für Mädchen (girls)	-0.034	0.051	0.66	0.50	nein
„Halbjahresnote aus Mathematik“ (cenmathgrade)	-0.028	0.037	0.75	0.45	nein
„Halbjahresnote aus Deutsch“ (cengermgrade)	0.032	0.035	0.91	0.35	nein
„Schülerwahrnehmung zum Gebrauch des Schulbuches“ (cenbookwrk)	0.113	0.024	4.70	0.000	ja
„Interesse an Mathematik“ (cenmagint)	0.050	0.034	1.47	0.14	nein
„Selbsteinschätzung der mathematischen Leistungsfähigkeit“ (cenmaselb)	0.505	0.042	12.02	0.000	ja
„Gesamttestwert für Maßumwandlungen“ (censcoretot)	0.002	0.007	0.28	0.80	nein

Von sieben Prädiktoren haben fünf keinen signifikanten Einfluss auf die Responsevariable. Die Prädiktoren „Geschlecht“, „Halbjahresnoten aus Mathematik und Deutsch", „Interesse an Mathematik" und der „Gesamttestwert für Maßumwandlungen" haben keinen signifikanten Einfluss auf die Responsevariable „Bereichsspezifisches Fähigkeitsselbstbild zum Umwandeln und zur Durchführung von Grundrechnungsarten".

Die Prädiktoren „Schülerwahrnehmung zum Gebrauch des Schulbuches" und „Selbsteinschätzung der mathematischen Leistungsfähigkeit" haben einen signifikanten Einfluss auf die Responsevariable.

10.4. Zusammenfassung

Im Forschungs- und Interventionsprojekt [EM:MA] wurde auf der Basis des systemischen und konstruktivistischen Denk- und Handlungsmodells Unterricht verändert und weiterentwickelt. Ein weiteres Ziel des Projekts lag in der Realisierung der Forderungen nach Bereichs- und Kontextspezifität in der Forschung. Deshalb wurden die Untersuchungsbemühungen auf einen ausgewählten Kompetenzbereich des Gegenstands Mathematik, nämlich die Maßumwandlungen, gerichtet. Der Forderung nach kontextorientierten Auswertungen von in Schulklassen erhobenen Daten wurde durch die Anwendung der Mehrebenenanalyse nachgekommen.

Es gab mehrere Ausgangspunkte für das Interventionsprojekt „Erhöhung der Umwandlungskompetenz bei Grundschülern":

- Nicht zufrieden stellende Fähigkeiten im Bereich des Umwandelns von Maßeinheiten in der Sekundarstufe I
- Erprobung von Ansätzen auf systemischer Basis zur Veränderung von Mathematikunterricht
- Erarbeitung einer Prioritätenliste für Interventionsmaßnahmen in der Lehrerfortbildung
- Erarbeitung einer Wissensbasis bezüglich der Überprüfung des FISK-Modells (Kapitel 7) unter gleichzeitiger Kontrolle von ausgewählten Determinanten für die Responsevariable „Gesamttestwert für Maßumwandlungen"
- Erarbeitung einer Wissensbasis bezüglich der Überprüfung des FISK-Modells (Kapitel 7) unter gleichzeitiger Kontrolle von ausgewählten Determinanten für nicht-kognitive Responsevariable

Die Daten für die dritten und vierten Klassen wurden wegen des unterschiedlichen curriculumorientierten Tests getrennt ausgewertet.

Zusammenfassend kann gesagt werden, dass sowohl für die bereichsspezifisch definierte Schulleistung (Kompetenz zur Maßumwandlung) als auch für einige andere Responsevariablen Kontexteffekte nachgewiesen werden konnten.

Im Folgenden sollen Gemeinsamkeiten und Unterschiede der beiden Analysen dargestellt und diskutiert werden.

Kontexteffekte – die Ergebnisse der dritten und vierten Klassen im Überblick

Die folgende Tabelle gibt darüber Auskunft, ob Residualvarianz durch den Klassenkontext aufgeklärt wird.

Tabelle 56: Übersicht über die Aufklärung von Residualvarianz durch die Schulklasse

Ebene	Bereichsspezifische Leistung „Gesamttestwert für Maßumwandlungen“	„Interesse an Mathematik“	„Selbsteinschätzung der mathematischen Leistungsfähigkeit“	„Bereichsspezifisches Fähigkeitsselbstbild zum Umwandeln und zur Durchführung von Grundrechenarten“
Dritte Klassen:				
Klassenebene	31.17% signifikant	4.64% nicht signifikant	2.46% nicht signifikant	4.02% nicht signifikant
Individualebene	68.82% signifikant	95.35% signifikant	97.53% signifikant	95.97% signifikant
Vierte Klassen:				
Klassenebene	35.92% signifikant	7.31% nicht signifikant	11.89% signifikant	6.02% nicht signifikant
Individualebene	64.07% signifikant	92.68% signifikant	88.10% signifikant	93.97% signifikant

Nach Kontrolle eines ausgewählten Satzes von Prädiktoren konnte für den „Gesamttestwert für Maßumwandlungen“ der dritten und vierten Klassen Varianz zwischen den Klassen ermittelt werden, die signifikant von null verschieden ist. Das bedeutet, dass die Schulklassen, die die Schüler besuchen, einen Unterschied ausmachen. Hervorzuheben ist auch der hohe Prozentsatz an aufgeklärter Residualvarianz durch die Schulklasse. Dieses Ergebnis ist überraschend und wird durch die Auswertung weiterer Datensätze zu belegen versucht.

Für das pädagogische Handeln ist dieses Ergebnis von großer Bedeutung, da die Schulklasse neben anderen Faktoren als Ort der Veränderung und Weiterentwicklung identifiziert werden konnte. Für die nicht-kognitiven Responsevariablen konnten mehrheitlich keine Kontexteffekte nachgewiesen werden. Nur für die „Selbsteinschätzung der mathematischen Leistungsfähigkeit“ aus dem Datensatz der vierten Klassen konnten Kontexteffekte nachgewiesen werden.

Ergebnisse bezüglich der Prädiktoren für die Daten der dritten Klassen

Die folgende Tabelle informiert darüber, welche der ausgewählten Prädiktoren einen signifikanten Einfluss auf das Kriterium haben.

Tabelle 57: Übersicht über die ausgewählten Prädiktoren für vier Responsevariablen

Responsevariablen →	**Gesamttestwert für Maßumwandlungen**	**Interesse an Mathematik**	**Selbsteinschätzung der mathematischen Leistungsfähigkeit**	**Bereichsspezifisches Fähigkeitsselbstbild / Umwandeln; Grundrechenarten**
Prädiktoren ↓	**Die folgenden Prädiktoren sind signifikant:**	**Die folgenden Prädiktoren sind signifikant:**	**Die folgenden Prädiktoren sind signifikant:**	**Die folgenden Prädiktoren sind signifikant:**
Geschlecht	ja	nein	nein	ja
„Gesamttestwert für Maßumwandlungen“	-	nein	ja	knapp signifikant
„Halbjahresnote aus Mathematik“	ja	nein	nein	nein
„Halbjahresnote aus Deutsch“	ja	nein	nein	ja
„Selbsteinschätzung der mathematischen Leistungsfähigkeit“	ja	ja	-	ja
„Interesse an Mathematik“	nein	-	ja	ja
„Bereichsspezifisches Fähigkeitsselbstbild zum Umwandeln und zur Durchführung von Grundrechenarten“	nein	ja	ja	-

Ergebnisse bezüglich der Prädiktoren für die Daten der vierten Klasse

Die folgende Tabelle informiert darüber, welche der ausgewählten Prädiktoren einen signifikanten Einfluss auf das Kriterium haben.

Tabelle 58: Übersicht über die ausgewählten Prädiktoren für vier Responsevariablen

Responsevariablen → **Prädiktoren ↓**	**„Gesamttestwert für Maßumwandlungen“** **Die folgenden Prädiktoren sind signifikant:**	**„Interesse an Mathematik“** **Die folgenden Prädiktoren sind signifikant:**	**„Selbsteinschätzung der mathematischen Leistungsfähigkeit“** **Die folgenden Prädiktoren sind signifikant:**	**„Bereichsspezifisches Fähigkeitsselbstbild / Umwandeln; Grundrechenarten“** **Die folgenden Prädiktoren sind signifikant:**
Geschlecht	ja	nein	nein	nein
„Gesamttestwert für Maßumwandlungen“	-	nein	ja	nein
„Schülerwahrnehmung zum Gebrauch des Schubuches“	nein	nein	nein	ja
„Halbjahresnote aus Mathematik“	ja	ja	ja	nein
„Halbjahresnote aus Deutsch“	ja	ja	nein	nein
„Selbsteinschätzung der mathematischen Leistungsfähigkeit“	ja	ja	-	ja
„Interesse an Mathematik“	nein	-	ja	nein
„Bereichsspezifisches Fähigkeitsselbstbild zum Umwandeln und zur Durchführung von Grundrechenarten“	nein	nein	ja	-

Im Folgenden sollen einige typische Gemeinsamkeiten und / oder Unterschiede zwischen den beiden Stichproben bezüglich der Prädiktoren zusammengestellt werden.

1. Vergleicht man die Effekte der Prädiktoren auf die Responsevariable „Gesamttestwert für Maßumwandlungen“, so fällt auf, dass die Prädiktoren bezüglich der „Halbjahresnoten aus Deutsch und Mathematik“, das „Geschlecht“ und die „Selbsteinschätzung der mathematischen Leistungsfähigkeit“ in beiden Stichproben einen signifikanten Einfluss auf die Responsevariable haben. Der Prädiktor „Schülerwahrnehmung zum Gebrauch des Schulbuchs“ hat nur in der dritten Klasse einen Einfluss auf die bereichsspezifische Leistung für das Umwandeln.

2. Für das Interesse am Fach Mathematik hat in beiden Stichproben das Geschlecht und der Gesamttestwert keinen signifikanten Einfluss auf die Responsevariable. Die Halbjahresnoten aus Deutsch und Mathematik haben in der Stichprobe aus den dritten Klassen keinen signifikanten Einfluss. Für die Stichprobe aus den vierten Klassen konnte sehr wohl ein signifikanter Einfluss festgestellt werden. Für das Interesse am Fach Mathematik konnte für die Stichprobe aus den dritten Klassen ein signifikanter Einfluss beider nicht-kognitiver Variablen („Selbsteinschätzung der mathematischen Leistungsfähigkeit“ und „Bereichsspezifisches Fähigkeitsselbstbild zum Umwandeln und für das Durchführen von Grundrechnungsarten“) festgestellt werden. Dieses Ergebnis konnte für die Stichprobe der vierten Klasse nicht ermittelt werden; nur die Variable „Selbsteinschätzung der mathematischen Leistungsfähigkeit“ hat eine signifikanten Einfluss.

3. Der Gesamttestwert und die beiden nicht-kognitiven Prädiktoren haben in beiden Stichproben einen signifikanten Einfluss auf die Responsevariable „Selbsteinschätzung der mathematischen Leistungsfähigkeit“. Das Geschlecht und die Variable zur Wahrnehmung des Schulbuchseinsatzes haben keinen signifikanten Einfluss auf die Responsevariable.

4. Bezüglich der Responsevariablen „Bereichsspezifisches Fähigkeitsselbstbild zum Umwandeln und für die Durchführung von Grundrechnungsarten“ ist das Bild völlig unterschiedlich. Während in der Stichprobe der dritten Klasse beinahe alle Prädiktoren mit Ausnahme der Wahrnehmung zum Schulbucheinsatz signifikant sind, trifft dies für die Stichprobe aus den vierten Klassen nur für zwei Prädiktoren zu („Wahrnehmung des Schulbucheinsatzes“ und „Selbsteinschätzung“)

Wenn die Ergebnisse dieser Mehrebenenanalysen zusammengefasst werden, ergibt sich folgendes generelles Bild:

1. Für die Variable „Gesamttestwert für Maßumwandlungen“ lassen sich überraschend hohe Kontexteffekte (mehr als 30%) feststellen.
2. In sechs Mehrebenenanalysen für nicht-kognitive Variablen lässt sich nur in einem Fall ein Kontexteffekt nachweisen, nämlich für die Selbsteinschätzung der mathematischen Leistungsfähigkeit für die vierten Klassen.
3. Für die nicht-kognitiven Variablen lässt sich noch kein einheitliches Muster bezüglich der Prädiktoren für die beiden Stufen der Grundschule nachweisen.

Die Ergebnisse sollen im Zuge der Fortsetzung der Fortbildungsbemühungen den Grundschullehrern kommuniziert werden.

Die Bedeutung der Schulklasse als Subsystem des Schulsystems soll als wichtige Entität hervorgehoben werden. Die Schulklasse soll als Ort der Kompensation (siehe Kapitel 2.1) von Unterschieden bezüglich bereichsspezifischer mathematischer Leistungen in das Bewusstsein der Lehrer gerückt werden.

Die hohen Autokorrelationen von 0.31 für die dritten und 0.35 für die vierten Klassen lassen auf hohe Ähnlichkeit der Schüler und Systembildung bezüglich der untersuchten Variablen „Gesamttestwert für Maßumwandlungen“ in den Schulklassen schließen. Es ist zu vermuten, dass für diese Ähnlichkeit auch die fachdidaktische Orientierung und Prioritätensetzung von mathematischen Inhalten des Klassenlehrers eine Rolle spielt. Zu Klärung dieser Frage wäre die Untersuchung subjektiver Theorien der Grundschullehrer erforderlich. Diese Frage war aber nicht Gegenstand dieser Untersuchung. Sie soll aber in einem Nachfolgeprojekt untersucht werden.

11 DAS PROJEKT „MATHECON“

Mit dem Akronym „MATHECON“ sollte signalisiert werden, dass es sich bei diesem Projekt um eine konstruktivistisch orientierte Intervention handelt. Das Projekt „MATHECON“ war ein von der EU gefördertes zweijähriges Comenius-Projekt, das auch vom Pädagogischen Institut in Graz und vom Bundesministerium für Unterricht, Kunst und Bildung in Österreich unterstützt wurde. Das Projekt wurde vom Pädagogischen Institut koordiniert. Der Begriff „MATHECON“ ist ein Akronym und steht für handlungsorientierten, aktiven, interaktiven und konstruktivistisch orientierten Mathematikunterricht.

In diesem Projekt wurde Folgendes zu realisieren versucht (Schwetz 1999, S. 36ff), nämlich

- für Kinder der Sekundarstufe I einen Mathematikunterricht zu konzipieren, der Sinn und Interesse weckt,
- didaktische Veränderungen unter Berücksichtigung des Prinzips der Anschlussfähigkeit behutsam anzulegen,
- den Veränderungsprozess durch Begleitung (z. B. Etablierung von regionalen Qualitätszirkeln, nationalen und internationalen Konferenzen etc.) zu unterstützen,
- Anregungen im Sinne von Perturbationen so zu setzen, um die frontalunterrichtliche Lernkultur des Mathematikunterrichts zu einer balancierten Instruktions- / Konstruktionskultur weiterzuentwickeln,
- Angebote für einen lernumgebungsbasierter und viabilitätsorientierter Mathematikunterricht zu machen,
- Angebote für evaluative Maßnahmen (curriculumorientierte Tests und Lernkulturerhebungen auf LUM-Basis) vorzuschlagen sowie bei der Durchführung und Auswertung Unterstützung anzubieten.

Die Untersuchungen zum „MATHECON“-Projekt wurden in den Jahren 1998 und 1999 in der Sekundarstufe I durchgeführt. Die Studie war längsschnittlich angelegt. Die Daten wurden in zwei Wellen an 30 Schulen in der Steiermark (27 Hauptschulen und 3 Gymnasien) in 79 Klassen (n = 1 545) erhoben. Die Anzahl der Schulen, Klassen und Schüler hat sich für die Längsschnittstudie verringert. Von 930 Schülern liegen Längsschnittdaten aus 19 Schulen und 56 Klassen vor (durchschnittliche Schülerzahl pro Klasse = 16.60). Die Auswertung der Daten stellt eine Sekundäranalyse dar und wurde auf Grund verschiedener curriculumorientierter Tests klassenspezifisch vorgenommen.

Die untersuchten Schüler kommen zu 37.4% aus der 4. Klasse, zu 35.9% aus der 3. Klasse und zu 26.7% aus der 2. Klasse und verteilen sich folgendermaßen auf die Kontroll- und Projektklassen.

Tabelle 59: Klassenspezifische Häufigkeitsverteilung bezüglich des Anteils der Schüler in Projekt- und Kontrollklassen

	4. Klassen	3. Klassen	2. Klassen
Schüler in Kontrollklassen	168 (48.3%)	226 (67.7%)	172 (69.4%)
Schüler in Projektklassen	180 (51.7%)	108 (32.3%)	76 (30.6%)
Summe	348 (100%)	334 (100%)	248 (100%)

Von den 930 Schülern der Längsschnittstudie sind 47.6% Mädchen und 52.4% Knaben.

Tabelle 60: Klassenspezifische Häufigkeitsverteilung bezüglich der Geschlechtsverteilung

	4. Klassen	3. Klassen	2. Klassen
Mädchen	157 (45.1%)	167 (50%)	119 (48.0%)
Knaben	191 (54.9%)	167 (50%)	129 (52.0%)
Summe	348 (100%)	334 (100%)	248 (100%)

Die Tabelle 61 informiert über die Verteilung der Schüler auf die Leistungsgruppen in den untersuchten Klassen. Auffallend ist die stetige Abnahme der Schüler in der ersten Leistungsgruppe von der zweiten auf die vierte Klasse.

Tabelle 61: Klassenspezifische Häufigkeitsverteilung bezüglich der Zugehörigkeit zu Leistungsgruppen

	4. Klassen	3. Klassen	2. Klassen
1. Leistungsgruppe	98 (28.2%)	104 (31.1%)	110 (44.4%)
2. Leistungsgruppe	105 (30.2%)	64 (19.2%)	29 (11.7%)
3. Leistungsgruppe	45 (12.9%)	46 (13.8%)	18 (7.3%)
Klassen ohne Leistungsgruppen	100 (28.7%)	120 (35.9%)	91 (36.7%)
Summe	348 (100%)	334 (100%)	248 (100%)

In den meisten Hauptschulen wird der Unterricht in Mathematik in drei Leistungsgruppen erteilt. Klassenverbände werden in den Fächern Deutsch, Englisch und Mathematik zugunsten des Leistungsgruppenunterrichts aufgeteilt. In Gymnasien gibt es in Österreich keinen leistungsgruppenbezogenen Unterricht in den genannten Fächern. An Schulstandorten, in denen sich die Hauptschule im Wettbewerb mit dem Gymnasium befindet, sind Hauptschulen dazu übergegangen, die äußere zugunsten einer inneren Differenzierung aufzugeben.

11.1. Die verwendeten Instrumentarien

Die Erhebungen wurden mit zwei unterschiedlichen Instrumentarien durchgeführt, nämlich mit einem curriculumorientierten Test und einem Fragebogen zu Selbsteinschätzungen und Wahrnehmungen der Schüler bezüglich des Unterrichts.

11.1.1. Der curriculumorientierte Test

Das Projekt „MATHECON“ war längsschnittlich angelegt. Vor und nach der Intervention wurde ein curriculumorientierter Test zur Anwendung gebracht. Die Testitems wurden den gängigen Schulbüchern entnommen und von den teilnehmenden Lehrern und einer vierköpfigen Expertengruppe als relevant erachtet. Um dem Problem des unterschiedlichen Kenntnissstandes der Klassen infolge der Lehr- und Methodenfreiheit Rechnung tragen zu können, wurden ein Teil der Testitems dem Stoff des vorangegangenen Jahres entnommen. Die Komplementärmenge der Testitems wurde so gewählt, dass sie den Forderungen des jeweiligen Lehrplans nach einem Fundamentum entsprechen. Der curriculumorientierte Test bestand aus drei Teilen. Der erste Teil enthielt Aufgaben, die bezüglich der Lösungsschritte nur einen Schritt erforderten und die ohne schriftliche Rechnungen sofort gelöst werden konnten.

Im Folgenden sind einige Beispielitems für den Test der 5. Schulstufe wiedergegeben. Der erste Teil des Tests fokussiert sehr stark auf Maßumwandlungsaufgaben, Stellenwertsystem, Berechnung des Flächeninhalts und der Länge des Umfangs sowie Aufgaben zu Merkgrößen (z. B.: Wie groß ist ein Daumennagel?).

Tabelle 62: Auswahl von Testitems aus dem ersten Teil des curriculumorientierten Test der 5. Schulstufe

Gib die Hälfte von 60 an!	
Verwandle! 5 cm =	
Schreib als Zahl! 3 HAT	
Verwandle! 8 kg =	
Welche Zahl ist kleiner? 6 527 oder 6 572	
Berechne den Umfang des Quadrates! Seitenlänge = 5 cm	
Wie viel ist das Dreifache von 15?	
Berechne den Flächeninhalt des Rechteckes! Länge = 8 cm, Breite = 5 cm	
Setze < oder > ein! 47 cm … ein halber Meter	
Berechne den Flächeninhalt des Quadrates! Seitenlänge = 6 dm	
Wie groß ist dein Daumennagel? … ungefähr 1mm^2 … ungefähr 1dm^2… ungefähr 1cm^2	
Berechne den Umfang des Rechteckes! Länge = 10 m, Breite = 5m	

Der zweite Teil des curriculumorientierten Tests enthielt Aufgaben, zu deren Lösung zwei oder mehrer Schritte erforderlich sind. Auch wurde der Anteil an Aufgaben mit Textanteil erhöht.

Tabelle 63: Auswahl von Testitems aus dem zweiten Teil des curriculumorientierten Test der 5. Schulstufe

Verwandle! 5m 7cm =	
Ordne folgende Zahlen. Beginne mit der kleinsten Zahl! 3 200, 2 303, 2 030, 3 020	
Schreibe eine Million als Zahl!	
Verwandle! 5km 300m =	
1 kg Mandarinen kostet S 12.- . Berechne den Preis für 3 kg.	
Hans braucht zur Schule 10 Minuten, Birgit 4 mal so lang. Wie lange braucht Birgit?	
Welche Zahl ist größer? 5 T oder 500 H?	
Verwandle! 6 dm 2cm =	
Ein Läufer trainiert: Vormittag 8 000m, Nachmittag 7 000m. Wie viele m ergibt das an einem Tag?	
Schreib als Zahl: 2HT7H9E	
6 kg Äpfel kosten S 42.- . Wie viel kostet 1 kg?	
Gib mehrnamig an! 2 354 mm=	

Der dritte Teil des curriculumorientierten Tests enthielt Aufgaben zu den Grundrechnungsarten und Items, zu deren Lösung mehrere Schritte erforderlich sind. Auch wurde der Anteil an anspruchsvollen Textaufgaben erhöht.

Tabelle 64: Auswahl von Testitems aus dem dritten Teil des curriculumorientierten Test der 5. Schulstufe

Multipliziere: 638 x 57	
Dividiere: 2 072 : 56 =	
Wie viel Teppichboden braucht man für ein 6 m langes und 4 m breites Zimmer?	
Peter hat zum Einkaufen S 500.- mitbekommen. Er bringt noch S 214.- zurück. Wie viel hat Peter ausgegeben?	
Eine Busreise kostet für eine Klasse S 4 920.-. Wie viel muss jeder der 28 Schüler bezahlen, wenn der Elternverein S 1 000.- Unterstützung gewährt?	

11.1.2. Weitere Instrumentarien

Das Instrumentarium zur Wahrnehmung des Mathematikunterrichts und der Mathematik durch Schüler

Die folgenden Skalen beziehen sich auf einen transsituationalen Befragungsmodus (d. h. es wurde im Fragebogen kein Zeitbezug angegeben). Die Ermittlung der Reliabilitätskoeffizienten erfolgte an einer Vorstichprobe (n = 196).

Tabelle 65: Zusammenstellung der verwendeten Skalen

Titel der Skala	Beispielitems	Anzahl der Items	Cronbachs Alpha
Einschätzung der Brauchbarkeit von Mathematik durch Schüler (brauchb)	Ich glaube, dass ich Mathematik auch außerhalb der Schule brauchen werde. Gute Mathematikkenntnisse helfen mir im späteren Leben. Mathematik ist für viele Berufe notwendig.	4	.73
Wahrnehmung der Lehrer-Schüler-Beziehung (lehrbez)	Unser Mathematiklehrer lobt mich oft im Mathematikunterricht. Der Mathematiklehrer hilft mir immer weiter. Unser Mathematiklehrer behandelt alle Schüler gleich. Unser Mathematiklehrer ist geduldig. Unser Mathematiklehrer ist freundlich.	6	.88
Didaktische Orientierung des Mathematiklehrer an Grundrechnungsarten (lgrund)	Unserer Mathematiklehrer ist Kopfrechnen sehr wichtig. Dividieren und Multiplizieren sind unserem Mathematiklehrer sehr wichtig. Addieren und Subtrahieren sind unserem Mathematiklehrer sehr wichtig.	5	.77
Angst vor Versagen im Mathematikunterricht (ang)	Ich habe Angst davor, in Mathematik schlechter zu sein als die anderen. Ich habe Angst vor einem Mathematik-Fünfer im Zeugnis. Ich habe Angst, ein Beispiel zu lösen, das ich noch nicht kenne.	4	.69
Elterliche Unterstützung (eltern)	Meine Eltern interessiert sehr, was wir in Mathematik machen. Meine Eltern helfen mir sehr bei der Hausübung. Meine Eltern kontrollieren meine Mathematikhausübung. Meine Eltern unterstützen mich, wenn ich in Mathematik Probleme habe.	5	.79
Wahrnehmungen der Erwartungen des Mathematiklehrer durch Schüler (lerwart)	Der Mathematiklehrer erwartet viel von uns. Der Mathematiklehrer verlangt viel von uns. Unser Mathematiklehrer ist streng.	4	.58
Akzeptanz der Gruppenarbeit durch Schüler (gruarb)	Ich löse gerne ein Beispiel mit anderen zusammen. Ich mag Gruppenarbeiten. Ich lasse mir gerne Mathematikbeispiele von Mitschülern erklären. Ich arbeite lieber allein als in der Gruppe (wurde umkodiert).	5	.72
Wahrnehmung durch Schüler, ob der Mathematiklehrer Frontalunterricht realisiert (frontal)	Der Mathematiklehrer zeigt uns oft den Lösungsweg. Wir rechnen oft an der Tafel. Der Mathematiklehrer bestimmt, wie ein Beispiel zu lösen ist. Wenn wir etwas Neues im Mathematikunterricht lernen, zeigt der Mathematiklehrer an der Tafel, wie es geht.	5	.69
Wahrnehmung von konstruktivistisch orientiertem Mathematikunterricht (lumkonst)	Mit dieser Skala wurde versucht, situationsspezifisch und stundenspezifisch zu messen, wenn die Projektlehrer konstruktivistisch orientierte Stunden erprobten. Die Skala begann mit folgendem Vorspann: In der letzten Unterrichtstunde … … konnten wir selbst die Lösungswege der Beispiele bestimmen … hatten wir viel Freiheit … konnten wir den Unterricht mitgestalten … hat der Mathematiklehrer Ideen von uns berücksichtigt … haben wir den Stoff einander erklärt … haben wir in Gruppen / zu zweit den Stoff erarbeitet … haben wir einander geholfen	8	.84

Die Basis für die Auswertung der Daten war wiederum das FISK-Modell.

Als familiäre Variable wurde in die Gleichung 26 die elterliche Unterstützung (eltern98) eingebracht.

Folgende individuelle Variable wurden berücksichtigt:

- das Geschlecht
- die Zugehörigkeit zur Leistungsgruppe
- die Zugehörigkeit zur Projekt- oder Kontrollgruppe
- eine Angstvariable
- die Wahrnehmung zur Selbstwirksamkeit
- eine Variable, ob die mathematischen Inhalte aus der Sicht der Schüler brauchbar und lebensrelevant erscheinen
- Akzeptanz von Partner- und Gruppenarbeit durch Schüler

Mit dem Prädiktor „achieve97", Vortestwert aus dem ersten Messzeitpunkt im Jahr 1997, wird das längsschnittliche Design begründet.

Weiters wurde ein schulnotenbezogener Prädiktor in die Mehrebenengleichung eingebracht, nämlich ein Durchschnittswert aus den letzten beiden Schularbeiten und der Jahrezeugnisnote des Vorjahres („notges98").

Als schulische Variablen wurden die Wahrnehmung der Lehrer-Schüler-Beziehung (lehrbez), der erlebte Unterrichtsstil (frontal) und die Wahrnehmung von konstruktivistisch orientiertem Mathematikunterricht (lumkonstru) berücksichtigt.

Als Responsevariable wurde der klassenspezifische Leistungstestwert aus dem Jahr 1998 verwendet.

11.2. Mehrebenenanalytische Auswertung der Daten der zweiten Klassen

In dieser Substichprobe wurden 248 Schüler untersucht (48% Mädchen und 52% Knaben; 69.4% Schüler aus Projekt- und 30.6% Schüler aus Kontrollklassen). Von den 248 untersuchten Schülern der vierten Klassen gehören 44.4% der ersten, 11.7% der zweiten und 7.3% der dritten Leistungsgruppe an; 36.6% der Schüler werden in Klassen unterrichtet, in denen kein leistungsgruppenorientierter Unterricht angeboten wurde.

In Gleichung 26 werden auf Grundlage des FISK-Modells 5 individuelle, 6 schulbasierte, eine familiäre Variable und die kategorialen Variablen Geschlecht (als Dummyvariable „girls“ in der Gleichung), Zugehörigkeit zur Projekt- oder Kontrollgruppe (Dummyvariable „project“ = Schüler gehört den Projektklassen an) und vier Dummyvariablen, die die Zugehörigkeit zur einer Leistungsgruppe anzeigen („contras_2lg“ = Schüler wird in einer zweiten Leistungsgruppe unterrichtet; „contras_3lg“ = Schüler wird in einer dritten Leistungsgruppe unterrichtet; „contras_mixlg = Schüler wird in einer Klasse ohne Leistungsgruppeneinteilung unterrichtet).

Gleichung 26: Gleichung zur Mehrebenenanalyse mit dem Kriterium „Gesamttestwert98 für Mathematik“ (achieve98)

$$
\begin{aligned}
\text{achie98}_{ij} = {} & \beta_{0ij}\text{cons} + 3.303(1.684)\text{project}_j + -2.312(0.945)\text{girls}_{ij} + -1.110(0.469)\text{eltern2}_{ij} + -2.019(0.537)\text{notges98}_{ij} + \\
& 0.504(0.104)\text{achie97}_{ij} + -5.227(1.898)\text{contrast\_2lg}_{ij} + -10.423(2.416)\text{contrast\_3lg}_{ij} + -9.105(1.838)\text{contras\_n} \\
& 0.032(0.950)\text{wirksam2}_{ij} + -0.488(0.825)\text{lehrbez2}_{ij} + -0.200(0.531)\text{lerwart2}_{ij} + -1.050(0.923)\text{brauchb2}_{ij} + \\
& 0.253(0.559)\text{angst2}_{ij} + -0.085(0.754)\text{lgrund2}_{ij} + 0.521(0.692)\text{frontal2}_{ij} + 0.490(0.775)\text{lumkonst}_{ij} + \\
& 0.195(0.703)\text{gruarb2}_{ij}
\end{aligned}
$$

$$\beta_{0ij} = 22.414(5.254) + u_{0j} + e_{0ij}$$

Varianz für u $(\sigma^2_u) = \left[5.634(3.048)\right]$

Varianz für e $(\sigma^2_e) = \left[40.188(3.721)\right]$

(248 of 248 cases in use)

Die Responsevariable ist ein Gesamttestwert aus einem curriculumorientierten Test aus dem Jahr 1998. Es wurde ein Zweiebenenmodell mit Schülern auf der ersten Ebene (n = 248 Schülern) gerechnet.

In der nachfolgenden Tabelle wird die Erklärung der Residualvarianz durch die zwei Ebenen dargestellt.

Tabelle 66: Ebenenbezogene Varianzaufteilung für die Responsevariable „Gesamttestwert98 für Mathematik“ (achieve98)

Ebene	Varianz ...	Wert der Varianz und S. E.	Prozentsätze	p	Signifikanz
Ebene 2	... zwischen den Klassen	5.63 (3.04)	12.28	0.06	nein
Ebene 1	... zwischen den Schülern	40.18 (3.72)	87.70	0.000	Ja
	Summe	45.81	100%		

Die Varianz zwischen den Klassen ist null. Durch den Kontext Schulklasse wird keine Residualvarianz aufgeklärt; die Zugehörigkeit zum Kontext Schulklasse macht keinen Unterschied. Die Varianz zwischen den Schülern in Klassen ist signifikant von null verschieden.

In der Mehrebengleichung sind mehrere Dummyvariablen enthalten. Die Konstante stellt deshalb einen männlichen Schüler aus Kontrollklassen in einer ersten Leistungsgruppe dar.

Tabelle 67: Identifikation der Konstanten ($ß_0$)

Konstante	22.41	Schüler in Kontrollklassen	männlich	Schüler der ersten Leistungsgruppe

Die nachfolgende Tabelle informiert darüber, ob die ausgewählten Prädiktoren einen Einfluss auf die Responsevariable „Gesamttestwert98 für Mathematik“ (achieve98) haben.

Die Ergebnisse für die Prädiktoren

Tabelle 68: Übersicht über die Prädiktoren für die Responsevariable „Gesamttestwert98 für Mathematik“ (achieve98)

Prädiktor Kurzzeichen	Beschreibung	b_1	S. E.	Irrtumswahrscheinlichkeit (p)	Signifikant
project	Schüler in Projektklassen	3.03	1.68	0.05	ja
girls	Dummyvariable: Mädchen	-2.31	0.94	0.01	ja
contras_2lg[*)]	Dummyvariable: Schüler der zweiten Leistungsgruppe	-5.22	1.89	0.005	ja
contras_3lg[*)]	Dummyvariable: Schüler der dritten Leistungsgruppe	-10.42	2.41	0.000	ja
contras_mixlg[*)]	Dummyvariable: Schüler einer Klasse ohne Leistungsgruppeneinteilung	-9.10	1.83	0.000	ja
eltern2	Elterliche Unterstützung	-1.10	0.46	0.01	ja
notges98	Mittelwert aus den letzten beiden Schularbeitennoten und der Zeugnisnote des letzten Jahres	-2.10	0.53	0.000	ja
achieve97	Gesamttestwert 1997	0.50	0.10	0.000	ja
wirksam2	Selbstwirksamkeit bezüglich Mathematik	0.03	0.95	0.97	nein
brauchb2	Einschätzung der Brauchbarkeit von Mathematik	-1.05	0.92	0.25	nein
angst2	Angst vor Versagen im Mathematikunterricht	0.25	0.55	0.65	nein
lehrbez2	Lehrer-Schüler-Beziehung, bezogen auf den Mathematikunterricht	-0.48	0.82	0.55	nein
lgrund2	Orientierung des Mathematiklehrers an Grundrechnungsarten	-0.08	0.75	0.90	nein
lerwart2	Wahrnehmung hoher Erwartungen des Mathematiklehrers durch Schüler	-0.20	0.53	0.70	nein
frontal2	Orientierung des Mathematiklehrers an Frontalunterricht	0.52	0.69	0.45	nein
lumkonst	LUM-Skala: Wahrnehmung von konstruktivistisch orientiertem Mathematikunterricht durch Schüler	0.49	0.77	0.52	nein
gruarb2	Akzeptanz der Gruppenarbeit durch Schüler	0.19	0.70	0.78	nein

*) Gehören zu einem Prädiktor (werden sozusagen nur einmal gezählt).

Das Muster für die Einflüsse der Prädiktoren – ob signifikant oder nicht – setzt sich auch in der Analyse dieses Datensatzes fort. Die nicht-kognitiven Prädiktoren haben keinen signifikanten Einfluss auf die Responsevariable „Gesamttestwert98 für Mathematik“ (achieve98).

Folgende verbleibende Prädiktoren haben einen signifikanten Einfluss auf das Kriterium:

- Dummyvariable für das Geschlecht
- Dummyvariablen zur Leistungsgruppenzugehörigkeit
- Dummyvariable zur Zugehörigkeit bezüglich Projekt- oder Kontrollklasse
- Elterliche Unterstützung
- Notendurchschnitt
- Vortestwert

Die Leistungstestwerte für die männlichen und weiblichen Schüler aus Projekt- oder Kontrollgruppen werden auf der Basis der Konstanten ($ß_0$= 22.41) ermittelt. Die entsprechenden Differenzen stehen in der Mehrebenenanalysegleichung. Zum Interceptwert für den männlichen Kontrollschüler der ersten Leistungsgruppe werden die Differenzen entweder hinzu- oder weggezählt. So wird das Intercept für Mädchen in Kontrollklassen in der ersten Leistungsgruppe folgendermaßen errechnet:

Konstante (22.41) + Differenz (-2.31) = 20.1

Tabelle 69: Übersicht über die verschiedenen Interceptwerte

	Männlicher Schüler / KG[*1)]	**Weiblicher Schüler / KG**	**Männlicher Schüler / PG**[*2)]	**Weiblicher Schüler / PG**
Erste Leistungsgruppe	22.41	20.10	25.71	23.42
Zweite Leistungsgruppe	17.19	14.88	20.49	18.18
Dritte Leistungsgruppe	11.99	9.68	15.29	12.98
Unterricht ohne Leistungsgruppen	13.31	11.00	16.61	14.30

[*1)] Kontrollgruppe, [*2)] Projektgruppe

Die durchschnittlichen Werte der Schüler, die in Klassen ohne Leistungsgruppeneinteilung unterrichtet werden, liegen generell zwischen den Werten der Schüler der zweiten und dritten Leistungsgruppe. Die Schüler in Projektklassen haben generell höhere Werte als die Schüler in den Kontrollklassen.

Zusammenfassend kann gesagt werden, dass nicht-kognitive Variablen keinen Einfluss auf die Responsevariable haben. Wenn nun der Vorwissensprädiktor neben anderen wesentlichen Prädiktoren berücksichtigt und durch die Mehrebenenanalyse kontrolliert wird, ergeben sich für die zweite Klasse keine Kontexteffekte.

11.3. Mehrebenenanalytische Auswertung der Daten der dritten Klassen

In dieser Substichprobe wurden 334 Schüler untersucht (50.0% Mädchen und 50.0% Knaben; 32.3% Schüler aus Projekt- und 67.7% Schüler aus Kontrollklassen). Von den 334 untersuchten Schülern der dritten Klassen gehören 31.1% der ersten, 19.2% der zweiten und 13.8% der dritten Leistungsgruppe an; 35.9% der Schüler werden in Klassen unterrichtet, in denen kein leistungsgruppenorientierter Unterricht angeboten wurde. Die Stichproben besteht aus 23 Klassen mit einer durchschnittlichen Schülerzahl von 14.52.

In Gleichung 27 werden auf Grundlage des FISK-Modells 5 individuelle, 4 schulbasierte, eine familiäre Variable und die kategorialen Variablen Geschlecht (als Dummyvariable „girls“ in der Gleichung), Zugehörigkeit zur Projekt- oder Kontrollgruppe (Dummyvariable „project“ = Schüler gehört den Projektklassen an) und vier Dummyvariablen, die die Zugehörigkeit zur einer Leistungsgruppe anzeigen („contras_2lg“ = Schüler wird in einer zweiten Leistungsgruppe unterrichtet; „contras_3lg“ = Schüler wird in einer dritten Leistungsgruppe unterrichtet; „contras_mixlg = Schüler wird in einer Klasse ohne Leistungsgruppeneinteilung unterrichtet).

Gleichung 27: Gleichung zur Mehrebenenanalyse mit dem Kriterium „Gesamttestwert98 für Mathematik“ (achieve98)

$$\begin{aligned}\text{achie98}_{ij} = {} & \beta_{0ij}\text{cons} + -2.535(1.223)\text{kontrol}_j + -1.094(0.821)\text{girls}_{ij} + -0.165(0.399)\text{ceneltern}_{ij} + \\ & -1.958(0.625)\text{notges98}_{ij} + -0.683(0.746)\text{cenwirksam}_{ij} + -0.538(0.798)\text{brauchb2}_{ij} + \\ & -0.069(0.469)\text{angst2}_{ij} + 0.233(0.588)\text{lehrbez2}_{ij} + -0.421(0.461)\text{lgrund2}_{ij} + \\ & 0.290(0.434)\text{lerwart2}_{ij} + -0.146(0.492)\text{frontal2}_{ij} + -3.108(1.419)\text{contras\_2lg}_{ij} + \\ & -5.101(1.713)\text{contras\_3lg}_{ij} + -3.138(1.342)\text{contras\_mixlg}_j + 0.709(0.075)\text{cenachie97}_{ij}\end{aligned}$$

$$\beta_{0ij} = 33.297(4.161) + u_{0j} + e_{0ij}$$

Varianz für u $(\sigma^2_u) = \left[2.224(1.588)\right]$

Varianz für e $(\sigma^2_e) = \left[45.057(3.594)\right]$

(334 of 334 cases in use)

Die Responsevariable ist ein Gesamttestwert aus einem curriculumorientierten Test aus dem Jahr 1998. Es wurde ein Zweiebenenmodell mit Schülern auf der ersten Ebene und 334 Schülern in Schulklassen gerechnet.

In der nachfolgenden Tabelle wird die Erklärung der Residualvarianz durch die zwei Ebenen dargestellt.

Tabelle 70: Ebenenbezogene Varianzaufteilung für die Responsevariable „Gesamttestwert98 für Mathematik“ (achieve98)

Ebene	**Varianz ...**	**Wert der Varianz und S. E.**	**Prozent-sätze**	**p**	**Signifikanz**
Ebene 2	... zwischen den Klassen	2.56 (1.68)	5.4	0.12	nein
Ebene 1	... zwischen den Schülern	44.47 (3.54)	94.55	0.000	ja
	Summe	47.03	100%		

Die Varianz zwischen den Klassen ist null. Durch den Kontext Schulklasse wird keine Residualvarianz aufgeklärt; die Zugehörigkeit zum Kontext Schulklasse macht keinen Unterschied.

Die Varianz zwischen den Schülern in Klassen ist signifikant von null verschieden.

In der Mehrebenengleichung sind mehrere Dummyvariable enthalten. Die Konstante stellt deshalb einen männlichen Projektschüler in einer ersten Leistungsgruppe dar.

Tabelle 71: Identifikation der Konstanten ($ß_0$)

Konstante	33.29	Projektschüler	männlich	Schüler der ersten Leistungsgruppe

Die Ergebnisse für die Prädiktoren

Tabelle 72: Übersicht über die Prädiktoren für die Responsevariable „Gesamttestwert98 für Mathematik“ (achieve98)

Prädiktor	Beschreibung	b_1	S. E.	Irrtums-wahrschein-lichkeit (p)	Signifi-kant
kontroll	Schüler in Kontrollgruppe	-2.50	1.26	0.04	ja
girls	DV*1): Mädchen	-1.03	0.82	0.21	nein
contras_ 2lg	DV*1): Schüler der zweiten Leistungs-gruppe	-3.33	1.43	0.02	ja
contras_ 3lg	DV*1): Schüler der dritten Leistungs-gruppe	-5.19	1.71	0.002	ja
contras_ mixlg	DV*1): Schüler der in einer Klasse ohne Leistungsgruppeneinteilung	-3.36	1.37	0.01	ja
eltern	Elterliche Unterstützung (zent.)	-0.16	0.39	0.51	nein
notges98	Mittelwert aus den letzten beiden Schularbeitennoten und der Zeugnis-note des letzten Jahres	-2.00	0.62	0.001	ja
cenachieve97	Gesamttestwert 1997 (zent)	0.70	0.07	0.000	ja
cen-wirksam	Selbstwirksamkeit bezüglich Mathe-matik (zent.)	-0.94	0.78	0.22	nein
brauchb2	Einschätzung der Brauchbarkeit von Mathematik	-0.49	0.79	0.54	nein
angst2	Angst vor Versagen im Mathematik-unterricht	-0.06	0.46	0.76	nein
lehrbez2	Lehrer-Schüler-Beziehung, bezogen auf den Mathematikunterricht	0.05	0.64	0.93	nein
lgrund2	Orientierung des Mathematiklehrers an Grundrechnungsarten	-0.53	0.46	0.24	nein
lerwart2	Wahrnehmung hoher Erwartungen des Mathematiklehrers durch Schüler	0.34	0.43	0.43	nein
frontal2	Orientierung des Mathematiklehrers an Frontalunterricht	0.20	0.49	0.58	nein

*1) DV steht für Dummyvariable

Das Muster für die Einflüsse der Prädiktoren – ob signifikant oder nicht – ist für die beiden Datensätze vergleichbar. Die Leistungsgruppenzugehörigkeit, der Vorwissensprädiktor und der Mittelwert der Noten haben in beiden Analysen eine signifikanten Einfluss auf die Responsevariable. Die nichtkognitiven Variablen haben keinen Einfluss.

Sechs von 13 geprüften Prädiktoren haben einen positiven signifikanten Einfluss auf die Responsevariable, nämlich die Dummyvariablen bezüglich der Zugehörigkeit Leistungsgruppen, der Vortestwert und der Mittelwert aus den Noten der letzten beiden Schularbeiten und der letzten Jahrezeugnisnote.

Die signifikanten leistungsmäßigen Unterschiede zwischen den Leistungsgruppen sind erwartungsgemäß ausgefallen. Der Wert der Konstante ($ß_{0j}$) repräsentiert den durchschnittlichen Leistungswert eines männlichen Projektschülers aus einer ersten Leistungsgruppe. Da die Mädchen sich nicht signifikant von den Knaben bezüglich des mathematischen Leistungstestwerts unterscheiden, stellt dieser Wert in weiterer Folge den Durchschnittswert eines Projektschülers beiderlei Geschlechts aus der ersten Leistungsgruppe dar.

Die Schüler der zweiten Leistungsgruppe haben durchschnittlich einen um 3.33 und die aus der dritten Leistungsgruppe einen um 5.19 Punkte signifikant schlechteren Leistungstestwert, verglichen mit den Schülern der ersten Leistungsgruppe. Die Schüler, die in Klassen unterrichtet werden, in denen es keinen leistungsgruppenorientierten Unterricht gibt, haben einen um 3.36 Punkte signifikant schlechteren Leistungswert als die Schüler der ersten Leistungsgruppe.

Die individuellen und die unterrichtsbezogenen Variablen haben allesamt keinen signifikanten Einfluss auf den Gesamttestwert aus Mathematik in der dritten Klasse.

Wenn nun der Vorwissensprädiktor neben anderen wesentlichen Prädiktoren berücksichtigt und durch die Mehrebenenanalyse kontrolliert wird, ergeben sich für die dritte Klasse keine Kontexteffekte. Dieses Ergebnis ist deswegen überraschend, weil für drei Datensätze (dritte und vierte Klasse der Grundschule und vierte Klasse der Hauptschule) doch beträchtliche Kontexteffekte nachgewiesen werden konnten.

Ein Random-Slope-Modell für den Subtest II („kul982“)

Der Subtest II enthielt im Vergleich zum Subtest I („kul981“) für diese Klasse Aufgaben aus dem Bereich Umwandlungsaufgaben, Berechnung des Flächeninhalts von Rechtecken, Volumsberechnungen, Aufgaben zum Maßstab und zum direkten und indirekten Schlussverhältnis und zum Bruchrechnen dar. Die Aufgaben waren so konzipiert, dass sie ohne größeren Rechenaufwand gelöst werden konnten. Sie erforderten aber Verständnis für das dahinter liegende Konzept und enthielten mehr als einen Lösungsschritt.

Da für viele in Gleichung 28 verwendeten Prädiktoren kein signifikanter Einfluss nachgewiesen werden konnte, wurde das Modell auf wenige Variable reduziert. Es wurden nur die Prädiktoren Geschlecht, die Zugehörigkeiten zu Leistungsgruppen und zur Projekt- oder Kontrollgruppe, der Notendurchschnitt aus den letzten Schularbeitennoten und der letzten Halbjahresnote und der Vortestwert aus dem Jahr 1997 aufgenommen.

In einem Random-Slope-Modell kann für die Regressionslinien der Klassen (oder Schulen) sowohl das Intercept als auch die Steigung frei variieren. Die beiden Regressionskoeffizienten β_0 und β_1 werden gleichsam als abhängige Variable des jeweiligen Kontextes betrachtet. Bezugnehmend auf das zweite Kapitel, in dem die Funktion der Schule zum Ausgleich diskutiert wurde, werden flache Steigungen als Ausdruck des Kompensierens und steile Steigungen als Ergebnis des Selektierens interpretiert.

Gleichung 28: Gleichung zur Mehrebenenanalyse mit dem Kriterium „Mathematik-Testwert 98 / Subtest II“ (achie982)

$$\begin{aligned} \text{kul982}_{ij} = {} & \beta_{0ij}\text{cons} + -0.290(0.408)\text{kontrol}_j + -0.334(0.224)\text{girls}_{ij} + -0.437(0.155)\text{notges98}_{ij} + \\ & -0.836(0.433)\text{contras\_2lg}_{ij} + -1.266(0.536)\text{contras\_3lg}_{ij} + -0.791(0.477)\text{contras\_mixlg}_j + \\ & \beta_{7j}\text{cenachie97}_{ij} \end{aligned}$$

$$\beta_{0ij} = 6.718(0.651) + u_{0j} + e_{0ij}$$

$$\beta_{7j} = 0.184(0.029) + u_{7j}$$

$$\begin{bmatrix} 0.493(0.251) & \\ 0.040(0.024) & 0.008(0.004) \end{bmatrix}$$

$$\begin{bmatrix} 3.631(0.297) \end{bmatrix}$$

(334 of 334 cases in use)

Varianz für das Intercept
Kovarianz zwischen Intercept und Steigung
Varianz für die Steigung

Varianz für Residuen auf der Individualebene

Die Varianz für das Intercept ist signifikant von null verschieden ($p = 0.049$). Die Varianz für die Steigung ist knapp signifikant ($p = 0.059$). Für die Kovarianz zwischen Intercept und Steigung wurde eine Irrtumswahrscheinlichkeit von 0.09 ermittelt. Somit ist die Kovarianz nicht signifikant.

Schulklassen unterscheiden sich bezüglich Intercept und Steigung. Das bedeutet, dass es Schulklassen mit niedrigem Intercept mit sowohl flachen als auch steilen Steigungen gaben kann. Ebenso kann es Schulklassen mit hohem Intercept, begleitet von verschiedenen Steigungen geben.

In der stark vergrößerten Abbildung 78 aus dem Programm MlwiN werden die unterschiedlichen Intercepte und Steigungen der Schulklassen dargestellt.

Für Klasse B konnte niedriges Intercept, also ein niedriger Klassenmittelwert, für den Fall ermittelt werden, dass der zentrierte Prädiktor null ist. Die Steigung ist flach. Dies bedeutet, dass Schüler beinahe unabhängig vom Vortestwert ihre Responsetestwerte erzielen.

In Klasse A hingegen erzielt ein Schüler nur dann einen guten Responsewert, wenn der Schüler auch einen guten Vortestwert hatte. Diese Klasse kann auf einem höheren Niveau als selektiv bezeichnet werden. Der durchschnittliche Responsetestwert ist im Vergleich zu Klasse B höher, wenn der Prädiktor null ist. Es kann der Grafik nicht entnommen werden, ob die Linie der Klasse A länger als die Linie der Klasse B ist. Kurze Linien bedeuten mehr Homogenität der Leistungen.

Abbildung 78: Darstellung der Regressionslinien für die dritten Klassen aus dem „MATHECON“-Datensatz

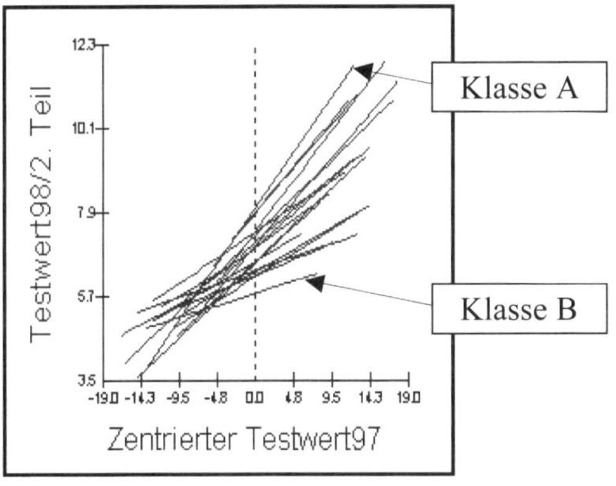

Das unterschiedliche Ausmaß an Varianz zwischen Klassen, bezogen auf verschieden hohe Ausprägungen des Prädiktors, wird in Abbildung 79 zusammengefasst.

Abbildung 79: Darstellung der Regressionslinien für die dritten Klassen aus dem „MATHECON"-Datensatz

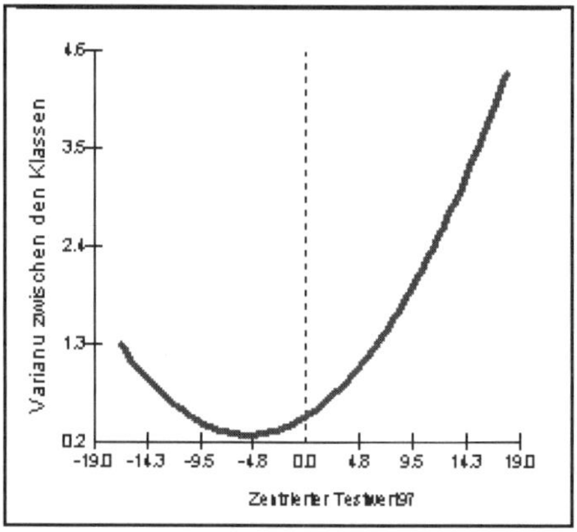

Die Varianz zwischen Klassen steigt, wenn die Werte des Vortests hoch sind. Die Varianz zwischen den Klassen ist bei einem Vortestwert von -4.8 am geringsten (dieser negative Vortestwert entstand durch die Zentrierung). Wenn die Werte des Prädiktors absinken, steigt die Varianz zwischen Klassen abermals an.

Für die pädagogische Erklärung flacher und steiler Regressionslinien, bezogen auf ein bestimmtes Fach und einen wichtigen Prädiktor, liegt im Moment noch zu wenig Wissen vor. Auch liegen im Moment zu wenig Hintergrundrecherchen darüber vor, was in diesen Systemen vor sich geht.

Mit einer Identifikationsoption in MlwiN können die Schulklassen identifiziert werden. Für differentielle Analysen – aber auch für „naming und blaming" von Schulklassen – eröffnen sich in Zukunft neue Chancen.

11.4. Mehrebenenanalytische Auswertung der Daten der vierten Klassen

In dieser Substichprobe wurden 348 Schüler untersucht (45.1% Mädchen und 54.9% Knaben; 48.3% Schüler aus Projekt- und 51.7% Schüler aus Kontrollklassen). Von den 348 untersuchten Schülern der vierten Klassen gehören 28.2% der ersten, 30.2% der zweiten und 12.9% der dritten Leistungsgruppe an; 28.7% der Schüler werden in Klassen unterrichtet, in denen kein leistungsgruppenorientierter Unterricht angeboten wurde.

In Gleichung 29 werden auf Grundlage des FISK-Modells 5 individuelle, 6 schulbasierte, eine familiäre Variable und die kategorialen Variablen Geschlecht (als Dummyvariable „girls“ in der Gleichung), Zugehörigkeit zur Projekt- oder Kontrollgruppe (Dummyvariable „kontroll“ = Schüler gehört den Kontrollklassen an) und vier Dummyvariablen, die die Zugehörigkeit zur einer Leistungsgruppe anzeigen („erstelg“ = Schüler wird in einer ersten Leistungsgruppe unterrichtet; „zweitelg“ = Schüler wird in einer zweiten Leistungsgruppe unterrichtet; „drittelg“ = Schüler wird in einer dritten Leistungsgruppe unterrichtet; „heterolg“ = Schüler wird in einer Klasse ohne Zuordnung zu einer Leistungsgruppe unterrichtet).

Gleichung 29: Gleichung zur Mehrebenenanalyse mit dem Kriterium „Gesamttestwert98 für Mathematik“ (achieve98)

$$\begin{aligned}\text{achieve98}_{ij} = {} & \beta_{0ij}\text{cons} + 0.602(1.353)\text{kontroll}_j + -0.325(0.529)\text{girls}_{ij} + 0.424(0.257)\text{eltern98}_{ij} + \\ & -1.554(0.342)\text{notges98}_{ij} + 0.372(0.055)\text{achieve97}_{ij} + 0.128(0.533)\text{wirksam}_{ij} + \\ & -0.356(0.501)\text{brauchb}_{ij} + 0.166(0.309)\text{angst}_{ij} + -0.559(0.412)\text{lehrer}_{ij} + \\ & 0.181(0.283)\text{lgrund}_{ij} + -6.808(1.139)\text{contras\_2lg}_{ij} + -9.580(1.398)\text{contras\_3lg}_{ij} + \\ & -7.333(1.770)\text{contras\_mixlg}_j + -0.582(0.295)\text{lerwart}_{ij} + -0.622(0.385)\text{gruarb}_{ij} + \\ & -0.579(0.377)\text{frontal}_{ij} + 0.359(0.492)\text{lumkonstru}_{ij}\end{aligned}$$

$$\beta_{0ij} = 24.992(2.888) + u_{0j} + e_{0ij}$$

Varianz für u (σ^2_u) $= \left[6.392(2.403)\right]$

Varianz für e (σ^2_e) $= \left[18.880(1.474)\right]$

(348 of 348 cases in use)

Die Responsevariable ist ein Gesamttestwert aus einem curriculumorientierten Test aus dem Jahr 1998. Es wurde ein Zweiebenenmodell mit Schülern auf der ersten Ebene und Schülern in Schulklassen auf der zweiten Ebene gerechnet.

In der Mehrebenengleichung sind mehrere Dummyvariable enthalten. Die Konstante stellt deshalb einen männlichen Projektschüler aus der ersten Leistungsgruppe dar.

Tabelle 73: Identifikation der Konstanten (*ß₀*)

Konstante	24.99	Projektschüler	männlich	Schüler der ersten Leistungsgruppe

In der nachfolgenden Tabelle wird die Erklärung der Residualvarianz durch die zwei Ebenen dargestellt.

Tabelle 74: Ebenenbezogene Varianzaufteilung für die Responsevariable „Gesamttestwert98 für Mathematik“ (achieve98)

Ebene	Varianz ...	Wert der Varianz und S.E.	Prozent-sätze	p	Signifikanz
Ebene 2	... zwischen den Klassen	6.39 (2.40)	25.28%	0.007	ja
Ebene 1	... zwischen den Schülern	18.88 (1.47)	74.71%	0.000	ja
	Summe	25.27	100.00%		

Die Varianz zwischen den Klassen ist signifikant von null verschieden. Durch den Kontext Schulklasse wird Residualvarianz aufgeklärt; die Zugehörigkeit zum Kontext Schulklasse macht einen Unterschied. Ebenfalls ist die Varianz zwischen den Schülern in Klassen von null verschieden. Die Varianzunterschiede zwischen den Klassen ist zustande gekommen, nachdem die 15 Prädiktoren kontrolliert wurden.

Die Ergebnisse für die Prädiktoren

Tabelle 75: Übersicht über die geprüften Prädiktoren

Prädiktor	Beschreibung	b_1	S. E.	Irrtums-wahrschein-lichkeit (p)	Signifi-kant
kontroll	Schüler in Kontrollgruppe	0.60	1.35	0.66	nein
girls	DV[*1)]: Mädchen	-0.32	0.52	0.54	nein
contras_2lg	DV[*1)]: Schüler der zweiten Leistungsgruppe	-6.80	1.13	0.000	ja
contars_3lg	DV[*1)]: Schüler der dritten Leistungsgruppe	-9.58	1.39	0.000	ja
contras mixlg	DV[*1)]: Schüler in Klassen ohne Leistungsgruppenzuordnung	-7.33	1.77	0.000	ja
eltern98	Elterliche Unterstützung	0.42	0.25	0.09	nein
notges98	Mittelwert aus den letzten beiden Schularbeitennoten und der Zeugnisnote des letzten Jahres	-1.55	0.34	0.000	ja
achieve97	Gesamttestwert 1997	0.37	0.05	0.000	ja
wirksam	Selbstwirksamkeit bezüglich Mathematik	0.12	0.53	0.81	nein
brauchb	Einschätzung der Brauchbarkeit von Mathematik	-0.35	0.50	0.47	nein
angst	Angst vor Versagen im Mathematikunterricht	-0.16	0.30	0.59	nein
lehrer	Lehrer-Schüler-Beziehung bezogen auf den Mathematikunterricht	-0.55	0.41	0.17	nein
lgrund	Orientierung des Mathematiklehrers an Grundrechnungsarten	0.18	0.28	0.52	nein
lerwart	Wahrnehmung hoher Erwartungen des Mathematiklehrers durch Schüler	-0.58	0.29	0.048	ja
frontal	Orientierung des ML an Frontalunterricht	-0.58	0.29	0.12	nein

Fortsetzung Tabelle 75

Prädiktor	Beschreibung	b_1	S. E.	Irrtums-wahrschein-lichkeit (p)	Signifi-kant
lumkonstru	LUM-Skala: Wahrnehmung von konstruktivistisch orientiertem Mathematikunterricht durch Schüler	0.35	0.49	0.46	nein
gruarb	Akzeptanz der Gruppenarbeiten durch Schüler	-0.62	.38	0.10	nein

*1) DV steht für Dummyvariable

Von 15 geprüften Prädiktoren haben nur einige einen positiven signifikanten Einfluss auf die Responsevariable, nämlich die Dummyvariablen bezüglich der Zugehörigkeit zu den Leistungsgruppen, der Vortestwert, der Mittelwert aus den Noten der letzten beiden Schularbeiten und der letzten Jahreszeugnisnote sowie die Lehrererwartungen. Die Polung der Skala zu den Lehrererwartungen ist so, dass ein niedriger Zahlenwert hohe Lehrererwartungen anzeigt.

Abbildung 80: Zusammenhang zwischen der Responsevariablen „Gesamttestwert98 für Mathematik“ (achieve98) und dem Prädiktor Lehrererwartungen

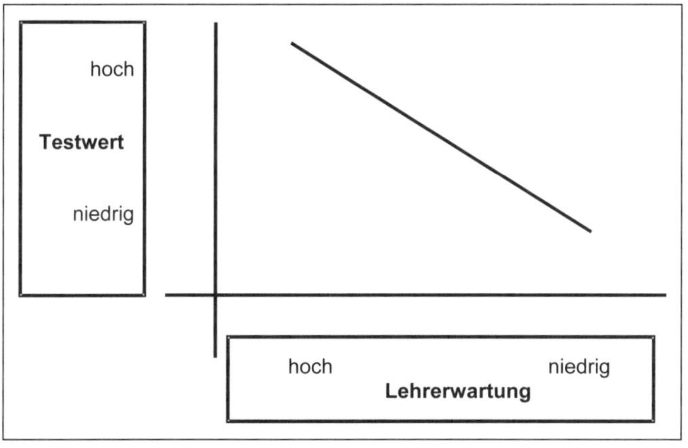

Der Wert der Konstante ($ß_{0j}$) repräsentiert den durchschnittlichen Leistungswert eines männlichen Projektschülers aus einer ersten Leistungsgruppe.

Tabelle 76: Übersicht über die Mittelwerte im Gesamttest 1998

Leistungsgruppe	Testwert
Erste Leistungsgruppe (männliche Projektschüler)	24.99 Punkte
Zweite Leistungsgruppe (männliche Projektschüler)	18.91 Punkte
Dritte Leistungsgruppe (männliche Projektschüler)	15.51 Punkte
Klassen ohne Leistungsgruppeneinteilung(männliche Projektschüler)	17.66 Punkte

Der Mittelwert von männlichen Projektschülern in Klassen, in denen es keine Leistungsgruppeneinteilung gibt, liegt zwischen zweiter und dritter Leistungsgruppe.

Da die Mädchen sich nicht signifikant von den Knaben bezüglich des mathematischen Leistungstestwerts unterscheiden und auch keine leistungsmäßigen Unterschiede zwischen Schülern der Projekt- und Kontrollklassen gefunden werden konnten, stellt dieser Wert in weiterer Folge den Durchschnittswert eines Schülers beiderlei Geschlechts unabhängig von der Zugehörigkeit zur Projekt- oder Kontrollgruppe dar.

Die individuellen Variablen „Selbstwirksamkeit bezüglich Mathematik (wirksam)“, „Einschätzung der Brauchbarkeit von Mathematik (brauchb)“, „Mathematikangst (angst)“ und „Akzeptanz von Partner- und Gruppenarbeiten (gruarb)“ haben keinen Einfluss auf die Responsevariable.

Die unterrichtsbezogenen Variablen „Lehrer-Schüler-Beziehung bezogen auf den Mathematikunterricht (lehrer)“, „Orientierung des Mathematiklehrers an Grundrechnungsarten (lgrund)“ und die „Orientierung des Mathematiklehrers am Frontalunterricht (frontal)“ haben keinen signifikanten Einfluss auf den Gesamttestwert aus Mathematik in der vierten Klasse.

Auch die zeitbezogene LUM-Befragung „Wahrnehmung von konstruktivistisch orientiertem Mathematikunterricht durch Schüler (lumkonstru)“ hat keinen Einfluss auf den Gesamttestwert. LUM (Lektions-Unterbrechungs-Methode) steht für einen Befragungsmodus, in dem die Schüler zeitbezogen z. B. auf eine Unterrichtsstunde oder auf eine anderen Zeitraum befragt werden, wie sie den Unterricht wahrgenommen haben. Im vorliegenden Fall wurde ein Wochen-LUM eingesetzt, d. h. die Schüler wurden bezüglich ihrer Wahrnehmungen zum Unterricht bezogen auf die Woche befragt.

Zusammenfassen kann gesagt werden, dass der Befund bezüglich des Vortestwerts als literaturkonform angesehen werden kann. So kommt Heller zu dem Schluss, dass Vorwissensprädiktoren *„im Vergleich zu motivationalen und anderen nicht-kognitiven Leistungsbedingungen bei der*

Aufklärung der Kriteriumsvarianz als überlegen“ (Heller 1997, S. 186) angesehen werden können.

Wenn nun der Vorwissensprädiktor neben anderen wesentlichen Prädiktoren berücksichtigt und durch die Mehrebenenanalyse kontrolliert wird, ergeben sich für die vierte Klasse sehr hohe Kontexteffekte. Das ist das Überraschende an der mehrebenenanalytischen Analyse der „MATHECON“-Daten für die vierten Klassen.

11.5. Zusammenfassung

Für die zweiten und dritten Klassen konnten keine Kontexteffekte festgestellt werden. Der Mangel an Autokorrelation in diesen beiden Datensätzen hat überrascht und wäre durch weiterführende Studien zu erhärten. Auf jeden Fall ist das zu untersuchende N zu erhöhen. Erfahrene Experten für Mehrebenenanalyse sprechen von einer 20/20 Formel (20 Schüler pro Schulklasse und 20 Schulen), wenn ein Zweiebenenmodell gerechnet wird.

Für das Fehlen von Kontexteffekten können sicher die niedrigkohäsiven Subsysteme des Leistungsgruppenunterrichts verantwortlich gemacht werden. Es ist gut denkbar, dass in den Leistungsgruppen, deren Zusammensetzung auch Schwankungen durch Auf- und Abstufungen unterworfen ist, zu wenig Gemeinsamkeiten und Ähnlichkeiten zwischen den Schülern entstehen. In dieser Zweckgruppe entstehen keine Ähnlichkeiten unter den Individuen; das schlägt sich dann in niedrigen Autokorrelationswerten nieder. Leistungsgruppenunterricht bedeutet im ungünstigsten Fall, dass ein Schüler im Fach Englisch in der dritten, im Fach Deutsch in der zweiten und im Fach Mathematik in der ersten Leistungsgruppe unterrichtet werden kann. Immerhin werden von den untersuchten 334 Schülern der dritten Klassen 64.1% und von den 248 untersuchten Schülern der zweiten Klassen 63.3% in Leistungsgruppen unterrichtet. Zu diesen drei Bezugsgruppen kommt noch die Tatsache, dass der Klassenverband überhaupt nicht mit der Zusammensetzung der Leistungsgruppen ident sein muss. Dies könnte die mangelnde Kohäsion erklären. Mangelnde Kohäsion in den diversen Subsystemen schlägt sich dann in niedrigen Autokorrelationswerten nieder.

Wohl wurde für den Datensatz der vierten Klassen ein hoher Kontexteffekt ermittelt (25.25%). Dies ergibt eine Autokorrelation von 0.25; kurz vor dem Übertritt in weiterführende Schulen steigt das gemeinsame Bemühen in der Klasse um eine gute Ausgangssituation an. Für dieses hohe Ergebnis bezüglich der Autokorrelation wird die sich verdichtende Kohäsion am Ende der Sekundarstufe I verantwortlich gemacht.

Für die Prädiktoren konnte ein durchaus literaturkonformes Ergebnis erzielt werden. Der Vorwissensprädiktor hat sich in den drei analysierten Datensätzen als einflusswirksam erwiesen. Dies trifft auch für den Notendurchschnitt aus den letzten beiden Schularbeitennoten und der letzten Jahreszeugnisnote zu. Diesem Notendurchschnitt kann durchaus das partielle Potential zugeschrieben werden, Information zum Vorwissen in sich zu tragen. So ist es dann auch nicht verwunderlich, dass auch dieser Prädiktor in allen drei Datensätzen einflusswirksam ist.

Die Ergebnisse für die Prädiktoren

Tabelle 77: Vergleich der Prädiktoren aus den drei „MATHECON"-Datensätzen

Prädiktor		**2. Kl. signifikant**	**3. Kl. signifikant**	**4. Kl. signifikant**
Kurzzeichen	**Beschreibung**			
project / kontroll	Schüler in Projektklassen oder in Kontrollklassen	Proj: ja	Kontroll: ja	Kontroll: nein
girls	DV[*1)]: Mädchen	ja	nein	nein
contras_2lg	DV[*1)]: Schüler der zweiten Leistungsgruppe	ja	ja	ja
contras_3lg	DV[*1)]: Schüler der dritten Leistungsgruppe	ja	ja	ja
contras_mixlg	DV[*1)]: Schüler einer Klasse ohne Leistungsgruppeneinteilung	ja	ja	ja
eltern2	Elterliche Unterstützung	ja	nein	nein
notges98	Mittelwert aus den letzten zwei Schularbeitennoten und der letzten Zeugnisnote aus Mathematik	ja	ja	ja
achieve97	Gesamttestwert 1997	ja	ja	ja
wirksam2	Selbstwirksamkeit bezüglich Mathematik	nein	nein	nein
brauchb2	Einschätzung der Brauchbarkeit von Mathematik	nein	nein	nein
angst2	Angst vor Versagen in Mathematik	nein	nein	nein
lehrbez2	Lehrer-Schüler-Beziehung bezogen auf den MATHEMATIKUNTERRICHT	nein	nein	nein
lgrund2	Orientierung des ML an Grundrechnungsarten	nein	nein	nein
lerwart2	Wahrnehmung hoher Erwartungen des Mathematiklehrers durch Schüler	nein	nein	ja
frontal2	Orientierung des Mathematiklehrers am Frontalunterricht	nein	nein	nein
lumkonst	LUM-Skala: Wahrnehmung von konstruktivistisch orientiertem Mathematikunterricht durch Schüler	nein	nein	nein
gruarb2	Akezeptanz von Gruppenarbeiten durch Schüler	nein	nein	nein

[*1)] DV steht für Dummyvariable

Als gesicherter – und wenig überraschender – Befund kann nach diesen Analysen festgestellt werden, dass die Leistungsgruppenzugehörigkeit zu den einflusswirksamen Prädiktoren gehört.

Das Geschlecht hat nur im Subsample der zweiten Klasse einen signifikanten Einfluss auf die Responsevariable. Ebenso hat die elterliche Unterstützung nur für die Schüler der zweiten Klasse eine wichtige Bedeutung.

Die acht nicht-kognitiven Variablen haben in allen drei Unterstichproben so gut wie keine Bedeutung mit der Ausnahme, dass hohe Lehrererwartungen einen signifikanten Einfluss auf die Responsevariable in der vierten Klasse hat.

Ein weiteres interessantes Ergebnis ist in Zusammenhang mit dem Random-Slope-Modell für das Subsample der zweiten Klasse hervorzuheben. Für bestimmte Subtestwerte scheint der Kontext Schulklasse einen Einfluss auf die Regressionskoeffizienten zu haben. Es konnte gezeigt werden, dass mit dem Random-Slope-Modell flache und steile Regressionslinien identifiziert werden können. Diese Analysen wurden aus Platzgründen für weitere Subtestwerte und Subsamples nicht weitergeführt. Sie führen aber zu äußerst interventionsrelevanten Erkenntnissen. Über die Identifizierungsoption für Schulklassen können vergleichende Hintergrundrecherchen von kompensierenden und selektiven Klassensystemen angestellt werden.

12 AUSWERTUNG DER ÖSTERREICHISCHEN TIMSS/POP-II-DATEN

Die TIMSS-Daten wurden freundlicherweise vom österreichischen TIMSS-Zentrum an der Universität Salzburg zur Verfügung gestellt. Die Daten der Population II, die auf der Sekundarstufe in der siebenten und achten Schulstufe erhoben wurden, wurden einer Sekundäranalyse unterzogen.

12.1. Beschreibung der AHS-TIMSS-Stichprobe

Für die Mehrebenenanalyse wurden letztlich nur die AHS-Daten verwende (n = 2 540). Der Grund hierfür liegt in der Tatsache, dass die Daten aus den Hauptschulen in den Stammklassen erhoben wurden. In Hauptschulen mit Leistungsgruppen befinden sich Schüler aus allen drei Leistungsgruppen in den befragten Klassen. Die Leistungsgruppenzugehörigkeit stand in diesem Datensatz nicht zur Verfügung.

Geschlechtsverteilung im AHS-TIMSS-Datensatz/POP II

Tabelle 78: Geschlechtsverteilung im AHS-Subsample der österreichischen TIMSS/POP- II-Daten

	Häufigkeiten	Prozente
Mädchen	1 358	53.46%
Knaben	1 182	46.35%
Summe	2 540	100.00%

Herkunft der AHS-Schüler nach Größe des Schulstandortes

In den TIMSS-Daten steht die Information zur Verfügung, in welchem Ort bezogen auf die Einwohnergröße, die untersuchten allgemein bildenden höheren Schulen liegen.

Tabelle 79: Herkunft der Schüler nach Gemeindegröße

Gemeindegröße	Häufigkeiten	Prozente
bis 5 000 Einwohner	566	22.30%
5 001 bis 1 Million Einwohner	1 145	45.10%
über 1 Million Einwohner	829	32.60%
Summe	2 540	100.00%

Verteilung der Klassen auf die Kategorien des Schulstandortes

Die nächste Tabelle informiert über die Verteilung der Klassen, bezogen auf die Gemeinden. Im TIMSS-Datensatz wird diese Variable „Stratum" bezeichnet.

Tabelle 80: Klassenverteilung bezogen auf die Gemeindegröße

Einwohnerzahl des Schulortes	Anzahl der Klassen	Prozente
bis 5 000 Einwohner	24	22.64%
5 001 bis 1 Million Einwohner	47	44.33%
über 1 Million Einwohner	35	33.01%
Summe	106	100.00%

Die 106 Klassen stammen aus 54 Schulen. Üblicherweise wurden zwei Klassen pro Schule gestestet. In zwei Schulen wurde jedoch nur eine Klasse untersucht. Die durchschnittliche Schülerzahl pro Klasse beträgt 23.96.

Verteilung der Schüler auf die untersuchten Schulstufen

Tabelle 81: Klassenverteilung bezogen auf die Gemeindegröße

	Häufigkeiten	Prozente
7. Schulstufe	1 340	52.75%
8. Schulstufe	1 200	47.24%
Summe	2 540	100.00%

12.2. Mehrebenenanalytische Auswertung der AHS-TIMSS-Stichprobe

Als Responsevariable wurde der „Internationale Mathematics Score" (eap-Score) ausgewählt; diese Responsevariable wird in der Mehrebenenanalysegleichung „mathachieve" und in den Tabellen und Grafiken (TIMSS / Int. Math. Score / AHS-POP II) genannt. Für die gezogene Stichprobe wurde für diesen Score ein Mittelwert von 592.88 mit einer Standardabweichung von 69.59 ermittelt. Als niedrigster Wert wurde 363.87 und als höchster 759.68 errechnet.

Das Geschlecht, die Zugehörigkeit zur 7. oder 8. Schulstufe, der Bildungsgrad der Mutter und des Vaters wurden als Dummyvariable in die Gleichung eingebracht. Die Konstante stellt also den mittleren Testwert eines Mädchens in Stratum 1 (Schulstandort bis 5 000 Einwohner) aus der 8. Schulstufe dar, dessen Mutter und Vater einen Pflichtschul- oder Berufsschul- / Lehrabschluss hat.

Die ursprünglichen Ausprägungen des Bildungshintergrunds wurden umkodiert.

Tabelle 82: Zusammenstellung der Kategorien bezüglich des Bildungsstandes der Mutter oder des Vaters

Kategorie	**Beschreibung der Kategorie** **Mütter oder Väter ...**	**Kurzzeichen der Variable in der Gleichung für die Mutter**	**Kurzzeichen der Variable in der Gleichung für den Vater**
Kategorie 1	... mit Pflicht- und Berufsschul- / Lehrabschluss	In der Konstante enthalten*)	In der Konstante enthalten*)
Kategorie 2	... mit Handels- und Fachschulabschluss	edmot_hasch	edfat_hasch
Kategorie 3	... mit Maturaabschluss (allgemein als auch berufsbildend)	edmot_mat	edmot_mat
Kategorie 4	... Universitätsabsolventen	edmot_uni	edfat_uni

*) Beide Prädiktoren wurden als Dummyvariable in die Mehrebenenanalyse eingebracht. Als Basiskategorie wurde die Ausprägung „Mütter oder Väter mit Pflicht- und Berufsschulabschluss" gewählt.

Weiters wurden aus dem Begleitfragebogen zur TIMSS-Erhebung einige Skalen zusammengestellt, um ansatzweise das FISK-Modell zu überprüfen.

Der Wortlaut der Fragen wurde aus den Materialien „TIMSS IN A BOX" (Haider & Wallner 1998) entnommen.

Tabelle 83: Übersicht über die Prädiktoren

Bezeichnung der Skala und Kurzzeichen	**Beispielitems (Wortlaut der gestellten Fragen in der TIMSS-Begleitbefragung)**	**Anzahl der Items**	**Cronbachs Alpha**
Kulturelle Aktivitäten außerhalb der Schule (muscon)	Aktivitäten außerhalb der Schule: Besuch eines Museums oder einer Kunstausstellung, Konzertbesuch, Theaterbesuch etc.	5	.66
Einstellung zur Brauchbarkeit und Wahrnehmung der Sinnhaftigkeit von Mathematik (mathwert)	Mathematik ist für jeden im Leben wichtig. Ich möchte gerne einen Beruf, in dem ich mit Mathematik zu tun habe. Ich lerne gerne Mathematik. Mathematik ist langweilig (umkodiert). Mathematik ist ein leichtes Fach.	5	.71

Die Reliabilitäten der ausgewählten Skalen sind akzeptabel. Skalen zum Unterricht konnten aus der Begleitbefragung nicht identifiziert werden. Für die Mehrebenenanalyse wurde auf Einzelfragen verzichtet. Das FISK-Modell kann somit nur für die Bereiche familiäre und individuelle Variable überprüft werden. Das Erkenntnisinteresse in dieser Analyse lag wiederum in der Identifikation von Kontexteffekten. Es war das Ziel, Prädiktoren aus den Bereichen Familie und Individuum zu kontrollieren und darüber hinaus Kontexteffekte zu identifizieren.

Es wurde eine weitere Variable aus dem Bereich Familie aufgenommen, nämlich die „Haushaltsausstattung (possess)“. Mit einem Summenscore wird der Besitz bestimmter Gegenstände zusammengefasst (Taschenrechner, Computer, eigener Schreibtisch für den Schüler, Wörterbuch).

Im Folgenden wird ein Zweiebenenmodell mit familiären, individuellen und schulischen Prädiktoren dargestellt.

Gleichung 30: Gleichung zur Mehrebenenanalyse mit zwei Ebenen für Schulklasse und Schüler für das Kriterium „TIMSS / Int. Math. Score / AHS-POP II (mathachieve)”

$$\begin{aligned} \text{mathachieve}_{ij} = {} & \beta_{0ij}\text{cons} + 16.737(2.668)\text{boys}_{ij} + 5.178(6.127)\text{stratum2}_{j} + \text{-}24.636(6.498)\text{stratum3}_{j} + \text{-}36.13 \\ & \text{-}1.990(3.400)\text{edmot\_hasch}_{ij} + 10.270(3.431)\text{edmot\_mat}_{ij} + 2.043(4.728)\text{edmot\_uni}_{ij} + 0.154 \\ & 11.308(3.774)\text{muscon}_{ij} + 7.894(4.788)\text{edfat\_hasch}_{ij} + \text{-}3.171(3.674)\text{edfat\_mat}_{ij} + 7.214(3.98 \\ & 4.952(3.889)\text{edfat\_unknow}_{ij} + \text{-}17.797(2.043)\text{cenmathwert}_{ij} \end{aligned}$$

$$\beta_{0ij} = 561.716(19.150) + u_{0j} + e_{0ij}$$

Varianz für u (σ^2_u) $\left[439.299(81.488)\right]$

Varianz für e (σ^2_e) $\left[3600.002(103.192)\right]$

(2540 of 2540 cases in use)

In der nachfolgenden Tabelle wird die Erklärung der Residualvarianz auf die zwei Ebenen dargestellt.

Tabelle 84: Ebenenbezogene Varianzaufteilung für die Responsevariable „TIMSS / Int. Math. Score / AHS-POP II (mathachieve)”

Ebene	Varianz ...	Wert der Varianz und S.E.	Prozentsätze	p	Signifikanz
Ebene 2	... zwischen den Klassen	439.29 (85.27)	10.87%	0.000	ja
Ebene 1	... zwischen den Schülern	3 600.00 (102.38)	89.12%	0.000	ja
	Summe	4 039.29	100.00%		

Die Varianz zwischen den Klassen ist signifikant von null verschieden. Nach Kontrolle der in die Gleichung eingebrachten Prädiktoren konnten Kontexteffekte identifiziert werden, die die Unterschiedlichkeit in der Responsevariablen aufklären.

Einige Prädiktoren haben keinen Einfluss auf die Responsevariable, nämlich der Bildungsstand des Vaters, einige Kategorien des Bildungsstandes der Mutter (edmot_hasch und edmot_uni) und die Ausstattung des Haushaltes (possess). Dies wurde mit der „Schnellmethode“ zur Ermittlung der Signifikanz vorgenommen, nämlich Division des Schätzwertes dividiert durch den Standardfehler. Wenn dieser Quotient kleiner als zwei ist, kann mit sehr großer Sicherheit davon ausgegangen werden, dass kein signifikanter Einfluss vorliegt.

Der durch die Schulklasse aufgeklärte Varianzanteil liegt weit unter dem Anteil, der für die Stichproben aus der Grundschule und der Hauptschule gefunden werden konnte. Ein Grund wird in den niedrig kohäsiven Verhältnissen zwischen den Akteuren in den Gymnasialklassen gesehen. Diese Hypothese wäre aber durch weitere Erhebungen zu erhärten. Ein Grund könnte auch in der stärker sachorientierten Lernkultur des Gymnasiums liegen. Auch diese Hypothese bedarf eines Belegs. Ebenso wäre zu prüfen, ob die Übertrittsproblematik in den vierten Klassen der Grund- und der Hauptschule nicht zur Verdichtung von Beziehungen und zur Stimulation von Kommunikation und Interaktion im Subsystem Klasse führt, um einen möglichst guten Gesamtkalkül für den Übertritt zu erreichen.

In der TIMSS-Erhebung wurden in den meisten Schulen zwei Klassen untersucht. Diese zwei Klassen können mit einiger Einschränkung auch als Repräsentanten des Schullebens und des Schulkontextes betrachtet werden. Deshalb wird auch ein Dreiebenenmodell gerechnet, mit Schüler auf der ersten, den Klassen auf der zweiten und der Schule auf der dritten Ebene.

In der folgenden Mehrebenenanalyse wird die Responsevariable „TIMSS / Int. Math. Score / AHS-POP II“ (mathachieve) mit 19 Prädiktoren für die Ebenen Schule, Klasse und Schüler modelliert, wobei diese 19 Prädiktoren eigentlich 19 Terme in der Gleichung darstellen. In Wirklichkeit reduziert sich die Anzahl der Prädiktoren, weil im Falle der Bildung der Mutter infolge der Dummykonstruktion immer nur ein Wert wahr sein kann. Dies trifft auch für die Prädiktoren bezüglich des Bildung des Vaters zu.

Gleichung 31: Gleichung zur Mehrebenenanalyse für drei Ebenen für Schule, Schulklasse und Schüler für das Kriterium „TIMSS / Int. Math. Score / AHS-POP II (mathachieve)”

$$
\begin{aligned}
\text{mathachieve}_{ijk} = {} & \beta_{0ijk}\text{cons} + 16.448(2.672)\text{boys}_{ijk} + 5.324(7.147)\text{stratum2}_k + -24.424(7.565)\text{stratum3}_k + \\
& -35.991(3.789)\text{grade7}_{jk} + -1.824(3.397)\text{edmot\_hasch}_{ijk} + 10.419(3.427)\text{edmot\_mat}_{ijk} + \\
& 2.033(4.726)\text{edmot\_uni}_{ijk} + 0.045(2.350)\text{possess}_{ijk} + 11.548(3.771)\text{muscon}_{ijk} + 7.656(4.784)\text{edfat\_hasc} \\
& -3.135(3.671)\text{edfat\_mat}_{ijk} + 7.214(3.982)\text{edfat\_uni}_{ijk} + 4.667(3.881)\text{edfat\_unknow}_{ijk} + \\
& -17.763(2.041)\text{cenmathwert}_{ijk} \\
\beta_{0ijk} = {} & 561.287(19.311) + v_{0k} + u_{0jk} + e_{0ijk}
\end{aligned}
$$

$\left[218.421(87.070)\right]$ **Varianz für v (σ^2_v) /zwischen Schulen**

$\left[219.500(73.003)\right]$ **Varianz für u ($\sigma^2 u$) /zwischen Klassen**

$\left[3600.399(103.198)\right]$ **Varianz für e (σ^2_e) /zwischen Schülern**

(2540 of 2540 cases in use)

In der nachfolgenden Tabelle wird die Erklärung der Varianz durch die drei Ebenen dargestellt.

Tabelle 85: Ebenenbezogene Varianzaufteilung für die Responsevariable „TIMSS / Int. Math. Score / AHS-POPII“ (mathachieve)

Ebene	Varianz ...	Wert der Varianz und S.E.	Prozent-sätze	p	Signifikanz
				0.012	ja
Ebene 2	... zwischen den Klassen	219.50 (73.00)	5.43%	0.002	ja
Ebene 1	... zwischen den Schülern	3 600.39 (103.19)	89.17%	0.000	ja
	Summe	4 038.31	100.00%		

Die Varianz zwischen den Schulen und den Klassen ist signifikant von null verschieden. Durch den Kontext Schule und Schulklasse wird Residualvarianz aufgeklärt. Das bedeutet, dass der Kontext Schule und Schulklasse eine Rolle spielt. Ebenfalls ist die Varianz zwischen den Schülern in Klassen von null verschieden. Die Varianzunterschiede zwischen den Schulen und Klassen ist zustande gekommen, nachdem acht Prädiktoren kontrolliert wurden.

Der nachfolgende Prozentkreis veranschaulicht den Stellenwert der Kontexte Schule und Schulklasse für die Responsevariable „TIMSS / Int. Math. Score / AHS-POP II (mathachieve)”.

Abbildung 81: Darstellung für die prozentuelle Residualvarianzaufteilung

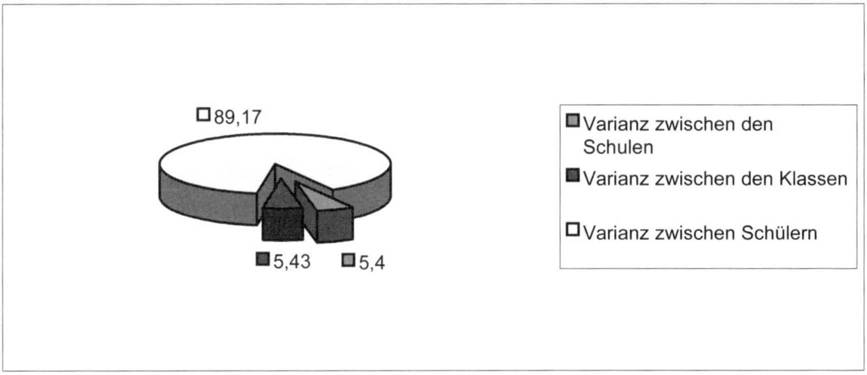

Die Ergebnisse für die Prädiktoren

Tabelle 86: Der Einfluss von familiären, schulischen und individuellen Prädiktoren auf den Leistungswert „TIMSS / Int. Math. Score / AHS-POP II (mathachieve)"

Prädiktor	Beschreibung	p	Signifikant
boys	Dummyvariable für die Knaben	0.000	ja
stratum2	Dummyvariable für einen Schulstandort des Gymnasiums (5 001 bis 1 Million Einwohner)	0.45	nein
stratum3	Dummyvariable für einen Schulstandort des Gymnasiums (über 1 Million Einwohner)	0.001	ja
grade7	Dummyvariable für die Schüler aus der 7. Schulstufe	0.000	ja
edmot_hasch	Dummyvariable für die Bildung der Mutter (Handelsschulniveau)	0.59	nein
edmot_mat	Dummyvariable für die Bildung der Mutter (Maturaniveau)	0.002	ja
edmot_uni	Dummyvariable für die Bildung der Mutter (Universitätsniveau)	0.66	nein
edfat_unknown	Dummyvariable für die Bildung des Vaters (Bildungsstand unbekannt)	0.22	nein
edfat_hasch	Dummyvariable für die Bildung der Vaters (Handelsschulniveau)	0.10	nein
edfat_mat	Dummyvariable für die Bildung der Vaters (Maturaniveau)	0.39	nein
edfat_uni	Dummyvariable für die Bildung der Vaters (Universitätsniveau)	0.07	nein
muscon	Kulturelle Aktivitäten außerhalb der Schule	0.002	ja
possess	Haushaltsausstattung: Bestimmte Gegenstände im Familienbesitz	1.00	nein
cenmathwort	Einstellung zur Brauchbarkeit und Wahrnehmung der Sinnhaftigkeit von Mathematik	0.000	ja

Die Konstante β_0 (Basekategorie) repräsentiert den Leistungswert eines Mädchens aus Stratum 1 (Schulstandort mit weniger als 5 000 Einwohnern) aus einer achten Schulstufe, dessen Mutter oder Vater einen Pflichtschul-

oder Facharbeiterabschluss hat. Dieser Wert beträgt 561.28 Punkte im Leistungstestwert.

Für die Mädchen aus dem Stratum 2 (Schulstandort mit 5 001 bis zu einer Million Einwohnern) können keine signifikanten Unterschiede festgestellt werden. Sehr wohl unterscheiden sich die Mädchen mit den genannten Eigenschaften aus dem Stratum 3 (Schulstandort mit mehr als 1 Million Einwohnern). Diese Mädchen haben einen um 24.42 niedrigeren Punktewert (also 536.86 Punkte) als die Mädchen der Basekategorie.

Ein Knabe mit den gleichen Merkmalen hat signifikant um 16.44 Punkte mehr als die Basekategorie. Ein Mädchen mit den oben angeführten Merkmalen aus der siebenten Schulstufe hat signifikant um 35.99 Punkte weniger als ein Mädchen aus der Basekategorie.

Der Prädiktor zum Bildungsstand des Vaters hat keinen Einfluss auf die Responsevariable; dies trifft auch für die meisten Kategorien des Bildungsstandes der Mutter zu. Nur die Tochter (aus der achten Schulstufe aus Stratum 1) einer Mutter mit Maturaabschluss hat einen signifikant um 10.41 höheren Punktewert als die Tochter einer Mutter, die nur Pflichtschul- und Facharbeiterabschluss hat. Diese Tatsache trifft auch für die Söhne zu. Dies bedeutet, dass die Töchter und Söhne von Müttern mit Maturaabschluss höhere Testwerte im TIMSS-Leistungstestwert erzielen.

Die familiäre Variable „Kulturelle Aktivitäten außerhalb der Schule“ hat einen signifikanten Einfluss auf die Responsevariable. Eine vermehrte Aktivität von kulturellen Aktivitäten hängt positiv mit einem hohen Leistungstestwert zusammen.

Der Prüfung der Varianz zwischen den Schulen erbrachte ein signifikantes Ergebnis. Diese Tatsache kann durch die Darstellung der Regressionslinien für die 54 Schulen veranschaulicht werden.

Abbildung 82: Regressionslinien der Schulen mit dem zentrierten Prädiktor „Einstellung zur Mathematik"

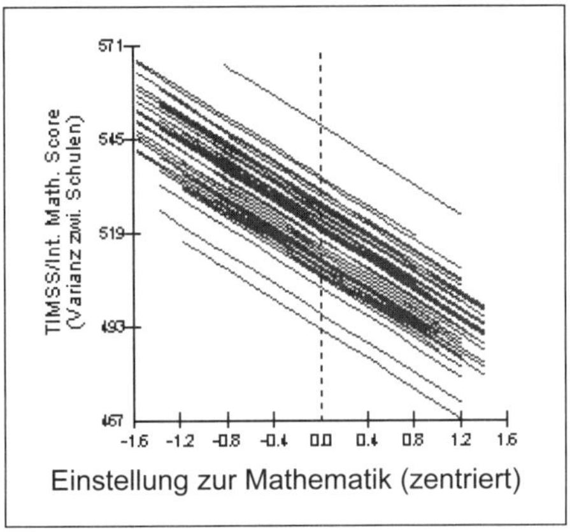

Es fällt auf, dass es Outlier nach oben und unten gibt. Die Regressionslinien der 106 Klassen werden in der nächsten Abbildung dargestellt.

Abbildung 83: Regressionslinien der Klassen mit dem zentrierten Prädiktor „Einstellung zur Mathematik"

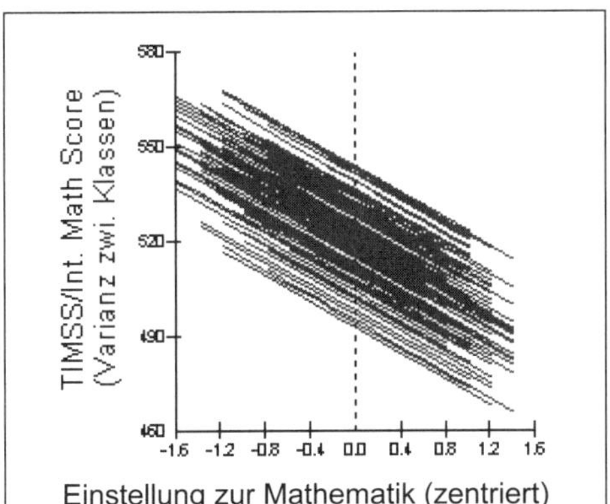

Im Modell von Gleichung 29 konnten nur die Intercepte variieren. Aus diesem Grund haben die Regressionslinien in Abbildung 85 und 86 identische Steigungen. Im nächsten Modell wird auch die Steigung mit dem Prädiktor „Einstellung zur Mathematik" modelliert.

12.3. Ein Random-Slope-Modell für den Prädiktor „Einstellung zur Brauchbarkeit und Wahrnehmung der Sinnhaftigkeit von Mathematik“

In der folgenden Mehrebenenanalyse wird die Responsevariable „TIMSS / Int. Math. Score / AHS-POP II (mathachieve)“ mit acht Prädiktoren für die Ebenen Schule, Klasse und Schüler in einem Random-Slope-Modell modelliert.

Gleichung 32: Gleichung zur Mehrebenenanalyse für das Kriterium „TIMSS / Int. Math. Score / AHS-POP II (mathachieve)”

$$\begin{aligned}\mathbf{mathachieve}_{ijk} = {} & \beta_{0ijk}\mathbf{cons} + 16.359(2.664)\mathbf{boys}_{ijk} + 9.950(6.700)\mathbf{stratum2}_{k} + -20.352(7.113)\mathbf{stratum3}_{k} + \\ & -36.131(3.784)\mathbf{grade7}_{jk} + -1.588(3.395)\mathbf{edmot\_hasch}_{ijk} + 10.437(3.421)\mathbf{edmot\_mat}_{ijk} + \\ & 1.953(4.722)\mathbf{edmot\_uni}_{ijk} + -0.103(2.348)\mathbf{possess}_{ijk} + 11.576(3.761)\mathbf{muscon}_{ijk} + 7.740(4.776)\mathbf{ed} \\ & -2.901(3.668)\mathbf{edfat\_mat}_{ijk} + 6.900(3.979)\mathbf{edfat\_uni}_{ijk} + 4.603(3.874)\mathbf{edfat\_unknow}_{ijk} + \beta_{14k}\mathbf{cenm}\end{aligned}$$

$$\beta_{0ijk} = 558.486(19.188) + v_{0k} + u_{0jk} + e_{0ijk}$$

$$\beta_{14k} = -17.704(2.107) + v_{14k}$$

$$\begin{bmatrix} 216.164(86.489) & \\ 95.957(43.436) & 16.269(43.643) \end{bmatrix}$$

$$\begin{bmatrix} 218.772(72.778) \end{bmatrix}$$

$$\begin{bmatrix} 3596.017(104.056) \end{bmatrix}$$

(2540 of 2540 cases in use)

Varianz für Intercepte zwischen Schulen; Kovarianz für Intercept und Steigung; Varianz für Steigungen zwischen Schulen

Varianz für Intercept zwischen Klassen

Varianz für zwischen Schülern

Folgende Irrtumswahrscheinlichkeiten wurden für die Randomparameter ermittelt:

Tabelle 87: Übersicht über die Irrtumswahrscheinlichkeiten für Gleichung 32

Varianzen	**Irrtumswahrscheinlichkeit (p)**
Varianz der Intercepte auf Schulebene	0.012
Kovarianz zwischen Intercepte und Steigungen auf Schulebene	0.027
Varianz der Steigungen auf Schulebene	0.700
Varianz der Intercepte auf Klassenebene	0.002
Varianz zwischen den Schülen in Klassen	0.000

In der nachfolgenden Darstellung werden die Regressionslinien der 54 Schulen mit ihren je eigenen Intercepten und Steigungen dargestellt. Dieses Regressionslinienbild wird *„fanning out“* genannt und kann durch eine Varianzfunktion dargestellt werden. Die beiden Outlier sind auch in dieser Grafik sichtbar. Die Steigung des obersten Outlier ist wesentlich flacher geworden.

Abbildung 84: „Fanning out"-Grafik für die Regressionslinien der Schulen

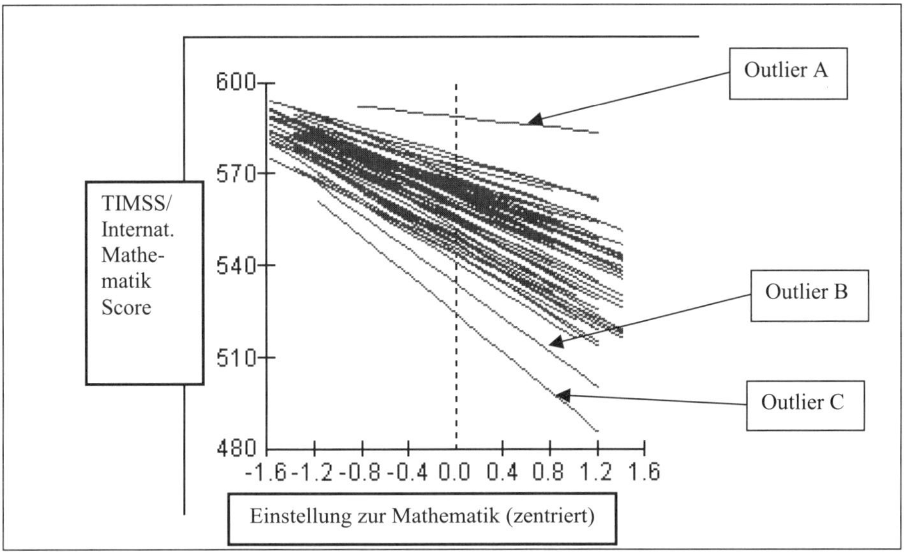

Die Prädiktorvariable bringt Einstellungen der Schüler zur Mathematik zum Ausdruck (Mathematik ist für jeden im Leben wichtig. Ich möchte gerne einen Beruf, in dem ich mit Mathematik zu tun habe. Ich lerne gerne Mathematik. Mathematik ist ein leichtes Fach.). Ein niedriger Zahlenwert bringt eine positive Einstellung zum Ausdruck.

Wenn nun diese Einstellung positiv ist, bedeutet dies, dass das mit hohen Leistungstestwerten assoziiert ist. Ist hingegen die Einstellung negativ, so macht es einen großen Unterschied aus, welche Schule der Schüler besucht. Die Outlier-Schule A kommt ihrer Kompensationsaufgabe angemessen nach. In dieser Schule erreichen Schüler sowohl mit positiven als auch mit negativen Einstellungen zur Mathematik günstige Leistungstestwerte. In den Outlier-Schulen B und C hingegen ist eine starke negative Assoziation zwischen Einstellung zur Mathematik und dem Leistungstestwert zu beobachten. In diesen beiden Schulen hängt ein ungünstiger Einstellungswert mit einem niedrigen Testwert und ein positiver Einstellungswert mit einem hohen Leistungswert zusammen.

In Abbildung 85 wird der eben diskutierte Sachverhalt zusammengefasst. Die Varianz zwischen den Schulen steigt an, wenn der Einstellungswert zur Mathematik ungünstig wird. Die Varianz zwischen den Schulen ist am niedrigsten, wenn die Einstellungswerte der Schüler hoch sind.

Abbildung 85: Zusammenfassung der Varianzen für das „Fanning out“ der 54 Regressionslinien der Schulen

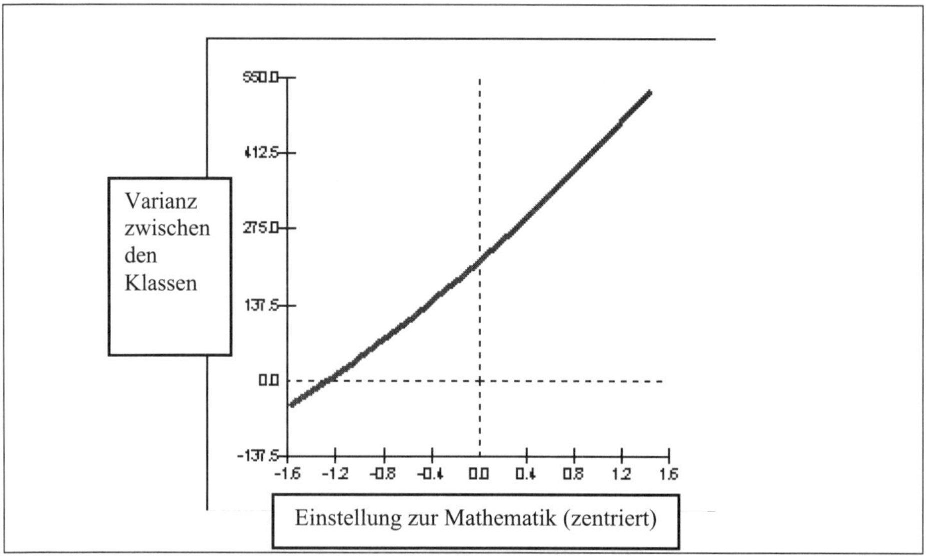

Die Schulen spielen also für diesen Prädiktor-Response-Zusammenhang eine Rolle.

Wenn man die gefundenen Kontexteffekte dieses Subsamples aus den österreichischen TIMSS-Erhebungen mit den Kontexteffekten der MARKUS-Untersuchungen für MARKUS-C (Hosenfeld et al. 2001, S. 523) vergleicht, können annähernd vergleichbare Größenordnungen bezüglich der Kontexteffekte festgestellt werden.

Tabelle 88: Vergleich der MARKUS-Kontexteffekte mit den Kontexteffekten aus dem österreichischen TIMSS-AHS-Subsample

	MARKUS	**AHS-TIMSS-Subsample**
Schulform	38.00%	–
Schule	3.40%	5.40%
Klasse	7.30%	5.43%
Schüler	51.10%	89.17%

12.4. Zusammenfassung der Ergebnisse

Für diesen großen Datensatz konnten sowohl auf Schul- als auch auf Klassenebene Kontexteffekte nachgewiesen werden. Diese sind jedoch im Vergleich zur „MATHECON“- und zu den Grundschulstichproben wesentlich niedriger.

Vom Ausmaß der Höhe können die im TIMSS / AHS-Subsample gefundenen Kontexteffekte mit den Ergebnissen der MARKUS-Studie verglichen werden.

Für das TIMSS-AHS-Subsample wurde auch ein Random-Slope-Modell mit dem Prädiktor „Einstellungen zur Mathematik“ für die Responsevariable „TIMSS / Int. Math. Score / AHS-POP II (mathachieve)” überprüft. Es konnten auf Schulebene signifikante Varianzunterschiede für die Intercepte ermittelt werden. Dies bedeutet, dass sich Schulen in ihren Mittelwerten unterschieden, wenn der zentrierte Prädiktor null ist. Weiters konnte gezeigt werden, dass auch die Kovarianz zwischen Intercept und Steigung signifikant von null verschieden ist. Unterschiedliche Intercepte sind mit unterschiedlichen Steigungen für die einzelnen Schulregressionslinien assoziiert. Dieser Befund ist grafisch in den Abbildungen 85 und 86 veranschaulicht.

Auch wenn die Kontexteffekte niedriger als in den Grundschulstichproben und im „MATHECON“-Subsample ausgefallen sind, kann der Schluss gezogen werden, dass es Autokorrelation sowohl auf Ebene der Schulen als auch auf Ebene der Schulklassen gibt. Das Ausmaß an Ähnlichkeit und Kohärenz bezüglich des untersuchten Merkmals ist jedoch bedeutend niedriger.

Die eher auf Sachlichkeit und Inhalte beruhende gymnasiale Lern- und Lebenskultur könnte dafür verantwortlich gemacht werden.

13 GESAMTDISKUSSION DER ERGEBNISSE UND SCHLUSSFOLGERUNGEN

Es war die Absicht dieser Arbeit, folgende generelle Forschungsfragen zu beantworten:

1. Inwiefern lassen sich aus theoretischer Sicht Schulklassen und Schulen als eigene Entitäten, also als Subsysteme von übergeordneten Systemen, begründen, und welche systemisch basierten Prozesse lassen sich namhaft machen, um die Entstehung und Ausgestaltung dieser Subsysteme zu verstehen? Können Schulklassen als eigene Entitäten identifiziert und als *„zentrale pädagogische Einheiten im schulischen Lebensraum“* (Fend; zit n. Rüesch 1998, S. 76) betrachtet werden?
2. Inwiefern lassen sich aus empirischer Sicht diese Entitäten und deren Wirkungen nachweisen?
3. Ist das Ausmaß an Autokorrelation in allen untersuchten Stufen und in allen Stichproben gleich hoch?
4. Hat die Schulklasse neben familiären, individuellen und schulbezogenen Prädiktoren einen Einfluss auf die Varianz der Leistungsunterschiede in kognitiven und nicht-kognitiven Responsevariablen? Welche Art von Prädiktoren ist auf ausgewählte Responsevariable am einflussreichsten?
5. In welcher Weise nehmen Schulklassen und Schulen den Kompensationsauftrag wahr? Inwiefern haben diese Subsysteme unterschiedliche Wirkungen auf Schüler mit gleichem Merkmal aber unterschiedlicher Ausprägung? Sind Schulklassen und Schulen in der Lage, den Schulerfolg von der Herkunft abzukoppeln?
6. Können durch Mehrebenenanalyse allgemeine und differentielle Kontexteffekte nachgewiesen werden?
7. Wie kann der methodologische Zugang zur Analyse von Daten aus der Schul- und Unterrichtsforschung mit dem systemischen Ansatz verknüpft werden?

In dieser Arbeit wurde versucht, die erste Forschungsfrage theoretisch zu klären. Es wird die Ansicht vertreten, dass die vorgebrachten theoretischen Argumente mit Stichhaltigkeit belegen und dass man Schulklassen und Schulen als Subsysteme von übergeordneten Systemen betrachten kann. Weiters kann man davon ausgehen, dass die Subsysteme über Systembildungsprozesse ein eigenes Innenleben entwickeln. Man kann aus diesen

Gründen mit Berechtigung Schulklassen und Schulen nach Fend als zentrale pädagogische Einheiten einstufen. Das war das erste Hauptanliegen dieser Arbeit, nämlich die theoretische Klärung, ob Schulklassen und Schulen nachweisbar und für Lernprozesse relevant sind. Das zweite Hauptanliegen war, den empirische Nachweis für Schulklassen und Schulen und deren Wirkungen zu erbringen. Auch dies ist mit einigen Einschränkungen gelungen. Eine der Forschungsfragen dieser Arbeit war, welche Rolle Schulklassen neben familiären, individuellen und unterrichtsbezogenen Faktoren spielt. Mit dieser Forschungsfrage ist auch ein Perspektivenwechsel verbunden, der schulisches Lernen nicht allein als Ergebnis der individuellen Kompetenz und Motivation des Schülers sieht (Rüesch 1998, S. 25). Schulisches Lernen wird als Zusammenspiel mehrerer Faktoren gesehen, nämlich der Person des Lernenden, seiner Familie, der vom Lernenden besuchten Schule und den Rahmenbedingungen der Gesellschaft (S. 25).

Die zwei Hauptanliegen der Arbeit finden sich auch im Literaturteil wieder. Im Folgenden wird eine Zusammenschau der theoretischen Positionen der einzelnen Kapitel gegeben. Es wird erläutert, wie die zwei Stränge dieser Arbeit (vgl. Abbildung 86) miteinander vernetzt wurden.

Die Kapitel 1 bis 6 sind in den Spannungsbogen zwischen Bewahrung, Kontinuität und Tradition einerseits und Wandel und Veränderung andererseits in Gesellschaft und Schule eingelagert.

Abbildung 86: Übersicht über und Zusammenhang der theoretischen Kapitel dieser Arbeit

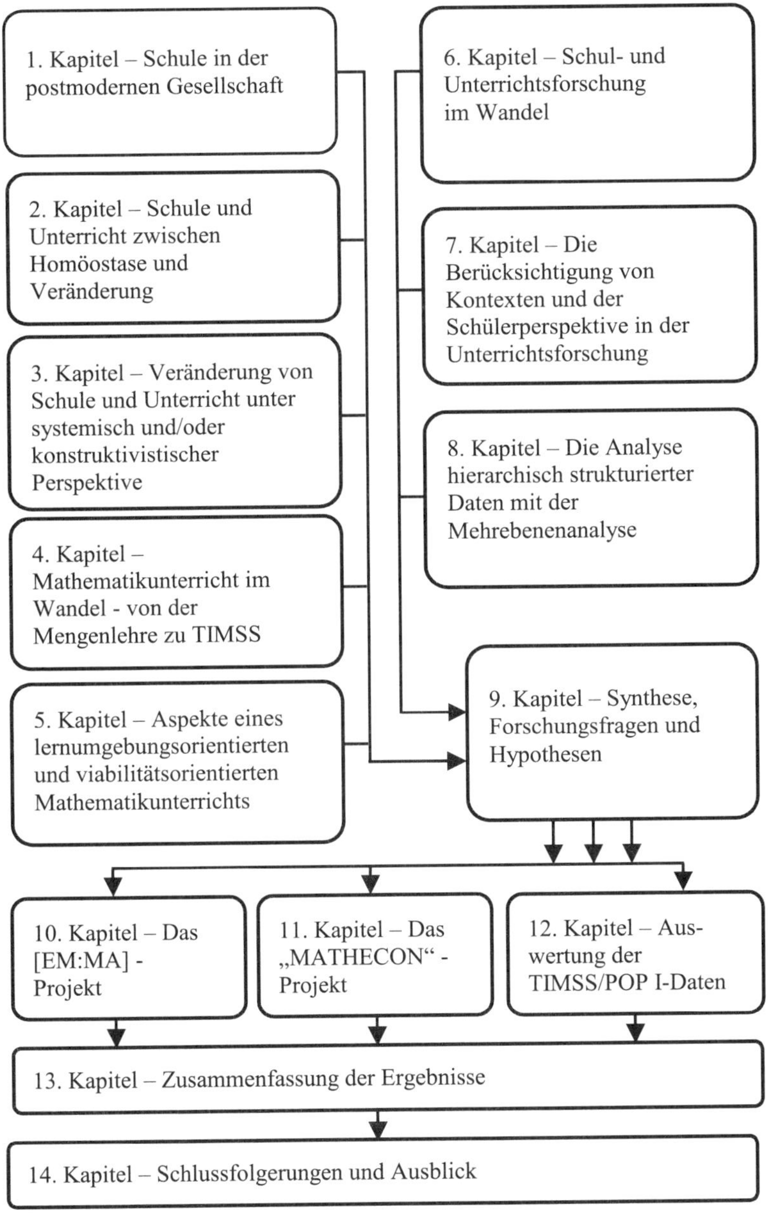

Im ersten Kapitel wurde unter anderem das Phänomen der Ausdifferenzierung der Gesellschaft in Subsysteme nachgewiesen. Die These der Ausdifferenzierung von Systemen wurde in den folgenden Kapiteln auch auf das Bildungswesen übertragen und behauptet, dass die Subsystembildungsprozesse auch in der Schule identifizierbar sind. Weiters werde eine neue Perspektive menschlichen Denkens und Handelns beschrieben. Es wurde das subjektive Moment im Denken und Handeln von Individuen und die vielfältigen Zugänge zur Wirklichkeit betont.

In den Kapitel 2 bis 5 wird Schule, Unterricht und mathematisches Lernen unter dem Gesichtspunkt von Homöostase und Veränderung beschrieben. Im Kapitel 5 wird sodann ein fachdidaktischer Vorschlag zur Veränderung des mathematischen Lernens unterbreitet, der auch für das naturwissenschaftliche Lernen Gültigkeit beanspruchen kann.

In den Kapiteln 6 bis 8 wurde ein eher junges methodologisches Verfahren – die Mehrebenenanalyse – vorgestellt, das bei Berücksichtigung von Subsystemen und Systemen in Wirkungsanalysen eingesetzt wird. Es wurde gezeigt, dass Ausdifferenzierungsprozesse in der Gesellschaft und in Subsystemen zu Verhältnissen führen, in denen die Akteure durch Kommunikation und Interaktion sich von der Umwelt abgrenzen und einander ähnlicher werden. Forschung an ganzen Subsystemen mit hohem Grad an Kommunikation und Interaktion führte in der Vergangenheit zu einem Problem, da diese Klumpenstichproben dem Prinzip der zufälligen Auswahl von Probanden in Stichproben widersprach. Klumpenstichproben verfälschen Standardfehler und in weiterer Folge inferenzstatistische Schlüsse.

Im Folgenden werden die Kapitel des Theorieteils in ihrem Verhältnis zueinander dargestellt. Die Darstellung soll die beiden unterschiedlichen Teile der Arbeit veranschaulichen, nämlich die theoretischen Positionen und das neue Modell der Analyse von geklumpten Stichproben, in denen zusätzlich noch Hierarchien identifiziert werden können.

13.1. Theoretischer und methodologischer Hintergrund der Analysen

In der Arbeit wurde ein weiter theoretischer Bogen gespannt. Im ersten Kapitel wurde die Entwicklung der postmodernen Gesellschaft unter besonderer Berücksichtigung der Ausdifferenzierung beschrieben. Es konnte gezeigt werden, dass durch die Ausdifferenzierung der Gesellschaft Teilbereiche mit eigenständiger Kommunikation und Interaktion entstehen (z. B. das wirtschaftliche System, das Rechtssystem, das Bildungssystem, das Gesundheits- und Sozialsystem etc.). Ausdifferenzierung erzeugt ein plurales System, in dem Separation und Desintegration gegenüber Integration und Einheitlichkeit dominieren. Die Separationstendenzen in der Gesellschaft und in Teilbereichen der Gesellschaft werden auch durch vermehrte Selbstorganisationsinitiativen der Bürger verstärkt. Dieser neue Trend bringt Bürger abseits der Parteien, Verbände und Kirchen zu neuen Gruppen zusammen, die sich wieder auflösen, wenn der Zweck der Initiative erreicht wurde.

Im Eingangskapitel wurde noch ein weiterer Veränderungsprozess beschrieben, der ebenfalls einen großen Beitrag zur Pluralisierung leistet, nämlich die Weiterentwicklung der Wertwelt der Gesellschaft, von Gruppen und von Individuen zu Wertwelten. Es wurde der Prozess der Ablösung einer einheitlichen Wertwelt durch vielfältige Wertwelten nachvollzogen und mit den Befunden aus der Shell Jugendstudie für die junge Generation belegt.

Es wurde für das Konzept der transversalen Vernunft nach Welsch, das vielfältige Zugänge zur Wirklichkeit zulässt, plädiert und ein Zusammenhang mit dem Prinzip der Viabilität im Konstruktivismus hergestellt. Beide Denkansätze gehen davon aus, dass Ergebnisse menschlichen Denkens und Wahrnehmens über ein und dasselbe Ereignis individuell verschieden und Lösungswege und Lösungen von alltäglichen, wirtschaftlichen oder gesellschaftlichen Problemen vielfältig sein können. Beide Ansätze betonen das subjektive Moment in Wahrnehmung und Konstruktion von Wirklichkeit. Die Betonung des subjektiven Moments im Erkenntnisprozess führt zu vielen Wirklichkeiten. Zum Abschluss dieses Einführungskapitels wurde die Frage gestellt, in welcher Weise Multioptionalität und Viabilität neue Bildungsziele darstellen. Die Möglichkeit viablen Handelns für Schüler in schulischen Lernprozessen wurde im Kapitel 5 aufgegriffen und beschrieben.

Viabilitätsorientiertes Lernen stellt eine neue Herausforderung für die Lehrenden dar, zumal die Individualsozialisation und auch die berufliche Sozialisation eher auf Vermittlung und Aneignung meist nur eines Weges (z. B. zur Erkenntnisgewinnung in der Schule oder zur Lösung von Problemen) ausgerichtet war. Dies gilt im besonderen Maß für das mathematisch-naturwissenschaftliche Lehren, in dem das Lehrmuster „eine Angabe – ein gangbarer Weg – eine Lösung" und der Wissenstransfer zur Lehrmaxime wurden.

Im zweiten Kapitel wurden Schule und Unterricht zwischen den Zuständen Homöostase und Veränderung beschrieben und festgestellt, dass die Aufträge der Gesellschaft an die Schule paradox sind. Schule sollte Bewahren, die Kontinuität und Tradition beachten und gleichzeitig auch die neuen Herausforderungen der Gesellschaft berücksichtigen. Es wurde festgehalten, dass in einigen klassischen Funktionen von Schule das Homöostatische (z. B. Eingliederung der Heranwachsenden und Übernahme der geltenden Normen und Werte) festgeschrieben ist. In anderen Funktionen ist das Innovative und das Verändernde (z. B. medienpädagogische Funktion, Präventions- und Innovationsfunktion, diagnostische und therapeutische Funktion) enthalten. Die Funktionen von Schule wurden auch deshalb referiert, weil für die vorliegende Arbeit die Kompensationsfunktion von besonderem Interesse ist. Es ist mittlerweile unumstritten, dass Schule kompensatorische Aufgaben hat. Dies wurde auch in vielfacher Weise gesetzlich festgeschrieben, etwa in der möglichen Mobilität zwischen Leistungsgruppen in der Hauptschule, der Integration von Behinderten oder dem verpflichtenden Förderangebot durch Schulen.

Für die Analyse der Wirkungen von Lernprozessen war weniger die Frage von Interesse, in welcher Weise Schulklassen und Schulen generell auf Schüler wirken, sondern wie Schulklassen und Schulen auf ein und dieselbe Schülerpopulation mit einem bestimmten Merkmal unterschiedlicher Ausprägung wirken:

- Wirkt z. B. die Schule auf Schüler mit hohem und niedrigem sozioökonomischen Status in derselben oder in verschiedener Weise?
- Wirken Schulklassen auf Schüler mit einer hohen Wahrnehmung der Sinnhaftigkeit und Brauchbarkeit von Mathematik in derselben Weise wie auf Schüler mit einer niedrigen Wahrnehmung?
- Haben Schulklassen und Schulen eine differentielle Wirkung auf Schüler mit einem bestimmten Merkmal, das bei den Schülern unterschiedlich hoch ausgeprägt ist (z. B. Vorwissen)?

Diese Forschungsfrage war von Relevanz und sollte mit der Mehrebenenanalyse beantwortet werden. Im Kapitel 11 und 12 wurden mit Random-Slope-Modellen für ausgewählte Prädiktoren diese Zusammenhänge modelliert.

Im dritten Kapitel wurde versucht, die Veränderung von Schule und Unterricht aus zwei verschiedenen Perspektiven zu beschreiben, nämlich der systemischen und der konstruktivistischen Sichtweise. Es wurde der Versuch unternommen, die beiden Ansätze gesondert zu charakterisieren. Um die Suche nach Klarheit in der Begrifflichkeit zu unterstreichen, wurde die

Entscheidung getroffen, die beiden Adjektive systemisch und konstruktivistisch nicht in der üblichen Bindestrichkombination, nämlich systemisch-konstruktivistisch, zu verwenden. Es wurde vorgeschlagen, die Eigenständigkeit der beiden Paradigmen zu betonen und zwischen den beiden Adjektiven die Konjunktionen „und / oder" zu setzen. Weiters wurde vorgeschlagen, je nach Veränderungskontext präzis anzugeben, ob das eine oder das andere oder beide Ansätze erkenntnis- und / oder interventionsrelevant sind. Für die Beschreibung von Schulklassen und Schulen als Entitäten, die bei der Analyse von geklumpten und geschachtelten Datensätzen eine Rolle spielen, wurde auf ein systemisches Erklärungsmodell zurückgegriffen. Es wurde behauptet, dass Schulklassen und Schulen als Subsysteme von übergeordneten Systemen betrachtet werden können. Dies würde die Schachtelung oder die Hierarchie in Datensätzen begründen. Über eine Reihe systemischer Prozesse bilden sich diese Entitäten aus, die zu Beginn ihrer Biografie durch Verwaltungsakte begründet wurden. Einer Schulklasse wird durch die Zuordnung von Schülern zu einem Raum und zu einer Organisationseinheit formal begründet. Das ist der formale Akt der Grenzziehung zur Umwelt. Durch Kommunikation und Interaktion wird das Innenleben dieser Einheiten ausgeformt und Differenzen zu anderen Schulklassen und zur Umwelt geschaffen. Im Laufe der Geschichte einer Schulklasse treten auch autopoietische Prozesse auf, etwa dann, wenn die „informelle Verfassung zum Lernen" festgeschrieben wird. Aus der Sicht der Lehrenden wird dies dann als leistungswillige oder leistungsverweigernde Schulklasse wahrgenommen. Über selbstreferenzielle Prozesse werden in weiterer Folge Identitäten ausgebildet, die zu weiteren Abgrenzungsaktivitäten zu Umwelten führen.

Aufgrund dieser theoretischen Überlegungen, wurde die generelle Hypothese formuliert, dass Schulklassen als relevante Größe zur Erklärung von Unterschieden von Schulleistungen neben familiären, individuellen und unterrichtsbezogenen Prädiktoren in Frage kommen.

Durch Systembildungsprozesse in Schulklassen und Schulen entsteht auch noch ein anderes Phänomen. Die Akteure werden sich in diesen Einheiten bezüglich verschiedener Merkmale ähnlicher. Es wurde bereits erwähnt, dass Schulklassen „als Ganzes" für Lehrende leistungswillig oder leistungsunwillig erscheinen können. Dieser „Geist der Schulklasse" ist es, der in der Behauptung der Ähnlichkeit der Akteure zum Ausdruck kommt. Die Ähnlichkeit von Akteuren in Systemen drückt sich im Konzept der Autokorrelation aus. Bei verringerter Streuung eines Merkmals infolge von erhöhter Ähnlichkeit dieses Merkmals ist ein verringerter Standardfehler zu erwarten. Ein verringerter Standardfehler aber führt zu voreiligen Signifikanzschätzungen. Zur Vermeidung der Autokorrelation gilt in der Stichprobenziehung das Prinzip der Unabhängigkeit der Probanden. Wenn aber in der Schul- und Unterrichtsforschung das Erkenntnisinteresse auf der Wirkung von Unterricht auf Schüler in Schulklassen und Schulen liegt, dann ist es nahe liegend, dass man als Beobachtungseinheit für Untersuchungen die Schulklasse oder die Schule und nicht zufällig ausgewählte Schüler aus einer Vielzahl von Schulen wählt. Dies hat zur Folge, dass man mit Autokorrelation unter den Akteuren rechnen muss. Als Ausweg bietet sich die Mehrebenenanalyse an, mit der man in Modellgleichungen das Phänomen der Autokorrelation in Form von Ebenen in der Gleichung berücksichtigen kann. Den „Störenfried" der Autokorrelation in gängigen Auswertungsverfahren (z. B. Regressionsanalyse) macht man sich in der Mehrebenenanalyse für die Aufklärung von Varianz zunutze. Die autokorrelative Klasse oder Schule wird in der Mehrebenenanalyse dadurch modelliert, indem für Schulklassen und Schulen ein Schwarm von Regressionslinien ermittelt werden. In den Varianzen zwischen den Schulklassen oder zwischen Schulen wird dann die Unterschiedlichkeit von Schulklassen oder Schulen auf verschiedenem Niveau beschrieben. Dabei ist von Bedeutung, dass die durch eine Regressionsanalyse übrig gebliebene Residualvarianz zerlegt wird. Deshalb wird auch von „Random Effects" gesprochen, die „over and above" der Effekte von Prädiktoren im fixen Teil der Mehrebenengleichung existieren. Das bedeutet, dass man eine Reihe von Prädiktoren im fixen Teil der Gleichung berücksichtigt, deren signifikanten oder nicht signifikanten Einfluss auf die Responsevariable kontrolliert und darüber hinaus dann von Effekten spricht, die durch die Kontexte Schulklasse oder Schule entstanden sind.

Im dritten Kapitel wurde auch die systemische und / oder konstruktivistische Perspektive für Schul- und Unterrichtsentwicklung, Lehrerfortbildung und Didaktik diskutiert und Möglichkeiten und Grenzen von Interventionen erörtert.

Im vierten Kapitel wurde ein kurzer historischer Abriss über den Wandel des Bildungsbegriffs für den Mathematikunterricht dargestellt und untersucht, wie verschiedene Umwelten (z. B. universitäre Fachdisziplin) den Bildungsbegriff des Mathematikunterrichts geprägt haben. Es wurde aufgezeigt, dass es in den letzten 30 bis 40 Jahren mehrere Perspektiven für die Ausrichtung des Mathematikunterrichts vorgeherrscht haben. Es wurde resümiert, dass in dieser Periode beträchtliche Vielfalt bezüglich des Bildungsbegriffs gegeben hat. Festgestellt wurde auch, dass es trotz des Handlungsbedarfs für den Mathematikunterricht nach den vergleichenden internationalen Studien zu keinem Konsens bezüglich eines einheitlichen

Bildungsbegriffs gekommen ist. In der „Back-to-the-Basics"-Bewegung in den USA steht der vermittlungsorientierte und auf die Einübung von Grundfertigkeiten abzielende Mathematikunterricht neueren handlungsorientierten und an Kommunikation und Interaktion interessierten Konzeptionen gegenüber. Mit einigen prototypischen Beispielen (z. B. Nike-Schuh-Problem; Kap. 4.3) wurde versucht, den situierten, subjektivitäts- und lebensweltlichorientierten Mathematikunterricht zu illustrieren. Dieser fachdidaktische Exkurs im fünften Kapitel wurde deshalb unternommen, weil die Arbeit auch an Veränderung von schulischem Lernen und Unterrichtsentwicklung interessiert ist. Mit den Ausführungen in diesem Kapitel sollten Veränderungspotentiale sowohl auf Ebene der Unterrichtsentwicklung, der Fachdidaktik als auch dem Ort der möglichen Veränderung, nämlich der Schulklasse und der Schule, identifiziert werden.

Im sechsten Kapitel wurde versucht, die Linien der Unterrichstforschung beginnend mit der Input-Output-Forschung über das CIPO-Modell (Input-Prozess-Output-Modell mit Berücksichtigung des Kontextes) bis zu Classroom-Ecology-Ansätzen und der konstruktivistisch orientierten Unterrichtsforschung nachzuzeichnen.

Unter anderem wurde das Modell von Helmke und Weinert vorgestellt, weil es eine Reihe von Faktoren enthält, die in verschiedenen Forschungsvorhaben überprüft wurden.

Aus der Fülle der Befunde dieser Forschergruppe wurde die Schlussfolgerung gezogen, dass neben anderen Faktoren das individuelle Vorwissen für die Prädiktion von Schulleistungen sehr relevant ist.

Im siebenten Kapitel wurde ein schlankes Modell zur Schul- und Unterrichtsforschung unter Berücksichtigung des Kontextansatzes vorgestellt. Es stellt die Basis für die Mehrebenenanalysen dar, deren Ergebnisse in den Kapiteln 10 bis 12 referiert wurden. Im Kapitel 8 wird eine Einführung in das Konzept die Mehrebenenanalyse gegeben.

13.2. Forschungsfragen und Antworten

Im Folgenden wird ein Überblick über die Befunde aus mehreren Datensätzen gegeben.

13.2.1. Der Beitrag der Schulklassen zur Aufklärung von Leistungsvarianz für kognitive Responsevariablen

Es wurden sechs Datensätze analysiert, nämlich zwei aus einer Erhebung in Grundschulklassen, drei aus einer Erhebung zum „MATHECON"-Projekt und der TIMSS-Datensatz (nur AHS-Subsample).

Forschungsfrage:

Kann mit dem Kontext Schulkasse Leistungsvarianz für Responsevariable aus curriculumorientierten Test und dem TIMSS-Test aufgeklärt werden?

Antwort:

Diese Frage kann nur eingeschränkt bejaht werden. In den sechs Datensätzen aus der Grundschule, der Hauptschule und dem Gymnasium konnten nur in vier von sechs Fällen Kontexteffekte durch Schulklassen nachgewiesen werden. Das Ausmaß an Autokorrelation war jedoch sehr unterschiedlich. Die Autokorrelation berechnet sich aus der Varianz zwischen den Klassen dividiert durch die Gesamtvarianz (= Summe aus Varianz zwischen den Klassen und Varianz zwischen Schülern in Klassen; vgl. Kapitel 8.4) und stellt eine Kennzahl zwischen 0 und 1 dar. Eine niedrige Autokorrelation weist auf niedrigkohäsive Verhältnisse in den Subsysteme hin.

In der nachfolgenden Tabelle werden die Kontexteffekte aus den Analysen der sechs Datensätze zusammengestellt.

Tabelle 89: Gesamtübersicht über den Einfluss des Kontextes Schulklasse auf die kognitive Responsevariable

Ebene	**Grund-schule 3. Klasse**	**Grund-schule 4. Klasse**	**Haupt-schule 2. Klasse**	**Haupt-schule 3. Klasse**	**Haupt-schule 4. Klasse**	**Gymnasium 3. und 4. Klasse (TIMSS-Daten)**
N	497	288	248	334	348	2 540
Anzahl der Klassen	30 Klassen aus 22 Schulen	17 Klassen aus 15 Schulen	15 Klassen aus 13 Schulen	21 Klassen aus 16 Schulen	20 Klassen aus 15 Schulen	106 Klassen aus 54 Schulen
Klasse	31.17%	35.92%	12.28%	5.4%	25.28%	10.87%
Individual-ebene	68.82%	64.07%	87.70%	94.55%	74.71%	89.12%
Signifikant	ja	ja	nein	nein	ja	ja
Auto-korrelation	0.31	0.35	0.12	0.05	0.25	0.10

Zwei Befunde sind in besonderer Weise überraschend, ...

- dass in den zweiten und dritten Klassen der Hauptschulen aus dem „MATHECON"-Datensatz keine Kontexteffekte nachgewiesen werden konnten.
- dass im Grundschul-Datensatz und im Datensatz für die vierten Klassen aus dem „MATHECON"-Datensatz so hohe Kontexteffekte nachgewiesen werden konnten.

Der Kontexteffekt im TIMSS-Datensatz liegt in der von Scheerens angegebenen Schwankungsbreite zwischen 4% und 20% (Rüesch 1998, S. 59). Im Moment fehlt es an Erklärungsansätzen für die hohen Kontexteffekte und an Vergleichsbefunden. Eine Erklärung könnte sein, dass sehr bereichsspezifisch gemessene Leistungstestwerte zu hohen Kontexteffekten führen. In den Leistungstests der Grund- und der Hauptschule waren Items zu den Maßumwandlungen dominant. Maßumwandlungsaufgaben stellen nach wie vor auf allen Schulstufen große Probleme dar. Daraus könnte man den Schluss ziehen, dass sich die Akteure ähnlich sind, nämlich ähnlich dahingehend, dass sie diese Inhalte nicht gut beherrschen. Für die Grundschuldaten wird der hohe Kontexteffekt in diesem Bereich auch auf die dichtere Kommunikation und Interaktion zwischen Schülern, die wesentlich nur vom einem Lehrer getragen ist, zurückgeführt.

Die vierte Klasse in der Grundschule und in der Hauptschule stellten Schnittstellenklasse dar, nach der Schüler in Österreich in weiterführende Schulen wechseln. Die Erringung einer guten Ausgangsposition für die weiterführenden Schulen könnte als Grund für die Verdichtung von Kommunikation und Interaktion in Frage kommen. Dies wäre aber durch soziometrische Zusatzerhebungen abzustützen.

13.2.2. Der Beitrag der Prädiktoren zur Aufklärung von Leistungsvarianz für kognitive Responsevariable

Für die sechs Stichproben wird der Einfluss ausgewählter Prädiktoren kontrolliert, die auf der Basis des FISK-Modells den drei Bereichen Familie, Individuum und schulbezogene Variable zugerechnet werden können.

Forschungsfragen:

Welchen Einfluss hat das Geschlecht auf die Responsevariablen?

Welchen Einfluss hat die Leistungsgruppenzugehörigkeit auf die Leistungstestwerte?

Welche nicht-kognitiven Prädiktoren haben einen Einfluss auf die Responsevariable aus den curriculumorientierten Tests und dem TIMSS-Test?

Welchen Einfluss haben Prädiktoren aus einem Vortest, Halbjahresnoten oder gegenstandsspezifische Mittelwerte aus Schularbeiten- und Zeugnisnoten?

Antworten:

Es konnte kein einheitlicher Trend festgestellt werden. Das Geschlecht hat in den dritten und vierten Klassen der Grundschule, in den zweiten Klassen der Hauptschule und in den dritten und vierten Klassen des Gymnasiums einen Einfluss auf die mathematischen Leistungstestwerte. Für die dritten und vierten Klassen der Hauptschule konnte dies nicht festgestellt werden.

Die Leistungsgruppenzugehörigkeit und Zugehörigkeit zu Klassen, in denen kein Leistungsgruppenunterricht erteilt wird, haben einen signifikanten Einfluss auf die mathematischen Leistungstestwerte.

Nur wenige nicht-kognitive Prädiktoren haben Einfluss auf die Responsevariablen. Das „Interesse an Mathematik“ und das „bereichsspezifische Fähigkeitsselbstbild zum Umwandeln und zur Durchführung von Grundrechnungsarten“ hat keinen Einfluss auf den curriculumorientierten Leistungstestwert in der Grundschule. Dies trifft für den Prädiktor „Selbsteinschätzung der mathematischen Leistungsfähigkeit“ nicht zu. Dieser hat sowohl in den dritten als auch in den vierten Klassen der Grundschule einen signifikanten Einfluss.

Die Prädiktoren aus dem individuellen Bereich des FISK-Modells haben eigentlich keine Bedeutung für die mathematischen Leistungstestwerte in der Hauptschule.

Tabelle 90: Gesamtübersicht über den Einfluss der nicht-kognitiven Prädiktoren auf die Responsevariable des mathematischen Leistungstestwerts

		2. Klasse	3. Klasse	4. Klasse
Selbstwirksamkeit bezüglich Mathematik	wirksam2	kein Einfluss	kein Einfluss	kein Einfluss
Einschätzung der Brauchbarkeit von Mathematik	brauchb2	kein Einfluss	kein Einfluss	kein Einfluss
Angst vor Versagen im Mathematikunterricht	angst2	kein Einfluss	kein Einfluss	kein Einfluss
Lehrer-Schüler-Beziehung, bezogen auf den Mathematikunterricht	lehrbez2	kein Einfluss	kein Einfluss	kein Einfluss
Orientierung des Mathematiklehrers an Grundrechnungsarten	lgrund2	kein Einfluss	kein Einfluss	kein Einfluss
Wahrnehmung hoher Erwartungen des Mathematiklehrers durch Schüler	lerwart2	kein Einfluss	kein Einfluss	Einfluss
Orientierung des Mathematiklehrers an Frontalunterricht	frontal2	kein Einfluss	kein Einfluss	kein Einfluss
LUM-Skala: Wahrnehmung von konstruktivistisch orientiertem Mathematikunterricht durch Schüler	lumkonst	kein Einfluss	kein Einfluss	kein Einfluss
Akzeptanz von Gruppenarbeiten durch Schüler	gruarb2	kein Einfluss	kein Einfluss	kein Einfluss

Der Prädiktor aus dem familiären Bereich des FISK-Modells hat eine uneinheitliche Wirkung auf die mathematischen Leistungstestwerte in der Hauptschule.

Tabelle 91: Die Wirkung des Prädiktors „Elterliche Unterstützung“ auf die Responsevariable des mathematischen Leistungstestwerts

Elterliche Unterstützung	eltern2	Einfluss	kein Einfluss	kein Einfluss

Die beiden Prädiktoren „Kulturelle Aktivitäten außerhalb der Schule“ und „Einstellung zur Brauchbarkeit und Wahrnehmung der Sinnhaftigkeit von Mathematik“ haben allerdings einen signifikanten Einfluss auf den TIMSS-Testwert.

Die Halbjahresnote aus Mathematik hat sowohl in der dritten als auch vierten Klasse der Grundschule einen signifikanten Einfluss auf den Leistungstestwert. Mit einem ähnlichen Prädiktor konnte auch für die Stichprobe aus der zweiten, dritten und vierten Klasse aus den Hauptschulen ein signifikanter Einfluss nachgewiesen werden. Der gegenstandsspezifische Mittelwert aus Schularbeiten- und Zeugnisnoten hat einen Einfluss auf den curriculumorientierten Testwert. Für diese drei Stichproben konnte auch ein signifikanter Einfluss des Vorwissens ermittelt werden.

13.2.3. Der Beitrag der Schulklassen zur Aufklärung von Leistungsvarianz für nicht-kognitive Responsevariable

Für die Grundschulstichproben wurde überprüft, ob es einen Kontexteinfluss auf nicht-kognitive Responsevariable gibt.

Forschungsfrage:

Welchen Einfluss hat die Schulklasse auf nicht-kognitive Responsevariablen?

Antwort:

Die Zugehörigkeit zu einer Schulklasse hat keinen Einfluss auf Responsevariable wie „Interesse an Mathematik", „Selbsteinschätzung der mathematischen Leistungsfähigkeit" und „Bereichsspezifisches Fähigkeitsselbstbild zum Umwandeln und zur Durchführung von Grundrechnungsarten" in den dritten und vierten Klassen der Grundschule. Die meiste Varianz wurde diesbezüglich durch die individuelle Ebene aufgeklärt.

13.2.4. Der Beitrag der Schule zur differentiellen Aufklärung von Leistungsvarianz für mathematische Leistungstestwerte

Mit Random-Slope-Modellen wurde versucht, differentielle Effekte von Schulklassen und Schulen auf mathematische Leistungstestwerte an ausgewählten Datensätzen nachzuweisen.

Forschungsfrage:

Haben Schulklassen bezüglich eines Leistungstestwerts einen unterschiedlichen Einfluss auf Schüler mit hohem bzw. niedrigem Vorwissen?

Haben Schulen bezüglich eines Leistungstestwerts einen unterschiedlichen Einfluss auf Schüler mit hoher bzw. niedriger „Einstellung zur Brauchbarkeit und Wahrnehmung der Sinnhaftigkeit von Mathematik"?

Antwort:

Für einen Subtest (kul982) des curriculumorientierten Testwerts für die dritten Klassen der Hauptschulen wurde versucht, mit dem Prädiktor „Vorwissen" differentielle Wirkungen der Schulklassen zu belegen. Diese differentiellen Wirkungen konnten nachgewiesen werden. Es konnte gezeigt werden (vgl. Kapitel 11.3), dass es für Schüler mit hohem Vorwissen einen Unterschied macht, in welcher Klasse sie sind. In den Abbildungen 78 und 79 (Kapitel 11.3) wird dieser Sachverhalt dargestellt. Für Schüler mit niedrigem Vorwissen ist die Schulklassenzugehörigkeit weit weniger relevant.

Für den Nachweis der differentiellen Effekte wurde für den TIMSS-Datensatz ein Dreiebenenmodell gerechnet und eine differentielle Wirkung der Schulen auf die Responsevariable mit dem Prädiktor „Einstellung zur Brauchbarkeit und Wahrnehmung der Sinnhaftigkeit von Mathematik" identifiziert. Mit der „Fanning out"-Grafik (Abbildung 84) wurde gezeigt, dass es einen großen Unterschied macht, welche Schule ein Schüler besucht, wenn die Einstellung zur Brauchbarkeit und Wahrnehmung der Sinnhaftigkeit von Mathematik niedrig ist. Wenn Schüler einen hohen Wert in diesem Prädiktor haben, ist die Schulzugehörigkeit weit weniger relevant.

13.2.5. Die differentielle Wirkung des Prädiktors „Bildungsstand der Mutter"

Wenn es Schulen oder Schulklassen gelingt, die schulischen Erfolge vom familiären Background abzukoppeln, dann wären nach Rüesch (1998, S. 76) Schritte zur Herstellung von Chancengleichheit gesetzt.

Forschungsfrage:

Haben Schüler von Müttern mit höherer Bildung höhere Leistungstestwerte?

Hat die Bildung des Vaters einen Einfluss auf den Leistungstestwert?

Antwort:

Diese Forschungsfrage wurde am TIMSS-Datensatz überprüft. Für Schüler von Müttern, die Matura haben, konnte gezeigt werden, dass sie einen um 10.41 höheren TIMSS-Testwert haben. Der Unterschied ist signifikant. Dieser Effekt konnte für Mütter mit einem Universitätsabschluss nicht nachgewiesen werden.

Die Bildung des Vaters hat als Prädiktor keinen Einfluss auf den Leistungstestwert der Schüler.

13.3. Spielt die Schulklasse eine Rolle?

Aufgrund der Datenlage wurden nur Zweiebenenmodelle gerechnet. Es waren zu wenige Schulklassen pro Schule in der höheren Ebene Schule vertreten, dass es vertretbar gewesen wäre, ein Dreiebenenmodell zu rechnen.

Generell kann noch nicht gesagt werden, dass in allen Schulstufen und für alle Gegenstände die Schlussfolgerung gilt, dass Schulklassen eine Rolle spielen. Wenn aber in vier von sechs Analysen für mathematische Leistungstestwerte Kontexteffekte nachgewiesen werden konnten, so ist die Schlussfolgerung berechtigt, dass mit einiger Sicherheit behauptet werden kann, dass es einen Unterschied macht, in welcher Schulklasse ein Schüler seine Schulzeit verbringt.

Für die Grundschule kann mit sehr großer Sicherheit behauptet werden, dass die Schulklasse zur Erreichung hoher Kompetenzen bezüglich des Maßumwandelns eine Rolle spielt. Für die Hauptschule kann dies nur für die vierten Klassen behauptet werden. Die Autokorrelationswerte für diese Befunde liegen über der von Scheerens angegebenen Schwankungsbreite (Rüesch 1998, S. 59) und legen den Schluss nahe, dass in diesen Klassen die Schulklassen eine besonders große Rolle spielen. Diese Befunde wären aber wegen der besonderen Höhe durch Replikationen abzustützen.

Ob Schulklassen oder Schulen für nicht-kognitive Prädiktoren eine Rolle spielen, kann mit den vorliegenden Befunden nicht mit Sicherheit geschlossen werden.

Die Schulklassen spielen in den meisten Fällen nicht nur bezüglich der Höhe der erreichten Leistungswerte (verschiedene Intercepte) eine bedeutende Rolle, sondern können auch eine differentielle Wirkung haben. Schulklassen spielen nicht nur eine Rolle, sondern sie spielen auch eine unterschiedliche Rolle für Schüler mit demselben Merkmal, aber unterschiedlicher Ausprägung.

Die Identifikation von differentiellen Effekten durch Random-Slope-Modelle ist ein relativ neues Verfahren z. B. zur Überprüfung, in welcher Weise Schulklassen oder Schulen in der Lage sind, den Schulerfolg von der Herkunft abzukoppeln.

Das Ergebnis, dass Schulklassen für mathematische Leistungstestwerte eine Rolle spielen, hat große Interventionsrelevanz. Wenn dieser Befund auf breiter Basis für weitere Kompetenzbereiche abgesichert werden kann, ist die alleinige Zuschreibung des Versagens von Schülern auf individuelle und familiäre Faktoren zu revidieren. Dieses Ergebnis ist auch eine wichtige Begründung für Lehrerfortbildungsmaßnahmen, um für das Phänomen der Klasseneffekte, der Kohäsion in Klassen und für den herrschenden „Geist" in Klassen zu sensibilisieren.

Interventionsrelevant ist auch das Ergebnis zu den nicht-kognitiven Prädiktoren aus der Analyse der Daten von den Hauptschulklassen. Nach den empirischen Belegen kann davon ausgegangen werden, dass Schulklassen und Schulen wichtige Lebensräume für die Entwicklung und Sozialisation der heranwachsenden Generation darstellen.

14 AUSBLICK

Mit der Mehrebenenanalyse wurden im Rahmen dieser Studie überraschende und neue Ergebnisse erzielt. Es wurde versucht, die Mehrebenenanalyse auf Basis theoretischer Überlegungen anzuwenden, um der Kritik der theorielosen Auswertung von Daten mit einem mächtigen Verfahren vorzubeugen.

Es wurden nur zwei Beispiele zur differentiellen Wirkung von schulischen Lebensräumen in der Arbeit dargestellt. Ein Beispiel konnte gut auf der Basis der Entkoppelungshypothese dargelegt, und es konnte gezeigt werden, dass zumindest für Kinder von Müttern mit Maturaabschluss der Schulerfolg mit der Herkunft zusammenhängt.

Das zweite Beispiel entspricht eher dem Typ einer Exploration. Es wurde mit der Responsevariablen TIMSS-Testwert und dem Prädiktor „Einstellung zur Brauchbarkeit und Wahrnehmung der Sinnhaftigkeit von Mathematik" nachgewiesen, dass der Kontext Schule verschiedene Wirkungen auf verschiedene Schülergruppen hat. Die Suche von weiteren differentiellen Wirkungen schulischer Lebensräume wurde deshalb nicht fortgesetzt, weil die entsprechenden theoretischen Grundlagen dafür nicht zur Verfügung gestellt werden konnten. Dies stellt eine Auftrag für künftige Forschungsvorhaben dar.

Eine informelle Regel in der ML-Scientific Community besagt, dass man für ein Dreiebenenmodell die 20/20/20-Regel berücksichtigen sollte. Damit ist gemeint, das man für ein Dreiebenenmodell 20 Schüler in 20 Klassen aus 20 Schulen zur Verfügung haben sollte. Sinngemäß lautet die Regel für ein Zweiebenenmodell 20 Schüler aus 20 Klassen (n = 400). Diese Zahl wurde in einigen Fällen unterschritten. Da sehr hohe Kontexteffekte gefunden werden konnten, ist zu fragen, ob dies z. B. für die Grundschule verallgemeinerbar oder doch aufgrund eines bestimmten Samples zustande gekommen ist. Für weitere Forschungsvorhaben wird großes Augenmerk auf eine ausreichende Zahl von Klassen mit einer ausreichenden Zahl von Schülern gelegt.

Für weiterführende Untersuchungen ist beabsichtigt, das FISK-Modell zu verfeinern. In künftigen Forschungsvorhaben sollen jene weiteren Prädiktoren identifiziert werden, die einen Einfluss auf die Schulleistung haben. Es sollen jene Prädiktoren gefunden werden, die eine differentielle Wirkung auf Schülergruppen haben.

Weiters soll mit der Mehrebenenanalyse auf der Basis des Gardner-Modells versucht werden, kognitive und nicht-kognitive Responsevariable gemeinsam zu modellieren.

In weiteren Analysen sollen genuine Aggregatseigenschaften für die höheren Analyseebenen identifiziert und in den Modellrechnungen analysiert werden (z. B. Anteil von Migrantenkindern in den Schulklassen, Anteil von Knaben in den Klassen, Anteil von verhaltensschwierigen Kindern, Informationen zum kompensatorischen Denken und Handeln von Lehrern etc.).

Die Untersuchung der Steigungen eröffnet neue Perspektiven für die Unterrichts- und Schulforschung. Zur Zeit fehlt eine theoretische Basis für die Wirkung verschiedener Prädiktoren bezüglich der Steigungen in Abhängigkeit von den Kontexten auf Responsevariable. Es wäre eine Theorie der differentiellen Wirkung schulischer Lebensräume zu konzipieren.

Für künftige Forschungsvorhaben wäre eine Integration der Theorie der Situationsspezifität (Patry 1991; 2000) und einer Theorie der differentiellen Wirkung schulischer Lebensräume anzustreben.

15 LITERATURVERZEICHNIS

Altrichter, H. & Posch, P. (1999). Wege zur Schulqualität. StudienVerlag: Innsbruck.

Amstler, J., Gierlinger, H., Mühlbauer, J., Parisot, K. J., Wingert, O. & Zorn, H. (1974). Neue Mathematik auf der fünften Schulstufe. Wien: Jugend und Volk.

Aurin, K. (1991). Gute Schule – worauf beruht ihre Wirksamkeit? Bad Heilbrunn: Klinkhardt. 2. Auflage.

Backhaus, K., Erichson, B., Plinke, W. & Weiber, R. (1993). Multivariate Analysemethoden. Berlin: Springer-Verlag. 7. Auflage.

Bauer, L. et al. (2000). Lehrplan der Volksschule. (Stand: 1. Februar 2000). Wien: ÖBV und HPT. 9. Auflage.

Bauersfeld, H. (1983). Subjektive Erfahrungsbereiche als Grundlage einer Interaktionstheorie des Mathematiklernens und -lehrens. In: IDM 6 (Institut für Didaktik der Mathematik der Universität Bielefeld) (1983): Lernen und Lehren von Mathematik. Köln: Aulis Verlag Deubner.

Bauersfeld, H. (1984). Ergebnisse und Probleme von Mikroanalysen mathematischen Unterrichts. In: Dörfler, W. & Fischer, R. (Hrsg.) (1984). Empirische Untersuchungen zum Lehren und Lernen von Mathematik. Wien: Hölder-Pichler-Tempsky.

Baumert, J. & Köller, O. (1998). In: Pädagogik 6 / 98. Weinheim: Beltz.

Baumert, J., Bos, W. & Lehmann, R. (2000). TIMSS / III. Dritte Internationale Mathematik- und Naturwissenschaftsstudie – Mathematische und naturwissenschaftliche Bildung am Ende der Schullaufbahn. Band 1. Mathematische und naturwissenschaftliche Grundbildung am Ende der Pflichtschulzeit. Opladen: Leske + Budrich.

Bernhard, A. (1999). Neuere Grundlagenkritik an der Didaktik. In: Zeitschrift für Pädagogik. Jhrg. 45; Heft 5; Sept. / Okt. 1999.

Besessenyei, I. (1997). Lernen im 21. Jahrhundert; World Wide Web und Dekonstruktion – die Folgen für die Schule. In: Arbeiterkammer Steiermark (1997) (Hrsg.). Telekommunikation und Neue Medien. Graz.

Blum, W. (2000). Was wollen wir, was haben wir erreicht? Zwischenbilanz zum Modellversuch Mathematik. In: Pro Schule. Zeitschrift des Hessischen Landesinstituts für Pädagogik (HeLP). Heft 3 / 2000. Hessisches Landesinstitut für Pädagogik. Fuldatal.

Boeckmann. K. (1974) (Hrsg.). Lernziele und Erfolgskontrolle. Bad Heilbrunn: Verlag Julius Klinkhardt.

Bohec, P. L. (1997). Verstehen heißt Wiedererfinden. Bremen: Pädagogik-Kooperative. Reihe Moderne Schule.

Bortz, J. (1979). Lehrbuch der Statistik. Berlin: Springer-Verlag.

Bromme, R. (1981). Das Denken von Lehrern bei der Unterrichtsvorbereitung. Weinheim: Beltz.

Brooks, J. G. & Brooks, M. G. (1993). The Case for the Constructivist Classroom. Alexandria, VA: ASCD.

Brophy J. E. & Good, T. L. (1976). Die Lehrer-Schüler-Interaktion. München: Urban & Schwarzenberg.

Bühl, A. & Zöffl, P. (1999). SPSS. Version 8. Einführung in die moderne Datenanalyse unter Windows. Bonn: Addison-Wesley.

Bund-Länder-Kommission für Bildungsplanung und Forschungsförderung (1997). Gutachten zur Vorbereitung des Programms „Steigerung der Effizienz des mathematisch-naturwissenschaftlichen Unterrichts". Heft 60. Bonn.

Cheng, Y. C. (1996). School Effectiveness & School-based Management. London: Falmer Press.

Ciompi, L. (1999). Die emotionalen Grundlagen des Denkens. Entwurf einer fraktalen Affektlogik. Göttingen: Vandenhoeck & Ruprecht. 2. Auflage.

Claus, H. J. (1989). Einführung in die Didaktik der Mathematik. Darmstadt: Wissenschaftliche Buchgesellschaft.

Clauss, G. & Ebner, H. (1972). Grundlagen der Statistik. Frankfurt a. Main: Verlag Harri Deutsch.

Dallin, P. (1997). Schule auf dem Weg in das 21. Jahrhundert. Neuwied: Luchterhand.

Dettling, W. (1998). Wirtschaftskummerland? Wege aus der Globalisierungsfalle. München: Kindler.

Ditton, H. (1998). Mehrebenenanalyse. Weinheim und München: Juventa Verlag.

Doherty, G. D. (Hrsg.) (1994). Developing Quality systems in Education. London & New York: Routledge.

Dörner, D. (1993). Die Logik des Misslingens. Reinbeck b. Hamburg: Rowohlt.

Eberwein, H. (Hrsg.) (1990). Behinderte und Nichtbehinderte lernen gemeinsam. Weinheim: Beltz.

EB-Heft „Decision Making". 1997. Encyclopaedia Britannica Educational Corporation. Chicago.

EB-Heft „Grasping Sizes". 1997. Encyclopaedia Britannica Educational Corporation. Chicago.

EB-Heft „Side Seeing". 1997. Encyclopaedia Britannica Educational Corporation. Chicago.

EB-Teacher Guide „Grasping Sizes". 1997. Encyclopaedia Britannica Educational Corporation. Chicago.

EB-Teacher Guide „Side Seeing". 1997. Encyclopaedia Britannica Educational Corporation. Chicago.

Eder, F. (Hrsg. in Zusammenarbeit mit Posch, P., Schratz, M., Specht, W. & Thonhauser, J.) (2002). Qualitätsentwicklung und Qualitätssicherung im österreichischen Schulwesen. Bildungsforschung des Bundesministeriums für Bildung, Wissenschaft und Kultur. Nr. 17. Innsbruck: StudienVerlag.

Eder, F., Posch, P., Schratz, M., Specht, W. & Thonhauser, J. (2002). Zielsetzungen, Bausteine und Struktur eines Gesamtsystems für Qualitätsentwicklung und Qualitätssicherung im Schulsystem. In: Eder, F. (Hrsg. in Zusammenarbeit mit Posch, P., Schratz, M., Specht, W. & Thonhauser, J.) (2002). Qualitätsentwicklung und Qualitätssicherung im österreichischen Schulwesen. Bildungsforschung des Bundesministeriums für Bildung, Wissenschaft und Kultur. Nr. 17. Innsbruck: StudienVerlag.

Eder, F., Posch, P., Schratz, M., Specht, W. & Thonhauser, J. (Hrsg.) (2002). Qualitätsentwicklung und Qualitätssicherung im österreichischen Schulwesen. Innsbruck: StudienVerlag.

Einsiedler, W. (1974). Schulpädagogik. Eine Einführung. Donauwörth: Auer.

Einsiedler, W. (1997). Unterrichtsqualität und Leistungsentwicklung. In: Weinert, F. & Helmke, A. (1997) (Hrsg.). Entwicklung im Grundschulalter. Weinheim: Psychologie Verlags Union.

Ellrott, D. & Schindler, M. (1975). Reform des Mathematikunterrichts, Bad Heilbronn: Verlag Julius Klinkhardt.

Engel, U. (1998). Einführung in die Mehrebenenanalyse. Opladen / Wiesbaden: Westdeutscher Verlag.

Ernest, P. (1996). Constructing Mathematical Knowledge. London: Falmer Press.

Falkinger, B. & Hajek, A. (1999). Vorwort. In: schulheft 96. Wien.

Fend, H. (1979). Gesellschaftliche Bedingungen schulischer Sozialisation. Soziologie der Schule I. Weinheim: Beltz.

Fend, H. (1981). Theorie der Schule. Urban und Schwarzenberg: München. 2. durchgesehene Auflage.

Fend, H. (1998a). Qualität im Bildungswesen. Weinheim und München: Juventa Verlag.

Fend, H. (1998b). Schüler sind heute anders. In: Altrichter, H., Krainer, K. & Thonhauser, J. (1998) (Hrsg.). Chancen der Schule: Schule als Chance. Innsbruck: StudienVerlag.

Fend, H., Knörzer, W., Nagl, W., Specht, W. & Väth-Szusdziara, R. (1976). Sozialisationseffekte der Schule. Weinheim: Beltz.

Finkbeiner, C. & Schnaitmann, G. W. (2001) (Hrsg.). Lehren und Lernen im Kontext empirischer Forschung und Fachdidaktik. Donauwörth: Auer Verlag.

Fischer, A., Fritsche, Y., Fuchs-Hernitz, W. & Münchmeier, R. (2000). Jugend 2000. 13. Shell Jugendstudie. Opladen: Leske + Budrich.

Fischer, R. & Malle, G. (1985). Mensch und Mathematik. Mannheim: Bibliographisches Institut Wissenschaftsverlag.

Fischer, R. (1995) (Hrsg.). Die Wirklichkeit des Konstruktivismus. Zur Auseinandersetzung um ein neues Paradigma. Heidelberg: Carl-Auer-Systeme.

Förster, H. v. (1985). Sicht und Einsicht. Versuche einer operativen Erkenntnistheorie. Braunschweig & Wiesbaden: Vieweg.

Förster, H. v. (1998). Entdecken oder Erfinden. Wie lässt sich Verstehen verstehen? In: Gumin, H. v. & Meier, H. (Hrsg.) (1998). Einführung in den Konstruktivismus. München: Piper. 4. Auflage.

Friesl, Ch. & Polak, R. (2001). Jung-Sein als Experiment. In: Friesl, C. (Hrsg.) (2001). Experiment Jung-Sein. Die Wertewelt österreichischer Jugendlicher. Wien: Czernin Verlag.

Fritzsche, Y. (2000). In: Fischer, A., Fritsche, Y., Fuchs-Hernitz, W. & Münchmeier, R. (2000). Jugend 2000. 13. Shell Jugendstudie. Opladen: Leske + Budrich.

Fuchs, P. (1993). Niklas Luhmann – beobachtet. Eine Einführung in die Systemtheorie. Opladen: Westdeutscher Verlag.

Fullan, M. (1992). Successful School Improvement. Buckingham, Philadelphia: Open University Press.

Gage, L. N. & Berliner, D. C. (1979). Pädagogische Psychologie. Band 1 und 2. München: Urban & Schwarzenberg.

Gage, N. L. & Berliner, D. C. (1979). Pädagogische Psychologie. München: Urban & Schwarzenberg. 2. Auflage.

Gardner, H. (1989). Dem Denken auf der Spur. Der Weg der Kognitionswissenschaft. Stuttgart: Klett-Cotta.

Gardner, R. C. & MacIntyre, P. (1992). A student's contribution to second-language learning. Part II: Affective variables. In: Language Teaching, 26, 1-11.

Gardner, R. C. & MacIntyre, P. (1992). A student's contribution to second-language learning. Part I: Cognitive variables. In: Language Teaching, 25, 211-220.

Gastager, A. & Patry, J.-L. (2000). „Konstruktivistische" und „traditionelle" Elemente im Denken von Lehrerinnen und Lehrern (über Handlungen im Unterricht). Projektbereich 5: Theorien- und Paradigmenkoexistenz in den Erziehungswissenschaften. Institut für Erziehungswissenschaft. Universität Salzburg. Ausgabe 6 / Mai 2000.

Glasersfeld, E. von (1991). Abschied von der Objektivität. In: Watzlawick, P. & Krieg, P. (1991) (Hrsg.). Das Auge des Betrachters. München Piper.

Glasersfeld, E. von (1992a). Aspekte des Konstruktivismus: Vico, Berkeley, Piaget. In: Rusch, G. & Schmidt, S. J. (1992) (Hrsg.). Konstruktivismus: Geschichte und Anwendung. Frankfurt a. Main: Suhrkamp.

Glasersfeld, E. von (1992b). Wissen, Sprache und Wirklichkeit. Braunschweig: Vieweg.

Glasersfeld, E. von (1995). Konstruktion der Wirklichkeit und des Begriffs der Objektivität. In: Gumin, H. & Meier, H. (Hrsg.) (1995). Einführung in den Konstruktivismus. München: Serie Piper. 2. Auflage.

Glasersfeld, E. von (1998). Konstruktion der Wirklichkeit und des Begriffes der Objektivität. In: Einführung in den Konstruktivismus. München: Piper. 4. Auflage.

Goldstein, H. (1980). The Statistical Procedures. In: Tizard, B., Burgess, T., Francis, H., Goldstein, H., Young, M., Hewison, J. & Plewis, I. (1980). „Fifteen Thousand Hours": A Discussion. London: Institute of Education, University of London.

Gonon, P., Hügli, E., Landwehr, N., Ricka, R., Steiner, P. (1999). Qualitätssysteme auf dem Prüfstand. Aarau / Schweiz: Sauerländer. 2. Auflage.

Götz, S. & Reichel, H.-C. (1998). TIMSS. Informationen, Beispiele, Folgerungen. Wien: Verlag Hölder-Pichler-Tempsky.

Gravemeijer, K. (1994). Developing Realistic Mathematics Education. Utrecht: Freudenthal Institute.

Gravemeijer, K. (1997). Mediating between concrete and abstract. In: Nunes, T. & Bryant, P. (1997). Learning and Teaching Mathematics. Psychology Press: Hove, UK.

Grell, J. (1975). Techniken des Lehrerverhaltens. Weinheim: Beltz. 4. Auflage.

Grell, J. (1983). Techniken des Lehrerverhaltens. Weinheim: Beltz. 11. Auflage.

Griesel, H. (1973). Die Neue Mathematik für Lehrer und Studenten. Hannover: Schroedel Verlag.

Gruehn, S. (2000). Unterricht und schulisches Lernen. Münster: Waxmann Verlag.

Gumin, H. & Meier, H. (Hrsg.). Einführung in den Konstruktivismus. München: Piper.

Hackl, B. (2000a). Der „systemische Ansatz": Ein Denkmodell und seine Tücken. In: Journal für Schulentwicklung. Innsbruck: StudienVerlag.

Hackl, B. (2000b). Systemisch denken – pädagogisch handeln? Reichweite, Paradoxien und Selbstmissverständnisse eines populären Idioms. Innsbruck: StudienVerlag.

Hage-Ali, U. (1997). Weder Fisch noch Fleisch. In: Deutsche Lehrerzeitung. Ausgabe 9 / 10. 6. März 1997.

Haider, G. & Reiter, C. (Hrsg.) (2001). PISA 2000. Nationaler Bericht. Innsbruck: StudienVerlag.

Haider, G. & Wallner, C. (1998). TIMSS IN A BOX. Materialien des Austrian IEA Research Centers Salzburg für kooperierende Forscher / Forschergruppen. Version 1 (10. November 1998). Salzburg: Austrian IEA Research Center.

Heinze, T. (1978). Unterrichts als soziale Situation. Zur Interaktion von Schülern und Lehrern. München: Juventus.

Heller, K. A. (1997). Individuelle Bedingungsfaktoren der Schulleistung: Literaturüberblick. In: Weinert, F. & Helmke, A. (1997) (Hrsg.). Entwicklung im Grundschulalter. Weinheim: Psychologie Verlags Union.

Hellmich, A. & Teigeler, P. (Hrsg.) (1992). Montessori-, Freinet-, Waldorfpädagogik. Weinheim: Beltz Grüne Reihe.

Helmke, A. & Schrader, F.-W. (1998). Determinanten der Schulleistung. In: Rost, D. H. (Hrsg.) (1998). Handwörterbuch Pädagogische Psychologie. Weinheim: Psychologie Verlags Union.

Helmke, A. & Weinert, F. (1997). Bedingungsfaktoren schulischer Leistungen. In: Weinert, F. E. (Hrsg.). Enzyklopädie der Psychologie. Psychologie des Unterrichts und der Schule. Serie I. Band 3. Göttingen: Hogrefe.

Helmke, A. (1997). Entwicklung lern- und leistungsbezogener Motive und Einstellungen: Ergebnisse. In: Weinert, F. & Helmke, A. (1997). Entwicklung im Grundschulalter. Weinheim: Psychologie Verlags Union.

Herz, O. (1997). TIMSS – ein zweiter Sputnikschock? In: Deutsche Lehrerzeitung. 44. Jhrg. Ausgabe 9 / 10. 6. März 1997.

Heymann, H. W. (1997). Mathematikunterricht und sein (möglicher) Beitrag zur Allgemeinbildung. In: Pädagogik. Heft 1 / Januar 1997.

Homans, G. C. (1978). Theorie der sozialen Gruppe. Opladen: Westdeutscher Verlag. 7. Auflage.

Homans, G. C. (1981). Elementarformen sozialen Verhaltens. Opladen: Westdeutscher Verlag.

Hopf, D. (1980). Mathematikunterricht. Stuttgart: Klett-Cotta.

Hug, T. (1998). Technologiekritik und Medienpädagogik. Hohengehren: Schneider Verlag.

Humell, H. J. (1972). Probleme der Mehrebenenanalyse. Stuttgart: Teubner Studienskripten.

Huschke-Rhein, R. (1992). Systemisch-ökologische Pädagogik. Band III: Systemtheorien für die Pädagogik. Köln: Rhein-Verlag. 2. Auflage.

Huschke-Rhein, R. (1993). Systemisch-ökologische Wissenschaftslehre als Bildungslehre im Atomzeitalter. Band I. Köln: Rhein-Verlag. 3. Auflage.

Huschke-Rhein, R. (1999). Lernen, Leben, Überleben. In: Voß, R. (1999). Die Schule neu erfinden. Systemisch-konstruktivistische Annäherungen an Schule und Pädagogik. Neuwied: Luchterhand.

Jaworski, B. (1996). Investigating Mathematics Teaching. A Constructivist Enquiry. London: Falmer Press.

Jones , K. (1997). Handout zum Kurs Mehrebenenanalyse zur Summer School in Lugano.

Jones, K. & Duncan, C. (1997). Handout zum Multilevel Workshop an der University of Essex.

Kennedy, E. & Mandeville, G. (2000). Some Methodological Issues in School Effectiveness Research. In: Teddlie, C. & Reynolds, D. (2000). The International Handbook of School Effectiveness Research. London & New York: Falmer Press.

Klemm, K. (1997). Eine „typische“ Mathestunde in Japan und eine in Deutschland. URL: http://www.hagen.de.GGG/Lager/Klemm97a.html. Zuletzt abgefragt 4. April 2000.

Klippert, H. (1997). Methoden-Training. Weinheim: Beltz praxis. 6. Auflage.

Klippert, H. (1999) Teamentwicklung im Klassenraum. Weinheim: Beltz praxis. 2. Auflage.

Koehler, M. S. & Grouws, D. A. (1992). Mathematics Teaching Practices and Their Effects. In: Grouws, D. A. (1992). Handbook of Research on Mathematics Teaching and Learning. New York: Macmillan Publishing Company.

Kohler, B. (2001). Problemorientiert lehren und lernen. In: Schwetz, H., Zeyringer, M. & Reiter, A. (2001a). Konstruktives Lernen mit neuen Medien. Innsbruck: StudienVerlag. S. 100-118.

Köller, O. (1996). Zur mehrebenenanalytischen Modellierung von individuellen Lernerträgen. In: Treumann, K.-P., Neubauer, G., Möller, R. & Abel, J. (Hrsg.) (1996). Methoden und Anwendungen empirischer pädagogischer Forschung. Münster: Waxmann.

Königswieser, R. & Exner, A. (1999). Systemische Intervention. Stuttgart: Klett-Cotta.

Kösel, E. (1997), Die Modellierung von Lernwelten. Ein Handbuch zur subjektiven Didaktik. Eltztal-Dallau: Laub. 3. Auflage.

Krainz-Dürr, M. (1999). Wie kommt Lernen in die Schule? Innsbruck: StudienVerlag.

Kreft, I. & Leeuw, J. de (1998). Introducing Multilevel Modeling. London: Sage Publications.

Krüssel, H. (1993). Konstruktivistische Unterrichtsforschung. Frankfurt a. Main: Peter Lang.

Lange, J. de, (1993). Innovation in Mathematics Education using Applications: Progress and Problems. In: Lange, J. de, Keitel, C., Huntley, I. & Niss, M. (1993) (Hrsg.). Innovation in Maths education by Modelling and Application. New York: Ellis Horwood.

Leutenbauer, H. (1981). Das praktische Handbuch für den Mathematikunterricht in der Hauptschule. Donauwörth: Auer Verlag.

Levine, D. & Havinghurst, R. J. (1989). Society and Education. Boston: Allyn and Bacon. 7. Auflage.

Lötsch, B. (o. J.). Ökologie und Umweltschutz. Wien: Österreichisches Jugendrotkreuz.

Lübbe, H. (1997). Megatrends, Faktoren der Entwicklung moderner Gesellschaften. In: Referate der „Club AAB"-Tagungen. Nr. 27 / 28 / 29. Graz.

Ludwig, P. H. (1991). Sich selbst erfüllende Prophezeiungen im Alltag. Stuttgart: Verlag für Angewandte Psychologie.

Luhman, N. (1984). Soziale Systeme. Grundriß einer allgemeinen Theorie. Frankfurt a. Main: Suhrkamp.

Luhman, N. (1999). Funktionen und Folgen formaler Organisation. Berlin: Duncker & Humblot. 5. Auflage.

Luhmann, N. (1997). Die Gesellschaft der Gesellschaft. Band I und II. Frankfurt a. Main: Suhrkamp.

Mader, G. & Stöckl, W. (1999). Virtuelles Lernen. Innsbruck: StudienVerlag.

Martin, H.-P. & Schumann, H. (1996). Die Globalisierungsfalle. Reinbeck bei Hamburg: Rowohlt. 4. Auflage.

Mathematics in Context. 1997. Chicago: Encyclopaedia Britannica Educational Corporation.

Maturana, H. R. & Varela, F. J. (1987). Der Baum der Erkenntnis. Bern: Goldmann.

Messner, R. & Posch, P. (1971). Perspektiven für einen neuen Lehrplan. In: Messner, R. & Rumpf, H. (1971) (Hrsg.) . Didaktische Impulse. Wien: Österreichischer Bundesverlag.

Meyer, H. (1991). Leitfaden zur Unterrichtsvorbereitung. Frankfurt a. Main: Cornelsen Scriptor.

Meyer, H. (1994). UnterrichtsMethoden. II: Praxisband. Frankfurt a. Main: Cornelson Scriptor. 7. Auflage.

Meyer, H. (1997). Schulpädagogik. Band I: Für Anfänger. Frankfurt a. Main: Cornelson Scriptor.

Meyer, H. (1997). Schulpädagogik. Band II. Für Fortgeschrittene. Frankfurt a. Main: Cornelson Scriptor.

Mitter, W. (1998). Bildungswandel in West- und Osteuropa. In: Lehrerbildung und Schule. Bundesarbeitskreis der Seminar- und Fachleiter/innen e. V. (Hrsg.). Rinteln: Merkur Verlag.

MLWin (http://multilevel.ioe.ac.uk). Zuletzt abgefragt am 5. April 2002.

Mortimore, P. (1995). Effective schools: Current impact and future potential. London: Institute of Education.

Mortimore, P., Sammons, P., Stoll, L., Lewis, D. & Ecob, R. (1988). School Matters. London: Open Books.

Müller, K. (1996) (Hrsg.). Konstruktivismus. Lehren – Lernen – Ästhetische Prozesse. Neuwied: Luchterhand.

Naisbitt, J. & Aburdene, P. (1990). Megatrends 2000. New York: Avon Books.

Naisbitt, J. (1994). Global Paradox. New York: Avon Books.

Neubert, S., Reich, K. & Voß, R. (2001). Lernen als konstruktiver Prozess. In: Hug, T. (2001). Einführung in das wissenschaftliche Arbeiten. Wie kommt Wissenschaft zu Wissen? Band 1. Hohengehren: Schneider Verlag.

Nunes, T. (1998). Developing children's minds through literacy and numeracy. An Inaugural Lecture. London: Institute of Education.

O'Brien, T. (1999). Parrot Math. In: Phi Delta Kappan. Vol. 80. Nr. 6

Oblinger, H. (1979). Schulpädagogik. Eine Einführung. Donauwörth: Verlag Ludwig Auer. 2 Auflage

OECD (1989). Schools and Quality. An International Report. Paris.

Örter, R. (1995). Die Schüler von 6 bis 19 im heutigen gesellschaftlichen Umfeld: Die neue Verantwortung der Schule für die Entwicklung des Kindes und Jugendlichen. In: Zeitschrift der österreichischen Schulpsychologie-Bildungsberatung. BfUuK; Abt. Schulpsychologie-Bildungsberatung; Sedlak, F. (Hrsg.). Wien.

Österreichischer Gewerkschaftsbund Oberösterreich. (2001). Wer verdient am teueren Markenschuh? Das entwicklungspolitische Bildungsprojekt im ÖGB OÖ. 4020 Linz. Wienerstraße 2.

Papert, S. (1980). Gedankenblitze. Reinbeck bei Hamburg: rororo

Paterson, L. (1991a). An Introduction to Multilevel Modelling. In: Raudenbush, S. W. & Willms, J. D. (1991). Schools, Classrooms, and Pupils. San Diego: Academic Press.

Paterson, L. & Goldstein, H. (1991). New Statistical Methods for Analysing Social Structures: An introduction to multi level models. In: British Educational Research Journal. Vol. 17, No. 4, 1991. S. 387-393.

Patry, J.-L. & Riffert, F. (2000) (Hrsg.). Situationsspezifität in pädagogischen Handlungsfeldern. Innsbruck: StudienVerlag.

Patry, J.-L. (1991). Transsituationale Konsistenz des Verhaltens und Handelns in der Erziehung. Frankfurt a. Main: Peter Lang Verlag.

Patry, J.-L. (1996). Qualität des Unterrichts als Komponente von Schulqualität. In: Specht, W. & Thonhauser, J. (Hrsg.) (1996). Schulqualität. Innsbruck: StudienVerlag.

Patry, J.-L. (2001). Die Qualitätsdiskussion im konstruktivistischen Unterricht. In: Schwetz, H., Zeyringer, M. & Reiter, A. (Hrsg.) (2000). Konstruktives Lernen mit neuen Medien. Innsbruck: StudienVerlag.

Petersen, J. & Reinert, G.-B. (2001). Transkonfigurationen – oder warum Theorie nicht unmittelbar an Wirklichkeit scheitert. Historische und methodologische Analysen zur empirisch orientierten Pädagogik in Deutschland. In: Finkbeiner, C. & Schnaitmann, G. W. (Hrsg.) (2001). Lehren und Lernen im Kontext empirischer Forschung und Fachdidaktik. Donauwörth: Auer Verlag.

Peterßen, W. H. (1975). Grundlagen und Praxis des lernzielorientierten Unterrichts. Ravensburg: Otto Maier Verlag.

Peterßen, W. H. (1982). Handbuch der Unterrichtsplanung. Grundfragen, Modelle, Stufen. Dimensionen. München: Ehrenwirth.

Posch, P. & Altrichter, H. (1997). Evaluation und Entwicklung von Schulqualität – Dimensionen, Modelle und strategische Vorschläge. In: Posch, P. & Altrichter, H. (Hrsg.) (1997). Möglichkeiten und Grenzen der Qualitätsevaluation und Qualitätsentwicklung im Schulwesen. Innsbruck: StudienVerlag.

Posch, P. (1992). Schulautonomie in Österreich. Wien: BMUK.

Posch, P. (1996). Entwicklungstendenzen der Kultur des Lehrens und Lernens. In: Specht, W. & Thonhauser, J. (Hrsg.) (1996). Schulqualität. Entwicklungen. Befunde. Perspektiven. Innsbruck: StudienVerlag.

Positionspapier des Pädagogischen Institutes in Steiermark. Graz, 15. Juli 1998.

Prisching, M. (1992). Soziologie. Wien: Böhlau.

Prisching, M. (1998). Die McGesellschaft. Graz: Edition Kleine Zeitung.

Prosser, R., Rasbash, J. Goldstein, H. (1991). ML3. Software for Three-level Analysis. Users' Guide for V.2. London: Institute of Education.

Radatz, H. & Schipper, W. (1983). Handbuch für den Mathematikunterricht an Grundschulen. Hannover: Schroedel Schulbuchverlag.

Rasbash, J., Browne, W., Goldstein, H., Yang, M., Plewis, I., Healy, M., Woodhouse, G., Draper, D., Langford, I. & Lewis, T. (2000). A User's Guide to MLwiN. Version 2.1. London: University of London, Institute of Education, Multilevel Models Project.

Raudenbush, S. W. & Willms, J. D. (1991). Schools, Classrooms, and Pupils. San Diego: Academic Press.

Reese-Schäfer, W. (1999). Niklas Luhman zur Einführung. Junius: Hamburg. 3. Auflage.

Reich, K. (1999). Systemisch-konstruktivistische Didaktik. In: Voß, R (1999). Die Schule neu erfinden. Systemisch-konstruktivistische Annäherungen an Schule und Pädagogik. Neuwied: Luchterhand. 3. Auflage.

Reinmann-Rothmeier, G. & Mandl, H. (1997). Lernen auf der Basis des Konstruktivismus. In: Computer und Unterricht. 23 / 1996.

Reynolds, D. & Teddlie, C. (2000). An Introduction to School Effectiveness Research. In: Teddlie, C. & Reynolds, D. (2000). The International Handbook of School Effectiveness Research. London und New York: Falmer Press.

Reynolds, D. (1991). Forschung zu Schulen und zur Wirksamkeit ihrer Organisation – das Ende des Anfangs? Eine kritische Bilanz aus der Sicht britischer Erfahrungen. In: Aurin, K. (Hrsg.) (1991). Gute Schulen – worauf kommt es an? Bad Heilbronn: Verlag Julius Klinkhardt.

Richardson, K. (1998). Models of Cognitive Development. Hove, UK: Psychology Press.

Ritzer, G. (1995). Die McDonaldisierung der Gesellschaft. Frankfurt a. Main: Fischer.

Rolff, H.-G. (1993). Wandel durch Selbstorganisation. Theoretische Grundlagen und praktische Hinweise für eine bessere Schule. Weinheim & München: Juventa.

Rolff, H.-G. (1996). Steuerung, Entwicklung und Qualitätssicherung von Schulen durch Evaluation. In: Rolff, H.-G. (1996). Zukunftsfelder von Schulforschung. Weinheim: Deutscher Studien Verlag.

Rost, D. H. (Hrsg.) (1998). Handwörterbuch Pädagogische Psychologie. Weinheim: Psychologie Verlags Union.

Rotthaus, W. (1999). Wozu erziehen? Entwurf einer systemischen Erziehung. Heidelberg: Carl-Auer-Systeme. 2. Auflage.

Rüesch, P. (1998). Spielt die Schule eine Rolle? Schulische Bedingungen ungleicher Bildungschancen von Immigrantenkindern – eine Mehrebenenanalyse. Bern: Peter Lang.

Rumpf, H. (1971). Der unbekannte Schulunterricht – gezeigt am Beispiel des Gymnasiums. In: Messner, R. & Rumpf, H. (1971). Didaktische Impulse. Wien: Österreichischer Bundesverlag.

Rumpf, H. (1971). Sprachnebel. Über die Diktion, die den Unterricht reguliert. In: Messner, R. & Rumpf, H. (1971). Didaktische Impulse. Wien: Österreichischer Bundesverlag.

Rutter, M., Maughan, B., Mortimore, P. & Ouston, J. (1980). Fünfzehntausend Stunden. Weinheim: Beltz.

Saldern, M. v. (1987). Sozialklima von Schulklassen. Frankfurt a. Main: Peter Lang.

Saldern, M. v. (1998). Mehrebenenanalyse. In: Rost, D. H. (Hrsg.) (1998). Handwörterbuch Pädagogische Psychologie. Weinheim: Psychologie Verlags Union.

Schifter, D. & Fosnot, C. T. (1995). Reconstructing Mathematics Education. New York: Teachers College Press.

Schneider, W., Stefanek, J. & Dotzler, H. (1997). Erwerb des Lesens und des Rechtschreibens: Ergebnisse. Weinert, F. & Helmke, A. (Hrsg.) (1997). Entwicklung im Grundschulalter. Weinheim: Psychologie Verlags Union.

Schoenfeld, A. H. (1987). Cognitive Science and Mathematics Education. Hillsdale, NJ: Lawrence Erlbaum.

Schratz, M. (2001). Qualität als Machtwort ... EVA wird's schon richten. In: erziehung heute, Heft 3, 2001.

Schriftenreihe Schule in NRW, Nr. 9026 (1998). Mut zu Mathe und zum naturwissenschaftlichen-technischen Aufgabenfeld. Herausgegeben vom Ministerium für Schule und Weiterbildung, Wissenschaft und Forschung des Landes Nordrhein-Westfalen. Düsseldorf.

Schwetz, H. (1998). Projektbericht zum COMENIUS-Projekt „MATHECON". Bericht Nr. 1. Unveröffentlichter Projektbericht für das Bundesministerium für Unterricht, Kunst und Sport und das Pädagogische Institut, Graz.

Schwetz, H. (1999). „Parrot-Mathematik" ist eine didaktische Lösung erster Ordnung. In: Auf dem Weg nach Europa. Publikation der Pädagogischen Akademie des Bundes in Graz. Pädagogischen Akademie, Graz.

Schwetz, H. (2001b). Neue Wege im Mathematikunterricht der Volksschule: Mathematik begreifen und verstehen. Interner und unveröffentlichter Bericht an die Direktion der Pädagogischen Akademie des Bundes in der Steiermark. Graz.

Schwetz, H., Zeyringer, M. & Reiter, A. (2001a). Konstruktives Lernen mit neuen Medien. Innsbruck: StudienVerlag.

Senett, R. (1998). Der flexible Mensch. Die Kultur des Kapitalismus. Berlin Verlag: Berlin. 3. Auflage.

Senge, P. M. (1999). Die fünfte Disziplin. Stuttgart: Klett-Cotta.

Shulman, L. (1986). Paradigms and Research Programs in the Study of Teaching. A Contemporary Perspective. In: Wittrock, M. C. (Hrsg.) (1986). Handbock of Research on Teaching. New York: MacMillan Publishing Company.

Siebert, H. (1999). Pädagogischer Konstruktivismus. Neuwied: Luchterhand.

Siebert, H. (2000). Didaktisches Handeln in der Erwachsenenbildung. Neuwied: Luchterhand.

Simon, F. (1991). Innen- und Außenperspektive. Wie man systemisches Denken im Alltag nützen kann. In: Watzlawick, P. & Krieg, P. (Hrsg.) (1991). Das Auge des Betrachters. München: Piper.

Simon. F. (1999). Die Kunst, nicht zu lernen. Heidelberg: Carl-Auer-Systeme.

Snijders, T. & Bosker, R. (2000). Multilevel Analysis. An introduction to basic and advanced multilevel modeling. London: Sage Publications.

Specht, W. & Thonhauser, J. (Hrsg.) (1996). Schulqualität. Innsbruck: StudienVerlag.

Steffe, L. P. & Gale, J. (1995). Constructivism in Education. Hillsdale, NJ: Lawrence Erlbaum.

Steffens, U. & Bargel, T. (1993). Erkundungen zur Qualität von Schule. Neuwied: Luchterhand.

Steindorf, G. (1981). Grundbegriffe des Lehrens und Lernens. Bad Heilbrunn: Klinkhardt.

Stern, E. (1997). Erwerb mathematischer Kompetenzen: Ergebnisse. In: Weinert, F. & Helmke, A. (Hrsg.) (1997). Entwicklung im Grundschulalter. Weinheim: Psychologie Verlags Union.

Stiftinger, E. und Strasser, E. (1997). Internet – A Political Mystery. In: Bruno Kreisky International Studies. The Hidden Agenda of the Information Society. Innsbruck: StudienVerlag.

Streefland, L. (1991). Realistic Mathematics Education. Utrecht: Freudenthal Institute Publications.

Streefland, L. (1997). Charming fractions or fractions being charmed. In: Nunes, T. & Bryant, P. (1997). Learning and Teaching Mathematics. Hove, UK: Psychology Press

Struck, P. (1996). Die Schule der Zukunft. Darmstadt: Wissenschaftliche Buchgesellschaft.

Subramanian S. V. & Jones, K. (2002). Persönliche Mitteilung auf der Summer School in Lugano vom 26. bis 30 August 2002.

Taschner, R. (1998). Ist die Mathematik in der Schule noch zu retten? In: Standard. 27. Februar 1998.

Tausch, R. & Tausch, A. (1977). Erziehungspsychologie. Göttingen: Hogrefe. 8. Auflage.

Teddlie, C. & Reynolds, D. (2000). Current Topics and Approaches in School Effectiveness Research: The Contemporary Field. In: Teddlie, Ch. & Reynolds, D.

(Eds.) (2000). The International Handbook of School Effectiveness Research. London und New York: Falmer Press. S. 26-53.

Teddlie, C. & Reynolds, D. (2000). The International Handbook of School Effectiveness Research. London und New York: Falmer Press.

Teddlie, C., Stringfield, S. & Reynolds, D. (2000). Context Issues within School Effectiveness Research. In: Teddlie, C. & Reynolds, D. (Eds.) (2000). The International Handbook of School Effectiveness Research. London und New York: Falmer Press. S.

Terhart, E. (1989). Lehr-Lern-Methoden. Eine Einführung in Probleme der methodischen Organisation von Lehren und Lernen. Juventa: Weinheim.

Terhart, E. (1999). Konstruktivismus und Unterricht. Gibt es einen neuen Ansatz in der allgemeinen Didaktik. In: Zeitschrift für Pädagogik. Jhrg. 45, Heft 5, Sept. / Okt. 1999.

Thonhauser, J. & Patry, J.-L. (1999). Evaluation im Bildungsbereich. Innsbruck: StudienVerlag

Tillmann, K.-K. (Hrsg.) (1989). Was ist eine gute Schule? Hamburg: Bergmann+Helbig Verlag.

Tizard, B., Burgess, T., Francis, H., Goldstein, H., Young, M., Hewison, J. & Plewis, I. (1980). „Fifteen Thousand Hours": A Discussion. London: Institute of Education.

Tschida, M. (2001). Liabe, Fraide, Guatigkeit. In: Kleine Zeitung vom 4. November 2001.

Tulodzieki, G. (1991). Medien in Unterricht und Erziehung. In: Roth, L. (1991). Pädagogik. Handbuch für Studium und Praxis. München: Ehrenwirth.

Ulsamer, B. (1994). Exzellente Kommunikation mit NLP. Bremen: Gabal.

Volk, D. (1980). Martin Wagenschein: Genetischer Unterricht. In: Volk, D. (Hrsg.) (1980). Didaktik und Mathematikunterricht. Weinheim: Beltz.

Volk, D. (Hrsg.). (1980). Didaktik und Mathematikunterricht. Weinheim: Beltz.

Voß, R. (1998). Einleitung. In: Voß, R. (Hrsg.) (1998). Schul-Visionen. Heidelberg: Carl-Auer-Systeme.

Voß, R. (1998). Mit fremden Blicken zu eigenen Visionen. In: Voß, R. (Hrsg.) (1998). Schul-Visionen. Heidelberg: Carl-Auer-Systeme.

Voß, R. (1999). In hoffnungsloser Lage bleibt ... die Hoffnung – eine Einleitung. In: Voß, R. (Hrsg.). (1999). Die Schule neu erfinden. Neuwied: Luchterhand. 3. durchgesehene Auflage.

Voß, R. (Hrsg.). (1998). Schul-Visionen. Heidelberg: Carl-Auer-Systeme.

Voß, R. (Hrsg.) (1999). Die Schule neu erfinden. Neuwied: Luchterhand. 3. durchgesehene Auflage.

Wagenschein, M. (1980). Genetischer Unterricht. In: Volk, D. (Hrsg.) (1980). Didaktik und Mathematikunterricht. Weinheim: Beltz.

Watkins, C., Carnell, E., Lodge, C. & Whalley, C. (1996). Effective Learning. SIN – School Improvement Network. Research Matters. London: Institute of Education.

Watzlawick, P., Beavin, J. & Jackson, D. D. (1982). Menschliche Kommunikation. Bern: Huber. 6. Auflage.

Watzlawick, P., Weakland, J. H. & Fisch, R. (1979). Lösungen. Zur Theorie und Praxis menschlichen Wandels. Bern: Huber. 2. Auflage.

Weimer, H. & Schöler, W. (1976). Geschichte der Pädagogik. Berlin: Walter de Gruyter.

Weinert, F. & Helmke, A. (Hrsg.) (1997). Entwicklung im Grundschulalter. Weinheim: Psychologie Verlags Union.

Weinert, F. E. (1999). Die fünf Irrtümer der Schulreformer. In: Psychologie heute. Juli 1999.

Weizenbaum, J. (1978). Die Macht der Computer und die Ohnmacht der Vernunft. Frankfurt a. Main: Suhrkamp.

Weizsäcker, E. U., Lovins, A. B. & Lovins, L. H. (1997). Faktor vier. Doppelter Wohlstand – halbierter Naturverbrauch. München: Droemer Knaur. 10. Auflage.

Welsch, W. (1996). Vernunft. Die zeitgenössische Vernunftkritik und das Konzept der transversalen Vernunft. Frankfurt a. Main: Suhrkamp.

Wenglinsky, H. (2002). How Schools Matter: The Link Between Teacher Classroom Practices and Student Academic Performance. In: Education Policy Analysis Archives (EPAA). Volume 10, Number 12, February 13, 2002.

West-Burnham, J. (1997). Managing Quality in Schools. London: Pitnam Publishing.

Willke, H. (1998). Wissensmanagement. Stuttgart: Lucius & Lucius.

Willke, H. (1999). Systemtheorie II: Interventionstheorie. Stuttgart: Lucius & Lucius. 3. Auflage.

Willke, H. (2000). Systemtheorie I: Grundlagen. Stuttgart: Lucius & Lucius. 6. überarbeitete Auflage.

Wittmann, E. (1975). Grundfragen des Mathematikunterrichts. Braunschweig: Vieweg.

Woodhouse, G. (1993). A Guide to ML3 for New Users. London: University of London, Institute of Education. Second Edition.

Woodhouse, G., Rasbash, J., Goldstein, H. & Yang, M. (1992). A Guide to ML3 for New Users. London: University of London, Institute of Education.

Zech, F. (1983). Grundkurs Mathematikdidaktik. Weinheim: Beltz.

VERZEICHNIS DER ABBILDUNGEN

Verzeichnis der Tabellen

Verzeichnis der Gleichungen

INDEX

Verlag Empirische Pädagogik e. V.
Friedrich-Ebert-Straße 12
D-76829 Landau/Pfalz
FON: ++49-6341-906-164
FAX: ++49-6341-906-200
MAIL: info@vep-landau.de
WEB: www.vep-landau.de

Helmke, A. & Jäger, R. S. (Hrsg.). (2002):
MARKUS:
Mathematik-Gesamterhebung Rheinland-Pfalz:
Kompetenzen, Unterrichtsmerkmale,
Schulkontext.
(Erziehungswissenschaft 13).
ISBN 3-933967-69-4, 565 S., € 22,90.

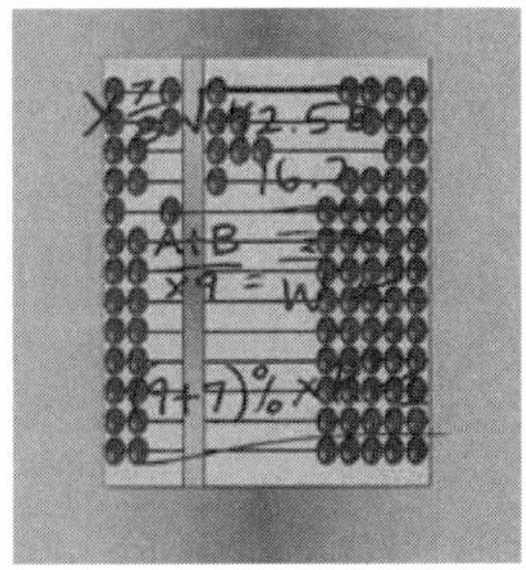

Im Rahmen der Mathematik-Gesamterhebung Rheinland-Pfalz: Kompetenzen, Unterrichtsmerkmale, Schulkontext (MARKUS) wurden alle 8. Klassen hinsichtlich ihrer Mathematikleistungsfähigkeit getestet. Darüber hinaus wurden die Schülerinnen und Schüler sowie die Mathematiklehrkräfte und die Schulleiter befragt, um ein ganzheitliches Bild von der Leistungsfähigkeit zu gewinnen.
In diesem Band werden die wesentlichen Ergebnisse der Gesamterhebung berichtet. Es wird eingegangen auf die Anlage der Untersuchung, die Leistungsfähigkeit der Bildungsgänge und Schularten, auf die Frage, welche Lerngelegenheiten gegeben sind und welche Konsequenzen hieraus folgen. Weitere Inhalte sind Leistungsverhalten und familialer sowie Sprachhintergrund, Unterrichtsqualität und Schulleistung, und außerdem der Klassenkontext und Leistungsverhalten. Am Ende werden Empfehlungen für Schule und Unterricht zusammengestellt.

Ich bestelle hiermit:

Stück	Titel	Preis
	Helmke, A. & Jäger, R. S. (Hrsg.). (2002): **MARKUS: Mathematik-Gesamterhebung Rheinland-Pfalz**	€ 22,90

Institut

Name

Strasse

PLZ **Ort**

FON **FAX** **MAIL**

Datum **Unterschrift**